高等院校计算机类特色规划教材

# Python程序设计基础

李国和　编著

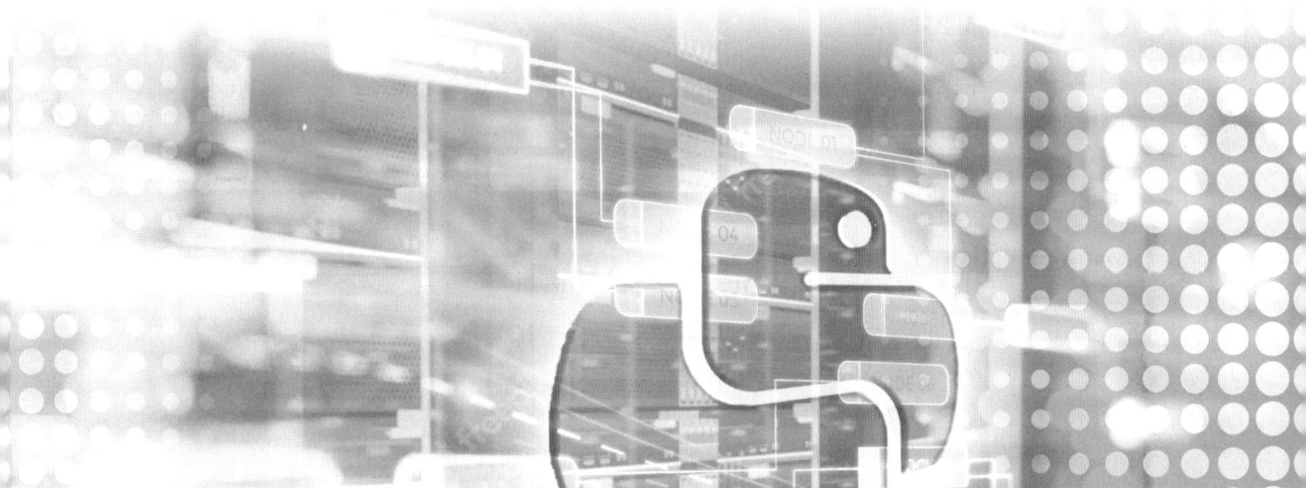

石油工业出版社
Petroleum Industry Press

## 内 容 提 要

本书面向新工科教育，以计算思维为指导，以程序设计为主线，以数据及其操作为核心组织编写。在内容组织上，全书以 Python 3.8 为主要内容，详尽介绍 Python 语言的语法和语义以及基本算法，主要涵盖各种类型数据及操作、顺序程序设计、分支程序设计、循环程序设计、模块化程序设计、面向对象程序设计和数据文件。书中突显数据和程序设计理念的重要性，将其嵌入多个章节中。通过程序设计实例的分析与说明，全书融入 Python 语言及其程序设计的知识点，提高 Python 语言及其程序设计内容的可理解性。本书还秉承完善知识结构，充实知识内容，"确保基础，注重联系；增强应用，提高技能"，落实计算思维培养。

本书可作为本科生"计算机技术基础"核心课程用书，适用于初次接触计算机编程的读者。通过本书与配套《Python 学习辅导与实践》学习，读者可以掌握 Python 语言及其编程技能。本书也可作为程序设计自学者和软件开发人员参考书。

### 图书在版编目(CIP)数据

Python 程序设计基础/李国和编著.—北京：石油工业出版社, 2022.7
(2023.9 重印)
高等院校计算机类特色规划教材
ISBN 978-7-5183-5390-3

Ⅰ.①P… Ⅱ.①李… Ⅲ.①软件工具-程序设计-高等学校-教材 Ⅳ.①TP311.561

中国版本图书馆 CIP 数据核字(2022)第 090053 号

---

出版发行：石油工业出版社
（北京市朝阳区安华里2区1号楼　100011）
网　　址：www.petropub.com
编辑部：(010)64256990
图书营销中心：(010)64523633　　(010)64523731
经　　销：全国新华书店
排　　版：三河市燕郊三山科普发展有限公司
印　　刷：北京晨旭印刷厂

2022年7月第1版　2023年9月第2次印刷
787毫米×1092毫米　开本：1/16　印张：22.75
字数：581千字
定价：54.00元
（如发现印装质量问题，我社图书营销中心负责调换）
版权所有，翻印必究

# 前言

　　进入 21 世纪以来,世界各国经济的发展围绕物质、能源、信息的生产和分配,而信息技术成为当今社会信息快速采集、传输、管理、处理和共享等的核心技术,促进了物质和能源高效开发生产。计算机成为信息技术的关键、信息社会的基石,计算机知识和技能也就成为现代社会公民必备的基本知识和基本技能。各行各业生产和管理人才,除必备人文、数理化、外语和专业知识外,还应具有计算机知识和使用技能。

　　高校是培养掌握专业知识高层次人才的基地。为适应信息时代的发展,早期各高校计算机基础教学确定为"计算机基础""计算机技术基础(包括软件技术基础、硬件技术基础)"和"计算机应用基础"三个层次结构的计算机知识体系。随着计算机应用的普及,有关该层次结构知识体系的教学内容、教学方法和教学手段等也在不断更新发展。在"计算机软件技术基础"中,主要包含问题描述和问题求解,涉及计算机的数据表示、数据存储和数据操作以及数据处理。通过计算机高级语言及其程序设计的教学,学生应理解、掌握"计算机软件技术基础"的核心内涵。2006 年,计算思维出现了,其核心为问题形式化表示、数据结构和算法设计、编码实现和运行验证等环节,表达了从现实世界、概念世界到计算机世界三个阶段。Python 语言教学可作为计算思维教育的载体,进行具有直观感受的计算思维培养。

　　计算机高级语言的编程风格大体可分为四类:过程型语言(如 Fortran、Basic、Pascal 等)、函数型语言(如 Lisp 等)、逻辑型语言(如 Prolog 等)和面向对象型语言(如 Smalltalk、C++、Java 等)。

　　过程型语言程序设计的核心为数据,即常量、变量和表达式等,其主要过程控制为结构化程序设计,即顺序程序设计、分支程序设计、循环程序设计。这种程序设计与问题求解过程(如计算方法等)很相似,适合数值计算等科学计算问题。计算效率是过程型语言的重要指标,强数据类型、编译型语言(如 Fortran、Pascal 等)的计算效率较高。

　　函数型语言程序设计的核心为函数定义和函数调用,尽管还保留无条件转向和条件分支控制程序的走向,但主要还是递归调用控制程序,其最大特点是通过函数的定义,实现程序的模块化,列表(list)是主要表达式。函数型语言适合符号处理,主要应用于基于符号推理的人工智能领域(如专家系统等)。它以方便描述知识的符号处理为主,对计算效率要求相对较低,属于弱数据类型、解释型语言(如 Lisp 语言)。

　　逻辑型语言具有严谨的数理逻辑,其程序设计的核心为谓词,具有自动搜索与匹配、实例化与脱解等确保求出所有可能解。逻辑型语言只有递归控制程序走向和 CUT 终止程序求解,适合符号处理,主要应用于基于符号推理的人工智能领域(如专家系统等)。它以方便描述知识的符号处理为主,对计算效率要求相对较低,属于弱数据类型、解释型语言(如 Prolog 语言)。

　　面向对象型语言程序设计的核心为对象。对象是信息和行为的统一体,模块抽象性更高,通过类、继承、消息机制等，最大限度实现软件重用和开发集成，更加自然地描述客观世界。从软件工程角度，面向对象型语言更适用于软件系统开发，尤其大型软件系统开发，其效率也是重要指标，属于强数据类型、编译型语言为主(如C++等)，但为了网络化跨平台应用，也发展强数据类型、解释型语言(如Java、C#等)。

随着计算机技术尤其运行环境、应用背景的进步，计算机高级语言也在快速发展。从程序组织形式看，计算机高级语言从过程型结构化、函数型模块化到面向对象型对象；从程序交互、效率看，计算机高级语言有解释型、编译型和解释编译混合型；从数据使用便捷性看，计算机高级语言有弱数据类型、强数据类型。后来诞生的计算机高级语言吸收并融合先前计算机高级优点，如C语言吸收了过程型结构化、函数型模块化优点，而C++含有C语言优点行为(即问题求解)，又引入对象技术而形成面向对象语言。为了实现适应网络跨平台应用，面向对象型语言发展成了C#、Java，还有以Web开发为目标的JavaScript等。

Python是新近发展起来的计算机高级语言，它吸收了过程型语言结构化设计优点，而且保留强数据类型，适应于数据计算等问题求解；动态数据类型使程序设计具有便捷特性。除了提高软件开发可集成性、可重用性等，吸收了函数型语言模块化设计优点，它还保留交互运行环境、无名变量、列表处理、lambda表达式、再次求值(eval)等，适应于基于符号推演的人工智能问题处理；吸收了面向对象型语言面向对象程序设计优点，具有类、继承、重载、多态等，提供规范软件接口、便捷代码重用和丰富的第三方资源，适合于应用软件系统开发，尤其没有与物理地址相关的指针和作为解释型语言，适用于跨平台的分布式软件系统开发。总之，Python语言是当前计算机高级语言的典型代表之一，已在国内外广泛流行，而且方兴未艾，其吸收了过程型语言的结构化设计、函数型语言的模块化设计、面向对象型语言的面向对象设计优点，且语法简单，表达能力丰富，可读性和可移植性良好等，广泛用于应用软件系统开发。

目前，Python教材也比较丰富，大体可分为三大类：

(1)语言为主的教材。内容丰富详实，但重点在介绍Python语言的词法、语法、语义和简单的算法，让首次接触编程的读者掌握Python语言和简易算法，形成计算机问题求解的思路。这类教材内容是基础性的，可作为培养编程思想的入门用书。这类教材通俗易懂，方便自学，但不是面向应用开发读者。

(2)案例为主的教材。通过程序案例介绍语言知识点，借助问题求解，讲解程序设计的基本概念和方法。由于把重点放在编程技能上，往往忽视了语言本身的一些细节等知识内容。这种Python语言教材更适合于已学习过过程型和面向对象型语言的读者学习。

(3)应用为主的教材。略去Python语言的基本知识点和简单算法，结合Python语言开发平台，重点介绍Python语言的各种应用开发。这类教材面向的读者为已熟练掌握Python语言及其编程和有些计算机基本原理知识，适用于基于Python语言的计算机应用研发人员，虽然具有很强的应用性，但不适合计算机基础教学。

现有面向本科生教学的Python语言教材概括起来普遍存在两个主要问题：(1)内容衔接性差。Python语言教学内容较为孤立，在计算机知识体系中，没能很好形成与"计算机基础"和"计算机应用基础"的衔接，也没有把Python语言知识应用于各理工科专业的问题描述和求解中。(2)缺少应用性。大多Python语言教材更多只是强调Python语言的词法、语法、语义和基本算法，缺少采用计算思维开展Python语言的应用。

本书以"确保基础，注重联系；增强应用，提高技能"为宗旨组织教材内容，并将其融入"以程序设计为主线、数据及其操作为核心"的教材编写中，涵盖了教学内容的基本性、技能性、应用性,使读者学习本书后达到"学以致用"的目的,落实新工科能力培养和计算思维教育。作者多年来一直从事本科生计算机高级语言课程教学工作,深知学生对 Python 语言知识的渴求和希望达到的 Python 语言应用水平后才逐步确定教材的内容,使其更适合首次学习程序设计的读者。

本教材所有例题程序均在 Python 3.8.1 环境中调试通过。如果读者使用其他 Python 语言解释系统,请读者参考相应的系统资料,略加修改即可。

在教材编写过程中,得到中国石油大学(北京)克拉玛依校区教务(研)部、石油学院和中国石油大学(北京)教务处、信息科学与工程学院大力支持以及"C语言优秀教学团队""数据结构与程序综合实践优秀教学团队"大力帮助,还有本校邓橙、史海涛、董丹丹、郭爽、李张美智、边玲燕、王雪颖、冷艳梅等老师和闽南师范大学计算机学院郑艺峰博士,河南师范大学软件学院郭凌云博士,中国政法大学计算机教研室张扬武博士,龙岩学院数学与信息学院龚匡丰博士,克拉玛依职业技术学院陈辉、杨静、马雪山老师等参与内容优选、编写,在此谨向他们表示衷心感谢。同时,感谢新疆维吾尔自治区教育厅"面向新工科教育的计算机基础教学研究与实践(2017JG094)"、教育部—中锐网络产学合作协同育人"面向新工科教育的计算思维培养教学改革与实践(201801181004)"、北京高等教育学会"面向新工科的计算机基础精品教材建设研究与实践(YB202151)"、新疆维吾尔自治区教育厅"面向新工科教育的一流线下实践课程建设研究与实践(JX2022001)""一流本科专业建设(软件工程)(JXDF0335)"和中国石油大学(北京)克拉玛依校区"Python 程序设计课程建设(JX030040)"等教改项目以及克拉玛依市科技计划项目"油气勘探地震相智能识别与解释评价系统(2020CGZH0009)"的支持。

由于计算机技术飞速发展,编著者水平有限,书中不完善之处甚至缺点错误在所难免,敬请读者批评和指正。

李国和

于中国石油大学(北京)

克拉玛依校区

2022 年 4 月

# 目录

**第1章　Python 语言与程序设计** ............ 1
　1.1　计算机语言概述 ............ 1
　1.2　Python 语言历史与特点 ............ 4
　1.3　算法与程序设计 ............ 8
　本章小结 ............ 19
　习题一 ............ 20

**第2章　Python 语言基础** ............ 21
　2.1　简单程序实例 ............ 21
　2.2　标识符与数据 ............ 26
　2.3　基本类型数据 ............ 37
　2.4　数据基本运算 ............ 46
　2.5　基本语句 ............ 63
　本章小结 ............ 69
　习题二 ............ 71

**第3章　聚合数据及运算** ............ 74
　3.1　聚合数据模型 ............ 74
　3.2　字符串 ............ 78
　3.3　列表 ............ 96
　3.4　元组 ............ 113
　3.5　集合 ............ 121
　3.6　字典 ............ 127
　3.7　数据打包和解包 ............ 134
　本章小结 ............ 138
　习题三 ............ 140

**第4章　结构化程序设计** ............ 142
　4.1　顺序程序设计 ............ 142
　4.2　分支程序设计 ............ 150
　4.3　循环程序设计 ............ 166
　本章小结 ............ 194
　习题四 ............ 197

**第5章　模块化程序设计(一)** ............ 199
　5.1　函数分类 ............ 199
　5.2　函数定义与函数调用 ............ 202
　5.3　函数参数与函数返回 ............ 205

|     | 5.4 | 函数嵌套调用与递归调用 | 213 |
|---|---|---|---|
|     | 5.5 | 函数程序设计举例 | 221 |
|     | 本章小结 | | 225 |
|     | 习题五 | | 226 |

## 第 6 章 模块化程序设计(二) 228

|     |     |     |     |
|---|---|---|---|
|     | 6.1 | 默认参数与指明参数 | 228 |
|     | 6.2 | 可变实参个数 | 230 |
|     | 6.3 | 函数引用与函数嵌套定义 | 234 |
|     | 6.4 | 变量有效范围与变量存储类别 | 236 |
|     | 6.5 | 文件模块导入 | 249 |
|     | 6.6 | 匿名函数 | 258 |
|     | 6.7 | 迭代器与生成器 | 260 |
|     | 本章小结 | | 268 |
|     | 习题六 | | 271 |

## 第 7 章 面向对象程序设计 272

|     |     |     |     |
|---|---|---|---|
|     | 7.1 | 问题提出 | 272 |
|     | 7.2 | 类与实例 | 273 |
|     | 7.3 | 类组合与类继承 | 280 |
|     | 7.4 | 对象封装与多态 | 287 |
|     | 7.5 | 成员函数 | 289 |
|     | 7.6 | 运算重载 | 293 |
|     | 7.7 | 类与成员作用域 | 303 |
|     | 7.8 | 异常类与异常处理 | 305 |
|     | 本章小结 | | 312 |
|     | 习题七 | | 314 |

## 第 8 章 数据文件 315

|     |     |     |     |
|---|---|---|---|
|     | 8.1 | 文件概述 | 315 |
|     | 8.2 | 文件打开与关闭 | 317 |
|     | 8.3 | 文件顺序访问 | 320 |
|     | 8.4 | 文件随机访问 | 339 |
|     | 8.5 | 文件路径与文件管理 | 342 |
|     | 本章小结 | | 345 |
|     | 习题八 | | 346 |

## 附录 347

|     |     |     |
|---|---|---|
| 附录 A | 常用字符与 ASCII 码表 | 347 |
| 附录 B | 关键字 | 348 |
| 附录 C | 运算符 | 348 |
| 附录 D | 内置函数 | 349 |
| 附录 E | 部分异常 | 349 |
| 附录 F | 模块及其函数 | 350 |

## 参考文献 353

## 后记 354

# 第1章 Python 语言与程序设计

计算机语言是人与计算机交流的一组规范和约定,由一组符号、表达式和解析规则构成。本章从计算机语言应用特点出发,介绍计算机语言的发展和分类;从计算机高级语言编程风格出发,讲述过程型、函数型、逻辑型和面向对象型计算机高级语言的特点和编程核心。通过本章的学习,读者应掌握算法的基本概念和特点、算法与程序的关系、算法典型的表示方法;掌握结构化和模块化以及面向对象程序设计的基本概念;了解Python语言的特点和上机实践过程。

## 1.1 计算机语言概述

### 1.1.1 计算机语言

计算机语言可分为机器语言、汇编语言、高级语言,并向更高级语言发展,它们各具特色。

**1. 机器语言**

机器语言(Machine Language)是由硬件(如中央处理机 CPU)生产厂家制定和使用的指令系统所构成的语言。每条指令由若干二进制代码组成,如运算指令 10 00 01 10 表示"加",10 01 01 10 表示"减"。机器语言使计算机能理解加、减运算功能。计算机把指令转变为硬件实际控制处理,如同人脑进一步实现运算一样。

根据算法确定的机器指令集合构成机器语言程序。由于机器可以直接接收和理解机器语言程序,该程序称为可执行程序(Executable Programme),具有机器执行效率高而且可以直接操作硬件的特点。但是机器语言编写的程序都是由 0 和 1 构成,可读性差,人不易掌握和不便交流。又由于不同类型机器的指令系统不同,因此机器语言程序不能直接在不同机器上运行,程序可移植性极差。直接使用机器语言编程,直面"裸机"(即没有系统软件和支撑软件),需要全面了解和掌握计算机各种资源(如内存单元及其地址等),因此从事计算机开发的人员肯定是计算机专家,软件开发工作量大、效率低,而且难以保证质量,阻碍了计算机的推广和普及。

### 2. 汇编语言

机器语言不但可读性极差，而且不易学习、记忆易差错，因此人们设计出与机器语言一一对应的符号体系，称为汇编语言(Assembler Language)，如 ADD 表示"加"，SUB 表示"减"。由汇编语言书写的程序为源程序(Source Programme)，提高了程序的可读性，但计算机硬件并不直接认识理解汇编语言，因此需要把源程序翻译成机器语言程序，该过程称为代真。如果代真过程由计算机自动完成，则称为编译。完成源程序编译的软件系统称为编译系统(也称编译器)。源程序经过编译后形成的机器语言程序就可执行。汇编语言除了可读性有所改善外，也存在着机器语言的所有缺点。

机器语言和汇编语言都属于低级语言(Low Level Language)。在层级上，它们紧靠硬件，可比较方便对硬件进行操作，但它们又依赖于不同类型的机器硬件。在程序设计中，程序员不仅要考虑需要求解的问题，而且必须十分了解计算机内部结构，并需要人为分配和管理内存等计算机资源。这种面向机器的语言(Machine-oriented Language)适合于计算机专家开发系统软件，而且编程工作量大，不适用于一般人员(尤其非计算机专业人员)开发应用软件，阻碍了计算机的普及使用和迅速发展。

### 3. 高级语言

为了克服计算机低级语言的不足，20 世纪 50 年代出现了计算机高级语言(High Level Language)。FORTRAN 语言是最具有代表性的高级语言之一。高级语言都是面向过程的语言(Procedure-oriented Language)。使用高级语言时，程序员把精力集中于求解问题的算法及其程序实现上，而无须知道计算机的内部结构，并由计算机统一自动分配和管理内存等计算机资源，即程序员无须参与计算机资源分配和管理。高级语言采用近似于人类自然语言的形式，大大提高了源程序的可读性、可理解性，如+表示"加"，-表示"减"，易于表达、理解和交流。程序员不但不用熟记与计算机硬件紧密相关的指令，而且无论什么类型的计算机，只要配备相应的编译系统或解释系统，均可把高级语言编写的源程序翻译为可执行程序，实现了高级语言源程序的可移植性。

虽然高级语言具备了面向过程、可读性、可理解性和可移植性的优点，促进了计算机普及和推广，但在层级上，高级语言远离了硬件，不便对硬件进行操作，而且对应的可执行程序中往往含有冗余的指令，导致执行效率不如低级语言程序，甚至低很多。这两点不足决定了高级语言更适合于开发应用软件。

Python 语言属于计算机高级语言，具有适用于问题求解的结构化程序设计、代码重用的模块化程序设计和软件集成的面向对象程序设计，可读性、可理解性和可移植性良好，尤其第三方资源丰富，使得 Python 语言适合于各种应用软件开发。

### 4. 更高级语言

低级语言面向机器，高级语言面向过程。使用低级语言或高级语言时，程序员都需要考虑"做什么(What to do)"(即求解目标——实现目标)，而且还要考虑"怎样做(How to do)"(即求解过程——数据结构和算法设计)。计算机更高级语言(简称更高级语言，Very High Language)是面向问题的语言(Problem-oreinted Language)，也就是使用更高级语言编程时，只需考虑"做什么"，至于"怎样做"完全由计算机系统自动实现，即只要描述并提交要求解的问题，问题求解所需的数据结构和算法内嵌在计算机内部，并自行进行问题求解，如 Prolog 语言具有自动搜索、匹配等功能，可实现"怎么做"统一算法，但迄今还没有被普遍认可。更高级语言是计算机语言发展的重要目标之一。

上述四类语言的关系如图 1.1 所示。

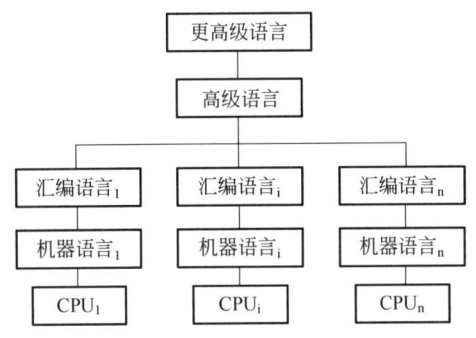

图 1.1　各类语言之间层次关系

## 1.1.2　计算机高级语言

面向过程和类自然语言等特点,使计算机高级语言成为软件开发的主要语言。根据计算机高级语言的编程风格,高级语言可分为过程型、函数型、逻辑型和面向对象型四种。

**1. 过程型高级语言**

FORTRAN、BASIC、Pascal 等是主要的过程型高级语言,其编程核心是数据及其访问操作,包括变量、常量、表达式及其访问,作为函数、子过程的参数,顺序、分支和循环三种程序结构,以及函数、子过程的调用和返回控制程序流程走向。过程型高级语言数值运算符丰富,主要用于科学计算和数据处理等。Python 语言拥有过程型高级语言特点,而且变量的数据类型和数值取值范围可在程序运行中动态变化,方便变量在程序中使用。

**2. 函数型高级语言**

LISP 是主要的函数型高级语言,其编程核心是函数定义和函数调用,体现模块化程序封装思想,而且具有程序和数据统一、程序流程控制不具有结构化特点,保留无条件转向,主要程序控制形式为递归调用。函数型高级语言弱化数据类型和数值运算,主要用于符号处理,是人工智能语言之一。Python 语言拥有函数型高级语言特点,而且与 LISP 有很多类似之处,如函数定义与函数调用(即模块化设计)、列表(list)、再次求值(eval 函数)、lambda 表达式、解释型环境等。

**3. 逻辑型高级语言**

Prolog 是主要的逻辑型高级语言,以数理逻辑为基础,编程核心为谓词,体现在事实和规则上。Prolog 程序设计的重点在利用事实和规则描述问题。Prolog 集成系统中内嵌规范化的问题求解过程,如事实和规则的匹配、搜索、变量的实例化和脱解,避免无意义搜索的 CUT(终止)等。程序语句往往与其所在位置无关,程序流程控制只有递归。逻辑型高级语言弱化数据类型和数值运算,主要用于符号处理,是人工智能语言之一。Python 语言没有逻辑型高级语言特点,只是有逻辑值和逻辑运算。

**4. 面向对象型高级语言**

Smalltalk 是主要的面向对象型高级语言,其编程核心为对象。过程型高级语言的函数表示处理过程,且与参数数据是分离的,而对象是数据及其处理(即信息及其行为)的统一体,具有能动性,即对象具有高度抽象性。除了对象外,面向对象型高级语言通过类与继承体现程序的抽象性,实现程序代码的共享和重用。在类中,集成数据和对数据加工处理的方法、接口。方法和接口的定义具有多态性,规范了方法和接口的调用形式。面向对象型高级语言通过消息的传递实现对象之间的联系,启动调用方法。由于面向对象的优点,面向对象型高级语言概念思想得到提升,在计算机的许多领域(如软件工程)得到应用。同时,后续诞生的计算机语言(如

C++、Java、C# 等）都借鉴了面向对象的思想，也成为面向对象型语言。Python 语言也是面向对象型高级语言，方便集成第三方资源和应用软件开发。

从编程风格看，Python 语言具有过程型、函数型、面向对象型的编程范式。

## 1.2 Python 语言历史与特点

### 1.2.1 Python 语言历史

Python 的崛起既是偶然，也是必然。20 世纪 80 年代，Pascal、C、FORTRAN 等以科学数值计算为主要任务。这些强类型高级语言自然是以计算机处理效率为设计原则。面对有限计算机资源（如内存小、主频低等），所有的编译器设计以优化目标程序为核心，确保可执行程序能够高效运行，快速进行问题求解。此时，用计算机高级语言描述问题求解过程（即程序设计）除了关注求解问题外，还得顾及计算机资源的利用，如数组大小、变量取值范围等。

UNIX 系统解释器 Bourne Shell 已长期用于写简单的脚本（Script）进行系统维护（如定期备份、文件系统管理等）。但 shell 是调用命令，不是真正的语言，没有数值的数据类型，加法运算很复杂，不能全面调动计算机的功能，复杂功能还要采用 C 语言。

与当时大部分高级语言不同，ABC 语言容易阅读、使用、记忆和学习，但 ABC 语言编译器需要配置比较高的计算机，编程考虑重点在于程序效率，而不是掌握 ABC 语言的难度。

出生于荷兰的吉多·范罗苏姆（Guido van Rossum）经常使用 Fortran、Pascal、C 语言等。他参与 ABC 语言的设计开发，理解当时计算机硬件、软件系统现状，希望有一种语言像 C 语言能够实现复杂功能，又像 shell 轻松编程，即 C 和 shell 之间的高级语言，其语法等受 C 语言、ABC 语言影响，具有功能全面、易学易用、可拓展、可读性、可移植性等的优点。凭借 ABC 语言设计经验、理念，吉多·范罗苏姆于 1989 年圣诞节假期开始写 Python 语言的编译/解释器，使得 Python 程序设计更关注问题求解。Python 一词来自他所挚爱的电视剧 *Monty Python's Flying Circus*。

Python 发展经历了 Python 1.0、Python 2.0 和 Python 3.0。1991 年，吉多·范罗苏姆成功研发第一个用 C 语言实现并能够调用 C 库（.so 文件）的 Python 编译器（同时也是解释器），标志着 Python 1.0 的诞生，而且 Python 已经具有类（class）、函数（function）、异常处理（exception）和表（list）、词典（dictionary）核心数据类型，以及模块（module），奠定了可拓展性基础。当时计算机资源非常有限，计算机使用重心是提高计算机效率，而不是简化问题描述、关注程序逻辑、具体实现细节。尽管 Python 隐藏许多机器层面细节，但最初只有少数人使用。Python 可深入底层编写 C 程序，并编译为.so 文件引入到 Python 中使用，即混合编程，可高效、有效解决问题。吉多·范罗苏姆作为决策者，带领 Python 团队把各种使用意见融入 Python 改进中，Python 的使用吸引了越来越多荷兰 CWI（Centrum Wiskunde & Informatica，数学和计算机研究所）以外的程序员。1994 年以后，Python 采用 Unicode 字符编码标准（如 Unicode UTF-8 等），满足跨语言、跨平台的文本转换、处理要求，奠定了更好的推广基础。

2000 年 Python 2.0 的发布标志着 Python 2.0 时代的到来。这个时代计算机内存、主频等资源的局限性大大降低，程序设计无须过度关注计算机性能，更多关注计算机易用性，奠定了 Python 流行的应用基础。Python 2.0 充分发挥 Python 可拓展性（Extensibility），其框架基本确定，可以在多个层次上拓展。Python 继续面向对象，提高软件复用性；语法简单明确、动态数据类型,提高了易用性、可读性;可嵌入混合编程(多范式编程),完善联合设计(Python 与其他语言混合编程);多解释器机制,完善不同运行环境(基于 C 语言开发的解释器 CPython、基于 JIT 的动态编译 PyPy、基于 Java 平台解释器 Jython、基于.Net 平台解释器 IronPython);丰富了标准库、软件包,拓展了在图形处理、Web 开发、网络爬虫、数据分析与数据挖掘、人工智能、系统维护等应用。Python 2.0 时代确立了 Python 框架,即以对象为核心(Everything is Object)、支持多种编程范式(Multi-paradigm)、采用动态类型(Dynamic Typing)、自动进行内存回收机制(Garbage Collection);支持解释运行(Interpretion)、可调用 C 库进行拓展;拥有强大的标准库(Battery Included);形成软件库的生态体系,拓展到第三方软件包,便捷用于计算机各领域开发。

从 2008 年,Python 2.x 版本与 Python 3.x 版本并存发展。2018 年 3 月,吉多·范罗苏姆宣布 2020 年 1 月 1 日终止支持 Python 2.7,Python 2.x 版本不再统一维护,第三方库也不再支持 Python 2.x 版本(尤其2.6 版本之前)。2008 年 12 月,Python 3.0 发布,相对于 Python 2.x 有较大的升级,不再兼容之前版本。为了照顾早期的版本,推出了基本 Python 2.x 语法和库的 Python 2.6 过渡版本,并允许使用部分 Python 3.0 的语法与函数,实现向 Python 3.0 迁移,并提供 Python 2.x 到 Python 3.0 的文件转换。2010 年 7 月发布了 Python 2.x 系列的最后一个版本 2.7,拥有大量 Python 3.x 特性和库。Python 3 时代,继续保留 Python 2 时代的基本框架,适应计算机应用发展,充实完善人工智能(AI)的框架和库,如 sklearn(经典人工神经网等机器学习)、PyTorch(Facebook 深度学习 Torch 框架)、TensorFlow(Google 开源 AI 框架)等,广泛用于计算机视觉、语音识别与自然语言理解、图像识别等,适应人工智能应用的发展。

吉多·范罗苏姆一直是 Python 发展过程中的核心人物。2018 年,他短暂退出管理层,2019 年重返决策层,但 Python 的治理与发展从吉多·范罗苏姆一人决定到五人指导委员会决策。Python 每个新版本特性、变化提升都通过 PEP(Python Enhancement Proposal)提案,经过社区决策层讨论、投票决议,开源社区、民主决策确保了 Python 完备、良好功能。目前,Python 3.8 已稳定推广。Python 发展继续依托 PEP 流程和制度,增加新模块和功能,以增强基础能力。社区继续投入 Python 3 资源库建设,继续增强不同解释器的实现和功能扩展,包括 JIT 编译器生成和软件事务内存管理,科学数据分析和面向数组编程等和与其他虚拟机(如 JVM 和 CLR)集成以及增强改进的嵌入式应用,继续优化、去掉 Python 3.x 中 Python 2.x 的功能,并根据情况弃用、提出警告、逐步替代和保留 Python 3.x 中其他更改。

## 1.2.2 Python 语言特点

Python 具有计算机高级语言的特点,同时又有自身特色。

**1. 简单易学易用**

Python 语言语法简单,容易记忆、掌握。Python 程序设计时,可专注于解决问题及其业务逻辑。程序强制缩进方式使得程序结构清晰,可读性好。

**2. 多编程范式**

Python 是结构化、模块化和面向对象程序设计的语言。顺序结构、分支结构和循环结构构成结构化程序设计基本结构,可方便描述"面向过程"的问题求解。模块化程序可封装结构化程序(即问题求解过程),在 Python 中表现为函数定义和函数调用,可实现程序封装、代码重用。面向对象是 Python 核心之一。对象封装数据(信息)和功能(行为),并通过接口与外界联系,具有高度抽象性、安全性。对象类型(即类)具有继承关系、功能重载,不仅实现代码共享、重用,而且便捷组织数据、功能,有利于软件开发分工协作与集成,构成 Python 可扩展的重要技术手段。

**3. 强数据类型与动态数据类型**

数据类型是程序中数据(包括常量、变量、表达式等)的共同特性,决定了数据运算、数据存储形式、取值范围等。程序中任何数据都属于某一数据类型。强类型语言为强制类型定义语言,即不同类型数据进行混合运算时,如果不经过强制类型转换,则混合运算将不可进行,如 1+"1"就无法运算,但 1+int("1")结果为 2,其将"1"强制转换为 1 后再进行"加"运算。Python 是强数据类型语言,数据运算更加安全、效率更高。

动态数据类型语言是程序运行期间才检查变量的数据类型的语言,在程序中变量无须"先定义后使用"。变量的数据类型由赋值的数据决定,而且变量再次赋值后变量所属数据类型还可变化,程序设计时无须过度关注变量类型。Python 语言是强数据类型和动态数据类型的语言。

**4. 编译型与解释型**

高级语言源程序需要翻译成机器语言程序(即可执行程序)才能运行。这种翻译工作由软件系统完成,该软件系统可分为编译器和解释器两种。编译器一次性把源程序翻译成可执行程序。编译后,源程序脱离原语言直接运行,执行效率高,即一次编译、可反复运行,如同一本中文书一次性翻译复印多本英文书,英文书不再需要中文书。解释器对源程序中语句逐条翻译成机器语言程序并逐条执行。程序运行无法脱离源程序、解释器和运行环境,执行效率低,即逐条翻译、逐条执行,如同一本中文书时时配有一位翻译者进行逐句实时英文翻译,翻译后不保留翻译结果。对源程序的变化,或不同运行环境(硬件、操作系统),编译器需要重新翻译源程序。无论什么环境,安装解释器,修改源程序可快速部署,不用停机维护就能运行源代码,提高源程序的可移植性。Python 既是解释型,也是编译型,但大多采用解释型,提高人机交互性、跨平台性。

**5. 可移植性与可扩展性**

开源本质决定了 Python 应具有跨平台运行特性。在编码上,Python 3.x 采用 Unicode 字符编码(统一码、万国码),克服了 ASCII 字符编码(American Standard Code for Information Interchange,美国标准信息交换代码)只能表示拉丁字母(现代英语和其他西欧语言)的不足。ASCII 码采用一个字节(8 位二进制位)表示,最多表示 256 个字符。Unicode 码通过编码规则(如 Unicode UTF-8 编码压缩和优化),可实现至少 2 字节的字符编码,从而实现对所有自然语言字符的编码,确保 Python 在世界范围所有操作系统平台上使用。Python 可在 Linux、Windows、Macintosh、Solaris、PocketPC、Symbian 和 Android 等操作系统平台上运行。在 Python 程序中可使用 C 或 C++编写程序,扩大 Python 使用,尤其是丰富的 Python 标准库可处理各种应用,包括正则表达式、文档生成、网络编程、数据库接口、网页浏览器、文件传输、电子邮件、XML、HTML、WAV 文件、GUI 图形用户界面等操作。除了标准库外,Python 还有许多其他高质量的应用功能库,如人工智能、机器学习、数据分析、图像处理等。

随着网络化时代到来,开源社区成为新的软件开发模式。Python 框架已确立,以对象为核心组织代码,支持多种编程范式,采用动态数据类型,自动内存回收机制,成为 FLOSS(自由/开放源码软件)之一。Python 相当开放,且容易拓展,由来自不同领域的优秀 Python 人共同创造,并经常改进、拓展,最后由吉多·范罗苏姆等决定是否成为 Python 标准库。Python 一些功能和大部分标准库来自开源社区,Python 也获得了高速发展,尤其开源生态系统拓展到第三方软件包,如 Django、NumPy、wxPython、Matplotlib 等分别用于 Web 系统、数据分析、图形处理等。

### 1.2.3 Python 语言应用领域

简单、清晰、优美、开源、多范式、可嵌入、可扩展、可移植等特点,使得 Python 迅速扩展到计算机各个应用领域。

**1. 科学计算与数据分析**

Python 具有整数和浮点数计算功能，NumPy、SciPy 和 Pandas 广泛用于数据分析与科学计算。NumPy(Numeric Python)是 Python 科学计算的基础工具包，也是很多第三方软件库的基础。SciPy(Scientific Computing Tools for Python)是专门解决科学和工程计算的工具包，主要侧重积分和微分方程等数学函数、方程求解。Pandas(Python Data Analysis Library)是数据预处理与数据分析的工具包，主要提供结构化数据的切片、切块、聚合、选择子集等精细化操作和时间序列数据分析处理等。

**2. 网络软件与网络应用开发**

Python 用于网络软件开发。Twisted 库支持异步网络编程、多数标准客户端和服务器网络协议，广泛用于编写高性能的网络软件。

Python 经常被用于 Web 开发。基于 mod_wsgi 模块的 Python Web 程序，可运行于 Apache Web 服务器。Python 定义了 WSGI 标准应用接口，以协调 Http 服务器与 Web 程序之间的通信。Python 能够支持主流 Django 和 Flask 等的 Web 框架，开发 Web 应用系统，而且 Python 应用到 Web 开发领域逐渐成为一种新兴趋势。

基于 urllib、urllib2、requests 标准库和第三方库 ScraPy，结合正则表达式库 re、网页代码解析 BeautifulSoup、HTML 和 XML 解析库 lxml、多线程库 threading 等，Python 可快速开发网络爬虫，抓取海量数据。

**3. 人工智能与机器学习**

随着人工智能的兴起，Python 拥有很多相关库和框架，如 sklearn(人工神经网等机器学习库)、PyTorch(2016 年 Facebook 发布的深度学习框架)和 TensorFlow(2015 年谷歌发布的第二代人工智能学习框架系统)，并广泛用于：

(1) 计算机视觉。计算机可理解图像中物体，包括图像识别、目标识别和跟踪。

(2) 语音识别。计算机将自然语言识别并转换为文字的过程，自动记录系统等。

(3) 自然语言理解。计算机理解人类语言所表达的内涵，用于自动问答系统、机器翻译等。

(4) 个性化推荐。计算机通过记录、分析个人的喜好建模，对文档、图片等进行特征提取，通过推荐模型向用户精准推荐。

**4. 图形界面与数据可视化**

Python 提供了多个图形界面(GUI)开发库，如 Tkinter 标准库及 ttk 子模块。Tkinter 封装了访问 Tk 的接口。Tk 是一个图形库，支持多个操作系统。GUI 由 Frame(窗体)构成，为一个 Widget，可容纳其他 Widget，即按钮(Button)、标签(Label)、文本框(Text)、菜单(Menu)、进度条(Progressbar)等控件，根据 Widget 的容纳关系，所有 Widget 组织关系构成一棵树，实现了图形用户界面。Tk 8.0 后续版本可实现本地窗口风格，并在绝大多数平台中运行良好。还有第三方优秀开源图形软件包 wxPython，可以方便地创建完整的、功能键全的图形用户界面。Tkinter 还封装了图形库 graphics，可创建图形窗口，设置大小、充填背景颜色等属性，创建点(point)、直线(line)、圆(circle)、方形(rectangle)等图形对象，设置位置、颜色、线型、线宽等属性，加载到图形窗口中显示图形。在图形界面开发中，对控件、图形还可定义鼠标、键盘的事件过程，如鼠标单击、双击、拖动等事件，键盘按键等事件，实现图形用户界面的交互操作。

Matplotlib 是功能强大的图形绘制库，广泛用于数据分析、数据建模、图形和图像处理等领域，可进行 3D 图形的绘制，包括 3D 的散点、表面、轮廓、直线(曲线)和文字等。此外还有 PyQt、PySide、PyGTK 等图形用户界面开发库。

#### 5. 操作系统管理、服务器运维

Python 是很多操作系统的标准系统组件，可直接运行。有些 Linux 的安装器使用 Python 语言编写。Python 用于编写 Gentoo Linux 的 Portage 包管理系统。Python 标准库包含了多个调用操作系统功能。通过 pywin32 第三方软件包，Python 能够访问 Windows 的 COM 服务及 Windows API。使用 IronPython，Python 能够直接调用.Net Framework。Python 可用于编写系统管理脚本。通过 os、sys 等库，Python 可与操作系统进行交互，直接执行系统终端命令。使用 Python 编写的系统运维和管理脚本广泛用于自动系统运维。

Python 成功应用领域还很多，完全得益于 Python 的特点，尤其开源社区的良好软件开发模式，形成丰富 Python 资源的生态系统，应用开发均能在该生态系统中找到所需第三方库进行快速、可靠开发。

## 1.3 算法与程序设计

### 1.3.1 算法与程序

写文章时，首先需要明确主题，然后确定如何表达该主题，最后采用某种文字完成文章。实际上，这就是从确定问题求解"目标"（What to do），到设计"算法"（How to do），最后编写"程序"的流程。算法就是明确问题求解目标后，确定问题求解的步骤，如自然数求和 s=1+2+…+n=$\sum_{i=1}^{n} i$，可采用如下算法：

算法 1: 求和函数 cal_sum　　　　　　　　　　# 自然数求和
　　输入: 项数 n
　　输出: 总和 sum
　（1）总和 sum 初始化为 0　　　　　　　　　　# 初始化
　（2）累加自然数 i 到总和 sum 直到项数 n　　　# 求解

这是用自然语言描述的算法，已表达了自然数求和过程，但还有些抽象，以下算法较详尽细化。

算法 2: 求和函数 cal_sum　　　　　　　　　　# 自然数求和
　　输入: 项数 n
　　输出: 总和 sum
　（1）　sum←0　　　　　　　　　　　　　　　# 初始化
　（1）　for i=1 to n　　　　　　　　　　　　　# 循环次数
　（3）　　sum←sum+i　　　　　　　　　　　　# 累加
　（4）　　i←i+1　　　　　　　　　　　　　　　# 控制变化，步长 1

对于上述求和也可采用 s=(1+n)+(2+(n-1))+…+($\lfloor n/2 \rfloor$+m)，其中$\lfloor n/2 \rfloor$为不大于 n/2 的整数，如 n=7 时，$\lfloor n/2 \rfloor$=3；n=8 时，$\lfloor n/2 \rfloor$=4。如果 n 为奇数，m=$\lfloor n/2 \rfloor$+1；如果 n 为偶数，m=0。求和的算法如下：

算法 3: 求和函数 cal_sum　　　　　　　　# 自然数求和
　　输入: 项数 n
　　输出: 总和 sum
　　(1) sum←0　　　　　　　　　　　　　# 初始化
　　(2) for i=1 to ⌊n/2⌋　　　　　　　　# 循环次数
　　(3)　　sum←sum+i+(n-i-1)　　　　　# 累加, 可改 sum←sum+n-1
　　(4)　　　i←i+1　　　　　　　　　　# 控制变化, 步长 1
　　(5) if n 为奇数　then
　　(6)　sum←sum+i

采用对称特点或等差数列求和, 算法更简单:

算法 4: 求和函数 cal_sum　　　　　　　　# 自然数求和
　　输入: 项数 n
　　输出: 总和 sum
　　(1) sum←⌊n/2⌋*(n-1)　　　　　　　　# 计算
　　(2) if n 为奇数　then
　　(3)　　sum←sum+⌊n/2⌋+1

算法 5: 求和函数 cal_sum　　　　　　　　# 自然数求和
　　输入: 项数 n
　　输出: 总和 sum
　　sum←(n+1)*n/2　　　　　　　　　　　# 计算

可以看出, 对问题求解目标唯一, 但问题求解的算法并不唯一。算法都具有以下特点:
(1) 输入——有零个或多个由外部输入给算法的数据, 如输入项数 n;
(2) 输出——有零个或多个由算法输出的数据, 如输出累加和 sum;
(3) 有限性——算法在有限的步骤内必须结束, 如循环 n 次;
(4) 确定性——算法中任一条指令清晰、无歧义, 如加运算、赋值运算;
(5) 有效性——算法中任一条指令操作有效、无误, 如控制变量 i 有效范围。

上述求和算法功能相同, 但性能不同。算法性能反映问题求解过程中每个基本数据操作次数(如计算和赋值为基本操作)和采用数据单元数(如变量个数), 因此算法性能评价包括时间复杂度 $O_T$ 和空间复杂度 $O_S$。求和算法性能如表 1.1 所示。$O_T$ 为 n, 表示时间复杂度与问题求解规模呈线性关系, 即规模越大, 复杂度越高, 问题求解越耗费时间; $O_T$ 为 1, 表示时间复杂度与问题求解规模无关, 时间开销都相同。求和问题还可采用递归算法, 其时间和空间复杂度都是 n。时间和空间是计算机重要资源, 需要设计时间和空间复杂度低的优质算法。可以看到, 算法性能分析是不考虑具体计算机硬件指标(如内存大小、主机频率等), 而是理论上分析计算资源(包括时间、空间)开支与数据规模大小的关系。

表 1.1　时间和空间复杂度

| 算法 | 时间 | $O_T$ | 空间 | $O_S$ |
|---|---|---|---|---|
| 2 | 2+3n | n | 3 | 1 |
| 3 | 4+3⌊n/2⌋ | n | 3 | 1 |
| 4 | 3 | 1 | 2 | 1 |
| 5 | 1 | 1 | 2 | 1 |

算法相当于写作时的构思,程序设计相当于写作时采用某种文字(如中文、或英文等)描述构思。程序设计是以计算机语言(如 Python、C、C++等)为载体,采用符合计算机语言语法规范的语句描述算法和数据结构的过程(如同用中文或英文写作过程),得到的结果就是程序(如同完稿的中文或英文文章)。数据结构就是数据及其关联关系的存储管理,如变量。Python 语言是计算机高级语言之一,可用于描述算法,即 Python 程序设计。上述算法 2 对应的 Python 语言程序如下:

```
def cal_sum(n):              # 函数定义
    sum=0                    # 初始化
    for i in range(1,n+1):   # 循环次数从 1 到 n,i 步长 1
        sum=sum+i            # 累加
    return sum               # 获得总和
```

功能也等同于:

```
def cal_sum(n):              # 函数定义
    sum=0                    # 初始化
    i=1
    while i<=n:              # 循环次数
        sum=sum+i            # 累加
        i=i+1                # 控制变化
    return sum               # 获得总和
```

这个程序存盘后建立源程序文件(文件扩展名.py),可在 Python 解释环境中运行,如:

```
>>> cal_sum(100)↵(回车)
5050
```

">>>"为 Python 解释环境指示符,"↵(回车)"表示敲击回车键,以示输入结束。程序在运行过程中需要占用和消耗计算机资源,体现问题求解过程中消耗的运行时间和内存空间。

有关程序编辑、运行将在后续介绍。

## 1.3.2 结构化程序设计

随着计算机的发展,软件系统也越来越大、越复杂,软件出错、崩溃的可能性也越来越大,软件系统越来越给人们不可靠的印象,软件开发和维护的成本越来越高,软件的低质量和高成本之间的矛盾导致软件危机出现。为了克服软件危机,必须使程序具有合理、清晰的结构,提高程序的可读性,以便对程序进行可靠性评价,并制定程序设计方法,保证程序的可维护性。这种方法就是结构化程序设计(Structured Programming)。结构化程序设计方法规定:程序模块由顺序结构、分支结构和循环结构三种基本结构构成。

(1)顺序结构:各个操作执行顺序从上到下依次执行。如图 1.2(a)和图 1.3(a)所示,A 执行完毕后执行 B。

(2)分支结构:根据指定的条件为真或假,在两个分支路径中选取其中一条路径执行,另一条路径不执行。如图 1.2(b)和图 1.3(b)所示,条件为真时,执行 A,否则(即条件为假),执行 B。

(3)循环结构:根据给定可满足的条件,反复执行操作,直至条件不满足时终止,如图 1.2(c)和图 1.3(c)所示,如果条件为真,执行 A,直至条件为假时结束。可简单记忆"先判断、后执行",即先判断条件为真,后执行 A。

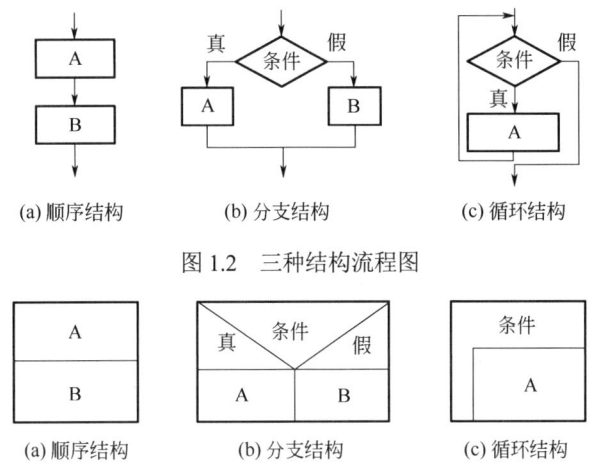

图 1.2  三种结构流程图

图 1.3  三种结构 N-S 图

需要说明:图中的 A 和 B 可以是单个基本操作(如一个语句),也可是结构(如多个语句的语句块),表示一个完整业务逻辑(功能)。实际应用中,任何复杂的程序均可由三种结构表示和组织编写。

算法也可采用自然语言或伪语言描述,但自然语言描述不够简洁,也容易产生歧义(如算法 1),而用伪语言往往不够直观。算法还可以采用流程图或 N-S 图表示,如图 1.4 和图 1.5 所示。

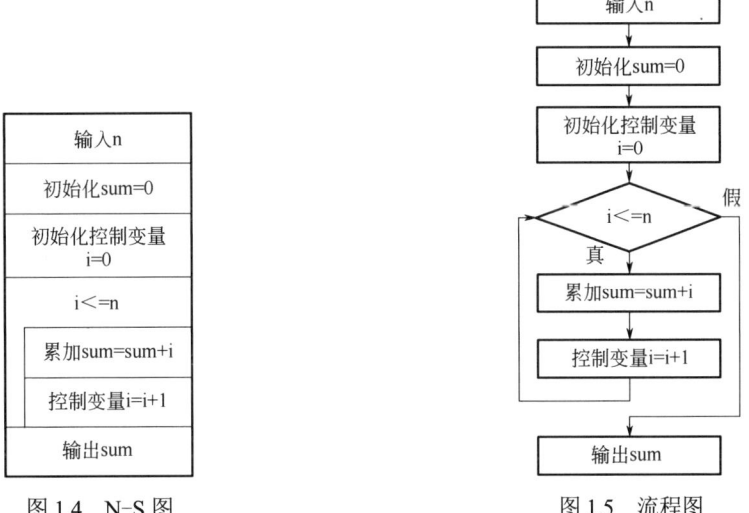

图 1.4  N-S 图

图 1.5  流程图

Python 语言是结构化程序设计语言。为了便于书写结构化程序,Python 语言提供了实现结构化程序设计的语句——分支语句(if 语句)和循环语句(for 语句、while 语句),而顺序结构可由语句书写顺序确定。Python 语言没有容易使程序走向不清的无条件转移语句 goto。结构化可使程序走向清晰,提高了程序可读性、可维护性,避免了不可预见性的错误发生,可提高软件质量。

## 1.3.3 模块化程序设计

建筑物由柱子、横梁、墙、门、窗等"模块"搭建而成。软件系统也可以按模块搭建方式进行构建。为了使程序(软件系统)便于开发、调试和维护以及扩充,把一个大程序分成较小且彼此相对独立的模块。这些模块都有相对独立单一的功能,且只有一个入口和最多只有一个出口。显然,具有相同的功能、入口和出口的任意模块相互替换时不影响整个程序和其他模块。所谓模块化程序设计(Modular Programming),就是一个程序(软件系统)作为一组具有一定功能、相互关联模块集合的程序设计方法。Python 语言不仅是结构化程序设计语言,而且是模块化程序设计语言,其模块体现在函数上。Python 程序设计时,可利用 Python 语言及其语法规范进行函数定义和确定函数调用。

必须明确:"结构"不同于"模块"。"结构"在"模块"内部,完成"模块"的功能,而"模块"是构成整个程序(软件系统)的部件。也就是说,程序是"模块"的集合,而"模块"由"结构"体现。"结构"和"模块"的关系就如同儿童积木,每块积木相当于"模块",而每块积木材料构成就相当于"结构",每个积木的大小、凹凸槽就是模块的"接口"。某一积木损坏或丢失,可采用其他材料,按大小、凹凸槽制作新模块替换,不影响积木使用。由若干个积木搭成的建筑物就相当于程序(软件系统)。

Python 程序由若干源程序(.py)构成,而每个源程序包括若干模块(Module)引入语句(如引入标准库)和若干函数定义、类定义。函数定义由函数说明和函数体组成,而函数体由若干语句构成。类定义由类说明、变量成员和成员函数定义构成,如图 1.6 所示。在学习过程中,要求掌握图 1.6 中所示的各个部分,最为关键的是在结构化程序设计方法基础上,定义具有一定功能的函数(模块)和函数之间的相互联系(调用);面向对象程序设计方法基础上,定义包含变量成员和成员函数的类及其实例对象。

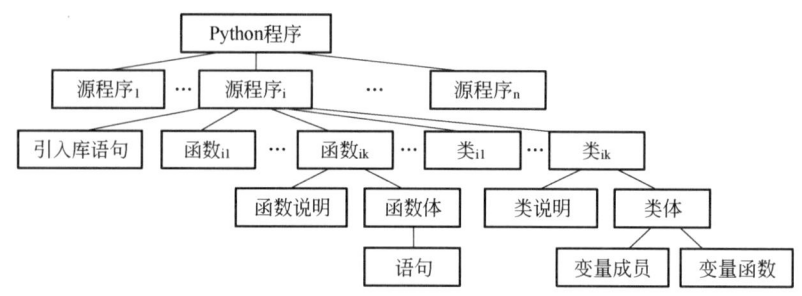

图 1.6　Python 程序构成

模块化程序设计采用自顶向下的程序设计方法(Top-Down Programming),即根据功能划分,设计主控函数(mymain)还有其他函数,确定函数调用关系。程序是从主控函数开始执行,然后调用其他函数,其他函数又可以相互调用,把 Python 语言程序根据函数调用次序分成若干层次,甚至网状形式。显然,主控函数在最顶层。下面给出一个程序的例子,帮助了解 Python 模块化程序设计的源程序结构。

【例 1.1】　求一元二次方程 $ax^2+bx+c=0$ 的根。

从数学知识可知,一元二次方程的根与 $b^2-4ac$ 的值有关:

(1) $b^2-4ac>0$ 时,方程有两个根 $x_{1,2} = \dfrac{-b \pm \sqrt{b^2-4ac}}{2a}$;

(2) $b^2-4ac=0$ 时，方程只有一根 $x=\dfrac{-b}{2a}$；

(3) $b^2-4ac<0$ 时，方程有两个共轭复数根 $x_{1,2}=\dfrac{-b}{2a}\pm\dfrac{\sqrt{4ac-b^2}}{2a}i$。

根据上述分析，求一元二次方程根的程序如下（设源程序文件名为 ex_1_1.py）：

```
'''
这是一元二次方程求解程序。
这是数学求解的程序表达，还是很好理解的。
这是模块化程序设计。
'''
from math import *                             # 导入数学库
def mymain():                                  # 定义主控函数
    a=input("a=")                              # 输入数字字符串
    b=input("b=")
    c=input("c=")
    a=float(a)                                 # 数字字符串转换数值
    b=float(b)
    c=float(c)
    d=delta(a, b, c)                           # 求判别式
    if d>1e-6:
        rootgreat(a, b, d)                     # 判别式大于 0，调用求根
    elif d<-1e-6:
        rootlittle(a, b, d)                    # 判别式小于 0，调用求根
    else:
        rootzero(a, b)                         # 判别式等于 0，调用求根
def delta(a, b, c):                            # 计算 b*b－4ac，函数定义
    d=b*b-4*a*c                                # 计算
    return(d)
def rootgreat(a, b, delta):                    # 求 b*b－4ac>0 时的根，函数定义
    sqr=sqrt(delta)/(2*a)
    x1=x2=-b/(2*a)                             # 计算
    x1=x1+sqr
    x2=x2-sqr
    print("x1=%f, x2=%f\n"%(x1, x2))
def rootlittle(a, b, delta):                   # 求 b*b－4ac<0 时的根，函数定义
    sqr=sqrt(-delta)
    x1=-b/(2*a)                                # 计算
    x2=sqr/(2*a)                               # 开平方
    print("x1=%f+%fi, x2=%f-%fi\n"%(x1, x2, x1, x2))
def rootzero(a, b):                            # b*b－4ac=0 时的根，函数定义
    x=-b/(2*a)                                 # 计算
```

```
    print("x=%f\n"%x)
```

运行结果:

```
>>> mymain()↵(回车)
a=2↵(回车)
b=5↵(回车)
c=3↵(回车)
x1=-1.000000, x2=-1.500000
>>> mymain()↵(回车)
a=1↵(回车)
b=4↵(回车)
c=5↵(回车)
x=-2.000000
>>> mymain()↵(回车)
a=4↵(回车)
b=2↵(回车)
c=2↵(回车)
x1=-0.250000+0.661438i, x2=-0.250000-0.661438i
```

上述程序文件命名为 ex_1_1.py, 在 Python 解释环境中运行。说明如下:

(1) ex_1_1.py 文件包含了标准库导入 import 语句和 mymain、delta、rootgreat、rootlittle、rootzero 用户自定义函数, 以及 math 库的 sqrt 开平方函数。

(2) 从函数 mymain 开始执行, 其他函数 delta、rootgreat、rootlittle、rootzero 由函数 mymain 调用, 而函数 rootgreat 和 rootlittle 又调用函数 sqrt。这些函数调用关系如图 1.7 所示。调用其他函数的函数为主调函数(如 mymain), 而被其他函数调用的函数为被调函数(如 sqrt)。主调函数和被调函数都是相对的, 如 rootgreat 相对 mymain 是被调函数, 相对 sqrt 是主调函数。

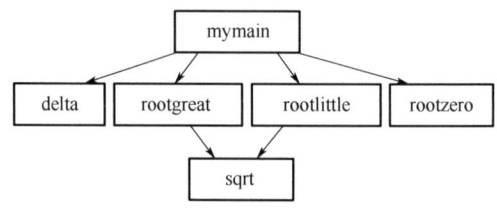

图 1.7　求方程根函数关系

必须明确: 函数是具有一定功能、独立的模块。它在源程序文件中, 与它所处的位置无关。函数之间的关联关系由函数调用决定, 而不是函数在源程序文件中位置决定。无论函数 mymain 在什么地方, 在 Python 解释环境中启动该函数, 程序都是从它开始执行, 如把 ex_1_1.py 中函数位置任意调整都不会影响源文件中函数的关联关系。

(3) 用户自定义函数由函数声明部分和函数体构成。函数声明 "def 函数名(参数列表):" 表明函数名称和参数。函数体内有变量赋值语句、运算语句和注释行。每行一个语句。由 "#" 开头构成行注释(即注释一行)。由一对 """ 构成块注释(即注释多行)。注释是不可执行的, 不影响程序的运行。注释可以在源程序的任何地方, 只起注释作用, 增加程序的可读性, 方便理解程序。

(4) 函数 mymain 算法如图 1.8 所示。根据数学知识，需要判断 $b^2-4ac$ 的正、负或零。由于计算机表示数据的精度和有效数字的影响（即存在误差），实数 0 在计算机中往往表示为非常接近于 0 的小数，并非完全为整数 0。函数 mymain 中分支语句用 $10^{-6}$（即 1e-6）和 $-10^{-6}$（即 -1e-6）区间内的值代表 0，大于 $10^{-6}$ 为正数，小于 $-10^{-6}$ 为负数。这给一个提示：在用实数进行比较判断时，存在误差，不能用"等于"的运算。

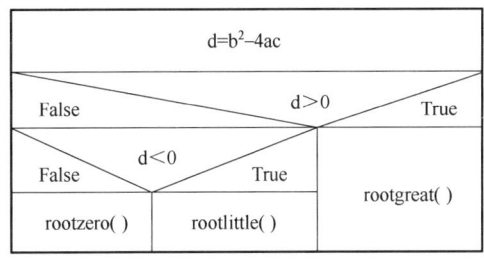

图 1.8 求方程根

(5) 导入数学库 math 后，开平方函数 sqrt 就可使用，其他函数功能见源程序注释。

(6) 一旦运行该程序，Python 解释环境中可以调用源程序文件中的所有函数，如：

\>>> d=delta(2, 5, 4)↵(回车)
\>>> d↵(回车)
-7
\>>> rootzero(4,6)↵(回车)
x=-0.750000

在编程、程序测试阶段，这种解释环境交互特性很方便按模块进行程序调试。

有关函数的详细内容，参见第 5 章。

## 1.3.4 面向对象程序设计

面向对象程序设计（Object-oriented Programming）是当今重要的程序设计方法，在软件工程领域占据重要位置。面向对象型语言是实现面向对象程序设计重要手段。Python 语言也是面向对象程序设计语言。模块化程序设计中模块只有过程（函数），而对象（Object）由数据（信息）和过程（行为）构成，表示具有高度抽象性的模块，即数据和过程的统一体。Python 对象表现为变量成员和成员函数，统称为对象属性。成员函数是一个处理过程，其处理的大多是对象本身的变量成员。对象也是一种数据，对象共性表示（即数据类型 type）就是类（class），或说类表达了具有共性的一组对象，每个对象的变量成员和成员函数是一样的，只是变量成员值不一样。这些对象称为实例（Instance），即实例是具体化的对象，如"人"为类，"张三""李四""王五"为实例，三个具体化的对象，他们的性别、年龄、身高等变量成员值可以不同，他们跑步、骑车等行为能力可以不同。面向对象的其他内容见第 7 章。

也可把例 1.1 改用面向对象程序设计实现，具体如下（设源程序文件名为 ex_1_2.py）：

"""
这是一元二次方程求解程序。
这是数学求解的程序表达，还是很好理解的。
这是面向对象程序设计。
"""

```python
from math import *                              # 导入数学库
class root:                                     # 定义类
    def __init__(self,a,b,c):                   # 定义构造函数
        self.a=a                                # 数据成员,变量成员 a、b、c
        self.b=b
        self.c=c
        self.mymain()                           # 调用求根函数
    def mymain(self):                           # 成员函数,主控函数
        self.dt=self.delta()                    # 求判别式
        if self.dt>1e-6:
            self.rootgreat()                    # 判别式大于 0,调用求根
        elif self.dt<-1e-6:
            self.rootlittle()                   # 判别式小于 0,调用求根
        else:
            self.rootzero()                     # 判别式等于 0,调用求根
    def delta(self):                            # 计算 b*b-4ac,成员函数定义
        d=self.b*self.b-4*self.a*self.c         # 计算
        return(d)
    def rootgreat(self):                        # 求 b*b-4ac>0 时的根,成员函数
        sqr=sqrt(self.dt)/(2*self.a)            # 计算
        x1=x2=-self.b/(2*self.a)
        x1=x1+sqr
        x2=x2-sqr
        print("x1=%f, x2=%f\n"%(x1,x2))
    def rootlittle(self):                       # 求 b*b-4ac<0 时的根,成员函数定义
        sqr=sqrt(-self.dt)                      # 计算
        x1=-self.b/(2*self.a)
        x2=sqr/(2*self.a)                       # 开平方
        print("x1=%f+%fi, x2=%f-%fi\n"%(x1,x2,x1,x2))
    def rootzero(self):                         # b*b-4ac=0 时的根,成员函数定义
        x=-self.b/(2*self.a)                    # 计算
        print("x=%f\n"%x)
```

运行结果:

```
>>> r1=root(2,5,3) ↵(回车)
x1=-1.000000, x2=-1.500000
>>> r1 ↵(回车)
<__main__.root object at 0x03D86628>
>>> r2=root(1,4,5) ↵(回车)
x1=-2.000000+1.000000i, x2=-2.000000-1.000000i
>>> r2 ↵(回车)
<__main__.root object at 0x04012340>
```

上述程序结构简要说明如下：

(1) 把求根问题抽象为类 root，它包括参与求根的变量成员 a、b、c 和求根过程相关的成员函数 mymain、delta、rootgreat、rootlittle、rootzero，其功能分别是主控根求解和判别式求解以及判别式分别大于 0、小于 0 的根、等于 0 的根的求解。这些函数处理的数据是变量成员。可看出，类包含问题表示和问题求解。

(2) 类 root 是一种自定义数据类型。由类创建对象就自动调用执行初始化函数 \_\_init\_\_（也称为构造函数），实现初始化创建的对象（即实例），如 root(2,5,3) 和 root(1,4,5) 创建两个实例，其变量成员 a 值为 2、1，变量成员 b 值为 5、4，变量成员 c 值为 3、5，即两个实例的变量成员值是不同的，同属于类 root 的两个对象。由类创建了实例，实例就具有类的所有变量成员（值不同）和成员函数，实现了代码重用——重用了变量成员和成员函数。

(3) 实例 root(2,5,3)、root(1,4,5) 通过赋值语句赋给变量 r1、r2，即 r1、r2 也属于类 root，而且分别保留着 root(2,5,3)、root(1,4,5) 两个实例的引用。通过变量 r1、r2 可以访问到实例 root(2,5,3)、root(1,4,5)。

(4) 类 root 的初始化函数 \_\_init\_\_ 除了初始化变量成员 a、b、c 外，还调用了主控函数 mymain 实现求根，即类 root 创建实例时，也即刻进行求根。

(5) 实例封装了变量成员和成员函数，或说变量成员和成员函数构成了实例。实例与属性（变量成员和成员函数）可通过"."成员运算符表示，表达了"整体与部分"的关系，即通过整体才能访问到属性。成员函数可以通过实例进行启动、调用，变量成员也可访问，如实例 r1.mymain()、r2.mymain()、r1.a、r2.a：

>>> r1.mymain()↵(回车)
x1=−1.000000, x2=−1.500000
>>> r1.a↵(回车)
2
>>> r2.a↵(回车)
1

通过程序设计内容，可以看出 Python 是结构化、模块化、面向对象多编程范式的语言。现在仅对 Python 语言大体认识，更多特点、细节在后续章节进行深入介绍。

### 1.3.5 软件开发过程

通过算法、结构化程序设计和模块化程序设计以及面向对象程序设计的简要学习，可以了解到软件实现大概包括以下三个基本步骤。

**1. 问题分析与功能分解**

确定需要求解问题的任务，并采用"自顶向下、逐级细化"的分解方法，进一步把问题（或任务）划分成一系列的子问题（也称子任务），如图 1.9 所示。对每个任务或子任务进行数学抽象和形式化表示。在后续软件实现上，每一个任务、子任务对应程序的一个功能模块或类。这个过程对应 Python 模块化程序设计和面向对象程序设计。Python 程序最好至少写成一个功能模块（即函数）或类及其对象（实例）。

**2. 算法设计与数据结构设计**

对每个任务和子任务进行形式化表示，设计求解算法和数据结构，包括确定算法的输入数据（用变量表示）、输出数据（用变量表示）、问题求解过程。需要采用时间复杂度和空间复杂度低的优质算法，奠定程序高效运行的基础。算法可采用伪代码、程序流程图或 N-S 图进行描述表达。这个过程对应 Python 结构化程序设计和各种类型数据。

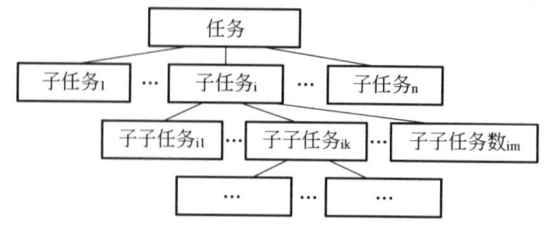

图 1.9 功能/任务分解

**3. 编码实现与运行验证**

在结构化程序设计和模块化程序设计和/或面向对象程序设计基础上,采用某种计算机语言(如 Python 等)进行编码。只有满足功能、运行正确,才完成软件的开发。

## 1.3.6 程序实现过程

程序是用计算机语言表述的问题求解过程,可以在人脑中,也可以在纸面上。但要让计算机能够理解和执行程序,实现问题求解,还需要借助计算机的软件系统进行处理,即客观世界—概念世界—计算机世界。就 Python 而言,软件系统包括编辑软件、解释软件、软件包和支撑程序运行的操作系统。通过平台工具软件,Python 语言程序处理过程主要包括如下两步。

**1. 编辑**

编辑软件也称为编辑器,如 Windows 记事本、书写器等。用编辑软件编写程序,并以文本文件形式保存在计算机外存(如磁盘)上,形成源程序。Python 源程序文件的扩展名为.py。Python 语言区别大小写英文字母,如 petroleum 不同于 Petroleum。习惯上,Python 源程序使用小写英文字母,常量和其他用途的符号可用大写字母,而关键字(即保留字,Python 已约定、具有特殊含义的符号,不可作他用)必须小写。

**2. 运行**

Python 程序是在 Python Shell 解释型环境上交互运行的。由于程序的复杂性,每个阶段都有可能出错,需要反复回到前阶段进行修改,因此"编辑-运行"是不断反复的过程,直至程序正确运行,如图 1.10 所示。针对 Python 语言程序,大多提供一个开发集成工具软件系统,如 Python Shell 或 PyCharm,将"编辑-运行"集成在一个环境,方便开发人员进行 Python 语言软件开发。

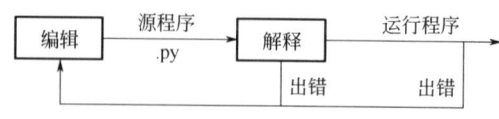

图 1.10 上机实践过程

有关 Python 程序实践过程,参见《Python 学习辅导与实践》(李国和、邓橙、史海涛编著,石油工业出版社,2022.7)。

# 本章小结

　　计算机语言是人与计算机进行交互的一种协议(约定)，涵盖到词法、语法和语义。计算机语言可以让计算机理解领会人的意图，完成客观问题的求解。计算机语言的发展过程中，计算机语言分为机器语言、汇编语言、高级语言和更高级语言。在进行问题求解过程中，从关注求解问题和计算机资源分配管理的面向机器，到只关注求解问题、无须参与计算机资源分配管理的面向过程的发展；从二进制代码、代码符号的可移植性差、可读性差，到类自然语言的可移植性好、可读性好的发展；从目前关注"做什么"和"怎么做"，到未来只关注"做什么"的面向问题的发展。

　　根据高级语言的编程风格特点，计算机高级语言分为过程型、函数型、逻辑型和面向对象型语言。过程型语言核心是变量，具有顺序、分支和循环三种控制程序过程的结构，适用于数值计算；函数型语言核心是函数及其调用关系，具有弱顺序、分支和无条件转向控制程序过程的结构，但强调递归结构控制，适用于人工智能的符号处理；逻辑型语言核心是谓词，描述事物及事物的联系，只有递归、自动搜索、匹配和 CUT 等控制结构，适用于人工智能的符号处理；面向对象型语言核心是对象，具有信息(数据)和处理(过程)的统一，同时具有类、继承、消息、多态等概念实现代码共享，适用于单机或网络软件系统集成开发。

　　Python 语言是多编程范式语言，既是过程型，又是函数型和面向对象型的计算机高级语言。程序设计核心是算法和数据结构设计。算法是描述问题求解过程，具有输入、输出、有效性、确定性和有穷性的特点。算法可用自然语言、伪代码和程序流程图、N-S 图等表示，但自然语言描述算法容易产生歧义。算法设计时需要关注时间和空间复杂度低的优质算法。数据结构涵盖到数据及其关系及存储管理。采用符合计算机语言词法和语法规范进行算法和数据结构描述就是计算机语言的程序设计。从软件系统实现看，针对功能实现采用结构化程序设计(包括顺序、分支和循环结构)，针对系统集成采用模块化程序设计(模块定义及其调用联系)，针对系统封装、数据安全、代码共享，采用面向对象程序设计。Python 语言既是结构化程序设计语言(体现在顺序、分支和循环结构语句上)，又是模块化程序设计语言(体现在函数定义和函数调用上)，以及面向对象程序设计(体现在对象、类、继承等上)。由高级计算机语言编码的程序为源程序，解释型源程序可在解释环境中直接运行。Python 语言主要是解释型语言。Python 源程序文件扩展名为.py。

　　为方便 Python 软件开发，大多提供一个开发集成工具软件系统，如 Python Shell 或 PyCharm，将"编辑—运行"集成在一个平台上。软件开发过程包括问题分析与功能分解(完成功能分解、形式化描述)、算法设计与数据结构设计(完成问题求解步骤、数据存储设计)、编码实现与运行验证(完成计算机语言编码、软件测试)。

　　吉多·范罗苏姆发明了 Python。当今，Python 已相当流行，这与计算机资源丰富，尤其 Python 语言的易用易学、强数据类型、动态数据类型、多编程范式、可移植性好、开放开源、软件包丰富等特点有极大关系。

习题一

1. 计算机语言发展经历了哪四个阶段？各有什么特点？
2. 根据计算机高级语言的编程风格，计算机高级语言可分为几种？各有什么特点？
3. 叙述算法的定义、特点及与程序的关系。
4. 将函数：

$$y=\begin{cases} 2+3x & \text{当}x \leqslant 0\text{时} \\ \sum_{i=1}^{5}(i^2+5) & \text{当}x > 0\text{时} \end{cases}$$

分别用自然语言、伪语言、流程图、N-S 图和 Python 描述算法。

5. 什么是结构化程序设计？在 Python 源程序中有哪三种基本控制结构？
6. 什么是模块化程序设计？在 Python 源程序中如何体现模块化特性？
7. 什么是面向对象程序设计？在 Python 源程序中如何体现面向对象特性？
8. 采用结构化和模块化以及面向对象程序设计有什么优点？
9. 叙述软件开发过程。
10. 叙述 Python 语言上机实践过程。
11. Python 语言有哪些主要特点？
12. 学习计算机语言和程序设计对人的思维有什么作用？
13. 解释基本概念：解释型语言与编译型语言、动态数据类型与静态数据类型、强数据类型与弱数据类型、ASCII 码与 Unicode 码。

# 第 2 章 Python 语言基础

计算机语言是人类与计算机甚至是人类之间的交流媒介和思维工具。语言本质是一种约定的、具有统一编码解码标准的符号系统、表达方式和处理规则,也就是一整套完整的符号、词法、语法和语义以及转换规则。Python 语言是计算机高级语言之一,有自身的符号集、表达方式和处理规则。在 Python 语言符号集、标识符认识基础上,本章介绍数据类型、常量、变量和表达式等基本概念,尤其从计算机内存数据区的工作原理,认识变量、数据单元、单元地址之间的关联关系;在数据表示方面,学习整型、浮点型、逻辑型等基本数据类型;在数据加工处理方面,学习算术运算、关系运算、逻辑运算和表达式以及语句,掌握程序编写格式要点,以便提高程序的可读性和可理解性。

为了叙述方便,对有些标识进行约定。《XXX》表示 XXX 必不可少,即必选 XXX;XXX⊥YYY 表示 XXX 和 YYY 二者选一;⌊XXX⌋表示 XXX 可选或可不选,即 XXX 可省略;⌊XXX⌋ⁿ 表示 XXX 可选或可多选或不选。

## 2.1 简单程序实例

任何语言(包括自然语言)都具有约定的语法规范和语义表达方式。计算机程序也只有严格按照计算机语言规定的语法和表达方式编写,才能保证编写的程序被计算机正确理解和执行,同时也便于人们阅读和理解。这就如同要写好文章,字、句子及其含义都必须正确无误。在第 1 章中已初步介绍了 Python 语言及其程序的概念,下面再通过一些例子进一步介绍程序结构的基本概念,为后续学习奠定基础。

【例 2.1】 字符信息输出(程序文件 ex_2_1.py)。

```
'''
    This is a simple example,
    but I must study hard too ！
'''
print("Python 语言初学者, 您好！\n")   # 输出信息
```

运行结果:

Python 语言初学者,您好!

在屏幕上显示"Python 语言初学者,您好!"消息,还空一行。这个程序也可以在 Python 解释环境中逐行输入逐行直接运行。这个简单程序包含 Python 语言部分基本概念:

(1) 输出函数: 内置函数(built-in function)是 Python 解释环境组成部分,可以直接调用运行。print 为内置函数,其功能是信息输出到屏幕上。

(2) 函数参数: 函数所带的参数,如"Python 语言初学者,您好!\n",参数位于圆括号内,这与数学函数参数概念相同。

(3) 语句: 这个程序中一行为一句,即回车符(输入时敲击回车键)是 Python 语句的分隔符,如同中文句号。一行一句像中文的诗句,Python 程序很像诗结构。语句表示计算机需要按语句的内涵(即语义)进行执行,完成相应的任务。Python 语言有多种语句,将在后续详细介绍。

(4) 注释: 为了增强程序的可读性,在程序中加入一些注释。注释是以"#"开头或 "'''"符号对中添加字符信息。前者是按行形式(即行注释),后者是按若干行形式(即块注释),如:

```
# This is
# an example of
# Python program.
'''
    This is
    an example of
    Python program.
'''
```

注释在程序中并不执行,只是便于人们阅读、理解和交流,增强程序的可读性。编写程序时,应该养成加注释的习惯。

【例 2.2】 输入实数,求解三角正弦函数值并输出(程序文件 ex_2_2.py)。

```
from math import *              #1 导入数学库
x=input("input number: ")       #2 输出提示信息,从键盘输入数据
x=float(x)                       #3 把输入的数字字符串 x 转换为实数 x
s=sin(x/180*3.14159)             #4 求 x 正弦(弧度),并保存变量 s 中
print("sin(%f) = %f\n"%(x,s))   #5 显示程序运算结果
```

运行结果:

input number: 30↵(回车)
sin(30.000000)=0.500000

除了输入函数 input、输出函数 print、语句和注释外,这个程序还涉及以下基本概念。

(1) 导入库语句 from «资源库名» import «*»: 资源库包括了各种功能的函数,如 math 库包含 sin、cos 等数学函数,graphics 库包含点、线等图形绘制函数。Python 开源社区汇聚了大量资源库。资源库中函数不是 Python 解释环境的组成部分,需要使用 import 语句导入才能使用。这类函数称为库函数。解释环境(如 Python Shell)是按一定目录结构进行安装的,如源程序目录、资源库文件目录等,导入资源库在设定指定的路径中。有关资源库路径设置在第 6 章介绍。

(2) 输入函数: input 为内置函数,其功能是在屏幕上显示信息,如"input number:",接收从键盘输入数据。该数据是字符串(即文字串),并作为函数返回值,如 30↵(回车),输入函数 input 接收到"30",而不是 30,并把"30"作为 input 的输出。不同于库函数,print、input 内置函数是 Python 解释环境的组成部分,不需要 import 语句导入即可使用。print 函数和 input 函数的含义将在第 4 章中介绍,此处只要先记住功能。

(3) 数据类型与变量: x、s 是可变的量,即变量。x 首先得到输入函数 input 的输出,如字符串"30"。通过浮点型转换函数 float(),数字字符串转换为数值,如字符串"30"转换为数值 30.000000。三角函数的参数单位为弧度,需要把度转化为弧度,涉及除/、乘*运算。角度单位转换后再求正弦 sin 函数值,进一步保留在变量 s 中。x 是变量,其值先是字符串(如"30"),后是数值(如 30.000000)。这个程序涉及数据有字符串、浮点数(实数)和变量,对应数据类型为字符型、浮点型(实型)。

(4) 语句执行: 程序由一些列语句构成,完成问题求解。第一行为导入数学库语句,数学库所包含的函数(如 sin)以被后续使用。第二行为赋值语句,执行 input 函数,在显示器上输出提示字符串"input number:"后接收键盘输入的数字字符串并输出存入变量 x(如"30")中。第三行为赋值语句,将变量 x 值(如"30")通过 float 函数转换为浮点数(如 30.000000)后赋给变量 x。第四行为赋值语句,调用 sin 函数并把函数值送到变量 s 中保留。第五行为函数调用语句,执行 print 函数,把变量 x 和 s(正弦值)的值显示在屏幕上。这个程序是顺序程序,其自上而下依次执行每个语句。

(5) 书写格式: 为了便于阅读、理解、维护,在编写程序时每个语句占一行,并加注释。

【例 2.3】 输入长方体的长、宽、高,计算长方体体积,并输出。

```
'''
    输入长、宽、高
    输出长方体体积
    通过模块化程序设计实现
'''
def volume(a,b,c):                          # 定义 volume 函数
    p=a*b*c                                 # 计算体积
    return(p)                               # 返回函数值
def mymain():
    x=input("x=")                           # 从键盘输入 x,y,z 的值
    y=input("y=")
    z=input("z=")
    v=volume(float(x),float(y),float(z))    # 调用 volume 函数,取得体积值
    print("v=%d\n"%v)                       # 显示体积值
```

运行结果:

>>> mymain()↵(回车)
x=5↵(回车)
y=8↵(回车)
z=6↵(回车)
v = 240

在本例中出现了如下新概念:

(1) 函数定义: 除了内置函数 print、input 和 float 外, mymain 自定义函数用于输入数据和启动体积计算以及输出计算结果。volume 自定义函数实现长方体体积计算, 并返回计算结果。每个函数的功能明确。函数定义形式为:

　　def 《函数名》(《参数列表》):
　　　　《函数体》

其中, 函数体是缩进的若干语句, 即语句块, 缩进左对齐的语句表示属于同一业务逻辑, 共同完成一定功能。

(2) 函数调用: 函数只有通过调用才能确定函数之间的关联关系。在 mymain 函数中出现 volume 函数的调用。从调用关系看, mymain 函数为 volume 函数的主调函数, volume 函数为 mymain 函数的被调函数。volume 函数被调用时, x、y、z 变量的字符串转化为数值传递给被调函数 volume, 执行后返回计算结果并保留在变量 v 中。mymain 函数也调用 input 函数和 print 函数以及 float 函数。

(3) 顺序执行: 从 mymain 函数开始执行, 执行三个 input 函数语句后, 调用 volume 函数。此时, mymain 函数处于等待状态(即中断挂起)。volume 函数是独立的功能模块, 因此 volume 函数被调用时, 转向其函数体执行。volume 函数执行结束时, 把计算结果返回给 mymain 函数, mymain 函数继续运行(即中断恢复)直至结束, 如图 2.1 所示。mymain 函数调用 input 函数和 print 函数过程也有类似调用 volume 函数的过程。volume 函数调用 float 函数过程也类似。这实际上是程序串行执行过程: 当主调函数调用被调函数时, 主调函数中断挂起等待, 并转向被调函数执行; 被调函数执行完毕后返回主调函数中断点, 主调函数再继续执行。

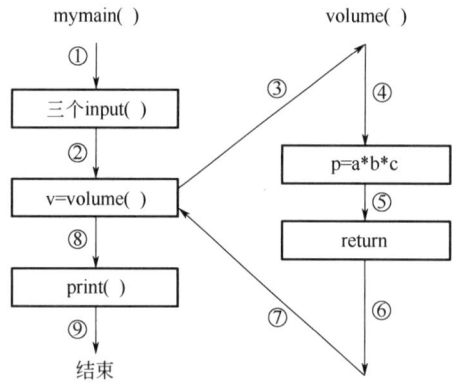

图 2.1　执行顺序

(4) 函数位置无关: 程序中 mymain、volume 的先后位置对换也可以, 但问题求解的逻辑关系是 mymain 函数调用 volume 函数并没变, 即函数定义与位置无关。在 Python 解释环境中, 也可直接启用 volume 函数, 如:

>>> volume(5,8,6)↵(回车)
240

也就是在 Python 解释环境中, 各个函数是"平等"的, 都可直接启用。实际上, 各个函数都已处于 Python 解释环境中, 如同 import 语句导入库函数一样, 所有库函数都可直接使用。

例 2.3 也可以采用面向对象程序设计实现, 程序如下:

```
'''
    输入长、宽、高
    输出长方体体积
    通过面向对象程序设计实现
'''
class cuboid:                               # 长方体类
    def __init__(self,i,j,k):               # 构造函数,初始化对象
        self.a=i                            # 变量成员,表示长、宽、高
        self.b=j
        self.c=k
    def volume(self):                       # 成员函数,计算体积
        p=self.a*self.b*self.c              # 计算体积
        return(p)                           # 返回函数值
def mymain():                               # 自定义函数
    x=input("x=")                           # 从键盘输入 x,y,z 的值
    y=input("y=")
    z=input("z=")
    cub=cuboid(float(x),float(y),float(z))  # 创建长方体实例
    v=cub.volume()                          # 调用实例的 volume 函数计算体积
    print("v=%d\n"%v);                      # 显示体积值
```

运行结果:

```
>>> mymain()↵(回车)
x=5↵(回车)
y=8↵(回车)
z=6↵(回车)
v = 240
```

这个程序还含有以下知识点:

(1) 类定义: 定义类 cuboid, 包括长、宽、高的变量成员 a、b、c 和计算体积的成员函数 volume。类定义形式为:

```
class 《类名》:
    《变量成员语句块》
    《若干成员函数定义》
```

(2) 初始化函数与成员变量: 初始化函数(构造函数) __init__ 属于类 cuboid 特殊的成员函数,该函数是由类创建实例时自动执行,用于初始化实例的变量成员。其中 self 表示创建的实例本身。初始化函数把外部数据 i、j、k(函数参数)的值传递给变量成员 a、b、c。

(3) 成员函数: 自定义的成员函数 volume 实现 cuboid 对象实例的体积计算。

(4) 实例生成: mymain 函数中, cuboid(…)创建实例,并初始化为 float(x)、float(y)、float(z) 值。通过赋值语句,变量 cub 引用 cuboid 实例。

(5) 成员函数执行: cub 引用实例,通过成员运算符 "." 启动成员函数,如 cub.volume()。

在 Python 解释环境中也可以直接给定参数创建实例,如:

```
>>> cub=cuboid(5,8,6)↵(回车)
>>> cub.volume()↵(回车)
240
```

或

```
>>> cuboid(5,8,6).volume()↵(回车)
240
```

上述简单程序分别采用结构化程序设计、模块化程序设计和面向对象程序设计实现,涉及核心 Python 基本概念。这些概念枯燥、抽象,只要求对 Python 语言有初步总体的印象,后续将进行深入介绍,首先从最基本的"标识符和数据"知识点开始。

## 2.2 标识符与数据

字符是组成语言的最基本元素。任何自然语言(尤其是拼音文字语言)都有自己的字符集,进一步可构成词汇、句子和文章。Python 语言也有字符集、标识符(相当于词汇)、语句(相当于句子)和程序(相当于文章)。

### 2.2.1 标识符

**1. 字符集**

Python 语言可处理 Unicode 码字符。通过 Unicode UTF-8 等编码规则,不同字符采用不同字节数表示和存储,其字符集可表示所有国家的字符,如拉丁文字符、中文汉字(每个汉字也是字符)、西文字符。与编程密切相关的是 ASCII 码(美国信息交换代码)字符(见附录 A),包括字母、数字、空格、标点符号和特殊字符组成,具体如下:

(1) 字母: 小写字母 a~z 共 26 个,大写字母 A~Z 共 26 个。

(2) 数字: 0~9 共 10 个。

(3) 空白符: 空格符(对应 Space 键)、制表符(对应 Tab 键),统称为空白符。

空白符只在字符串常量中与其他字符等同性质,即空白符也是字符(如"How are you"),语句等出现空白符只起分隔作用,如 for a in range(5):,可忽略多余空白符,如 a=10 与 a = 10 是等价的。语句中使用多余空白符对程序不产生影响,适当使用空白符将增加程序的清晰度,提高程序可读性。

(4) 特殊字符: 下划线、运算符、分隔符、转义字符和注释符。

特殊字符在字符串中等同于一般字符,如"Li Guo_he"中"_"只是一个字符,但它在表达式和语句中有特殊含义。

① 下划线。

下划线"_"自身可以组合成标识符,_称为无名变量,也可与其他字母、数字组成标识符,如类定义中初始化函数名__init__(分别是两个下划线)。

② 运算符。

Python 语言含有丰富的运算符,如算术运算符+(加、正)、-(减、负)、*(乘)、/(除)等,表示对数据的加工处理。运算符与数据(包括变量、常量、函数等)组成表达式,表示对数据组合处理。

③ 分隔符。

在 Python 语言中，分隔符有逗号","、空白符、续行符（反斜杠"\"）、分号";"、回车换行符和冒号":"以及引号。

● 逗号：主要用在参数表中分隔各个数据（常量、变量、表达式），如在 volume(a,b,c)中分割变量，在 cub(3,8,5)中分割常量等（有关常量、变量、表达式概念见 2.2.3 节和 2.2.4 节）。

● 空白符：用于语句各标识符之间（有关标识符见下小节），用于分隔标识符，如 def volume(a,b,c)、class cuboid 等。在标识符之间必须有空白符作为间隔，如把"def volume(a,b,c)"写成 "defvolume(a,b,c)"，Python 解释环境就把 defvolume 当成一个标识符，语义完全不同。空白符作为分隔符就如同英文句子中需要空格分隔各单词一样。

● 续行符：一个语句写在多行上，可使用反斜杠作为续行符，如

y=sin(x/180*3.14159)+5

等同于

y=\
sin(x/180*3.14159)\
+5

这个反斜杠符为续行符，确保一句写在多行上，但逻辑上还是一个语句。反斜杠还在字符串中表示转义字符。

● 分号：把多个语句写在同一行上，按从左到右依次执行各个语句，如

x=30; y=sin(x/180*3.14159)+5

等同于

x=30
y=sin(x/180*3.14159)+5

除了回车换行符，分号也是语句分隔符，如同中文的句号。

● 回车换行符：输入一个语句后打回车键（Enter），实际上也是输入一个字符。该字符起到屏幕光标换行作用，同时也起到标识一个语句结束，即回车换行符也是语句分隔符。编程时，习惯上也是一行一个语句。

● 冒号：在函数定义、类定义、分支语句、循环语句中使用冒号，表示函数头部（函数名和参数）、类头部（类名）、分支语句头部、循环语句头部结束，下一行缩进对齐形成语句块（即若干语句），表示函数体、类体、分支子句和循环体，构成一定业务逻辑（功能），如例 2.3 中函数定义。

● 引号：引号包括单引号、双引号和三个单引号。这三种引号都可以表示字符串常量，如

'My name is Xiao Li'

"My name is Xiao Li"

是等价的。注意字符串里又含有字符串时引号的使用，如 Xiao Li 为内部字符串，

'My name is \'Xiao Li\''

"My name is \"Xiao Li\""

或

'My name is "Xiao Li"'

"My name is 'Xiao Li'"

Python 解释第一次遇到引号(如双引号)从左向右依次查找匹配的相同引号(如双引号),因此内部字符串的引号不能与外部引号相同,或采用转义字符表示。

④ 转义字符。

转义字符不仅可以表示所有 ASCII 字符,而且可以表示用于输入输出的控制字符。转义字符由反斜杠"\"和字符或数字构成,如字符'A'可表示为转义字符'\x41'(2 位十六进制)或'\101'(3 位八进制);转义字符'\n'表示"回车换行"控制屏幕光标位置,等同于'\012'(3 位八进制)、'\x0a'(2 位十六进制)等。有关转义字符见表 2.1。转义字符更细致内容在字符串中介绍。

表 2.1 转义字符及其含义

| 转义字符 | 含义说明 |
| --- | --- |
| \n | 回车换行 |
| \t | 横向跳到下一制表位置 |
| \v | 竖向跳格 |
| \b | 退格 |
| \r | 回车 |
| \f | 走纸换页 |
| \\ | 反斜杠符\ |
| \' | 单引号符 |
| \" | 双引号符 |
| \a | 鸣铃 |
| \0 | 空字符:二进制 0 字符 |
| \ddd | 1~3 位八进制数所代表的字符 |
| \xhh | 1~2 位十六进制数所代表的字符 |
| \uhhhh | 16 位十六进制 Unicode 字符 |
| \Uhhhhhhhh | 32 位十六进制 Unicode 字符 |

⑤ 注释符。

Python 注释分为行注释和块注释。块注释以三个单引号(''')对构成,行注释以"#"开头。块注释内容为三个单引号(''')对之间或行注释内容为"#"之后 Unicode 符号,包括汉字。块注释举例如下:

'''
    这是 Python 语言教科书
    通过学习本教材,可以掌握 Python 语言的知识和编程技能
'''

行注释举例如下:

    # 这是 Python 语言教科书
    # 通过学习本教材,可以掌握 Python 语言的知识和编程技能

Python 解释环境不对注释作任何处理。注释可出现在程序中任何位置,用于提示或解释程序,只是方便人阅读和理解程序。利用 Python 不处理注释的特点,调试程序时对暂不使用的

语句也可改为注释，待调试结束后再去掉注释符。

**2. 标识符**

(1) 标识符定义。

Python 语言标识符为在程序中用于命名变量、函数、类、列表、元组、集合、字典的字符系列，而且必须以字母(A～Z, a～z)(包括 Unicode 字符)或下划线(_)开头的字母、数字(0～9)、下划线(_)组成，如：

a, x, x3, BOOK1, sum5, _1_2_3, _, 你好, 太好了

符合 Python 语言标识符的定义，属于合法的标识符。又如：

3s, -3x, bowy-1, *T, abPython^, 你好！, 太好了！！

分别以数字开头、减号开头、出现非法字符-(减号)、*(星号)、^(尖顶号)、!(感叹号)，不符合 Python 语言标识符的定义，均属于非法标识符。

使用标识符时注意：

① 标识符中大小写字母不等价，如 BOOK 和 book、StuNo 和 stuNo 是不同的标识符。

② 标识符用于命名，字符可以随意组合。为了便阅读理解，尽量"见名思义""见名知义"，如 Teach_Num(教工编号)、Salary(员工工资)等用英文缩写或英文单词。

(2) 特殊标识符。

特殊标识符就是 Python 语言或解释环境或函数库中已命名(或已被占用)，并具有专门用途的标识符，如 sqrt、sin 等函数名, if、for、while 等语句名。为了避免歧义、冲突，这些标识符不适合再用于给自定义变量、函数、类等命名，也就是用户自定义标识符不应与特殊标识符相同。特殊标识符主要有关键字、系统函数名、数据类型等。

① 关键字：通常也称为保留字。Python 语言的关键字分为以下几类：

● 数据类型名：基本简单数据类型 int、float、complex、bool 分别表示整型、浮点型、复数型、逻辑型等，基本聚合数据类型 str、list、tuple、set、dict 分别表示字符串类型、列表类型、元组类型、集合类型、字典类型，特殊数据类型 NoneType 表示空类型。

● 语句名：用于表示语句的功能，如 if、for、return、def、class、import 等分别表示分支语句、循环语句、返回语句、函数定义语句、类定义语句、导入语句等。

② 内置函数名：用于表示具有特定功能、无须导入即可在解释环境中调用的函数，如 input、print、float 等分别为输入、输出、浮点型转换函数等。

③ 系统函数名：通过 import 导入解释环境中的函数，如导入 math 库后使用的 sin、sqrt 函数。

④ 常量名：逻辑常量 True(真)、False(假)，空类型常量 None(空)。

## 2.2.2 数据类型

衡量计算机语言功能强弱的标准之一就是描述问题和处理问题的方便性、有效性，也就是计算机语言是否拥有丰富数据类型(数据表达能力)和运算符(数据处理能力)。目前，Python 语言是功能很强的计算机语言，拥有丰富数据类型和运算符。

数据类型(Type)是具有相同性质的数据抽象，或称具有共性数据的集合，如同数学整型。数据与数据类型的关系就是个体与集体、元素与集合的关系，如 1、2、3 与整型的关系。由于数据在计算机中与存储和处理紧密相关，计算机语言数据类型更加具体地规定了数据的性质(如数据编码规则)，如数据对应数据单元的大小(即字节数)、数据有效位、数据精度和运算特性等，甚至数据之间关联关系(如列表、集合、类等)。这些特性正是数学中未涉及的。

Python 语言数据类型可分为基本数据类型和自定义数据类型等。

**1. 基本数据类型**

基本数据类型(简称基本类型)为 Python 语言本身预先约定的数据类型,有 3 种:(1)基本简单数据类型,包括整型 int、浮点型(实型)float、逻辑型 bool 和复数型 complex,与数学概念相似,侧重于数据计算;(2)基本聚合数据类型,包括字符串型 str、列表型 list、元组型 tuple、字典型 dict 和集合型 set,表示数据关联性(数据结构),侧重于数据组织管理;(3)空类型 NoneType,为规范函数形式,或数据类型待定具体数据类型等。后两者是数学没有的数据类型。

Python 语言是强数据类型语言,任何数据都必属于已有数据类型。数据类型函数 type 可以判断数据所属的数据类型,如:

```
>>> type(10)↵(回车)                                    # 整数
<class 'int'>
>>> type(1.6)↵(回车)                                   # 浮点数
<class 'float'>
>>> type(True)↵(回车)                                  # 逻辑值
<class 'bool'>
>>> type(2+4j)↵(回车)                                  # 复数
<class 'complex'>
>>> type("Hello")↵(回车)                               # 字符串
<class 'str'>
>>>type([1,2,3])↵(回车)                                # 列表
<class 'list'>
>>> type((1,2,3))↵(回车)                               # 元组
<class 'tuple'>
>>> type({1: "LI",2: "Zhang",3: "Wang"})↵(回车)        # 字典
<class 'dict'>
>>> type({1,2,3,4})↵(回车)                             # 集合
<class 'set'>
>>> type(None)↵(回车)                                  # None 值
<class 'NoneType'>
```

依次显示整型 int、浮点型 float、逻辑型 bool、字符串型 str、列表型 list、元组型 tuple、字典型 dict 和集合型 set 以及空类型 NoneType。有关这些类型数据在后续详细介绍。

**2. 自定义数据类型**

自定义数据类型也称为构造数据类型。在 Python 语言中,自定义数据类型为类。根据 Python 语言的语法规范约定,用 class 开头,在基本数据类型、已有的自定义数据类型基础上进行定义的数据类型,方便描述复杂关联关系问题。自定义类型可以通过组合、继承进行定义。如定义学生类型包含生日类型,而生日类型包含整型年、月、日,这是组合定义;小学生类型、中学生类型、大学生类型都源自学生类型,又有各自不同的组合部分,这是继承定义。在例 2.3 的面向对象程序设计中,自定义了长方体类 cuboid,并创建了 cub 实例:

```
>>> type(cub)↵(回车)
<class '__main__.cuboid'>
```

有关自定义类型在第 7 章中介绍。

## 2.2.3 常量

数据(也称为运算对象)主要包括常量、变量和表达式。任何数据必须属于某一数据类型，包括基本数据类型，或用户自定义数据类型。不允许出现不属于 Python 语言数据类型的数据，即 Python 是强数据类型语言。

常量是不可变的量，具有可读不可写特性。从程序中表现形式看，常量也称为字面值，或常数，必须属于某种数据类型，如 12345、3.14159、"Hello, Xiao Li"、"我爱你, 中国! "均为常量，分别属于整型 int、浮点型 float、字符串型 str。计算机正处理的数据必须在内存中。通过数据单元地址函数 id 查看数据在内存中位置，通过 sys 系统库数据单元大小函数 getsizeof 查看数据占据字节数，通过长度函数 len 查看聚合数据(如字符串)长度：

```
>>> from sys import *↵(回车)                              # 导入系统库
>>> id(1234),type(1234),getsizeof(1234)↵(回车)            # 查看信息
(54554864, <class 'int'>, 14)↵(回车)
>>> id(3.14159),type(3.14159),getsizeof(3.14159)↵(回车)   # 查看信息
(51142640, <class 'float'>, 16)
>>> id("Hello,Xiao Li"),type("Hello,Xiao Li"),getsizeof("Hello,Xiao Li"),len("Hello,Xiao Li")↵(回车)
                                                          # 查看信息
(54594040, <class 'str'>, 64, 13)
>>> id("我爱你,中国!"),type("我爱你,中国!"),getsizeof("我爱你,中国!"),len("我爱你,中国!")↵(回车)
(54472224, <class 'str'>, 52, 7)                          # 查看信息
```

可以看到，所有常量都有数据单元，即位置(地址)和大小。在 Python 解释环境中，位置(地址)可能不同，但是数据单元大小相同。由于采用 Unicode 编码，一个汉字为一个字符，一个 ASCII 字符也是一个字符，而 getsizeof 函数得到字符串在内存中的字节数。由于采用 Unicode 码，有 Unicode UTF-8 等编码规则，一个汉字至少两个字节，如：

```
>>> id(""),type(""),getsizeof(""),len("")↵(回车)
(5970656, <class 'str'>, 25, 0)
```

Python 数据是运算对象，包括数据类型、数值(即字面值)和引用计数的信息。即使空字符串，还占据一定字节单元。可以形象理解常量为有"被需要"就出现在"池子"里，而不被任何"需要"就从"池子"里消失。"被需要"数就是引用数。有关数据单元中数据类型信息和引用计数结合变量概念介绍，而数值不可变是与变量(数值可变)差别之处。

## 2.2.4 变量

数学中变量为可变的量，由变量名表示(如 x、y)，也属于某一数据类型(如实型)，其取值范围为 $(-\infty, +\infty)$，无限精确度，不涉及存储，因此不同于计算机变量概念。计算机语言变量概念就在我们生活中，如教学楼里教室有座位容量(特定空间)，教室里上课课程、班级、人数都可以变化，也可以获取这些信息。教室有门牌号和名称，而且门牌号、名称与教室一一对应，也就是通过门牌号或名称就能定位到特定空间。"请到 211(或育才厅)上 Python"本质是"请到门牌号为 211(或名为育才厅)的教室上 Python 课"，在不混淆情况下，211、育才厅等同于教室，即门牌号、名称等同于特定空间。可以理解为教学楼就是计算机内存，教室(特定空间)就是数据单元，门牌号就是数据单元地址，教室名称就是变量名。

程序(包括程序中变量)要运行，必须驻扎在内存中。程序中变量对应一定大小、编码规则

的数据单元。变量也可理解为数据单元、编码规则在程序中的数据表现形式，并由 Python 解释环境维护变量与数据单元、编码规则的对应关系。数据单元是可访问的，即程序中变量可取值(即获取数值)、可赋值(即保留数值)，具有取值取不尽但赋值可修改值的特点。为了访问变量，在程序中给变量命名。变量名必须符合 Python 语言的标识符定义，在不混淆概念情况下，有时把变量名直称为变量。通过变量名可实现变量两个操作：赋值和取值。

**1. 变量赋值**

变量赋值就是让变量拥有具体数值。Python 语言是动态数据类型语言，变量不需要进行预先定义，变量的数据类型取决于所赋数据的数据类型。变量定义是通过首次赋值实现的，即赋值后变量就存在并初始化，其形式为：

《变量名 1》⌴,《变量名 2》⌷=《运算对象 1》⌴,《运算对象 2》⌡

其中，"变量名"为自定义标识符。由"="构成赋值语句，左右两边"变量名"与"运算对象"一一对应。可对多个变量依次赋值，"变量"和"运算对象"用逗号分隔。"运算对象"可以是常量、有值的变量或表达式，如：

```
a=10                      # 整数 10, 赋给变量 a, 变量 a 属于整型 int
b,c,d=a,a+2.4,True        # 右边分别为变量 a、表达式 a+2.4、逻辑型常量 True
cub=cuboid(3,5,8)         # 右边为长方体类型 cuboid, 创建一个对象实例
```

第 2 句中，"="右边从左到右逐一求值，并一一对应赋给左边变量 b、c、d，变量 b、c、d 的值分别为 10、12.4、True，其类型依次为整型 int、浮点型 float、逻辑型 bool。第 3 句中，cuboid 是自定义类型，变量 cub 是长、宽、高分别为 3、5、8 的实例。

计算机内存是以字节(8 位二进制位为一个字节)为单位的连续单元，而且每个字节都有唯一的地址。程序中变量与内存中数据单元对应，而数据单元为连续的若干字节单元构成，其字节数取决于变量的数据类型和数值，而且以第 1 个字节的地址作为数据单元的地址，表示数据的存储位置，如图 2.2 所示。程序中有变量，内存中就有数据单元。数据单元由地址进行定位，就如同"圆明园"(相当于程序变量名)是北京区域内(相当于内存)实实在在的一块地(相当于数据单元)，这块地有唯一的一个门牌号——北京海淀区清华西路 28 号(相当于地址)，显然用"圆明园"好记。

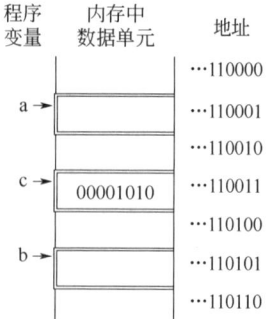

图 2.2　变量与数据单元

为了更真切理解变量的内涵，深入了解变量的数据单元，sys 标准库提供了系统相关变量和函数，可获取操作系统信息、Python 版本信息、编码信息等。

```
>>> from sys import *↵(回车)                    # 导入 sys
>>> id(10),type(10),getsizeof(10)↵(回车)        # 查看地址、类型、数据单元大小
(2058549312, <class 'int'>, 14)
>>> a=10↵(回车)                                  # 变量赋值
>>> a,id(a),type(a),getsizeof(a)↵(回车)         # 查看地址、类型、数据单元大小
(10, 2058549312, <class 'int'>, 14)
```

可见常数 10 在地址为 2058549312(十进制地址)的 14 个字节的数据单元中。给变量 a 赋值 10，看到变量 a 对应的数据单元地址为 2058549312 的 14 个字节的数据单元中。从地址、数据单元大小可看出，变量 a 是常数 10 的引用，如图 2.3 所示，即通过变量 a 可以访问到 10 的数据单

元。变量 a 可以重新赋值,如:

>>> a=90000000↵(回车)
>>> a, id(a),type(a),getsizeof(a), getrefcount(90000000)↵(回车)
(90000000, 59789616, <class 'int'>,16,1)

数值大了,其数据单元也变大,以便存储数据不失真。同时,重新分配数据单元,存储地址也发生变化,如图 2.4 所示。通过 sys 库函数 getrefcount 可获取 90000000 的数据单元的引用数 1,表明当前只有变量 a 引用该数据单元。

图 2.3  变量引用与存储单元　　　　　　图 2.4  变量引用与存储单元

需要说明:在不同计算机上,甚至同一台计算机不同时间段运行上述语句,地址可能不同,但 Python 解释环境可以确保变量、数据单元、地址的对应关系,以适应程序跨平台正确运行。

>>> b=a↵(回车)
>>> b, id(b), type(b), getsizeof(b), getrefcount(90000000)↵(回车)
(90000000, 59789616, <class 'int'>,16,2)

可见变量 a、b 引用的是同一数据单元。对 90000000 的数据单元的引用数 2,表明当前只有变量 a、b 引用该数据单元。这样可以节省存储空间,如图 2.5 所示。当变量 a、b 任一个发生变化后,为其重新分配数据单元,如图 2.6 所示,如:

图 2.5  变量引用与存储单元　　　　　　图 2.6  变量与存储单元

>>> b=90000100↵(回车)
>>> b, id(b), type(b), getsizeof(b), getrefcount(90000100)↵(回车)
(90000100, 49823304, <class 'int'>,16,1)↵(回车)

变量 b 重新分配了数据单元,而且当前只有变量 b 引用 90000100 的数据单元(引用数为 1)。此时也只有变量 a 引用 90000000 的数据单元(引用数为 1)。

变量引用数据单元的特性,奠定变量可变类型基础,并具有数据单元自动回收机制,即动态数据类型,使得在编程时,无须太过关注变量的数据类型、取值范围等,如:

>>> a=12.6↵(回车)
>>> a= "Hello, Xiao Li "↵(回车)
>>> a=False↵(回车)
>>> a=cuboid(3,5,8)↵(回车)

这些语句都是合法的,变量 a 的数据类型从最初的整型 int 到浮点型 float、字符串型 str、逻辑型 bool、自定义类类型 cuboid 逐步变化。如果再赋值列表数据、元组数据、字典数据,变量 a 就属于相应数据类型。需要注意:变量 a 的数据类型为最后赋值数据的数据类型,之前所属数据类型已失效。

总之, 变量对应的数据单元包括 3 个信息: 数据类型、引用计数和数值。当数据单元的引用数为 0(即没有变量引用)时, Python 解释环境将自动回收数据单元, 以节省内存空间。这就是动态数据类型内涵。变量名引用数据单元, 变量名与数据单元对应, 在不引起误解情况下, 可认为数值赋给变量。这也是 Python 好学易用的原因之一。

注意:

(1)给多变量赋值时, 赋值语句右边先逐一从左到右求值后, 再根据位置顺序依次赋给左边对应的变量, 如:

  i,j,k=10,i+2,j+3      # 首次变量 i 赋值: 定义变量, 并初始化

出错！这主要是赋值语句的右侧依次求值 10、i+2 时, 赋值语句右边还没有完全求值完毕, 还没有给左边赋值, 此时 i 并没有定义, 没有值(容易误认为 i 的值是 10)。

(2)还有赋值语句形式:

«变量名 1»=«变量名 2»=«运算对象»

多个"变量"引用同一个"运算对象", 如:

  x=y=z=200

等价于:

  x, y, z=200, 200, 200

即变量 x、y、z 引用 200 的数据单元, 该数据单元引用数为 3。x、y、z 的值均为 200, 如图 2.7 所示。

(3)数值(即字面值)是不可变的, 如 10=100 出错。有些数值(内容)是可变的, 如后续将看到的列表, 其内容(数值)发生变化, 但地址并没变化。这部分内容将在后续第 3 章中介绍。

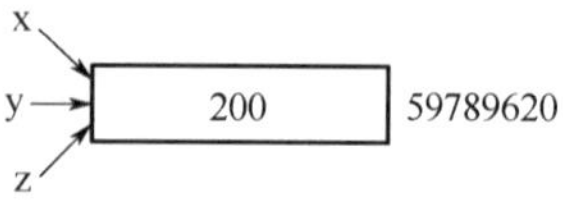

图 2.7 变量引用与存储单元

上述内容可简要总结如下: 在程序中, 变量名是数据单元的引用, 变量名的有效性取决于数据单元的存在。为使得程序中变量名有效, 必须先对变量赋值。变量赋值的本质: (1) Python 解释环境创建一个与数据类型一致、不冲突的数据单元, 并把数据存储到数据单元中, 变量名引用数据单元——变量单独引用数据单元(如 a=10, a 引用 10 的数据单元); (2) Python 解释环境找到与值相同的数据单元(所赋值与数据单元内容相同), 变量与其他变量同时引用数据单元(如 b=10, a、b 引用 10 的数据单元); (3)数据单元没被任何变量引用, 数据单元 Python 解释环境自动回收, 即变量具有动态数据类型特性, 节省内存单元。

**2. 变量取值**

变量名是数据单元的引用, 通过变量名直接获取数据单元的数值, 实现变量取值, 如:

  a=10        # 变量 a 首次赋值, 定义变量, 并初始化
  c=30        # 变量 c 首次赋值, 定义变量, 并初始化
  b=a+c-15      # 变量 b 首次赋值, 右边为含变量的表达式
  c= a+b+c      # 变量 c 重新赋值, 右边为含变量的表达式

上述语句中, 变量 a、c 首次分别赋值 10、30, 实质上是定义变量, 并初始化, 其本质是变量名 a、c 分别引用内容为 10、30 的数据单元。根据赋值语句特点, b=a+c-15 语句从变量 a、c 取值 10、30 后进行 10+30-15 运算得到 25, 通过赋值运算把 25 赋给变量 b, 即变量 b 的值为 25; 同理, c= a+b+c 语句从变量 a、b、c 分别取值 10、25、30, 进行算术运算得到 65 后赋给变量 c,

即变量 c 的当前值为 65,不再是 30。尽管多次对变量 a 取值,由于没有对变量 a 赋值,变量 a 的当前值还是 10。从存储角度看,变量取值是从变量名引用的数据单元中取出内容。变量的这种特性可形象、简单地记为:变量的值"取不尽",取的都是当前值;变量赋值,变量的值"挤得掉"。

**【例 2.4】** 求半径为 10 的圆的周长和面积。

```
pi=3.14159                                  #1 变量定义,初始化,float 型
radius=10                                   #2 变量定义,初始化,int 型
circul=2*pi*radius                          #3 变量取值和赋值,circul 为 float 型
area=pi*radius*radius                       #4 变量取值和赋值,area 为 float 型
print("circulation=%f, Aera=%f"%(circul,area))   #5 变量取值
```

运行结果:

circulation=62.831800, Aera=314.159000

上述程序为顺序结构程序。第 1 个语句定义变量 pi,初始化为 3.14159;第 2 个语句定义变量 radius,初始化为 10;第 3 个语句 2*pi*radius 表示取出变量 pi 和 radius 的值并进行乘法*运算,然后把运算结果赋给变量 circul;第 4 个语句与第 3 个语句执行过程相似;第 5 个语句按照输出格式,从变量 circul、area 中取值并输出。有关输出格式将在顺序程序设计中介绍。由于周长和面积是浮点型变量,7 为有效数字(即精确到 7 位),但要保留 6 位小数,因此小数位中超过精度的小数位为 0,这些特性在浮点型数据中介绍。

从变量访问看,变量具有"挤得掉,取不尽"的特点,即变量重新赋值后,变量名重新引用新值。变量的当前值可以无限反复获取,没有损失消耗。

对变量赋值,除了通过赋值语句外,也可通过输入函数(如 input、read 等函数)从外部设备(如键盘、磁盘)输入数据。前面多个例子中均用到 input 函数从键盘输入数据。

### 3. 变量脱值

变量赋值后,变量名引用数据单元,建立变量与数据单元、字面值的对应关系,通过变量名可获取字面值。与赋值过程相反的为脱值,即变量不再引用任何数据单元,变量恢复为未赋值状态。变量脱值语句形式为:

del «变量名»

其中,"变量名"是已赋值的变量,如:

```
>>> var=1000↵(回车)                          # 变量赋值,变量存在
>>> var↵(回车)                               # 变量取值,变量存在
1000
>>> del var↵(回车)                           # 变量脱值,变量不存在
>>> var↵(回车)                               # 查看变量
NameError: name 'var' is not defined
```

命名异常 NameError 表明变量 var 没定义,即变量没赋值,变量名不存在引用。

这是命令语句。命令也是具有一定功能的处理过程,但不同于函数(有返回值)、表达式(可参加运算)。

### 4. 变量精确性

采用静态数据类型语言(如 C、FORTRAN 等)时,需要先通过数据类型定义变量,而且变量

的数据类型始终不可变,即数据单元大小、编码规则等不可变,有明确的取值范围、数据精度。Python 语言属于动态数据类型语言,变量的数据类型取决于所赋值的数据类型,即变量的数据类型是可变的,数据单元大小(字节数)也取决于赋值的大小。浮点数按指数形式编码,而且内存中用二进制表示,导致浮点数存在误差,采用有效数字、精度表示,如:

>>> a=123535.888888888888888↵(回车)

>>> a↵(回车)

123535.88888888889

变量 a 是浮点型 float,有效数字 17 位,即使赋值 21 位,最多只能精确到 17 位。

除了数据类型是变量的重要性质外,变量还有有效作用范围和生存期性质。这将在第 6 章、第 7 章中介绍。

除了赋值语句建立变量名及其引用外,还有其他隐式赋值形式,如函数调用时,实参传递给形参。有关函数参数在第 6 章中介绍。

### 2.2.5 表达式

表达式是运算对象和/或运算符构成符合 Python 语言语法规范的式子。运算对象是参与运算的数据,可以是常量、已赋值的变量、表达式。表达式是递归定义的,即由运算对象和运算符构成的式子。运算符是对数据实施加工处理的抽象表示,如运算符"/"表示对数据进行"除"运算。表达式包含数据及其处理(加工),其处理结果具有数值及其所属数据类型,因此表达式是一种特殊数据,可以参加各种运算,包括作为函数参数。如 2*pi*radius 就是由常数、常量和有值的变量构成的算术表达式,其数据类型为浮点型 float;又如 sin(3+5*cos(8+2)) 是由整数、正弦函数、余弦函数和算术运算符构成的表达式,并按括号和函数以及运算符优先级进行计算,即 8+2、cos(8+2)、5*cos(8+2)、5、3+5*cos(8+2)、sin(3+5*cos(8+2)) 依次进行计算,其数据类型为 sin 函数返回值的数据类型,即浮点型 float。

更多有关表达式的内容将结合数据类型、数据和运算符进行介绍。

### 2.2.6 对象

Python 语言也是面向对象程序设计语言。对象(Object)是 Python 语言的重要概念。客观世界就是由对象构成的,每个对象都包括状态和行为,如张三(张三,男,18 岁,走路,跑步,读书)、李四(李四,女,17 岁,走路,跑步,读书)。对这些个人进行抽象:人(姓名,性别,年龄,行为1,行为2,行为3)——对象共性表示称为类(Class)。为了方便描述客观世界,Python 语言采用面向对象理念实现了相应的对象表示和管理,也就是计算机世界的对象和客观世界的对象具有很好的对应关系,可便捷地利用软件对客观世界建模(表示),甚至在计算机世界中虚拟出对象,方便问题求解、软件系统构建。在没有特别说明的情况下,对象均指计算机世界的对象,同样包括状态和行为,其占据一定大小的数据单元,包含数据类型信息、引用计数器和数值信息。Python 程序中对象状态和行为改称为变量成员和成员函数,统称为对象属性。

Python 语言中,根据对象与属性的关系由"."成员运算符表示,如对象的变量成员赋值:

张三.姓名="张三"

张三.性别="男"

张三.年龄=18

Python 语言有不同层级的对象,如张三、李四为实例(即具体化的对象),人是类对象,还有基本数据类型对象、函数对象、模块对象等。任何对象在计算机内存中都有代码段,均可通过对象名进行引用,如变量名、类名、函数名、类型名等。Python 中任何个体均为对象,感到更抽象。在学习 Python 时,还是更多按传统概念(至少在问题求解编程时)更容易理解,如 Python 的 int、float 等是类,但按传统的整型、浮点型(类型)更好理解,还有 a=10 中 a 是实例,但按整型变量更好理解。只有特别需要时(如系统集成、第三方资源应用等)才按对象理解。有关对象的概念和应用在后续章节介绍。

## 2.3 基本类型数据

Python 语言数据类型包括基本数据类型(简称基本类型)和自定义数据类型(简称自定义类型)等。基本数据类型为 Python 语言内置数据类型(即 Python 解释环境提供的数据类型),包括简单类型和聚合类型。简单类型包括整型 int、浮点型 float 和逻辑型 bool 以及复数型 complex。从前面章节例题中看到: 程序中数据(即运算对象)包括常量、变量和表达式。首次给变量赋值就意味着定义了变量,并初始化,而且变量所属的数据类型就是所赋数据的数据类型。变量性质包括数据类型、存储类别(生存期)和有效作用范围。有关存储类别和有效作用范围将在后续章节介绍。

### 2.3.1 整型数据

整型(int)数据包括整型常量、整型变量。

**1. 整型常量**

Python 语言整型常量(即整常数)有二进制(Binary)、八进制(Octal)和十六进制(Hexadecimal)以及十进制(Decimal)四种表示形式,并通过前缀区分不同进制数。

(1)二进制整常数。

二进制数字只有 0 和 1。在 Python 语言中,二进制常数是以 0b 或 0B 开头的 0、1 数字组合。前缀+或-表示正数或负数,正数的前缀+可省略,如 0b1010(十进制为 10)、+0B11111111(十进制为 255)、-0b1100001(十进制为-97)为合法的二进制数,而 01010(缺 b)、b110111(无前缀 0)、0B1102001(包含非二进制数字 2)为不合法的二进制数。

在 Python 解释环境中,执行:

```
>>> 0b1100001↵(回车)                    # 对应十进制数
97
>>> a=0b1100001↵(回车)                  # 变量赋值,整型数据
>>> a↵(回车)                            # 对应十进制数
97
```

(2)八进制整常数。

八进制数字为 0~7。在 Python 语言中,八进制常数是以 0o 或 0O 开头的 0~7 数字组合。前缀+或-表示正数或负数,正数的前缀+可省略,如 0o15(十进制为 13)、+0O101(十进制为 65)、-0o177777(十进制为-65535)为合法的八进制数,而 o256(无前缀 0)、0o3A2(包含非八进制数字 A)、-0O128(包含非八进制数字 8)为不合法的八进制数。

在 Python 解释环境中,执行:

```
>>> 0O101↵(回车)                    # 对应十进制数
65
>>> a=0O101↵(回车)                  # 变量赋值, 整型数据
>>> a↵(回车)                        # 对应十进制数
65
```

(3)十六进制整常数。

十六进制数字为0~9、A~F或a~f。在 Python 语言中,十六进制常数以是 0X 或 0x 开头的 0~9、A~F 或 a~f 数字组合。前缀+或-表示正数或负数,正数的前缀+可以省略,如 0X2A(十进制为 42)、+0xA0(十进制为 160)、-0XFFFF(十进制为-65535)为合法的十六进制整常数,而 5A(无前缀 0X)、+0X3H(含有非十六进制数字 H)为不合法的十六进制整常数。

在 Python 解释环境中,执行:

```
>>> 0x2A↵(回车)                     # 对应十进制数
42
>>> a=0x2A↵(回车)                   # 变量赋值, 整型数据
>>> a↵(回车)                        # 对应十进制数
42
```

(4)十进制整常数。

十进制数字为0~9。在 Python 语言中,十进制常数以 1~9 开头的 0~9 数字组合。前缀+或-表示正数或负数,正数的前缀+可省略,如+237(正数)、-568(负数)、65535(正数)为合法的十进制整常数,而 083(不是八进制,不可前缀 0)、23D(不是十六进制, 含非十进制数字)为不合法的十进制整常数。

**2. 整型变量**

Python 语言是动态数据类型语言,整型变量引用的数据单元大小没有明确的限制,取决于所赋的整数,使编程时无须考虑变量的取值范围,如:

```
>>> from sys import *↵(回车)         # 导入系统模块, 含有所需的函数
>>> a=(-100)**101↵(回车)             # 指数运算、赋值
>>> a↵(回车)
-100000000000000000000000000000000000000000000000000000000000000000000000000000
00000000000000000000000000000000000000000000000000000000000000000000000000000
0000000000000000000000000
>>> getsizeof(a)
102
```

变量 a 保留了 $(-100)^{101}$ 的值,占用了 102 字节数据单元。"**"为指数运算符。

**3. 整型变量定义与访问**

变量的访问包括赋值和取值。首次对变量赋值,定义了变量,并进行初始化,其形式为:

《变量名 1》↵, 《变量名 2》↵=《整型运算对象 1》↵, 《整型运算对象 2》↵

其中,"变量名 i"(i=1,2,…)为自定义标识符。"整型运算对象 i"(i=1,2,…)从左到右依次求值后依次赋给各变量。"整型运算对象 i"(i=1,2,…)可以是常量、有值的变量或表达式,如:

```
a=10                                # 1 定义变量 a, 并初始化为 10
```

```
b=20                        # 2 定义变量b,并初始化为20
a,b,c=100,a+20,a+b*2        # 3 定义变量c,变量a、b重新赋值,依次为100、30、50
x=a+b+c                     # 4 定义变量x,并初始化为180
d1=d2=d3=x                  # 5 定义变量d1、d2、d3,并赋值180
```

第1、2赋值语句是首次变量赋值,变量名a、b引用了存储10、20的数据单元。在不引起误解情况下,认为数值赋给变量。第3赋值语句右边先求值,依次赋给左边变量,其中对变量c也是首次赋值50,而变量a、b重新赋值。注意:赋值语句是右边执行完毕后再依次给左边赋值,因此,b的值不是120,c的值不是340。重新赋值时,Python自动回收原有10、20的数据单元(如果没有其他变量引用),并使a、b重新引用100、30的数据单元。第4赋值语句右边先求值后赋给左边变量,变量x的值为180。第5赋值语句,定义变量d1、d2、d3,并赋值180,d1、d2、d3、x都引用180的数据单元。

变量及其赋值、取值很重要。变量是内存数据单元在程序中抽象表示,由变量名引用。在不混淆的情况下,变量名简称变量。有关变量赋值、取值具有以下特点:

(1)赋值语句左边一定是变量,右边是运算对象,可以是常量、变量、表达式。

(2)首次变量赋值具有定义变量并初始化的作用,也就是数据单元有内容,并且变量名引用该数据单元。在不引起误解的情况下,可简单理解为程序中给变量赋值。

(3)一个赋值语句可以给多个变量同时赋值,此时左边各变量名之间用逗号间隔,右边各运算对象也用逗号分开,而且左右两边依据顺序依次一一对应。

(4)对多个变量赋相同值形式:《变量名1》=《变量名2》=《运算对象》,实质上是多个变量名引用同一数据单元。

(5)通过变量名获取引用的数值,即变量取值。

【例2.5】 变量访问。

```
d=100                          # 变量d首次赋值100
a=d-20                         # 变量d取值、运算,变量a首次赋值
b=a+d                          # 变量a,d取值、运算,变量b首次赋值
c=a+b+d                        # 变量a,b,d取值、运算,变量c首次赋值
print("a=%d,b=%d,c=%d\n"%(a,b,c))   # 变量取值后输出
```

运行结果:

```
a=80,b=180,c=360
```

从程序中可以看到变量有赋值也有取值。

### 4. 不同进制数转化

不同进制的整数是同一整数的不同表示形式。通过内置函数 hex、oct、bin 可实现十进制整数变换为十六进制、八进制和二进制的数字字符串,如:

```
>>> hex(100)↵(回车)            # 十进制数转换十六进制数
'0x64'
>>> oct(100)↵(回车)            # 十进制数转换八进制数
'0o144'
>>> bin(100)↵(回车)            # 十进制数转换二进制数
'0b1100100'
```

字符串是文本的意思,如'10'是字符串,而10是整数。数字字符串通过内置函数int,可把

数字字符串转换为十进制整数，其函数原型：

    int int(《数字字符串》,《进制》)

  第 1 个 "int" 是数据类型名，表示可得到整数；第 2 个 "int" 是函数名，表示将 "进制" 的 "数字字符串" 转换为十进制数。"数字字符串" 为十六进制、八进制和二进制的数字字符串，"进制" 为 "数字字符串" 的 16、8 或 2 进制，如：

```
>>> int('0b1100100',2)↵(回车)         # 二进制数字字符串转换十进制数
100
>>> int('0o144',8)↵(回车)             # 八进制数字字符串转换十进制数
100
>>> int('0x64',16)↵(回车)             # 十六进制数字字符串转换十进制数
100
```

实际上是创建一个 int 型实例。

  内置函数 eval 也可实现数字字符串到整数的变换，如：

```
>>> eval('0b1100100')↵(回车)          # 二进制数字字符串转换十进制数
100
>>> eval('0o144')↵(回车)              # 八进制数字字符串转换十进制数
100
>>> eval('0x64')↵(回车)               # 十六进制数字字符串转换十进制数
100
```

  求值函数 eval 的作用是参数执行求值后以字符串为表达式再次求值，如：

```
>>> a=10↵(回车)                       # 变量赋值
>>> b="a"↵(回车)                      # 变量赋值
>>> eval(b)↵(回车)                    # 两次求值: b=>"a"=>a=>10
10
```

  eval 函数中，参数变量 b 自动求值得到字符串"a"，然后以字符串"a"的内容为表达式 a，再次求值得到 10。

  eval 函数的重要作用就是把字符串当成表达式执行。这样程序输出的字符串，或键盘输入的字符串都可以执行，如：

```
>>> a=input("输入计算式: ")↵(回车)     # 键盘输入字符串
输入计算式: 10+20*2+30↵(回车)
>>> a↵(回车)                          # 字符串
'10+20*2+30'
>>> eval(a)↵(回车)                    # 两次求值
80
```

  eval 函数中，参数变量 a 的值为"10+20*2+30"，对其内在的表达式 10+20*2+30 求值得到 80。可以简单理解: eval 函数是以字符串参数（如"10+20*2+30"）的内容（如 10+20*2+30）为表达式进行求值，或说对参数进行两次求值。eval 函数也称为再次求值函数，其原型为：

    type eval(《表达式字符串》)

得到结果的数据类型"type"取决于"表达式"的数据类型。

## 2.3.2 浮点型数据

浮点型(float)数据包括浮点型常量和浮点型变量。

**1. 浮点型常量**

浮点型也称为实型。浮点型常量也称为实数或浮点数,只有十进制数,可采用日常表示法和指数表示法表示。

(1)日常表示法。

浮点数的日常表示由正号或负号(+、-)、数字 0~9 和小数点组成,如 .25, 5.789, 0.13, 5.0, 300., -267.8230 等均为合法的浮点数,其中.25 等同于 0.25。对于正数,正号+可以省略,如 5.789 等价于+5.789。

(2)指数表示法。

浮点数指数表示由尾数、阶码标志符和阶码组成,其形式为:

《尾数》《e⊥E》《阶码》

其中, e 或 E 为阶码标识符, 表示以 10 为底数; 尾数为日常表示的浮点数; 阶码表示指数, 只能为整数(正整数或负整数)。如 2.1E5(等价于 $2.1×10^5$)、3.7E-2(等价于 $3.7×10^{-2}$)、0.5E7(等价于 $0.5×10^7$)、-2.8E-2(等价于$-2.8×10^{-2}$)、-0.28e-1(等价于$-0.28×10^{-1}$)是合法的浮点数。阶码的正号+可以省略, 0.5E7 等价于 0.5E+7。而 345(无小数点)、E7(无尾数)、-5(无阶码标志)、53.-E3(负号位置不对)、2.7E(无阶码)是不合法的浮点数。

浮点数采用指数形式编码。Python 3.8 浮点数数据单元为 4 个字节, 最大值为 $10^{308}$。采用指数表示, 一个实数形式并不唯一, 如 3.14159、31.4159e-1、0.314159e1 等, 尾数中小数点的位置在不同位置上浮动。这是浮点数名称的由来。任何浮点数均可表示尾数为"0."开头的指数形式(如 0.314159e1), 称为浮点数的规范化指数形式, 也是计算机内部表示形式。

**2. 浮点型变量定义与访问**

浮点型变量的访问包括赋值和取值。浮点型变量定义及其初始化形式为:

《变量名1》,《变量名2》=《浮点型运算对象1》,《浮点型运算对象2》

其中,"变量名 i"(i=1,2,…)为自定义标识符;"浮点型运算对象 i"(i=1,2,…)可以是常量、有值的变量或表达式。也可多个变量赋相同值:

《变量名1》=《变量名2》=《浮点型运算对象》

如:

```
c=100.2           # 1 首次变量 c 赋值: 定义变量 c, 并初始化为 100.2
x,y =10+c,50.     # 2 首次变量 x、y 赋值: 定义变量 x、y, 并初始化为 110.2、50.0
p,q=1.23e120,x+y  # 3 首次变量 p、q 赋值: 定义变量 p、q, 并初始化为 1.23×10120、160.2
a=b=c+20          # 4 首次变量 a、b 赋值: 定义变量 a、b, 并初始化为 120.2
```

变量访问是通过变量名进行的。第 2 赋值语句中, 右边 c 取值 100.2, 计算结果为 110.2, 再把 110.2、50.0 分别赋给左边变量 x、y。第 3 赋值语句中, 右边 x、y 取值 110.2、50.0, 计算结果为 160.2, 再把 1.23e120、160.2 赋给右边变量 p、q。第 4 赋值语句中, 右边 c 取值 100.2, 计算 100.2+20 结果 120.2 赋给 a、b。

**【例 2.6】** 浮点型变量访问。

```
a=33333.33333                        # 变量赋值
b=33333.6666666666666                # 共 19 位
c=b
b=b+a                                # 变量取值、+运算、重新赋值运算
print("a=",a,"\nb=",b,"\nc=",c)      # 变量取值, 原样输出
print("a=%f\nb=%f\nc=%f\n"%(a,b,c))  # 变量取值, 按格式输出
```

运行结果:

```
a= 33333.33333
b= 66666.99999666667
c= 33333.666666666664
a=33333.333330
b=66666.999997
c=33333.666667
```

第 1 输出语句原样输出浮点型变量 a、b、c 的值。变量 b、c 的值超出有效精度, 断截一些小数位, 存在误差。第 2 输出语句按格式输出, 保留 6 位小数, 不足小数位补 0。Python 底层是 C 语言实现的, 决定了这种输出。在有效精度范围内, 直接断截后续小数位, 断截前进行四舍五入。有关 print 函数将在第 4 章中介绍。

### 2.3.3 复数型数据

复数型(complex)数据包括复数型常量和复数型变量。

**1. 复数型常量**

复数型常量由实部和虚部构成, 属于复数型 complex。实部可以是浮点数或整数, 而且虚部只能是十进制整数。在 Python 语言中, 复数虚部后缀为 "j" 或 "J", 其形式为:

　　⌊《实部》⌋⌊《+⊥-》《虚部》《j⊥J》⌋

或

　　(⌊《实部》⌋⌊《+⊥-》《虚部》《j⊥J》⌋)

即实部或虚部可选, 虚部的+、-可选, 如 12+34j、4e56+4E6J、32-23j、(0o12+45.2j)、(12J)、-45j 都是合法的复数, 而 12+0b101J、45+0x34j、0o12+0o22J、(0o46-0o62J)中虚部分别含有二进制、八进制、十六进制数, 都是不合法的复数。

**2. 复数型变量定义与访问**

复数型变量的访问包括赋值和取值。复数型变量定义及其初始化形式为:

　　《变量名 1》⌊,《变量名 2》⌋=《复数型运算对象 1》⌊,《复数型运算对象 2》⌋

其中, "变量名 i"(i=1,2,…)为自定义标识符, "复数型运算对象 i"(i=1,2,…)可以是常量、有值的变量或表达式, 如:

```
c=10.2j              # 首次变量 c 赋值: 定义变量 c, 并初始化为 10.2j
x,y =40+c,50.        # 首次变量 x、y 赋值: 定义变量 x、y, 并初始化为 40+10.2j、50.0
p,q=1.2e10j,x+y      # 首次变量 p、q 赋值: 定义变量 p、q, 初始化为 1.2e10j、90.0+10.2j
```

变量访问是通过变量名进行的。第 2 赋值语句中, 右边 c 取值 10.2j, 计算结果 40+10.2j,

再把 40+10.2j、50.0 分别赋给左边变量 x、y。第 3 赋值语句中，右边 x、y 取值 40+10.2j、50.0，计算结果 90+10.2j，再把 1.2e10j、90+10.2j 赋给左边变量 p、q。

可见复数加"+"、减"-"运算还是两个运算对象实部、虚部单独对应运算。乘"*"运算按分配率运算，如(2+3j)*(4-5j)结果为 23+2j。此外，复数为实例，通过变量成员 real、imag 获得实部和虚部，成员函数 conjugate 获得共轭复数，还有数学库 abs 函数获得参数为数值的绝对值或参数为复数的模，如：

```
>>> from math import *↵(回车)        # 导入数学库
>>> k=2-3j↵(回车)                    # 复数变量定义、初始化
>>> abs(k)↵(回车)                    # 求复数模，即 sqrt((2-3j)*(2+3j))
3.6055512754639896
>>> k.real↵(回车)                    # 复数的实部
2.0
>>> k.imag↵(回车)                    # 复数的虚部
-3.0
```

为了醒目起见，在 Python 解释环境中复数常量加圆括号，实部、虚部构成的复数是一个整体，如：

```
>>> x↵(回车)                         # 复数变量
(40+10.2j)
>>> k.conjugate()↵(回车)             # 共轭复数
(2+3j)
>>> a=complex(2,3)↵(回车)            # 复数生成函数
>>> a↵(回车)
(2+3j)
```

也可以对多个复数变量进行相同赋值，如 a=b=c=20+30j。

### 2.3.4 逻辑型数据

逻辑型(bool)数据包括逻辑常量和逻辑变量。

**1. 逻辑常量**

逻辑型也称为布尔型，逻辑常量只有 True 和 False，分别为逻辑真和逻辑假。在 Python 解释环境中，True、False 是对应常数 1、0，如：

```
>>> True+11↵(回车)                   # True 为 1
12
>>> False+11↵(回车)                  # False 为 0
11
```

**2. 逻辑型变量定义与访问**

逻辑型变量的访问包括赋值和取值。逻辑变量取决于所赋值为 True 或 False，逻辑型变量定义及其初始化形式为：

《变量名 1》↵,《变量名 2》↵ =《逻辑型运算对象 1》↵,《逻辑型运算对象 2》↵

其中，"变量名 i"(i=1,2,…)为自定义标识符，"逻辑型运算对象 i"(i=1,2,…)可以是常量、

有值的变量或表达式,如:

```
c=True                      # 首次变量 c 赋值:定义变量 c,并初始化为 True
x,y =True and c,False       # 首次变量 x、y 赋值:定义变量 x、y,并初始化为 True、False
```

变量访问是通过变量名进行的。第 2 赋值语句中,右边 c 取值 True,计算结果 True(and 为逻辑与运算),再把 True、False 分别赋给左边变量 x、y,也就是右边依次计算后,将结果依次赋给左边的变量。

在程序设计时,尤其在分支程序设计、循环程序设计中,需要注意:数值 0、空字符串""、空列表[]、空元组()、空字典{}和空集合 set() 以及空值 None 相当于逻辑假(False),而数值非 0、非空列表、非空元组、非空字典和非空集合相当于逻辑真(True),也可以参加逻辑运算。更多细致内容将在后续有关章节中介绍。

## 2.3.5 NoneType 类型与 None 值

任何运算对象和函数返回值都应属于某种数据类型。除了基本数据类型和自定义数据类型(即类),还有 NoneType 类型(称为空类型)。NoneType 作为函数返回值 None(称为空值)的数据类型,表示该函数强调功能,如 print 函数实现在屏幕上显示信息,即强调过程,不强调返回值,该值也不可参加其他运算。None 是 NoneType 的唯一一个值。Python 语言引入 NoneType 和 None 后,Python 语言的任何运算对象和函数返回值都有数据类型,规范了运算对象和函数定义形式。

## 2.3.6 数据类型对象与数据对象

Python 解释环境基于面向对象构建的,任何 Python 个体都是对象,如数据类型、变量等。对象由属性构成,属性分为变量成员和成员函数。程序中对象由对象名引用。基本数据类型为内置类型对象,其名称为 int、float、complex、bool。常量和变量为实例对象(简称实例),它们属于某一数据类型。通过内置函数 type、dir 和 help,可以查看对象所属数据类型、对象属性和对象属性的详细描述,如:

```
>>> a=-10↵(回车)              # 变量赋值
>>> type(a)↵(回车)             # 变量属于整型 int
<class 'int'>
>>> type(int)↵(回车)           # 整型 int 属于类型 type,即类型的类型
<class 'type'>
>>> dir(a)↵(回车)              # 等同于 dir(int),所有属性—变量成员和成员函数
['__abs__', '__add__', '__and__', '__dir__', '__float__', 'bit_length', 'conjugate', 'denominator', 'from_bytes', 'imag', 'numerator', 'real', 'to_bytes',…]
```

可以看到,整型变量 a 和整型 int 的变量成员和成员函数(双下划线开头和结尾)。

```
>>> help(a.bit_length)↵(回车)   # 等同于 help(int.bit_length),描述属性
Help on built-in function bit_length:

bit_length() method of builtins.int instance
    Number of bits necessary to represent self in binary.
```

```
>>> a.__abs__(),a.__add__(25),a.__float__()↵(回车)
(10, 15, -10.0)
```

面向对象程序设计的许多概念比较抽象,可从几个角度进行理解:

(1) 数据性质与程序构成:数学的常量、变量、表达式属于数据类型,即元素与集合的关系,而在面向对象程序设计中,实例(Instance)属于类(Class)。

(2) Python 解释环境:常量、变量、表达式计算结果都是对象,有具体数值,这类对象为实例对象。整型、浮点型、复数型、逻辑型也是对象,即整型对象 int、浮点型对象 float、复数型对象 complex、逻辑型对象 bool,它们属于数据类型 type。也就是 Python 语言是面向对象语言,其解释环境也是基于面向对象构建的。

上面的(1)是程序设计的重点,是问题描述和求解的关键;(2)是程序设计的基础,需要掌握并用于问题求解中。

对象的包含关系如图 2.8 所示:每个节点都是对象,但下一级都是上一级的一个实例。可以理解为上一级是下一级的类型(类),而下一级是上一级的实例。Python 解释环境中,还提供一个超级对象 object。

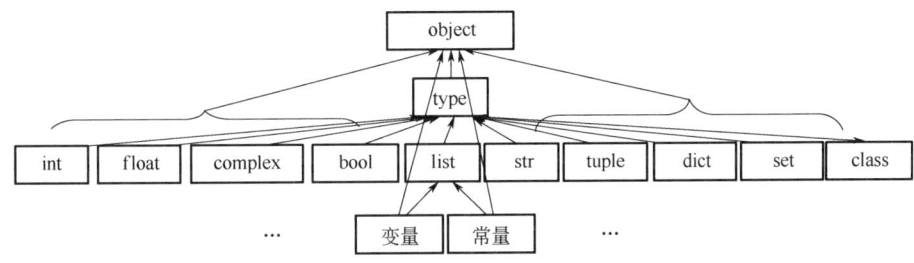

图 2.8 类型与变量、常量

Python 语言提供了一个判断上述关系的内置函数 inisintance(实例函数),其函数原型:

    bool isinstance(«下级对象»,«上级对象»)

该函数返回逻辑值 True 或 False。如果"下级对象"是"上级对象"实例,返回逻辑值 True,否则返回逻辑值 False,如:

```
>>> isinstance(10,int), isinstance(10,float), isinstance("Python",str)↵(回车)
(True, False, True)
>>> isinstance(int,type), isinstance(float,type), isinstance(str,type)↵(回车)
(True, True, True)
>>> isinstance(type,object), isinstance(int,object), isinstance(10,object)↵(回车)
(True, True, True)
```

有关内置函数、函数原型的概念将在后续 2.4.7 中介绍。

Python 语言提供内置函数 type(数据类型函数),其函数原型:

    type type(«对象»)

该函数返回"对象"所属的类型名称,如:

```
>>> type(10),type(int),type(type),type(object)
(<class 'int'>, <class 'type'>, <class 'type'>, <class 'type'>)
```

可见，10属于int，int属于type，type、object也都属于type(类型)。

# 2.4 数据基本运算

## 2.4.1 运算与运算符

运算是计算机加工、处理数据的基本操作。计算机运算功能由加法器实现，其他运算通过采用数据的编码和移位完成复杂运算，如减运算可以转换为加运算，乘运算可转换为加运算，而除运算可以转换为乘运算。计算机高级语言把运算功能抽象成运算符，也就是由运算符表示计算机各种基本运算功能。由运算符与运算对象构成的表达式表示复杂问题的综合处理，进一步形成程序可执行的语句，完成问题求解任务。

除了具有丰富描述问题的数据类型外，Python语言还有丰富表示处理问题的运算符，体现Python语言具有较强的描述问题和处理问题的能力。

运算符是构建表达式的要素，注意：(1)运算符由关键字表示，如算术运算符+(加或者正)、-(减或者负)、*(乘)、/(除)、%(求余)等；(2)运算符要求运算对象的个数及数据类型，如%(求余)要求两个运算对象，并且必须均为整数；(3)除了要求运算对象的数据类型和个数外，运算符不仅具有不同的优先级决定运算的先后顺序，而且还有从左到右或从右到左顺序进行运算的结合性(即左结合性、右结合性)，如算术运算符中，*(乘)、/(除)、%(求余)优先级高于+(加)、-(减)，优先级同级情况下，按从左到右的左结合性进行运算；(4)在表达式中，各运算对象参与运算的先后顺序不仅要遵守运算符优先级别的规定，还要受运算符结合性的制约，以便确定是自左向右进行运算，还是自右向左进行运算。总之，对于运算符，除了运算符关键字外，与运算符紧密相关的基本特性包括运算符功能、运算对象的数据类型、运算对象的个数、运算符优先级和运算结合性。

有关运算符及其优先级和结合性等具体内容，将结合具体运算符进行介绍。

## 2.4.2 算术运算

算术运算功能由在算术运算符表示。算术运算符表示可执行加法、减法、乘法和除法以及求余等运算，如表2.2所示。

表2.2 算术运算符及说明

| 优先级 | 运算符 | 运算对象数 | 结合性 | 说明 |
| --- | --- | --- | --- | --- |
| 4 | ** | 2 | 右结合 | 指数运算 |
| 6 | +、- | 1 | 右结合 | 正、负 |
| 7 | *、/、//、% | 2 | 左结合 | 乘、除、整除、求余 |
| 8 | +、- | 2 | 左结合 | 加、减 |

**1. 算术运算符**

算术运算符分两大类：一元(单目)运算符和二元(双目)运算符。一元运算符只要求一个运算对象，包括正运算符+、负运算符-。二元运算符要求有两个运算对象，包括算术运算符+(加)、-(减)、*(乘)、/(除)、//(整除)、%(求余)、**(指数)。这些运算符与数学算术运算符的一致(包括优先级和结合性)。%也称为求模运算符。

**2. 算术表达式**

(1)一元算术表达式。

一元算术运算符与运算对象构成表达式形式,表示运算对象进行正、负运算:

〔+∣-〕«运算对象»

其中,"运算对象"为整型、浮点型、复数型数据,可以是常量、变量、表达式。正号运算符+可省略,如:

| i=+1 | # 表示正 1, 正号运算符+可以省略, 等价于 i=1 |
| j=-i | # 表示 i 的值取反, 即 j 值为-1 |
| k=-j | # 表示 j 的值取反, 即 k 值为+1 |

正号运算符+无任何操作,可以省略,主要是为了强调某数值常量是正的,增加程序的可读性。负号运算符-表示原来数据取反运算,即正数变为负数,而负数变为正数。

(2)二元算术表达式。

二元算术运算符与运算对象构成算术表达式,表示运算对象进行算术运算:

«运算对象 1»«算术运算符»«运算对象 2»

其中"算术运算符"为+(加)、-(减)、*(乘)、/(除)、//(整除)、%(求余)、**(指数)之一,"运算对象 1"和"运算对象 2"主要是整数、浮点数,还可以是复数。"运算对象"可以是常量、变量或表达式。通过运算对象的个数,可判别是加、减运算符还是正、负运算符。这就是运算符的多态性,即相同符号,但根据运算对象类型或运算对象个数决定采用相应的运算。

在加、减、乘运算中,两个整型运算对象的运算结果为整数,而整型、浮点型运算对象混合运算结果都是浮点数,如:

```
>>> 2+3, 2.0+3, 2+3.0, 2.0+3.0↵(回车)        # 形成元组
(5, 5.0, 5.0, 5.0)
```

此处2+3, 2.0+3, 2+3.0, 2.0+3.0为逗号表达式,其中逗号为运算符,把逗号表达式中各个运算对象求值后组成一个元组(5, 5.0, 5.0, 5.0)。元组是由圆括号和运算对象组成的有序系列,运算对象称为元组元素,元素由逗号隔开。逗号表达式中运算对象与元组元素在位置上一一对应。上述逗号表达式求解过程中,为确保运算的结果数据不失真,采用数据类型自适应机制,进行数据类型自动转换,整数相加得到整数,其他得到浮点数,但除法、整除和求余略有不同,需要注意:

① /(除)运算符,其两个运算对象为整型或浮点型,运算结果为两个数相除的商(即浮点数),与数学上的除法相同,如:

```
>>> 5/2,5.0/2,5/2.0,5.0/2.0↵(回车)         # 形成元组
(2.5, 2.5, 2.5, 2.5)
```

② //(整除)运算符,其两个运算对象为整型或浮点型,运算结果分两种情况:若两个运算对象都是整数,相除结果为整数,去掉小数部分,没有四进五入;若两个运算对象至少一个浮点数,相除结果为浮点数,且保留商的整数部分,小数为 0, 没有四进五入,如:

```
>>> 5//2, 5.6//2, 5//2.0, 5.6//2.0, 5.6//2.7↵(回车)
(2, 2.0, 2.0, 2.0, 2.0)
```

对于浮点数，//运算是把被除数、除数自动取整（没有四舍五入）后再整除的，即运算对象进行了浮点型自动转换为整型后进行整除运算。

③ %（求余）运算符，其两个运算对象为整型或浮点型，运算结果分两种情况：若两个运算对象都是整数求余结果为整数，该数是不能被除数除尽的整数；若两个运算对象至少一个浮点数求余结果为浮点数，该数为不能被除尽的浮点数，如：

>>> 5%2,5.0%2,5%2.0, 5.0%2.0, 5.6%2, 5.6%2.0, 5.6%2.3, 5.6%2.3, 5.6%2.8↵（回车）

(1, 1.0, 1.0, 1.0, 1.5999999999999996, 1.5999999999999996, 1.0, 0.0)

上述运算结果中，1.5999999999999996 是由运算过程浮点数存在精度、有效位所导致的，实际上是 1.6 的近似值。

④ **（指数）运算符，其两个运算对象为整数、浮点数、复数，运算结果取决于两个运算对象的类型。若两个运算对象都是整数，运算结果为整数；若两个运算对象分别为整数和浮点数，运算结果为浮点数；若两个运算对象分别为整数或浮点数和复数，运算结果为复数，如：

>>> 12**2, 12.0**2, 12**2.0, 12**2.1,(2+3j)**2, 2**(2+3j) ↵（回车）

(144, 144.0, 144.0, 184.62079497410147,(−5+12j),(−1.947977671863125+ 3.493620327099486j))

当表达式包含两个或更多不同优先级的运算符时，按运算符优先级从高到低次序运算，可通过在表达式中添加圆括号（圆括号也是运算符，优先级最高）来确定表达式的运算顺序（表2.2），如：

i+j*k　等价于　i+(j*k)
−i*−k　等价于　(−i)*(−k)
+i+j/k　等价于　(+i)+(j/k)

当表达式含有多层圆括号嵌套时，内层的圆括号先运算，如：

i+j*k/r　等价于　i+((j*k)/r)

当表达式含两个或更多个相同优先级的运算符时，根据运算符的结合性，确定表达式的运算顺序。运算符要求运算对象参与运算是从左向右进行的，称该运算符为左结合运算符（运算符具有左结合性），反之，称为右结合运算符（运算符具有右结合性）。二元算术运算符都是左结合运算符，如：

i−j−k　等价于　(i−j)−k
i*j/k　等价于　(i*j)/k

一元算术运算符都是右结合运算符，如：

−+i　等价于　−(+i)

### 2.4.3　关系运算

**1. 关系运算符**

关系运算也称比较运算，对两个运算对象进行比较，包括"等于""不等""大于""小于""大于或等于""小于或等于""同一数据单元""不同数据单元""属于聚合元素""不属于聚合元素"，并得到比较关系是否成立的结果 True 或 False。关系运算由关系运算符表示。关系运算符如表 2.3 所示。

表 2.3 关系运算符及说明

| 优先级 | 运算符 | 结合性 | 说明 |
| --- | --- | --- | --- |
| 13 | < | 左结合 | 小于 |
| 13 | <= | 左结合 | 小于或等于 |
| 13 | > | 左结合 | 大于 |
| 13 | >= | 左结合 | 大于或等于 |
| 13 | == | 左结合 | 等于 |
| 13 | != | 左结合 | 不等于 |
| 14 | is | 左结合 | 同一存储单元 |
| 14 | is not | 左结合 | 不同存储单元 |
| 15 | in | 左结合 | 是聚合元素 |
| 15 | not in | 左结合 | 不是聚合元素 |

除 is、is not 外，Python 语言关系运算与数学关系运算概念一致。关系运算符都是二元运算符，均为左结合性(从左到右运算)。关系运算符的优先级低于算术运算符，意味着"先计算，后比较"。关系运算符中，<、<=、>、>=、==和!=的优先级相同，高于 in、not in(在数学中判断元素是否属于集合，也称为成员运算)。

**2. 关系表达式**

关系表达式为关系运算符与运算对象构成的表达式，表示运算对象进行关系运算：

《运算对象 1》《关系运算符》《运算对象 2》

其中"运算对象 1"和"运算对象 2"为常量、变量或表达式，其数据类型为整型或浮点型，如 x>0、a+b==c-d 都是合法的关系表达式。本节中，关系运算不包括 is、is not、in、not in，这四个运算符将结合基本聚合类型数据和自定义类型数据进行介绍。

关系表达式是表达式，而"运算对象 1"和"运算对象 2"也可以是关系表达式，出现嵌套关系表达式，如 a>(b>c)，a!=(c==d)。

关系运算的结果为逻辑值 True(真)或 False(假)，如：

5>0 的值 True，由于 5 大于 0；

a=3; b=5; a>b 的值为 False，由于 a 的值 3 小于 b 的值 5。

如果变量 a、b、c 的取值分别为 30、20、10，则

a>b 的值为 True；

(a>b)==c 的值为 False；

b+c<a 的值为 False；

a>b>c 的值为 True，等同于 a>b and b>c，"and"为逻辑与运算；

True==1 的值为 True；

False==0 的值为 True。

可见，逻辑值 True、False 与整数 1、0 是等价的。

==或!=运算一般是对整数或字符串比较运算。这两类数据的编码在内存中不存在误差。对具有有效数字和精确度的浮点数往往不能使用==或!=运算，而改用两个浮点数的绝对值足

够小来表示相等或差异足够大来表示不等,如|«运算对象 1» – «运算对象 2»|<10$^{-6}$,即 abs(«运算对象 1» – «运算对象 2»)<1.0e–06,表示"运算对象 1"等于"运算对象 2",其中 abs 为求绝对值的内置函数。

**【例 2.7】** 输出关系表达式的值。

```
i=1; j=2; k=3; c=61              # 定义变量,并初始化
print(k>j>i,end=' ')             # 比较结果
print(k==j==i+5,end=' ')         # 比较结果
print(65>c+3,end=' ')            # 比较结果
print(j+True,end=' ')            # 整数、逻辑值算数运算
print(j+False)                   # 整数、逻辑值算数运算
```

运行结果:

True  False  True  3  2

第一行为多个赋值语句,分号";"为语句分割符。print 函数在屏幕上输出信息。关系运算的结果为 True 或 False。对于含多个关系运算符的表达式,根据关系运算符的优先级和左结合性,决定运算顺序,如 k>j>i 等价于 k>j and j>i,即先判断 k>j 的值为 True,再判断 j>i 的值为 True,结果为 True。又如 k==j==i+5 等价于 k==j and j==6(注:算术运算符优先级高,先计算得到 6),即先判断 k==j 的值为 False,无须判断 j==6 的值(根据逻辑与运算),结果为 False。65>c+3 等价于 65>(61+3)的值为 True。最后两个语句中,逻辑值可参与进行算术运算,而且逻辑值参加算术运算时,True 为 1,False 为 0。这是一种不同数据类型的数据混合运算,数据类型自动转换。注意区分"="(赋值语句)与"=="(等于关系运算符)。

### 2.4.4 逻辑运算

**1. 逻辑运算符**

逻辑运算就是对逻辑值 True(真)或 False(假)进行"与""或""非"的运算,并得到 True 或 False 的运算结果。逻辑运算通过逻辑运算符表示。逻辑运算符包括与运算符 and、或运算符 or 和非运算符 not,前两者为二元运算符,后者为单元运算符,如表 2.4 所示。

表 2.4 逻辑运算符及说明

| 优先级 | 运算符 | 运算对象数 | 结合性 | 说明 |
| --- | --- | --- | --- | --- |
| 16 | not | 一元 | 右结合 | 非运算 |
| 17 | and | 二元 | 左结合 | 与运算 |
| 18 | or | 二元 | 左结合 | 或运算 |

**2. 逻辑表达式**

逻辑表达式为逻辑运算符与运算对象构成的表达式,表示对运算对象据进行逻辑运算:

«逻辑型运算对象 1» «逻辑运算符» «逻辑型运算对象 2»

其中"逻辑运算符"为与逻辑运算符 and、或逻辑运算符 or。而非逻辑运算符 not 构成的表达式为:

not «逻辑型运算对象»

Python 语言逻辑运算与数学逻辑运算相同, 即参加逻辑运算的逻辑数据(True 或 False), 而且运算结果是 True 或 False, 如表 2.5 所示。参与逻辑运算的运算对象可以是常量、变量、表达式, 如:

表 2.5 逻辑运算

| a | b | not a | not b | a and b | a or b |
|---|---|---|---|---|---|
| True | True | False | False | True | True |
| True | False | False | True | False | True |
| False | True | True | False | False | True |
| False | False | True | True | False | False |

(1) True and False or True 的值为 True;
(2) 若 a=True, 则 not a 的值为 False;
(3) 若 a=True, b=True, 则 a and b 的值为 True;
(4) 若 a=True, b=True, 则 a or b 的值为 True;
(5) 若 a=True, b=True, 则 not a or b 的值为 True;
(6) 若 a=5, b=4, 则 (a>1) or (b<2) 值为 True;
(7) not False 的值为 True, not True 的值为 False。

如果参与逻辑运算的运算对象是逻辑表达式, 从而构成逻辑运算嵌套形式, 如:

(a and b) and c

根据逻辑运算符的左结合性, 上式也等价于

a and b and c

往往使用逻辑表达式以表示复杂的条件, 如判别某一年 year 是否闰年, 而闰年的条件是符合下面二者之一:

(1) year 能被 4 整除, 但不能被 100 整除, 如 2008;
(2) year 能被 400 整除, 如 2000。

用表达式表示为 (year % 4 == 0 and year%100 !=0) or year % 400 == 0。如果该表达式值为 True, 则 year 为闰年; 否则 year 为非闰年。这个表达式中运算符较多, 圆括号优先级最高, 算术运算符优先级高于关系运算符, 而关系运算符优先级高于逻辑运算符。算术运算符、关系运算符和逻辑运算符的优先级可简单记忆: 进行各种算术运算得到数值; 有了数值才能进行比较得到 "真" 或 "假"; 有了 "真" 或 "假" 才能进行逻辑运算, 进一步得到 "真" 或 "假"。

逻辑运算符和其他运算符与运算对象可构成包含复杂表达式, 如:

| a>b and c==d | 等价于 (a>b) and (c==d) |
| not a +b+c or d*e | 等价于 (not (a +b+c)) or (d*e) |
| a*2>3<= 9/2 | 等价于 ((a*2)>3) <=(9/2) |
| 10<=x <=20 | 等价于 (10<=x) and (x<=20), 表示数学区间[10, 20] |

不同于数学逻辑运算, Python 语言对逻辑运算进行了扩展, 参加逻辑运算的可以是任何类型数据, 并约定: False、数值 0、空字符串""、空列表[]、空元组()、空字典{}和空集合 set() 以及空值 None 相当于逻辑假(False), 统称 "逻辑假"; 而 True、数值非 0、非空列表、非空元组、非空字典和非空集合相当于逻辑真(True), 统称 "逻辑真"。以数值逻辑运算为例, 如表 2.6 所示,

具体如下:

```
>>> a=2; b=4; c=0↵(回车)        # 定义变量, 初始化非 0
>>> not a↵(回车)                # 非 0 为 "真"
False
>>> a and b↵(回车)              # 两个同时为 "真", 判断 a 后, 判断 b
4
>>> a or b↵(回车)               # 只要一个为 "真", 判断 a 为真, b 不用判断
2
>>> not c↵(回车)                # 0 为 "假"
True
```

注意运算结果,可以不是逻辑值。表 2.6 中,"非 0"和"0"可改为聚合类型的数据"非 []"和"[]"、"非()"和"()"、"非""和""、"非{}"和"{}"、"非 set()"和"set()"等。有关聚合数据在后续章节介绍。

表 2.6 逻辑运算

| a | b | not a | not b | a and b | a or b |
| --- | --- | --- | --- | --- | --- |
| 非 0 | 非 0 | False | False | b | a |
| 非 0 | 0 | False | True | 0 | a |
| 0 | 非 0 | True | False | 0 | b |
| 0 | 0 | True | True | 0 | 0 |

注意: 在逻辑表达式中,运算对象还可以是逻辑表达式。在进行逻辑表达式的求解时,并不是所有的逻辑运算都要执行,即依次运算过程某个时间节点上已可以判断整个表达式的值时,其余逻辑运算就不要求执行。这是基于逻辑运算最终结果和提高执行效率考虑,如:

(1) a and b and c: 根据优先级,只有 a 为 "逻辑真",才需要判断 b; 只有 a 和 b 都为 "逻辑真",才需要判断 c。如果 a 为 "逻辑假",可以确定整个表达式为逻辑假,所以不必再判断 b 和 c; 如果 a 为 "逻辑真"、b 为 "逻辑假",也不用判断 c。这源于逻辑与运算只要有一个为 "逻辑假",整个表达式为 "逻辑假",如图 2.9 所示; 另一方面还源于 Python 解释过程是从左到右进行,如:

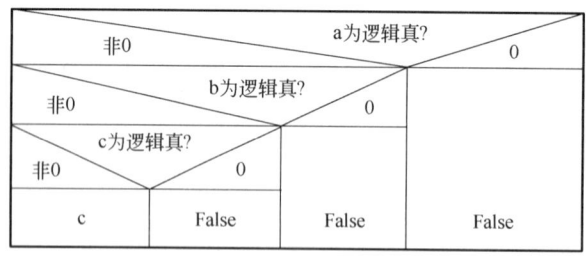

图 2.9　a and b and c

```
>>> a=(1+2) and (3+4) and (5+6)↵(回车)
>>> a↵(回车)
11
```

由于 1+2 的值为 3(非 0),则进一步判断 3+4 的值 7(非 0),最后判断 5+6 的值 11(非

0),并把 11 作为逻辑运算结果赋给 a。根据算术运算符与逻辑运算符的优先级,圆括号也可以省略。

(2) a or b or c:根据优先级,只要 a 为"逻辑真",就不必判断 b 和 c;只有 a 为"逻辑假",才判断 b;a 和 b 都为"逻辑假",才判断 c。这源于逻辑或运算只要有一个为"逻辑真",整个表达式为"逻辑真",如图 2.10 所示;另一方面还源于 Python 解释过程是从左到右进行,如:

b=0 or 1+2 or 3+4

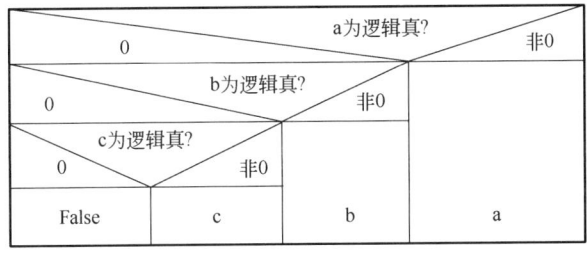

图 2.10  a or b or c

由于值为 0("逻辑假"),还需判断 1+2 的值 3(非 0),整个逻辑表达式的值为"逻辑真",从而 3+4 无须运算,并把值 3 赋给变量 b。又如:

```
>>> 1+2 and 3+4 and 5+6↵(回车)
11
>>> 1+2 or 3+4 or 5+6↵(回车)
3
```

【例 2.8】 输出逻辑表达式的值。

```
i=1; j=2; k=3                      # 变量定义,并初始化
x=3.5; y=0.47; c='AB'
print(not not not x,end=' ')       # 逻辑运算结果
print(i<j or x<y,end=' ')
print((j!=5) and x+5 and c)
```

运行结果:

False   True   AB

由于 x 非 0,not not not x 等价于 not(not(not x))(右结合性),其值为 False。i<j or x<y 等价于(i<j)or(x<y),而 i<j 的值为 True,无须判断 x<y,最后结果为 True。(j!=5) and x+5 and c 等价于(j!=5) and (x+5) and c,而 j!=5 的值为 True,接着判断 x+5 的值 8.5(非 0,"逻辑真"),最后判断 c 的值'AB'(非 0,"逻辑真"),因此以'AB'为最后结果(非 0,"逻辑真")。

注意:在 Python 解释环境中,True 为 1,False 为 0。数值型(int、float、complex)数据和逻辑数据都可以参加算术运算、关系运算、逻辑运算。逻辑值 True 或 False 在参加算术运算和关系运算中,True 转换为 1,False 转换为 0。而在逻辑运算中,数值型(int、float、complex)数据非 0 相当于 True,0 相当于 False。

## 2.4.5  不同数据类型的数据混合运算

上述内容涉及整型、浮点型、复数型、逻辑型数据(包括常量、变量和表达式)和表示数据处理的运算符,如表 2.7 所示。掌握运算符功能、运算对象的数据类型、运算对象的个数、运算符优先级和结合性,才能了解运算对象之间的处理加工关系和处理结果。当在表达式中同时出现不同数据类型的运算对象时,不同类型的运算对象需要数据类型的转换才能进行运算处理。运算对象的数据类型转换方法有两种: 自动转换和强制转换。

表 2.7 运算符及说明

| 名称 | 运算符 | 结合性 |
| --- | --- | --- |
| 圆括号 | () | 左结合 |
| 一元正号 | + | 右结合 |
| 一元负号 | - | |
| 乘法集 | * / // % | 左结合 |
| 加减集 | + - | 左结合 |
| 比较集 | <、<=、>、>=、==、!=<br>in、not in、is、is not | 左结合 |
| 逻辑集 | not and or | 左结合 |

### 1. 自动转换

数据类型自动转换发生在不同数据类型的运算对象混合运算时,由 Python 解释环境自动完成,遵循以下自动转换规则:

(1)若运算对象的数据类型不同,则先转换成同一数据类型,然后进行运算。

(2)在满足功能要求情况下,自动转换按数据的数据单元、数据表示范围增大的方向进行,以保证精度不降低、数据不失真。如 int 型数据和 float 型数据运算时,先把 int 型数据转成 float 型数据后再进行统一的 float 型数据运算。又如, bool 型数据与 float 型数据运算时,先把 bool 型数据转换为 float 型数据后再进行统一的 float 型数据运算。

(3)复数的实部、虚部也按上述规则自动转换。

(4)参加算术运算、关系运算时,逻辑值 True、False 转换为整型 1、0。

(5)参加逻辑运算时,数值非 0 和 0 分别转换为逻辑值 True 和 False。

如图 2.11 所示, 不同数据类型的数据参加运算时, 数据的数据类型自动转换,最大限度确保数据运算结果的正确性和精确性。自动转换的原则简单来说: 不同类型数据参加运算时,把精度低的运算对象转换为精度高的运算对象,数据单元小的运算对象转换为数据单元大的

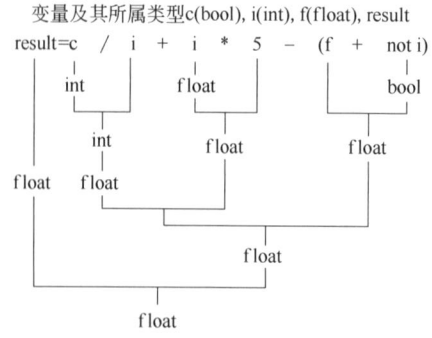

图 2.11 数据类型自动转换

运算对象运算后,把运算结果表示为精度高的、数据单元大的数据。对于赋值语句,右边数据的数据类型决定左边变量的数据类型。

【例 2.9】 不同类型数据混合运算。

```
pi=3.14159                # float 型
a=True                    # bool 型
b=3+2j                    # complex 型
r=5                       # int 型
s=r*a+pi*b                # complex 型
print(s)
print("pi=",pi,",type(pi)=",type(pi))
print("a=",a,",type(a)=",type(a))
print("b=",b,",type(b)=",type(b))
print("r=",r,",type(r)=",type(r))
print("type(s)=",type(s))
```

运行结果:

```
(14.424769999999999+6.28318j)
pi= 3.14159 ,type(pi)= <class 'float'>
a= True ,type(a)= <class 'bool'>
b= (3+2j) ,type(b)= <class 'complex'>
r= 5 ,type(r)= <class 'int'>
type(s)= <class 'complex'>
```

在执行 s=r*a+pi*b 语句时,a 的数据类型(bool 型)转化为 int 型后(值为 1)参与 r*a 运算,结果为 int 型;b 的数据类型(complex 型)分为实部、虚部,都是 int 型,转换为 float 型后参与 pi*r 运算,结果实部和虚部都是 float 型。float 型数据存在误差(有效精度、有效位)。还看到:类型自动转换是取值后转换再参加运算,变量的数值和数据类型并没变化。

**2. 强制转换**

有时候数据类型自动转换并不适用程序设计意图,此时可采用数据类型强制转换。强制转换是通过数据类型转换运算实现的:

《数据类型符》(《运算对象》)

其功能是把"运算对象"(可以是变量、常量、表达式)强制转换成"数据类型符"所指定的数据类型。如 float(a),无论变量 a 为何种数据类型(complex 型除外),均把 a 转换为 float 型数据;又如 int(x+y),无论 x+y 的结果为何种类型数据,均把计算结果转换为 int 型数据。再具体看以下例子:

```
>>> float(12)↵(回车)          # int 型转 float 型
12.0
>>> int(12.7)↵(回车)          # float 型转 int 型
12
>>> bool(34.56)↵(回车)        # float 型转 bool 型,非 0 即"真"
True
>>> int(False)↵(回车)         # bool 型转 int 型,False 为 0,True 为 1
```

0
>>> float(True) ↵(回车)　　　　# bool 型转 float 型,False 为 0,True 为 1
1.0

在使用强制转换时,应注意以下事项:

(1)如果运算对象为表达式,"运算对象"都必须加圆括号,如 int(x+y)。

(2)无论是强制转换还是自动转换,都只是为了本次运算的需要对运算对象的数据类型进行临时性转换,并不改变原始定义时的数据类型,如 int(a)、int(x+y)的结果为 int 型数据,但 a、x、y 和 x+y 还保持原来的数据类型。也可以通过强制转换形式给变量赋值,如:

>>> a= float(12) ↵(回车)　　　　# int 型转 float 型
>>> b=int(12.7) ↵(回车)　　　　# float 型转 int 型
>>> c=bool(34.56) ↵(回车)　　　# float 型转 bool 型,非 0 即"真"
>>> a,b,c ↵(回车)
(12.0, 12, True)

(3)由于复数型包括实部和虚部,任何数据类型(复数型除外)可转换为复数型,但虚部为 0,而复数型不可转换为其他类型,如:

>>> complex(76) ↵(回车)　　　　# int 型转 complex 型
(76+0j)
>>>int(76+0j) ↵(回车)　　　　# complex 型转 int 型出错
TypeError: can't convert complex to int.

(4)浮点型转换为整型时,直接去掉小数位,没有进行四舍五入,如 int(12.7)结果为 12。如果想实现四舍五入,可以加 0.5,如:

>>> int(12.7+0.5) ↵(回车)　　　# float 型转 int 型,解决了四舍五入的问题
13

【例 2.10】 强制数据类型转换应用。

f=5.75
print("int(f)=%d,int(f+0.5)=%d,f=%f"%(int(f), int(f+0.5),f))

运行结果:

int(f)=5, int(f+0.5)=6, f=5.570000

浮点型变量 f 值强制转换为 int 型数据,删去了小数位,没有四舍五入。变量 f 加 0.5 后,float 型数据强制转 int 型数据,可实现四舍五入。变量 f 的值仍为 5.750000(7 位有效数字和 6 位小数位,这与 print 输出格式有关)。

实际上,数据类型符(int、float、bool、complex 等)是类名,强制转换是创建临时实例。运算结束后,临时实例没被任何变量名引用(没赋值),Python 解释环境自动回收这些临时实例,因此类型转换前后变量值及其数据类型不变。有关类创建实例可参见第 7 章。

## 2.4.6　位运算

计算机存储、处理的数据都是二进制数,其他数(如整数、浮点数等)采用编码/解码实现变换,以适应人们认知习惯。程序中,运算对象的最小单位是字节,但很多系统软件或支撑软件的

功能实现要求以位(bit)为单位(二进制位)。Python语言提供了位运算,具备低级处理的能力,并提供了六种位运算。

### 1. 移位运算

移位运算实现数据单元的所有数据位(二进制位)依次向左或向右移动,由移位运算符<<(左移运算符)或>>(右移运算符)表示,如表2.8所示。移位运算符是双目运算符,运算优先级为9级,从左到右运算(即左结合性),其运算对象可以是任意整型数据。

表2.8 移位运算符

| 优先级 | 运算符 | 含义 |
| --- | --- | --- |
| 9 | << | 所有二进制位依次左移 |
| 9 | >> | 所有二进制位依次右移 |

(1) 左移位运算符。

左移运算符为<<,其表达式形式为:

«运算对象»<<«移动次数»

其中,"运算对象"为等待移位的数据,可以是整型的常量、变量或表达式。"移动次数"是使"运算对象"所有二进制位依次向左移动的次数,可以是常量、变量或表达式,但必须是正整数。在移动过程中,"运算对象"左边最高位丢失,右边最低位补0,如:

>>> a,c=3,-10↵(回车)
>>> a,bin(a),a<<4,bin(a<<4),c,bin(c),c<<2,bin(c<<2)↵(回车)
(3, '0b11', 48, '0b110000', -10, '-0b1010', -40, '-0b101000')

变量a的各二进位向左移动4位,右边补0,即11(十进制3)。左移4位后为110000(十进制48)。运算过程是取出数据后参加运算,变量a的值没变化,还是3。变量c左移位运算同理。数据左移一位后,结果为原数据乘2。

(2) 右移位运算符。

右移运算符为>>,其表达式形式为:

«运算对象»>>«移动次数»

其中,"运算对象"为等待移位的数据,可以是整型的常量、变量或表达式。"移动次数"是使"运算对象"所有二进制位依次向右移动的次数,可以是常量、变量或表达式,但必须是正整数。在移动过程中,"运算对象"右边最低位丢失,左边最高位补0,如:

>>> a,c=15,-10↵(回车)
>>> a,bin(a),a>>2,bin(a>>2),c,bin(c),c>>2,bin(c>>2)↵(回车)
(15, '0b1111', 3, '0b11', -10, '-0b1010', -3, '-0b11')

变量a的各二进制位向右移2位,左边补0,即1111(十进制15)右移为11(十进制3)。变量c右移位运算同理,但运算对象为负数右移后仍为负数,其为绝对值右移后取负值。数据右移一位后,结果为原数据除以2,取不大于商的整数,如-5/2为-3,5/2为2。

### 2. 按位逻辑运算

可对二进制数据进行按位逻辑运算,由按位逻辑运算符表示,如表2.9所示。

表 2.9 按位逻辑运算符

| 优先级 | 运算符 | 含义 |
| --- | --- | --- |
| 5 | ~ | 各位取反 |
| 10 | & | 按位与 |
| 11 | ^ | 按位异或 |
| 12 | \| | 按位或 |

(1) 按位求反运算。

按位求反运算表达式形式为：

~«运算对象»

其功能是对"运算对象"的所有二进位按位求反，即将每一位 0 替换成 1 或 1 替换成 0。按位求反运算符~为单目运算符，具有右结合性，如表 2.10 所示（表中 a、b 为 1 位二进制位）。"运算对象"为整数，如：

>>> a=9↵（回车）
>>> a,bin(a),bin(~a),int(~a)↵（回车）
(9, '0b1001', '-0b1010', -10)

表 2.10 按位逻辑运算

| a | b | ~a | ~b | a&b | a\|b | a^b |
| --- | --- | --- | --- | --- | --- | --- |
| 1 | 1 | 0 | 0 | 1 | 1 | 0 |
| 1 | 0 | 0 | 1 | 0 | 1 | 1 |
| 0 | 1 | 1 | 0 | 0 | 1 | 1 |
| 0 | 0 | 1 | 1 | 0 | 0 | 0 |

整数是有符号数，其最高位为符号位：0 表示正数，1 表示负数。有符号数按补码形式存储，即正数补码为原码，负数补码为其正数原码取反加 1。以 1 个字节数据单元为例，9 的补码 0000 1001，~9 的补码 1111 0110，1111 0110 是负数，为-0000 1010，即-10。

计算机只有加法器实现加运算，采用补码就可将减法运算变为加法运算。可参阅计算机原理更深入理解。

(2) 按位与运算。

按位与运算表达式形式为：

«运算对象 1»&«运算对象 2»

其功能是将"运算对象 1"和"运算对象 2"对应的各二进位进行与运算，并且只有对应的两个二进位均为 1 时，结果位为 1，否则为 0，如表 2.10 所示。按位与运算符为双目运算符，具有左结合性。"运算对象 1"和"运算对象 2"为整型数据。如果两个数的数据单元大小不一致，数据单元小的左侧自动补 0，如：

>>> a,b=9,5↵（回车）
>>> a,b,bin(a),bin(b),bin(a&b),int(a&b)↵（回车）
(9, 5, '0b1001', '0b101', '0b1', 1)

变量 a 的补码为 1001（9 的二进制补码），变量 b 的补码为 101（5 的二进制补码），a&b（即 1001&0101）的补码为 1（1 的二进制补码）。

按位与运算通常用于对某些位清 0 或保留某些位，如 d 为两个字节变量，把 a 的高八位清 0，保留低八位不变，即 a=a&255（255 的二进制数为 0000000011111111）。

(3) 按位或运算。

按位或运算表达式形式为：

《运算对象 1》|《运算对象 2》

其功能是将"运算对象 1"和"运算对象 2"对应的各二进位进行或运算，并且只有对应的两个二进位均为 0 时，结果位为 0，否则为 1，如表 2.10 所示。按位或运算符是双目运算符，具有左结合性。"运算对象 1"和"运算对象 2"为整型数据。如果两个数的数据单元大小不一致，数据单元小的左侧自动补 0，如：

>>> a,b=9,5↵（回车）
>>> a,b,bin(a),bin(b),bin(a|b),int(a|b)↵（回车）
(9, 5, '0b1001', '0b101', '0b1101', 13)

变量 a 的代码为 1001（9 的二进制补码），变量 b 的代码为 101（5 的二进制补码），a|b（即 1001|0101）的代码为 1101（十进制为 13）。

按位或运算通常用于对某些位置 1，如 d 为两个字节变量，把 a 的低八位置 1，保留高八位不变，即 a=a|255（255 的二进制数为 0000000011111111）。

(4) 按位异或运算。

按位异或运算表达式形式为：

《运算对象 1》^《运算对象 2》

其功能是将"运算对象 1"和"运算对象 2"对应的各二进位进行异或运算，并且只有对应的两个二进位不等式时，结果位为 1，否则为 0。按位异或运算符是双目运算符，具有左结合性。"运算对象 1"和"运算对象 2"为整型数据。如果两个数的数据单元大小不一致，数据单元小的左侧自动补 0，如：

>>> a,b=9,5↵（回车）
>>> a,b,bin(a),bin(b),bin(a^b),int(a^b)↵（回车）
(9, 5, '0b1001', '0b101', '0b1100', 12)

变量 a 的补码为 1001（9 的二进制补码），变量 b 的补码为 101（5 的二进制补码），a^b（即 1001^0101）的补码为 1100（十进制为 12）。

异或运算特点：一个数据 d1 被另一数据 d2 异或两次，运算结果 d1 保持不变。如变量 a 与 b 按位异或得到变量 c，变量 c 与 b 按位异或得到变量 a，等同于 a^b^b。利用这一特点，也可进行变量值对换，如：

>>> a,b=10,20↵（回车）
>>> c=a^b; a=c^a; b=c^a↵（回车）
>>> a,b↵（回车）
(20, 10)

注意：不要混淆按位逻辑运算符~、&、|和逻辑运算符 not、and、or。前者针对运算对象的二进制位，后者针对运算对象。

### 3. 按位运算符访问位

在系统软件、支撑软件开发中,经常需要将信息存储在若干位上。通过按位运算,可提取或修改存储在位中的信息。如假设整型变量i,最高位为第7位,最低位为第0位。

(1)位设置(置1)。

对数据某一位设置为1,其他位不变。若要设置i的第4位为1,i与常数0x10(即16、0o20、0b10000)进行按位或运算,即i=i|0x10 或 i=i|1<<4。

(2)位清零(清0)。

对数据的某一位设置为0,其他位不变。若要消除i的第4位为0,i与常数-0x10(即-16、-0o20、-0b10000)进行按位与运算,即i=i&-0x10 或 i=i&-(1<<4)。

注意:上述置1、清0对i需要重新赋值才能改变i,即取出变量值参加运算,只有赋值才可变更变量内容。如i&-0x10对i的值第4位清零,但i并没改变。

(3)位检测。

对数据的某一位测试是否为1。若要测试i的第4位是否为1,i与常数0x10进行按位与运算,即i&0x10 或 i&1<<4,也就是保留第4位不变,清空其他位。如果(i&0x10)!=0,则第4位为1,否则为0。

### 4. 按位运算符访问位域

连续的若干二进制位为位域。实际应用中,经常需要对位域进行操作。

(1)修改位域。

通过依次连续使用按位与(用于清除位域)和按位或(用于设置位域)修改位域,如把二进制的值0b101存入变量i的第4位至第6位:

i=121

i=i & ~0x70 |0x50         # 存储j=0b101到第4、5、6位

通过按位与运算清除i的第4位至第6位为0,再通过按位或设置第6位和第4位为1。如果直接使用i=i|0x50只设置第6位和第4位为1,第5位不受影响。为了位域操作更具通用性,设变量j包含需要存储到i的第4位至第6位的值,需要在执行按位或操作之前将j移位至相应的位置:

i=(i & ~0x70)|(j << 4)      # 存储101到第4、5、6位

左移位运算符<<的优先级比按位与运算符&和按位或运算符|的优先级高,可去掉圆括号,即 i=i & ~0x70| j << 4。

(2)获取位域。

如果位域处在数据的末尾(低位),直接通过按位与运算取得,如获取变量i的第0、1、2位:

j=i & 0x07              # 保留第0、1、2位

如果位域处于i的中间,首先将位域移位至最右端(低位),再使用按位与运算获取位域,如获取变量i的第4、5、6位: (i>>4) & 0x07。

通过按位运算,可以对数据进行加密、解密,提高数据的安全性。

## 2.4.7 数据运算与处理

数据运算与处理都是对数据的加工。运算强调对数据的基本操作,由运算符表示。数据处理强调算法、基本运算组合对数据的综合操作,体现更强大的功能,由函数名表示。

**1. 运算符**

运算与数据类型密切相关,还涉及运算对象个数、结合性、运算结果及其类型。运算由运算符表示。Python 运算符包括算术运算符(+、-、*、**、/、//、%)、关系运算符(>、>=、<、<=、==、!=、in、not in、is、is not)、逻辑运算符(and、or、not)、位运算(<<、>>、~、&、|、^)等,既直观,又自然表达对数据的最基本操作。Python 解释环境可直接使用运算符,即运算符都是内置(built-in)功能。

数据处理除了运算符外,还有函数。数学函数是自变量 x∈X、因变量 y∈Y 的映射关系: y=f(x),也就是代入 x 可得到 y,含有计算过程 f(功能实现),集合 X、Y 就是数据类型。不同于数学函数,计算机语言函数可以只强调问题求解过程(功能实现),可以没有函数参数(类似自变量),也可以没有函数返回值(类似因变量)。Python 语言的函数信息包括函数名称、函数参数、函数返回值及其类型和函数功能。函数原型可以表明函数基本信息,其形式为:

《数据类型名》《函数名》(⌊《运算对象 1》⌊,《运算对象 2》』)

其中,"数据类型名"表明函数返回值(即函数值)所属的数据类型,如 int、float、bool、complex、NoneType 等。NoneType 为空类型,仅有唯一值 None,主要是规范函数、数据形式。"函数名"为函数(功能实现)的标识符,如 sin、sqrt 等。"运算对象"为函数参数。参数个数和数据类型取决于函数定义,如 sin(x)为 1 个参数 x,属于 int 或 float。又如例 2.3 中的函数定义 volume,其函数原型为 int volume(a,c,b),该函数可返回 1 个整数,而需要 3 个参数,其数据类型取决于当前 a、b、c 的数据类型。从功能看,a、b、c 属于 int 或 float。

Python 语言具有动态类型特性,函数参数类型和实现功能在函数原型中都没有体现,需要对其进行单独说明,如函数定义时给出的注释。函数原型和功能、参数类型说明可保证函数正确使用,构成函数接口说明,即函数声明。

根据函数不同来源,函数可分为内置函数、导入函数、成员函数和自定义函数。

**2. 内置函数**

Python 解释环境集成了一些常用函数,无须导入即可直接使用,而且"函数名"往往可见名知义,即刻可了解函数功能,如表 2.11 所示,同时可看到参数个数。为了方便,参数名直接用数据类型名等,表示某一数据类型的参数,如 object 表示任意类型,v 表示数值型 int、float 或 complex,x 表示聚合类型 list 或 tuple 等,*x 表示可以多个数据。内置函数很丰富,可参见 Python 的文档资料。

表 2.11 内置函数

| 函数原型 | 功能 |
| --- | --- |
| int id(object) | 返回数据存储单元地址 |
| list dir() | 返回对象所有属性 |
| type type(object) | 返回变量所属数据类型 |
| NoneType help(object) | 返回 None<br>显示对象属性的描述信息 |
| int int(str) | 返回十进制整数 |
| float float(str) | 返回浮点数 |
| complex complex(v1,v2) | 返回复数 |
| str str(v) | 返回字符串 |

续表

| 函数原型 | 功能 |
|---|---|
| object max(*x) | 返回多数据的最大值 |
| object min(*x) | 返回多数据的最小值 |
| object abs(v) | 返回复数模或数值绝对值 |
| int ord(str) | 返回字符的 ASCII 码 |
| str chr(int) | 返回 ASCII 码的字符 |
| str bin(int) | 返回二进制字符串 |
| str oct(int) | 返回八进制字符串 |
| str hex(int) | 返回十六进制字符串 |
| object eval(str) | 返回再次求值结果 |

**3. 导入函数**

Python 语言得到快速发展和推广除得益于语言自身特点外, 还与开放开源密切相关。除了内置函数外, Python 还有大量优秀的第三方资源库, 提供定制的函数, 通过导入语句导入库或函数后即可使用, 如标准数学库 math 导入后, 常用三角函数(sin、cos 等)、开方函数 sqrt 等和符号常量(pi、e 等)即可使用。导入函数语句为 import, 如:

```
>>> from math import *↵(回车)            # 导入数学库
>>> e, pi↵(回车)                          # 自然对数底、圆周率, 常量
(2.718281828459045, 3.141592653589793)
>>> sin(30*pi/180)↵(回车)                 # 正弦函数, 弧度计算
0.49999999999999994
>>> sqrt(9),pow(9,0.5)↵(回车)             # 开平方、幂函数等价于 9**0.5
(3.0,3.0)
```

除了数学库 math, 还可导入随机函数库(random 等)、第三方提供的专用函数库(如 NumPy 数值计算与数据分析库、SciPy 科学计算库、Statsmodels 统计建模与计量经济学库、Matplotlib 数据可视化库、PyQT 图形界面开发), 还有人工智能、数据挖掘等专用库。第三方专用函数库很丰富, 根据自己需要解决的问题进行选择, 提高软件开发效率。有关导入语句 import, 参见第 6 章。

**4. 成员函数**

Python 解释环境是基于面向对象构建的, 各种数据为实例(也称为运算对象), 其属于数据类型对象。对象是变量成员和成员函数的统一体。变量都是实例, 含有字面值, 同时含有对变量成员操作的成员函数。成员函数为实例处理的特殊方法, 其函数原型为:

《数据类型名》《运算对象》.《成员函数名》(⌊《运算对象 1》⌋,⌊《运算对象 2》⌋)

其中, "数据类型名"表明函数返回值(即函数值)所属的数据类型, 如 int、float、NoneType 等。"运算对象"是实例。"."为成员运算符。"运算对象 1" "运算对象 2"是成员函数的参数。如例 2.3 面向对象程序设计实现体积计算, 其成员函数 volume, 计算形式可以为 cuboid(5,8,6).volume(), 或 cub.volume()。又如:

```
>>> a=20↵(回车)
>>> a.__add__(100),a+100,a.__sub__(10),a-10,a.__mul__(2),a*2↵(回车)
```

(120, 120, 10, 10, 40, 40)

可以看到,成员函数和运算符处理结果相同。变量 a 是实例对象,其变量成员(real)值为 20,而__add__是实例 a 的成员函数,实现数值相加后返回数值。__add__成员函数与+运算符功能相同。实际上,__add__成员函数是+运算符的重载(即同一功能及实现,但表示形式不同)。与运算对象相关的运算符均有相应的成员函数,使用起来更适应人们认知习惯。面向对象程序设计提供成员函数、运算符重载手段,可丰富、扩展运算符。有关成员函数和运算符重载将在第 7 章中介绍。

**5. 自定义函数**

Python 语言提供根据需要自己定义函数,即自定义函数。自定义函数通过 def 语句实现,返回函数名,如:

```
def myfun(a,b,c,x):
    y= a*x**2+b*x+c
    return y
```

自定义函数 myfun 可求解函数 y=ax$^2$+bx+c,输入系数 a、b、c 和数值 x,可求得函数值,其数据类型取决于参数的数据类型。如果参数都属于 int 型,则函数值为 int 型。如果某个参数为 float 型,根据数据类型自动转换可知函数值为 float 型。

通过 class 类定义,可进一步定义成员函数,如例 2.3 的 cuboid 类定义中 volume 成员函数定义。有关自定义函数和成员函数定义在第 5 章至第 7 章中介绍。

## 2.5 基本语句

运算符及运算对象构造的表达式表示对数据进行加工处理,而真正能够完成加工处理必须通过 Python 语句。语句是程序中可以执行的最小基本单位,主要包括变量获取数值(赋值过程的执行)、启动数据加工处理(促进表达式的执行)、调用过程执行(程序模块的执行)和决定程序执行过程走向(控制语句的执行)等。描述问题求解的算法必须通过语句才能实现相应的功能。语句从功能和形式可分为赋值语句、表达式语句、函数调用语句、控制语句、复合语句和空语句。语句的标记以回车符(敲打回车键)或分号";"结尾,即回车符或分号是语句的分隔符。语句书写形式有以下三种:

(1)一行一句,以回车符或分号结尾,如:

```
print("Hello, Xiao Li.")↵(回车)         # 回车符语句结束
```

等价于

```
print("Hello, Xiao Li.");↵(回车)        # 分号语句结束
```

如同古诗,一行一句可读性好。一行一句时,省略分号更简洁。程序按从上到下的顺序依次执行各语句。

(2)一行多句,以分号结尾,如:

```
print("Hello, Xiao Li."); print("Hello, Xiao Zhang.")↵(回车)
```

如同长篇文章,一行多句节省篇幅。一行多句时,必须用分号,语句依次从左到右执行。

(3) 多行一句，以反斜杠"\"作为句子中表达式的分隔符(即续行符)，如：

```
a=1+2\                          # 多行一句，等价于 a=1+2*3-6
*3\
-6
```

如同长篇文章，由于受篇幅所限，多行一句。多行一句时，自上而下依次构成一个完整语句。

列表、元组、字典和集合分别由方括号[]、圆括号()和花括号{}表示，其元素由逗号分隔。如果一个语句中含有列表、元组、字典和集合运算对象，一个语句换行可以不加反斜杠"\"，如：

```
print([1,2,
       3,4])
```

下面从功能角度，介绍 Python 语言经常用到的各种语句。

### 2.5.1 赋值语句

赋值语句是程序设计最重要的语句之一，实现变量的数值更新存储。在变量一节中已介绍了变量赋值。变量是程序设计的核心概念，变量、变量名、数据单元、引用紧密相关。可以不同角度理解变量：变量对应数据单元；变量名标识变量；变量通过变量名引用(访问)数据单元。程序中通过变量名实现变量赋值和取值。在不混淆的情况下，变量名与变量概念等同看待。Python 语言是动态数据类型语言，首次给变量赋值既定义变量，且初始化初值及确定数据类型(与初值相同数据类型)，后续赋值时，可改变其所属数据类型。

二元的算术运算和位运算可与赋值语句组合构成复合赋值语句，如表 2.12 所示，其形式为：

《变量名》op=《运算对象》

表 2.12  复合赋值语句

| 符号 | 功能说明 | 举例 |
| --- | --- | --- |
| = | 简单赋值 | a + b 运算结果赋值为 c |
| += | 加法复合赋值 | c += a 等效于 c = c + a |
| -= | 减法复合赋值 | c -= a 等效于 c = c - a |
| *= | 乘法复合赋值 | c *= a 等效于 c = c * a |
| /= | 除法复合赋值 | c /= a 等效于 c = c / a |
| //= | 整除复合赋值 | c //= a 等效于 c = c // a |
| %= | 取模复合赋值 | c %= a 等效于 c = c % a |
| **= | 指数赋复合赋值 | c **= a 等效于 c = c ** a |
| <<= | 左移复合赋值 | c <<= a 等效于 c = c << a |
| >>= | 右移复合赋值 | c >>= a 等效于 c = c >> a |
| &= | 按位与复合赋值 | c &= a 等效于 c = c & a |
| \|= | 按位或复合赋值 | c \|= a 等效于 c = c \| a |
| ^= | 按位异或复合赋值 | c ^= a 等效于 c = c ^ a |

等价于

  «变量名»=«变量名» op «运算对象»

其中,"op"为二元的算术运算符或位运算符。

从等价的语句可看出,复合赋值语句中"变量"必须先有值,如:

```
>>> a=10 (回车)              # 变量首次赋值: 定义变量, 并初始化
>>> a+=20 (回车)             # 变量加复合赋值, 等价于 a=a+20
>>> a (回车)                 # 变量有值
30
>>>b+=10 (回车)              # 变量加复合赋值, 等价于 b=b+10
NameError: name 'b' is not defined.
```

变量 b 没定义、没值,本质是变量名 b 没有引用的数据单元及数值,因此出错。又如:

```
>>> a,b=3,-48 (回车)
>>> a<<=4 (回车)             # 等价于(((3*2)*2)*2)*2 赋给 a
>>> b>>=2 (回车)             # 等价于(-48/2)/2 赋给 b
>>> a,b (回车)
(48, -12)
```

变量赋值后,可通过 del 命令语句脱值,变量还原未赋值状态,即变量名不引用任何数据单元。

## 2.5.2 表达式语句

表达式表示数据加工处理,只有构成语句才可执行。表达式语句形式为:

  «表达式»↲;«表达式 1»↲

每个表达式都构成语句,并从左到右依次执行。所有的"表达式",如算术表达式、关系表达式、逻辑表达式等加上分号,或单独一行,都可以构成合法的表达式语句,如:

```
>>> 10+20; 30+40 (回车)      # 两个算术表达式语句
30
70
>>> x, y=100, 200 (回车)     # 赋值语句: 定义变量, 初始化
>>> x+y; x/y (回车)          # 两个算术表达式语句
300
0.5
```

第 1、3 语句在 Python 解释环境可以便捷看到语句的执行结果,但在程序中,这样语句执行后的结果没保留下来再参与其他处理,实际上没有意义,即合法不合理。

## 2.5.3 函数调用语句

函数表示数据加工处理,只有构成语句才可执行。函数调用语句形式为:

  «函数名»(«实际参数 1»↲,«实际参数 2»↲)

其中,实际参数(简称实参)为常量、有值变量和表达式。根据函数定义,函数分为有参函数和

无参函数,决定调用时带实际参数或不带实际参数,如 print 函数、sin 函数、abs 函数、id 函数等都要求带参数,多个实参需由逗号分隔。对于有参函数,函数调用语句是把"实际参数"值传递到函数模块中,启动执行该函数模块,如:

```
>>> x,y,z=10,20,30↵(回车)          # 定义变量、初始化
>>> print("x=",x)↵(回车)           # 输出函数调用语句,两个实参
x= 10
>>> sin(3.14159*z/180)↵(回车)      # 三角函数调用语句,1 个实参,参数为弧度,有误差
0.499999616987257
>>> abs(3+4j),abs(-12)↵(回车)      # 复数求模、绝对值函数调用语句,1 个实参
(5.0,12)
```

sin、abs 函数调用语句在 Python 解释环境可看到函数值,而 print 函数值 None(空值),没看到该值,由其功能显示参数内容"x=10"。除 print 函数语句外,在程序中函数语句执行后函数值没保留下来参与其他处理,没有实际意义,即合法不合理。函数还可构成表达式,由表达式语句启动执行函数。有关函数及其参数的内容将在第 5 章、第 6 章中介绍。

### 2.5.4 控制语句

前述所举的赋值语句、复合赋值语句、表达式语句、函数调用语句的执行次序是按书写顺序自上而下、从左到右依次执行的,即顺序结构程序,简称顺序程序。Python 语言提供了可以改变程序执行顺序的控制语句,用于控制(改变)程序的走向,包括分支语句、循环语句、跳转语句。

**1. 分支语句**

(1)if-else 语句:根据条件可否满足决定选择两个分支中的一个分支执行(即二选一执行)。

(2)if-elif-else 语句:根据条件进行多个分支中的一个分支执行(即多选一执行)。

**2. 循环语句**

(1)while 语句:判断条件为可满足后,反复执行循环体,直到条件不满足(即先判断,后执行)。

(2)for 语句:判断条件为可满足后,反复执行循环体,直到条件不满足(即先判断,后执行)。

**3. 转向语句**

(1)break 语句:跳出循环语句,结束循环。它是同一模块内无条件跳转语句。

(2)continue 语句:结束当前循环,提前进入下一次循环。它是同一模块内无条件跳转语句。

(3)return 语句:结束函数模块,并带回或不带回数据。它是不同模块间无条件跳转语句。

(4)try 语句:异常捕获跳转处理。它是同一模块内无条件转向语句。

(5)yield 语句:函数为生成器,执行函数一次返回一个数据。它是同一模块内无条件跳转语句。

有关控制语句将在第 4 章中介绍。

### 2.5.5 复合语句

复合语句由若干语句构成,主要在分支语句(if-else、if-elif-else)、循环语句(while、for)、

函数定义语句(def)、类定义语句(class)、异常捕获语句(try)等中使用。复合语句有两种形式:

　　《复合语句标识符》《特定组合》:
　　　　└《语句1》
　　　　└《语句2》┘

　　《复合语句标识符》《特定组合》:└《语句1》└;《语句2》┘

前者为多行形式,后者为单行形式。其中,"复合语句标识符"有if-else、if-elif-else、while、for、def、class、try等。"特定组合"是指与"复合语句标识符"约定的组合形式,也就是不同"复合语句标识符","特定组合"是不同的。冒号":"是必需的,表明构成复合语句的标记,后续跟着若干语句。若干"语句"构成语句块(也叫语句组)。语句块完成一定业务逻辑(即功能),构成复合语句的主体:多个语句换行、右缩进对齐,或同一行多语句。复合语句完成一个特定任务,在逻辑上复合语句相当于一个语句,如:

```
>>> def cal_sum(n):              # (1)定义函数
        s=0                       # (2)定义变量、初始化
        for i in range(1,n):      # (3)循环语句
            s+=i                  # (4)累加
            print(i,end='+')      # (5)显示每一项
        print(n,"=",s+n)          # (6)显示最后一项、总和运行结果:
>>> cal_sum(10)↵(回车)
1+2+3+4+5+6+7+8+9+10 = 55
```

其中,def 实现函数定义,(1)(2)(3)(6)构成函数定义一个业务逻辑,共同构成函数定义复合语句。函数体内 for 循环语句完成累加过程,(3)(4)(5)共同构成累加业务逻辑的复合语句。可以看到:复合语句实现特定功能,而且由多个语句构成,有具体特定组合形式。复合语句换行右缩进对齐形式可读性好。换行不同右缩进对齐语句表达不同的逻辑(业务、处理)。一行多句书写复合语句(尤其嵌套多个复合语句)时,可能出现复合语句组合的歧义,可读性差。

### 2.5.6 空语句

空语句为pass,什么也不执行的语句(也称占位语句)。在程序中空语句可用作空循环体,如:

```
>>> while(input("输入1空白结束")!=' '):    # 循环
        pass                                # 空语句
输入1空白结束1 ↵(回车)
输入1空白结束2 ↵(回车)
输入1空白结束 ↵(回车)
```

其功能为用户敲打键盘,直到用户输入一个空白、回车才结束循环。

### 2.5.7 变量脱值语句

变量脱值是变量赋值的逆过程,变量脱值后还原未赋值状态,不再引用任何数据单元。变量脱值语句形式为:

　　del《变量名》

其中,"变量名"是已赋值的变量,如:

>>> var=200↵(回车)                    # 变量赋值,变量存在
>>> del var↵(回车)                    # 变量脱值,变量不存在
>>> var↵(回车)                        # 查看变量
NameError: name 'var' is not defined

命名异常 NameError 表明变量 var 没定义,处于未赋值状态。

目前,已大体了解 Python 语言的基本概念、程序结构。在编程时,应力求充分利用合法的分隔符,如换行(回车)、续行符(\)、分号、空格、逗号、括号等,对程序的语句、程序结构进行某种对齐、排列,养成良好的程序编写风格,增强程序的可读性,具体注意事项:

(1) 语句的分隔符是分号、换行(回车键),由于程序解释顺序"逐行是从上到下,同行是从左到右"进行的,因此一行内可编写多个语句,如:

a=10; f=5; d=a+f

也可以每一行写一个语句,如:

a=10
f=5
d=a+f

甚至通过续行符一个语句写成多行,如:

a=\
10

可见,Python 语言的程序编写格式是相当灵活的,实际编程时以每一行只写一个语句为好。

(2) 复合语句通常表示程序某一层次结构,如分支结构、循环结构、类定义或函数定义等,语句块以换行缩进、右对齐为好。不同右缩进对齐表示不同的层级关系,如:

【例 2.11】 显示乘法口诀。

```
i=1                                   # 高层次语句
while i<=9 :
    k=0                               # 中层次语句
    j=i
    while j<=9 :
        k=i*j                         # 低层次语句
        print (i,'*',j,'=%2d'%k,end='   ')
        j+=1
    print ()                          # 中层次语句
    i+=1
                                      # 高层次语句,没有语句,高层次结束
```

运行结果:

1 * 1 = 1 |1 * 2 = 2 |1 * 3 = 3 |1 * 4 = 4 |1 * 5 = 5 |1 * 6 = 6 |1 * 7 = 7 |1 * 8 = 8 |1 * 9 = 9 |
2 * 2 = 4 |2 * 3 = 6 |2 * 4 = 8 |2 * 5 =10|2 * 6 =12|2 * 7 =14|2 * 8 =16|2 * 9 =18|
3 * 3 = 9 |3 * 4 =12|3 * 5 =15|3 * 6 =18|3 * 7 =21|3 * 8 =24|3 * 9 =27|
4 * 4 =16|4 * 5 =20|4 * 6 =24|4 * 7 =28|4 * 8 =32|4 * 9 =36|

5 * 5 =25|5 * 6 =30|5 * 7 =35|5 * 8 =40|5 * 9 =45|

6 * 6 =36|6 * 7 =42|6 * 8 =48|6 * 9 =54|

7 * 7 =49|7 * 8 =56|7 * 9 =63|

8 * 8 =64|8 * 9 =72|

9 * 9 =81|

程序中高层次语句控制中层次语句,而中层次语句控制低层次语句。语句块右缩进对齐,复合语句错落有致增强程序可读性。

# 本章小结

本章通过几个简单程序,了解了 Python 语言的程序结构。程序设计分为结构化程序设计、模块化程序设计和面向对象程序设计,都要涉及输入、输出、语句、变量等概念。

Python 语言采用 Unicode 码,其字符集除了常用的 ASCII 字符集[大小写英文字母、数字、下划线和空格(包括空格、制表符、换行符)]外,涵盖世界上所有自然语言的字符,如汉字。同时 Python 给出了运算符、分隔符(空格、分号等)和转义字符以及注释符等定义,并在 Python 语言的字符集基础上,定义了以字母或下划线开头的字母、数字、下划线构成的标识符,用于标识变量、符号常量、函数、类等。标识符中字母大小写是相互区别的。在标识符中,基本简单类型符(如 int、float、bool、complex 等)、导入语句符、内置函数名、控制语句符等是 Python 语言约定的,不可作为他用。这些特殊标识符称为关键字,或称保留字(只能由系统使用)。

计算机内存最小的数据单元为字节(8 位二进制位)。以字节为基本单位构成连续、顺序的内存。程序、数据都必须在内存中计算机才能运行处理。数据包括常量、变量和表达式,可以参加各种运算,因此数据称为运算对象。常量称为常数、字面值,程序运行中不可修改。变量对应数据单元,具有可读可写的特点,在程序中用变量名表示。变量值的改变是通过赋值语句或复合赋值语句完成的。由于 Python 语言是强数据类型语言,任何数据均属于最后赋值的数据类型,同时 Python 语言又是动态数据类型语言,变量引用的数据单元除了数值信息外,还保留数据类型信息和引用计数器信息。当引用计数器为 0 时,Python 解释环境将自动回收数据单元,节省存储空间。

Python 语言中的任何数据(包括常量、变量和表达式)属于某种数据类型。数据类型具有决定数据精度、数据单元大小和数据有效取值范围的属性。属于同一数据类型的数据都具有数据类型所规定的性质。基本数据类型包括基本简单类型(整型 int、浮点型 float、逻辑型 bool、复数型 complex)和基本聚合类型(字符串型 str、列表型 list、元组型 tuple、字典型 dict 和集合型 set),并由相应的关键字表示。变量首次赋值,定义了变量,并初始化。变量值具有"挤得掉、取不尽"的特点。

整型数据包括十进制、二进制、八进制和十六进制的形式,但内存中只有一个补码形式存储。通过 hex、oct、bin 函数可把十进制整数变换为十六进制、八进制和二进制的数字字符串形式。而十六进制、八进制和二进制的数字字符串通过 int(«数字字符串», «进制»),或 eval(«数字字符串»)变换为十进制的数值。eval(«数字字符串»)函数实现以"字符串"为表达式进一步求解。

id 函数可查看数据(如常数或变量引用)的数据单元在内存中位置(即地址)。type 函数可查看数据所属数据类型。dir 函数可查看数据或数据类型的所有属性。help 函数可查看数据属性的详细描述。导入 sys 库后，getsizeof(«运算对象»)函数可获得运算对象数据单元的大小(字节数)。

Python 语言是面向对象语言，其解释环境也是基于面向对象构建的，需要从以下方面理解：

(1)数据与数据类型：常量、变量、表达式属于数据类型，即元素与集合的关系。在面向对象程序设计中，类是一种构造数据类型，实例属于类。

(2)Python 解释环境：常量、变量、表达式计算结果为实例对象。整型、浮点型、复数型、逻辑型是整型对象 int、浮点型对象 float、复数型对象 complex、逻辑型对象 bool，它们属于数据类型对象 type，即 Python 解释环境也是基于面向对象构建的。

(3)前者是问题描述和求解的关键。后者需要掌握并用于问题求解中。

运算实现数据的加工和处理功能，由运算符表示。运算符涉及运算功能、运算对象数目、运算对象数据类型、运算优先级和结合性五个方面。本章涉及的运算符包括算术运算符、关系运算符、逻辑运算符、位运算符、圆括号运算符、成员运算符等。

表达式是由运算对象和运算符构成，且符合 Python 语言规范的式子，表示对数据的综合加工和处理，其求值按运算符的优先级和结合性进行。表达式中不同数据类型的数据进行混合运算时，利用临时数据单元对数据进行数据类型自动转换。转换的原则是低精度转换为高精度、数据单元小的转换为数据单元大的，然后再进行运算。这数据类型自动转换的原则确保数据运算结果不失真。但有些运算符具有特殊要求，自动转换的结果不能符合运算要求，需要进行数据类型强制转换。强制转换形式为«数据类型名»(«运算对象»)。无论是自动转换，还是强制转换，都是创建临时数据及其存储，不影响原来的运算对象。

关系运算也称为比较运算，主要有等于==、不等!=、小于<、小于等于<=、大于>、大于等于>=、是否数据存储同构(is、not is)、是否聚合成员(in、not in)。这些运算符都是二元运算符，而且都是左结合性。运算结果为逻辑值 True(真)或 False(假)。关系运算符的优先级都低于算术运算符的优先级，因此可以简单记为"只有进行算术计算后得到数据值，才能进行比较，而比较的结果得到值 True(真)或 False(假)"。Python 语言提供了逻辑非 not、与 and、或 or 运算符，表示逻辑运算。逻辑运算符的优先级都低于关系运算符，简单记忆为"关系运算得到值 True(真)或 False(假)结果后才能进行逻辑运算，运算结果为值 True(真)或 False(假)"。not 为右结合性逻辑运算符，and 和 or 为左结合性运算符。

逻辑值 True(真)或 False(假)也可以参加算术运算和关系运算，此时 True(真)转换为 1，False(假)转换为 0。而在逻辑运算时，数值型(int、float、complex)数据非 0 转换为 True，0 转换为 False。

数据单元最小信息单位为二进制位(bit)。Python 语言提供了访问位的操作，主要包括移位运算和按位逻辑运算。移位运算符包括左移位<<和右移位>>。按位逻辑运算符包括按位取反~、按位与&、按位或|、按位异或^。

Python 语言及其解释环境提供可直接使用的算术运算符、关系运算符、逻辑运算符等，既直观，又自然表达运算功能。常量、变量都是实例，含有字面值、数值的变量成员，同时含有对变量成员处理的成员函数。成员函数为实例的特殊运算。

Python 解释环境是按面向对象构建的，数据类型、变量、常量都是对象。数据(或称运算对象)是数据类型的特例，数据类型是数据(运算对象)的抽象(共性表达)。isinstance 函数可以判断数据是否属于指定数据类型,基本数据类型是 type 类型的特例(实例),而且任何数据(运算对象)、数据类型都是 object 的特例(实例)。

数据运算和处理都是为了实现对数据的加工。运算强调对数据的基本操作,由运算符表示。处理强调通过算法、基本运算组合对数据的加工,由函数名表示。除了运算符外,函数可分内置函数、导入函数和成员函数。

表达式中运算符要进行运算也必须通过语句进行。语句是程序可执行的基本单位,语句包括完成变量赋值的赋值语句和复合赋值语句、数据处理的表达式语句、启动程序模块的函数调用语句、控制程序语句流程走向的控制语句、为完成一定功能多个语句构成的复合语句和没有实际作用的空语句以及变量还原的变量脱值语句。赋值语句是最常用的语句之一,用于变量保留或更新数据。算术运算和按位运算组合成复合赋值语句。任何语句都以分号或回车换行结束,即分号和回车换行是语句的分割符。通过回车换行,一行一句;通过分号,一行多语句;通过续行符\,多行一句。复合语句是一组特定语句,逻辑上属于一个语句,主要用于函数定义、类定义、循环语句、分支语句等。复合语句中语句块有两种形式:多行多语句,右缩进对齐,或一行多语句。Python 解释环境对程序"逐行从上到下,同行从左到右"进行解释。在程序中充分利用有效分割符、右缩进(实际上是空格分隔符)、注释和"见名知意"大小写等,增强程序的可读性和可理解性。

1. 叙述题
(1) 简述标识符、标识符的作用。
(2) 简述数据、常量、变量、表达式、运算对象、对象的概念。
(3) 简述数据类型、整型、浮点型、逻辑型、复数型、空类型的概念。
(4) 简述运算、运算符的概念。
(5) 简述函数、程序构成。
(6) 简述变量属性。
(7) 简述软件包导入过程。
2. 学习运算符时,需要掌握运算符的什么要点?
3. 按照优先级从高到低的顺序,总结本章所学到的运算符。
4. 关系运算需要注意什么?
5. 逻辑运算需要注意什么?
6. 函数有什么作用?从函数来源看,有几种函数?它们有哪些特点?
7. 表达式和语句有什么不同?
8. Python 语句是什么形式?可分几类语句?
9. Python 语言程序设计中首次赋值的作用是什么?
10. 判断下面标识符的合法性(合法画√,非法画×):

  a.b__  Data_base arr()__  x-y__  _1_a__  $dollar__  _Max__

  fun(x)__  3abc__  No:__  (Y/N)?__  J.Smith__  a[1]__

  Yes/No__  ox123__  0x123__  x=y__  a+b-2__  _1_2_3__  嗨嗨__

11. 判断下面常量合法性(合法画√,非法画×):

  'Abc'__  $2^4$__  -0x123__  10e__  077__  088__  \n'__  "A"__

| +2.0___ | 0xab___ | 10e-2___ | 0xef___ | \'111'___ | "x/y"___ | π___ | \ff___ |
| 35c___ | "?"___ | e3___ | -085___ | xff___ | '\aaa'___ | 10:50___ | "#"___ |
| 3.___ | -85___ | ff___ | '\xab'___ | "10:50"___ | '\\'___ | "\\"___ | '\t'___ |

12. a=5;a and a+1 or a/2%2 的值为_____，a 值为_____。

13. 执行 x=10;y=z=x;x=y==z 后，变量 x、y、z 的值为_____、_____、_____。

14. 整数 10 和 -10 存储形式是什么？以两个字节为例。

15. 基本简单数据类型包括哪些？其关键字是什么？

16. 以下运算符中优先级最低的运算符为_____，优先级最高的为_____。
    A. and    B. not    C. !=    D. or    E. >=    F. ==

17. 若 w=1;x=2;y=3,则 w+1 and x-2 and y+1 的值为____, w+1 or x-2 or y+1 的值为____。
    A. 3    B. 2    C. 1    D. 0    E. True    F. False

18. 根据题意写出表达式。

(1) 设 n 是一个正整数，写出判断 n 是偶数的表达式为_____。

(2) 设 a、b 是实数，写出判断 a、b 同号的表达式为_____。

(3) 设 a、b、c 是一个三角形的三边，分别写出判断直角三角形、等边三角形和等腰三角形的条件为_____。

19. 求表达式的值。

a=10; b=2; c=5.8

(1) a-100*b%int(c)          # _____
    a>+b+-a+-c              # _____
    b%a+int(c)              # _____

(2) a>b-4*c!=5              # _____
    c<=a%2>=0               # _____

(3) a and b or c-6          # _____
    c-6 and a+b             # _____
    not c+a and b           # _____

20. 写出程序运行输出结果。

(1) x=2;y=0
    x*=3+2
    print("%d"%x)           # _____
    x*=y
    print("%d"%x)           # _____

(2) x=3.6; i=int(x)
    print("x=%f,i=%d"%(x,i))  # _____

(3) a=2; a=4-1
    print("%d, "%a)         # _____
    a*=3;a-=a;a*=a;a+=a
    print("%d"%a)           # _____

(4) x=0x21; y=0b101
    print("x=%d,y=%d"%(x,y))  # _____

（5）x,y=1,1;  z=x-1
    print("%d,%d\n"%(x,z))              # _____
    z+=y
    print("%d,%d\n"%(y,z))              # _____

# 第3章 聚合数据及运算

数据类型的丰富程度是计算机高级语言功能强弱的衡量标准之一。Python 语言提供了常用的整型、浮点型、复数型、逻辑型等基本简单数据类型。这些数据类型的运算对象(包括常量、变量)都是独立的个体,如学生成绩变量 sc1、sc2、sc3、sc4、sc5,当需要进行统计计算时,只能通过变量名引用每个成绩,即 sum=sc1+sc2+sc3+sc4+sc5。这面临两个问题:一是当成绩个数变化时,增加、减少变量个数需修改代码,不灵活;二是变量之间缺少关联性,无法采用相对索引进行引用,导致不能采用递推(循环、迭代)算法或递归算法进行批量处理。针对此类问题求解的需要,Python 语言提供了方便描述表达问题的基本聚合数据类型,可实现批量数据表示和处理。

## 3.1 聚合数据模型

为了更好理解聚合数据,先简要介绍有关数据结构的基本概念,包括数据、数据之间关系及其操作。形式化描述是逻辑结构,具体化实现是物理结构(也称存储结构)。前者在人脑中,后者在内存中。逻辑结构包括线性结构的线性表和非线性结构的树、图。物理结构包括顺序存储结构和链式存储结构。逻辑结构与物理结构是多对多的关系,即一个逻辑结构可以采用顺序存储结构或链式存储结构,一个物理结构也可以有多种逻辑结构。数据结构的操作包括数据结构的创建、初始化、删除、修改、查找(索引)等。

### 3.1.1 数据、数据元素、数据项

数据是可被计算机处理、管理的符号统称。数据元素是数据的基本单位,由数据项构成。数据项是数据元素中不可再分的数据。如图 3.1 所示,"C 语言成绩单"为数据,(201601111、张三、化工 16-1 班、90、90、90)为 1 个数据元素(也称为记录),201601111 等为数据项。在实际应用中,有时数据元素只有一个数据项,如图 3.2 名单所示。

## C语言成绩单

| 序号 | 学号 | 姓名 | 班级 | 平时成绩 | 实验成绩 | 期末成绩 | 总成绩 |
|---|---|---|---|---|---|---|---|
| 1 | 201601111 | 张三 | 化工16-1班 | 90 | 90 | 90 | |
| 2 | 201601222 | 李四 | 软件16-1班 | 80 | 70 | 80 | |
| 3 | 201601333 | 王五 | 软件16-1班 | 70 | 60 | 70 | |
| 4 | 201601444 | 刘六 | 软件16-1班 | 50 | 60 | 50 | |

| 姓名 |
|---|
| 张三 |
| 李四 |
| 王五 |
| 刘六 |

图 3.1  成绩单      图 3.2  名单

## 3.1.2 线性表和广义线性表

线性表为逻辑结构，由若干数据元素构成集合 Nodes={$a_i$|i=0, 1, …, n}，其中 $a_i$ 为数据元素，数据元素个数|Nodes|=n+1 为线性表长度。如果 Nodes 为空集，即线性表长度为 0，线性表为空列表。此外，线性表还要满足数据元素之间关系：第 1 个数据元素 $a_0$ 只有唯一一个后续数据元素 $a_1$，最后数据元素 $a_n$ 只有唯一一个前驱数据元素 $a_{n-1}$，其他数据元素 $a_i$(i=1, 2, …, n-1)具有唯一一个前驱数据元素 $a_{i-1}$ 和唯一一个后续数据元素 $a_{i+1}$。数据元素关系可表示为<$a_i$, $a_{i+1}$>。线性表可直观表示为 a=$a_0a_1a_2a_3…a_n$，数据元素之间的关系也可以由其所在位置 i 确定。数据元素所在位置 i 称为下标，通过下标可以索引到数据元素，如图 3.3 所示，其主要操作如下：

(1) 创建线性表 create：create(a)创建一个空表，a 长度 length(a)为 0。

(2) 增加数据元素 insert：insert(a,i,b)把 b 插入到线性表 a 的第 i 个位置上(其中 i∈[0,n])，其他数据元素后移。如 insert(a,2,b)，即 a= $a_0a_1ba_2a_3…a_n$，a 长度 length(a)为 n+2。

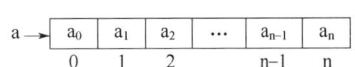

图 3.3  线性表

(3) 删除数据元素 delete：delete(a,i)删除线性表 a 第 i 个数据元素(其中 i∈[0,n])，其他数据元素前移。如 delete(a,2)，即 a= $a_0a_1a_3…a_n$，a 长度 length(a)为 n。

(4) 修改数据元素 update：update(a,i,b)把线性表 a 第 i 个数据元素更改为 b(其中 i∈[0,n])，如 update(a,2,b)，即 a= $a_0a_1ba_3…a_n$，a 长度 length(a)为 n+1。

(5) 查找数据元素 find：find(a,i)查找返回线性表 a 第 i 个数据元素 $a_i$(其中 i∈[0,n])。如 b=find(a,2)，即 a= $a_0a_1a_2a_3…a_n$，a 长度 length(a)为 n+1，b 的值为 $a_2$。

(6) 切片查找数据元素 slice：slice(a,i,j)查找返回线性表 a 第 i 个和第 j-1 个位置之间所有数据元素 $a_ia_{i+1}a_{i+2}…a_{j-1}$(其中 i,j∈[0,n]，且 i≤j)。如 b= slice(a,2,5)，即 a=$a_0a_1a_2a_3…a_n$，a 长度 length(a)为 n+1，b 的值为 $a_2a_3a_4$。

(7) 切片替换数据元素 replace：replace(a,i,j,b)将线性表 a 第 i 个和第 j-1 个位置之间所有数据元素 $a_ia_{i+1}a_{i+2}…a_{j-1}$ 替换为线性表 b(其中 i,j∈[0,n]，且 i≤j)，如 b=$b_0b_1b_2b_3…b_m$，c=replace(a,2,5,b)，c 的值为 $a_0a_1b_0b_1b_2b_3…b_ma_5…a_n$，c 长度 length(c)为 n+m+2-(j-i)=n+m-1。

(8) 拼接线性表 merge：merge(a,b)将线性表 a、b 拼接为新的线性表。如 b=$b_0b_1b_2b_3…b_m$，c=merge(a,b)，c 的值为 $a_0a_1a_2a_3…a_nb_0b_1b_2b_3…b_m$，c 长度 length(c)为 n+m+2。

在实际应用中，线性表中数据元素可有不同内涵，如学生信息可看成由两个部分组成：学生名单和成绩单。这样线性表(学生名单)内嵌着线性表(成绩单)，即学生名单 a=$a_0a_1a_2a_3…a_n$，其中成绩单 $a_i$=$b_{i,0}b_{i,1}b_{i,2}b_{i,3}…b_{i,m}$，如图 3.4 所示，也就是线性表中嵌入另一个线性表，即广义线性表。广义线性表是一种递归定义，嵌套层次没有限制，但同样可以通过下标定位、索引。如图 3.4 所示，$a_i$ 为第 1 维，表示第 i 个学生。第 i 个学生包含所有课程成绩 $b_{i,0}b_{i,1}b_{i,2}…b_{i,m}$。第 j

门课成绩为第 2 维。通过 i、j 可以确定第 i 个学生第 j 门课的成绩 $b_{i,j}$。a 表示广义表，$b_{i,j}$ 表示广义表最底层的数据项，用 a[i][j] 表示 $b_{i,j}$，其中 "[]" 为索引运算符或下标运算符。还可以确定更多维的数据，如第 1 维表示班级，第 2 维表示学生、第 3 维表示课程，a[k][i][j] 为第 k 班第 i 个学生第 j 门课的成绩。

| a → | $b_{00}$ | $b_{01}$ | $b_{02}$ | … | $b_{0m}$ |
|---|---|---|---|---|---|
| | $b_{10}$ | $b_{11}$ | $b_{12}$ | … | $b_{1m}$ |
| | … | | | | |
| | $b_{n0}$ | $b_{n1}$ | $b_{n2}$ | … | $b_{nm}$ |

图 3.4　广义线性表

### 3.1.3　散列表和广义散列表

线性表是关联、线性有序的数据集，通过下标(序号)即可索引(定位)到相应的元素，如班里学生的学号是有序的。还有一种没有关联、无序的数据集，即散列表(也称哈希表)，如班里学生的身份证号，其通过键(key)和 hash(哈希)函数索引到相应的数据元素 value，也就是通过哈希函数 h(key) 可以索引到数据元素 value。为了明确起见，用 "$key_i$: $value_i$"（i=0,1,2,…）表示无序的数据元素，如 a={$key_0$: $value_0$, $key_1$: $value_1$, $key_2$: $value_2$,…, $key_n$: $value_n$}，数据元素 a[$key_i$] 值为 $value_i$，即 $key_i$ 是 $value_i$ 的索引。除了索引，散列表的主要操作如下：

(1) 创建散列表 create: create(a)，创建一个空列表，a 长度 length(a) 为 0。
(2) 增加数据元素 add: add(a,key,value)，散列表 a 增加一个数据元素 key: value（其中 key 不在散列表中），a 长度 length(a) 为 n+2。
(3) 删除数据元素 delete: delete(a,key)，删除散列表 a 中数据元素 key: value（其中 key 在散列表中），a 长度 length(a) 为 n。
(4) 修改数据元素 update: 如果键 key 在散列表 a 中，则 update(a, key,value) 更新散列表 a 数据元素为 key: value；如果键 key 不在散列表 a 中，则 update(a, key,value) 增加散列表 a 新数据元素 key: value。

散列表具有无序特性，没有切片操作。如果散列表中 "key: value" 元素只有 "key"，这散列表就是集合，即数据元素无序、唯一。

| $v_0$ | $v_1$ | $v_2$ | … | $v_{n-1}$ | $v_n$ |
|---|---|---|---|---|---|
| 0 | 1 | 2 | … | n-1 | n |

| 0 | 1 | 2 | … | n-1 | n |
|---|---|---|---|---|---|
| $k_0$ | $k_1$ | $k_2$ | … | $k_{n-1}$ | $k_n$ |

a=$k_0$:$v_0$, $k_1$:$v_1$,…, $k_n$:$v_n$

图 3.5　散列表

线性表和散列表很好理解，如学生宿舍每个床铺有床号，对应一个学生。找学生(索引)，只要直接通过床号即可。宿舍的床号是有序的。这就是线性表。学生都有身份证(唯一、无序)，每个学生有个床位(床号)。宿管员有一个宿舍登记表，记录着学生身份证和床号。只要知道学生身份证，并通过宿舍登记表可定位床号，也就可找到学生，如图 3.5 所示(其中 k 为身份证，v 为学生)。宿舍登记表起到哈希函数的作用——散列表。当散列表中 value 还是散列表时，构成广义散列表。线性表也可以嵌入散列表，散列表也可以嵌入线性表。

Python 语言中，以线性表为数据模型，形成以下标(序号)为索引的字符串类型、列表类型、元组类型数据；以散列表为数据模型，形成以关键字为索引的集合类型(只有键 Key，没有值 value)、字典类型(有键 key: 值 value)数据。只是这些数据类型有具体实现和用途，相当于对线性表和散列表进行具体特殊约定。通过类型函数 type、地址函数 id、长度函数 len 和 sys 库的数据单元大小函数 getsizeof 可获取聚合数据的信息。

以线性表为数据模型的数据包括列表 list、元组 tuple、字符串 str 数据，以散列表为数据模型的数据包括集合 set、字典 dict。这些数据统称为基本聚合数据。

### 3.1.4　可迭代机制和可迭代对象

迭代就是反复执行过程。通过迭代过程和索引(即下标或键)可以依次定位获取数据。对于线性表 a=$a_0a_1a_2a_3…a_n$ 的迭代过程，下标 0, 1, 2, …, n 依次变化可以依次获取数据元素

$a_0, a_1, a_2, \cdots, a_n$，即遍历了线性表。对于散列表 a= {$key_0$: $value_0$, $key_1$: $value_1$, $key_2$: $value_2$,$\cdots$, $key_n$: $value_n$} 的迭代过程，键 $key_0$,$key_1$,$key_2$, $\cdots$, $key_n$ 依次变化可以依次获取数据元素 $value_0$, $value_1$, $value_2$, $\cdots$, $value_n$，即遍历了散列表。

基于线性表、散列表的聚合数据均为可迭代对象，内嵌迭代机制，具有迭代获取元素的能力。迭代机制是 Python 解释环境内部实现的，有相应启动(即迭代工具)即可执行迭代过程，进一步产生聚合类型数据。

**1. 通过联合 for-in 运算启动迭代过程**

通过迭代推导运算符 for-in 也可以启动迭代过程，并进行可迭代对象元素的计算处理，其表达式形式为：

《元素变量表达式》for《元素变量》in《可迭代对象》

该表达式不可单独使用，只能与聚合数据类型函数联合使用，如：

```
>>> a=[-5,-4,-3,-2,-1,0,1,2,3,4]↵(回车)          # 列表变量
>>> tuple(x+5 for x in a)↵(回车)                  # tuple 启动 for-in 的迭代过程，生成元组
(0, 1, 2, 3, 4, 5, 6, 7, 8, 9)
```

通过迭代推导联合启动"可迭代对象"a 迭代过程，x 依次获得数据系列 −5，−4，−3，−2，−1，0，1，2，3，4，每次迭代进行 x+5 计算，依次得到数据系列 0，1，2，$\cdots$，9，再通过 tuple 形成元组(0, 1, 2, 3, 4, 5, 6, 7, 8, 9)，等价于 tuple(x+5 for x in range(−5,5))。

**2. 可迭代对象与迭代工具**

可迭代对象就是以线性表或离散表为数据模型的运算对象，内嵌可迭代机制，聚合数据类型(包括列表 list、元组 tuple、字符串 str、集合 set、字典 dict)函数可启动迭代过程并获取相应元素值，进一步生成聚合数据。启动可迭代对象迭代过程的函数称为迭代工具(如 list、tuple、string、set、dict 函数)。可迭代对象包括 range 函数、for-in 表达式和聚合类型数据(包括列表、元组、字符串、集合、字典)。注意：类型名与函数名相同(即名称多态性)。

(1) range 函数可迭代对象。

系列离散数据生成函数 range 是可迭代对象，具有生成系列离散数据的能力，其原型为：

《object》range(《起始整数》],《终止整数》[,《整数变化步长》])

该函数按"整数变化步长"，从"起始整数"依次按步长，直至"终止整数"−1 的变化能力，返回可迭代对象。缺省"起始整数"表示从 0 开始，缺省"整数变化步长"表示步长为 1，如：

```
>>> a=range(-5,5)↵(回车)          # 生成器，生成可迭代对象
>>> a↵(回车)                      # 查看可迭代对象
range(-5, 5)
```

通过聚合数据类型函数(即迭代工具)启动迭代过程，并构成相应聚合数据，如：

```
>>> b=list(a)↵(回车)              # list 启动 a 的迭代过程，生成列表
>>> b↵(回车)                      # 查看列表
[-5, -4, -3, -2, -1, 0, 1, 2, 3, 4]
```

通过 list 启动可迭代对象 range 的迭代过程，下标变化 0,1,2,$\cdots$,9 依次获得数据系列 −5,−4,−3,−2,−1,0,1,2,3,4，并构成列表[−5, −4, −3, −2, −1, 0, 1, 2, 3, 4]。

(2) for-in 表达式可迭代对象。

```
>>> c=(x+15 for x in b)↵(回车)    # 生成生成器，可迭代对象
```

```
>>> c↵(回车)                              # 查看生成器,可迭代对象
<generator object <genexpr> at 0x035982F0>
>>> tuple(c)↵(回车)                       # tuple 启动 c 迭代过程,生成元组
(10, 11, 12, 13, 14, 15, 16, 17, 18, 19)
```

其中,c 为 fon-in 表达式构成的可迭代对象(实际是生成器,生成器是可迭代对象)具有生成数据系列 10,11,12,13,14,15,16,17,18,19 能力,tuple 启动 c 的迭代过程,依次通过下标变化 0,1,2,…,9 获取 10,11,12,13,14,15,16,17,18,19,并形成元组(10,11,12,13,14,15,16,17,18,19)。

(3) 聚合数据可迭代对象。

基本聚合数据包括列表 list、元组 tuple、字符串 str、集合 set 和字典 dict 数据,都是可迭代对象。通过迭代工具 list 函数、tuple 函数、str 函数、set 函数和 dict 函数,可启动可迭代对象,形成相应的聚合数据。

```
>>> d=(1,2,3,4,5)↵(回车)                  # 元组,可迭代对象
>>> list(d)                               # list 启动 d 的迭代过程,生成列表
[1, 2, 3, 4, 5]
```

元组 d 为可迭代对象,list 启动 d 的迭代过程,依次获取 1,2,3,4,5,并形成列表[1, 2, 3, 4, 5]。

简要总结:聚合数据都是以线性表或散列表为数据模型的。可迭代对象内嵌迭代过程,具有生成元素能力。可迭代过程需由迭代工具启动。迭代工具(即函数名)与聚合数据类型同名,具有名称多态性。

有关聚合数据参见本章后续内容,有关生成器、迭代工具等参见第 4 章。

## 3.2 字符串

文字信息处理是自然语言理解重要组成部分。字符串是文字信息在计算机世界里表示、存储和处理重要技术手段,并广泛用于文字信息密切相关的文本变换处理、网页分析、文件数据传输与存储管理等。

### 3.2.1 字符串定义

Python 语言的字符是 Unicode 码字符,可表示所有国家的字符,如拉丁文字符、ASCII 字符甚至中文汉字(每个汉字也是个字符)。逻辑上,字符串就是数据元素为 Unicode 码字符的线性表。Python 语言字符串常量(字面值)用成对的单引号、双引号或三个单引号的字符序列,其形式为:

'«字符 1»«字符 2»'
"«字符 1»«字符 2»"
'''«字符 1»«字符 2»'''

其中字符也可转义字符。字符个数为字符串长度。如果没有任何字符的字符串为空串(' '),其长度为 0,如:

'My name is Xiao Li'

"My name is Xiao Li"

是等价的。需要注意:字符串里又含有字符串时引号的使用,如 Xiao Li 为内部字符串:

'My name is \'Xiao Li\''

"My name is \"Xiao Li\""

或

'My name is "Xiao Li" '

"My name is 'Xiao Li' "

前一组字符串中采用转义字符,而后一组采用不同引号(Python 解释环境根据同类引号配对原则进行鉴别)。上述字符串只能在同一行上,而三个单引号表示的字符串可以换行,并把回车换行符"\n"作为字符串组成部分,如:

>>> a='''↲(回车)

这是 Python 语言教科书。↲(回车)

通过学习本教材,可以掌握 Python 语言的知识↲(回车)

和编程技能。↲(回车)

'''↲(回车)

>>> a↲(回车)

'\n 这是 Python 语言教科书。\n 通过学习本教材,可以掌握 Python 语言的知识\n 和编程技能。\n'

通过字符串变量 a 赋值,a 引用字符串常量。可见,回车换行符也是字符串组成部分。字符串常量和字符串变量都属于字符串类型 str。通过数据类型函数 type、聚合数据长度函数 len 可查看数据类型和字符串长度,如:

>>> type(a), len(a)↲(回车)

(<class 'str'>,47)

通过导入系统库 sys 的函数 getdefaultencoding 可查看当前 Python 解释环境的字符编码:

>>> from sys import getdefaultencoding↲(回车)        # 导入查看缺省编码函数

>>> getdefaultencoding()↲(回车)        # 查看当前编码

'utf-8'

可见 Python 字符编解码是 Unicode UTF-8,而不是 ASCII 码。UTF-8 是 Unicode 编码之一,还有 UTF-16、UTF-32 等 Unicode 编码。

字符串还可包含转义字符(转义字符见表 2.1),如:

>>> s="I \x61m \141 student."↲(回车)        # 含十六进制、八进制转义字符

>>> s↲(回车)

'I am a student.'

在字符串字面值之前加 r 或 R 后,字符串字面值中字符"\"不再是转义字符,而是一般字符,如:

>>> s=r"I \x61m \141 student."↲(回车)        # "\"是普通字符,不是修饰转义字符

>>> s↲(回车)

'I \\x61m \\141 student.'

字符"a"的 Unicode UTF-8 码值与 ASCII 码值相同，均为 97。字符"\"明确为一般字符。字符"\"为一般字符时，需用 "\\"表示。

有关字符编码参见后续字符串函数。

### 3.2.2 字符串操作

除了给字符串变量赋值操作外，还有以下几种字符串操作(不加特别说明，以下"字符串"可以是字符串常量、变量、表达式)。

**1. 字符串运算**

(1) 字符串下标运算[]。

字符串的数据模型是数据元素为字符的线性表，每个字符通过索引运算[]可获取字符：

«字符串» [«字符串下标»]

该表达式表示获取"下标"对应的字符。"下标"可以是正整数常量、变量、表达式，其取值范围为 0～长度-1。"下标"还可以是负整数常数、变量、表达式，其取值范围为-长度～-1。正、负下标满足：正下标-负下标等于字符串长度如图 3.6(a)所示。为了方便，直观表示为图 3.6(b)所示，如：

```
>>> "I am happy"[0]↵(回车)           # 字符串常量, 第 0 个元素
'I'
>>> c="I am happy"↵(回车)            # 字符串变量引用字符串常量
>>> c[2+3]↵(回车)                    # 字符串变量第 2+3 个元素, 等价于"I am happy"[2+3]
'h'
>>> c[10]↵(回车)                     # 字符串变量第 10 个元素, 下标越界出错
IndexError: string index out of range
>>> c[-10]↵(回车)                    # 字符串变量第-10 个元素
'I'
```

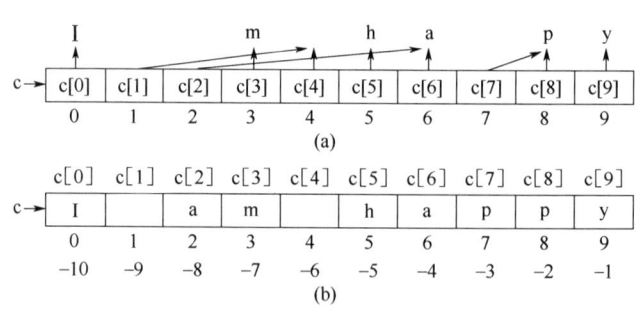

图 3.6 字符串与正、负下标

为了更好理解，把正下标理解为从左到右的下标，而负下标理解为从右到左的下标。注意：1 个汉字是 1 个字符，如"我爱中国！"[1]的结果为"爱"。原字符串中字符是不可变的，不可通过下标索引对原字符串的字符赋值，如：

```
>>> c[2]='A'↵(回车)                  # 字符串元素赋值出错, 不可对字符串元素赋值
TypeError: 'str' object does not support item assignment
```

(2) 字符串切片运算[]。

除了可以获取单个字符外，索引运算[]还可以获取有序的若干字符，即字符串的子串：

《字符串》[《下标起始》]:[《下标终止》][:《下标变化步长》]]

该表达式表示从字符串获取若干字符构成的字符串。"下标起始""下标终止""下标变化步长"可以是正整常数、负整常数、变量、表达式,其含义为:从"下标起始"开始,按"下标变化步长",依次逐一获取字符直至"下标终止"-1(即不包括"下标终止"位置上的字符),并把这些字符构成字符串作为字符串切片运算结果,如:

>>> c[5: 10: 1]↵(回车)　　　　　　　# 字符串切片运算
'happy'

该"下标变化步长"为 1,"下标"从 5 开始依次变化 1 直到 9(不是第 10 个)止的字符形成字符串。当"下标变化步长"步长为 1 时,可以省略,即该表达式等价于 c[5: 10]。对于一个字符,c[i]和 c[i: i+1]是等效的。再看一个例子,注意下标变换步长:

>>> c[5: 10: 2]↵(回车)　　　　　　　# 字符串切片运算
'hpy'

关于"下标""步长"说明如下:

① 除了"下标变化步长"为 1 时可以省略,"下标终止"也可以省略,意味着"下标终止"为字符串长度。如 c[5: : 1]和 c[5: ]与 c[5: 10: 1]等价的,结果都是'happy'字符串。

② "下标起始"省略时表示下标起始位从 0 开始,即 c[: 4: 1]、c[: 4]与 c[0: 4: 1]等价,结果均为'I am'。

③ "下标起始""下标终止""下标变化步长"甚至都可以省略,c[: ]为下标从 0 开始到字符串长度,下标变化步长为 1,即 c[: ]与 c[0: 10: 1]等价,还与 c[: : ]、c[0: : 1]、c[: 10: ]、c[: 10: 1]、c[: : 1]等等价,但 c[]语法出错,Python 解释环境无法判定是取字符还是取字符串切片。

④ 上述"下标起始""下标终止""下标变化步长"都是正整数,"下标变化步长"为正整数表示下标变化从左到右获取字符。"下标起始""下标终止""下标变化步长"还可以是负整数,"下标变化步长"为负整数表示下标变化从右到左获取字符,如:

>>> c[-1: -11: -1]↵(回车)
'yppah ma I'

可以看到,切片获取的字符串是按获取字符先后顺序构成的,如 c[-1: -11: -1]等价于 c[: : -1]、c[-1: : -1]、c[: -11: -1]。由于"下标变化步长"是负整数,逐一从右到左获取字符,显示倒序效果。"下标起始""下标终止"还可以正整数,如:

>>> c[3: : -1]↵(回车)
'ma I'
>>> c[: : -1]↵(回车)
'yppah ma I'
>>> c[5: 1: -1]↵(回车)
'h ma'

注意:1 个汉字是 1 个字符,如:"我爱中国!"[2: 4]的结果为"中国"。

(3)字符串拼接运算+。

该运算将两个字符串进行先后合并形成一个字符串,其运算符为"+",表达式形式为:

《字符串 1》+《字符串 2》

该表达式获取"字符串 1""字符串 2"合并后的字符串,如:

```
>>> "I love "+"China"↵(回车)
'I love China'
```

运算符+也可以省略,如: "I love "+"China"等价于"I love ""China"。

(4)字符串重复运算*。

该运算将字符串重复若干次形成新字符串,其运算符为"*",构成表达式形式为:

《字符串》*《重复次数》

该表达式获取重复"字符串""重复次数"的字符串。"重复次数"为正整数,如:

```
>>> "I love "*3↵(回车)
'I love I love I love '
```

字符串的合并运算+、重复运算*也可以复合赋值,构成复合赋值语句,如:

```
>>> a="I love "; a+="China! "; a*=3↵(回车)      # 一行多句,从左到右执行
>>> a↵(回车)                                     # 查看字符串
'I love China! I love China! I love China! '
```

上述四种字符串运算都生成一个新的字符串,原字符串都没变化。字符串"下标运算"和"切片运算"的符号都是"[]",但功能不一样,而字符串"拼接运算"和"重复运算"的符号"+"与"*"及其复合赋值语句"+="与"*=",与数值类型的算术运算加、乘及其复合赋值语句形式相同,但功能不同。这种特点就是运算的多态性,即相同的符号对不同运算对象(数据类型不同)体现不同功能。在面向对象程序设计中,通过运算符重载可以扩充运算符功能,实现运算符的多态性。有关运算符重载将在第 7 章中介绍。

(5)字符串成员判断运算 in、not in。

该运算判断"字符串 1"是否在"字符串 2"中,构成表达式形式:

《字符串 1》in ⊥not in《字符串 2》

对于 in 运算符,如果"字符串 1"是"字符串 2"的子串,结果为逻辑值 True,否则为逻辑值 False; 对于 not in 运算符,如果"字符串 1"不是"字符串 2"的子串,结果为逻辑值 True,否则为逻辑值 False,如:

```
>>> s="I love China! I love China!"↵(回车)       # 新字符串对象
>>> "China" in s, "Love" in s, "Love" not in s↵(回车)   # 子串判断
(True, False, True)
```

可见,字符串成员判断是区分字母大小写的。not in 是 in 的否定判断。

(6)字符串比较运算。

该运算将两个字符串从头开始逐一比较字符的 Unicode 码,字符串比较表达式形式为:

《字符串 1》op《字符串 2》

其中,op是比较运算符>(大于)、>=(大于等于)、<(小于)、<=(小于等于)、==(等于)、!=(不等)。"字符串 1""字符串 2"按字典顺序(即字符串从左到右)逐一比较字符的编码值,如:

```
>>> s1="I love China!"↵(回车)                    # 新字符串对象
>>> s2="I Love P.R.China!"↵(回车)                # 新字符串对象
>>> s1>s2,s1>=s2,s1<s2,s1<=s2,s1==s2,s1!=s2↵(回车)  # 比较
```

(True, True, False, False, False, True)

Unicode UTF-8 编码规则与扩展 ASCII 编码规则是一样的，小写字母的码值比其大写字母的码值大 32。字符串从左到右依次比较字符，直到 ord("l") > ord("L")（ord 为编码值函数），因此，s1>s2 为逻辑真 True，其他同理。

上述比较运算符只比较字面值，而比较运算符 is、is not 比较两个对象是否同一数据单元，也就是两个变量是否引用同一存储结构。引用同一数据单元，意味着字面值也相同。对于运算符 is，如果两个变量引用同一存储单元，结果为 True，否则为 False；对于运算符 is not，如果两个变量不引用同一存储单元，结果为 True，否则为 False，如：

  >>> s3="I love China!"↵(回车)     # 新字符串
  >>> id(s1),id(s3)↵(回车)     # 查看地址，地址不同，不同存储单元
  (16837272,53350672)
  >>> s1 is s1,s1 is not s1,s1==s3,s1!=s3,s1 is s3,s1 is not s3,s3 is s1,s3 is not s1↵(回车)
  (True, False, True, False, False, True, False, True)

从地址函数 id 可以看到 s1、s3 是不同字符串对象（存储地址不同，如图 3.7 所示）。s1、s3 引用不同的字符串对象，但字面值相同，因此字符串字面值"=="比较结果为逻辑真 True，而"is"比较结果为逻辑假 False。对象自身比较，肯定都为逻辑真 True（存储结构和面值均相同），又如：

  >>> s4=s3↵(回车)     # 变量赋值，相同引用，如图 3.7 所示
  >>> id(s3), id(s4)↵(回车)     # 查看地址，地址相同，同一存储单元
  (53350672, 53350672)
  >>> s3==s4,s3!=s4,s3 is s4,s4 is s3,s3 is not s4,s4 is not s3↵(回车)
  (True, False, True, True, False, False)

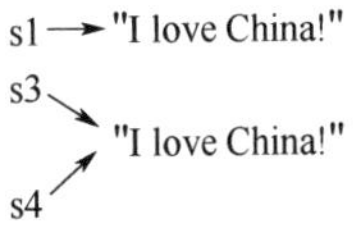

is、is not 是存储结构是否相同（即同一对象）的比较，而==、!=是字面值的比较，is、is not 比==、!=更加严格。除了 is、is not 涉及存储结构外，其他字符串的运算只用到字面值。注意：地址函数 id 的地址值随不同 Python 解释环境而不同，但可以肯定：无论什么环境下，id(s3)、id(s4)的值都相同，s3、s4 引用同一个字符串对象。

图 3.7 字符串存储

【例 3.1】 字符串中字符的变换。

  >>> s="I love China!"↵(回车)     # 新字符串对象
  >>> s=s[: 2]+"L"+s[3: 6]+" P.R."+s[7: ]↵(回车)   # 字符串运算，新字符串对象
  >>> s↵(回车)
  'I Love P.R.China!'

字符串中字符不可赋值变更，但可以通过字符串的切片和拼接运算构造新的字符串并重新赋值字符串变量，实现字符变更。如果原来字符串没有再被引用，Python 解释环境回收对应的数据单元，原来字符串对象不再存在。关于字符串内容变更还可以通过转换为列表，对列表变更后再转换为字符串，达到变更字符串内容的目的。

**2. 字符串内置函数**

除了字符串运算符外，Python 解释环境还内置了字符串函数，实现字符串处理。
（1）字符与编码值变换函数 ord、chr。
在相同的编码规则（如 Unicode UTF-8）下，每个字符都有自己的编码值，如同"学生"在

社会上有"身份证号",在学校有"学号"。这是两种不同编码规则,但在各自规则标准中都有唯一码值。Python 解释环境有缺省字符的编码(如 Unicode UTF-8),每个字符均有相应的编码值(也称码点值)。编码函数 ord 返回字符的编码值,而字符函数 chr 返回编码值的字符串,其函数原型为:

    int ord(«字符串»)
    str chr(«正整数值»)

其中,"字符串"可含普通字符和转义字符,且字符串长度为 1。"正整数值"可以是 int 或 float 型的数据,如:

  >>> ord("A"),ord("\x41"),ord("\101") ↵(回车)  # 查看码值,参数普通或换义字符
  (65, 65, 65)
  >>> chr(65),chr(62+3),chr(ord("B")-1) ↵(回车)  # 查看字符,参数整数、表达式
  ('A', 'A', 'A')

函数参数可以是常数或表达式。ord 为 order 顺序号的简写,chr 为 character 字符的缩写。参见附录 A,字母编码是有序的,采用字母顺序编码。

(2) 字符串与数值变换函数 str、repr、int、float。

字符串(如"3.14159")和数值(如 3.14159)分别属于字符串类型 str 和浮点型 float,其相互转换函数原型为:

    str str(«数值»⊥«字符串»)
    str repr(«数值»⊥«字符串»)
    int int(«数字字符串»)
    float float(«数字字符串»)

其中,字符串函数 str、repr 把"数值"转换为字符串,即"字符串"加上一对引号返回。数值函数 int、float 把"数字字符串"转换为 int 型、float 型的数值,如:

  >>> str(3.14159),str(3+0.14159),str(120),str(150-30) ↵(回车)  # 数值参数
  ('3.14159', '3.14159', '120', '120')
  >>> float('3.14159'),float("3.\0614\x3159"),int('120'),int("\06120") ↵(回车)  # 数值字符串参数
  (3.14159, 3.14159, 120, 120)

函数参数可以是常数、变量、表达式,并在进行数据转换前先计算,再对计算结果进行转换。以下进行两点说明:

① 对于整型变换 int 还可以带进制参数 base=10、2、8、16,分别表示十进制、二进制、八进制和十六进制,返回以"数字字符串"为数值、以 base 为进制的十进制数,如:

  >>>int("101"),int("101",base=10),int("101",base=2),int("101",base=8),int("101",base=16) ↵(回车)
  (101, 101, 5, 65, 257)

可见,函数返回值为十进制数 101、5、65、257,分别对应十进制、二进制、八进制、十六进制的数字字符串都是"101"。在缺省进制 base 参数时默认转换为十进制数。对整型 int 而言,"字符串"不能是浮点数形式,如:

  >>> int("3.14159") ↵(回车)  # 参数无效,出错
  ValueError: invalid literal for int() with base 10: '3.14159'

可改为:

>>> int(float("3.14159"))↙(回车)                          # 两次转换
3

即先转换为浮点数,再由浮点数转换为整数。在基本简单数据类型中也介绍过 int、float 类型强制转换。

② repr 也是把参数转换为字符串,但与 str 有些差异,如:

>>> str(3.14159),repr(3.14159),str("3.14159"),repr("3.14159")↙(回车)
('3.14159', '3.14159', '3.14159', "'3.14159'")

可见数值转换为字符串时 str、repr 等效。当把字符串转换为字符串时,str 结果是字符串自身,而 repr 结果是字符串再加一对双引号,字符串长度+2,即原来单引号成为普通字符,如:

>>> s="3.14159"↙(回车)                                    # 字符串变量
>>> str(s)[0],str(s)[6],repr(s)[0],repr(s)[8],repr(s)[1],repr(s)[7]↙(回车)   # 下标
('3', '9', '"', '"', '3', '9')。

(3) 字符串长度函数 len。

字符串的长度是指字符串中字符个数,与编码和存储字节数无关。所有文字单字(如汉字、ASCII 字符)是一个字符。长度函数 len 返回 Unicode 编码的字符串长度,即 Unicode 字符个数,其函数原型为:

   int len(«字符串»)

如:

>>> s1="I love China."↙(回车)                             # 普通字符的字符串变量
>>> s2="I \x6cove China."↙(回车)                          # 转义字符的字符串变量
>>> s2↙(回车)                                             # 字符串字面值
'I love China.'
>>> s3="我爱中国。"↙(回车)                                # 普通字符的字符串变量
>>> s4="我\u7231中国。"↙(回车)                            # 转义字符的字符串变量
>>> s4↙(回车)                                             # 字符串字面值
'我爱中国。'
>>> len(s1),len(s2),len(s3),len(s4)↙(回车)                # 字符串长度
(13, 13, 5, 5)

可见,一个汉字、字母是一个字符,"。"".""也是一个字符。字符串可以含有转义字符。汉字 Unicode 编码占用两个字节,"爱"的十六进制编码为 7231(hex(ord("爱"))可获取十六进制编码),Unicode 转义字符为"\uXXXX",即两个字节十六进制编码。空字符串的长度为 0。字符串长度常用于判断字符串是否为空串。

(4) 排序函数 sorted。

该函数对字符串进行字符分割,形成一个有序的字符列表,其函数原型为:

   list sorted(«字符串»⌊,reverse=True⊥False⌋)

其中 reverse=True 表示按降序排序字符; reverse=False 表示按升序排序字符,等效省略该参数,如:

```
>>> sorted("I love you all")↵(回车)                    # 拆分字符串、字符排序、列表
[' ', ' ', ' ', 'I', 'a', 'e', 'l', 'l', 'l', 'o', 'o', 'u', 'v', 'y']
>>> sorted("I love you all",reverse=True)↵(回车)
['y', 'v', 'u', 'o', 'o', 'l', 'l', 'l', 'e', 'a', 'I', ' ', ' ', ' ']
```

列表是聚合数据之一,表示为[⌊«数据对象 1»⌋,⌊«数据对象 2»⌋]表示,列表更详细内容后续介绍。

(5) 倒序函数 reversed。

迭代器是很重要的概念。线性表具有很好的可迭代的结构,即从当前位置开始,通过迭代函数 next 可依次可获取当前元素,并定位到下一元素。倒序函数 reversed、迭代函数 next 原型:

```
        object reversed(«字符串»)
        str⊥int⊥float next(«迭代器»)
```

其中,reverse 函数返回一个迭代器,而 next 函数返回"迭代器"当前的一个值,并定位到下一个值。值的数据类型取决于设计迭代器时所指定的数据类型。如果迭代过程越界,抛出迭代异常 StopIteration,如:

```
>>> b=reversed("I love you all")↵(回车)         # 拆分字符串、字符倒序、迭代器
>>> b↵(回车)                                     # 查看迭代器,过程
<reversed object at 0x037B3DA8>
>>> next(b),next(b),next(b),next(b)↵(回车)       # 迭代 4 次
('l', 'l', 'a', ' ')
```

迭代器是可迭代对象,可用迭代工具(如 list、tuple 等)启动迭代过程,如:

```
>>> list(b)↵(回车)                               # 继续迭代,并合并字符串
['u', 'o', 'y', ' ', 'e', 'v', 'o', 'l', ' ', 'I']
```

由于迭代器已进行 4 次 next 迭代,list(b)迭代生成列表中少了 4 个字符。

迭代器可用 next 函数逐一迭代,可迭代对象可用迭代工具启动。迭代器一定是可迭代对象,但可迭代对象不一定迭代器。有关迭代器、生成器可参见第 6 章。

(6) 再次求值函数 eval、exec。

字符串内容为表达式形式,通过再次求值函数 eval 可对字符串内的"表达式"进行求值,其函数原型为:

```
        int⊥float⊥str eval(«字符串»)
```

对"字符串"中"表达式"进行求值,其数据类型取决于"表达式"内数据的数据类型。如:

```
>>> exp="1+2+3"↵(回车)                           # 字符串变量
>>> exp, eval(exp)↵(回车)                        # 字符串变量值、再次求值
('1+2+3', 6)
```

exp 为字符串'1+2+3', eval 对字符串'1+2+3'求值,即 1+2+3 求值结果为 6。

```
>>> a="b"; b="c"; c="10+20"↵(回车)               # 字符串变量
>>> a,eval(a),eval(eval(a)),eval(eval(eval(a)))↵(回车)   # 变量值、再求值
('b', 'c', '10+20', 30)
```

可见，a 的值'b'，eval(a)等价于 eval('b')，得到值'c'。eval(eval(a))等价于 eval('c')，得到值'10+20'。eval(eval(eval(a)))等价于 eval('10+20')，得到值 30。

这个函数很有用，可以解决从键盘输入表达式(接收到的字符串)，并执行表达式进行问题求解，如：

【例 3.2】 从键盘输入表达式并进行求解。

```
from math import *
exp=input("请输入计算式: ")              # 输入计算式
res=eval(exp)                           # 计算结果
print(exp,"=",res)                      # 输出结果
```

运行结果：

请输入计算式: 2.1+sin(30*pi/180)*10↵(回车)     # 输入计算式
2.1+sin(30*pi/180)*10 = 7.1

程序首先导入数据库 math，数学函数 sin 和圆周率常数 pi 可用。函数 sin 的参数为弧度，30°需要换算为弧度。输入函数 input 从键盘输入字符串赋给变量 exp。eval 函数求解字符串内的表达式(由用户输入)，并把结果赋给变量 res。输出函数 print 输出参数 exp、"="和 res，在屏幕上显示参数值。

eval 函数参数只能为字符串，为"表达式"内涵。而 exec 函数参数也为字符串，但为"语句"内涵，其函数原型为：

　　　　NoneType exec(«字符串»)

该函数返回 None，并执行字符串中"语句"，如：

```
>>> s='''
a=10
b=20
print(a,b)
'''↵(回车)                              # 字符串，内涵为三个"语句"
>>> exec(s)↵(回车)                      # 执行字符串表达的三个"语句"
10 20
>>> a,b↵(回车)                          # 查看变量值
(10, 20)
```

函数返回 None 值，具有规范输入输出的函数形式，强调函数功能，实际不关心返回值。

有关字符串的更多内置函数可参见 Python 网站和相关文档。

**3. 字符串成员函数**

除了运算和内置函数处理字符串外，还有字符串成员函数处理字符串。内置函数处理字符串时，把字符串作为函数参数。成员函数不同于内置函数，字符串是成员函数的主体(即对象)，启用成员函数对自身处理。

(1) 字符串查找与统计成员函数。

在给定的"下标开始"与"下标终止"区间内(即切片内)，在"字符串"中 find、index、rfind 函数查找第 1 次出现的"字符子串"的下标(位置)，count 统计"字符子串"的个数，函数原型为：

　　　　int «字符串».«函数名»(«字符子串»[,«下标起始»[,«下标终止»]])

函数返回整数。"函数名"为 find、index、rfind 或 count，如表 3.1 所示。

```
>>> s="Are you OK? I am OK!"↵(回车)                        # 字符串变量
>>> s.find("OK"), s.find("OK",10,len(s)), s.find("i")↵(回车)  # 从左到右
(8,17,-1)
>> s.index("OK"), s.index("OK",10,len(s))↵(回车)             # 从左到右查找子串
(8, 17)
>>> s.index("i")↵(回车)                                      # 从左到右没找到子串
ValueError: substring not found
>>> s.rfind("OK"), s.rfind("OK",0,15), s.rfind("i")↵(回车)    # 从右到左
(17, 8, -1)
>>> s.count("OK"),s.count("OK",10,len(s)),s.count("i")↵(回车) # 从左到右
(2, 1, 0)
```

成员函数 index 与 find 功能相同，均为在给定区间内(切片内)从左到右定位字符子串的第一次出现位置(字符串中下标)，但若没找到字符子串，find 返回-1，而 index 抛出值异常 ValueError。rfind 与 find 功能相同，只是从右到左查找。count 在区间内(切片内)统计字符子串出现的个数。如果下标起始、终止缺省时，默认为下标 0 和字符串长度-1。

表 3.1 字符查找

| 函数 | 功能说明 |
|---|---|
| find | 从左开始查找字符子串，没找到返回-1 |
| index | 从左开始查找字符子串，没找到报错 |
| rfind | 从右开始查找字符子串，没找到返回-1 |
| count | 统计字符子串个数 |

(2) 字符串替换成员函数 replace。

将字符串中"字符子串 1"子串替换为"字符串 2"形成新字符串，函数原型为：

  str«字符串».replace(«字符子串 1»,«字符串 2»⌊,«个数»⌋)

该函数返回字符串。其中，"个数"是"字符串 2"替换"字符子串 1"的个数。缺省"个数"时，所有"字符子串 1"都替换为"字符串 2"，如：

```
>>> s="Are you OK? I am OK!"↵(回车)          # 字符串变量
>>> s.replace("OK","fine",1)↵(回车)           # 替换 1 次
'Are you fine? I am OK!'
>>> s.replace("OK","fine",2)↵(回车)           # 替换 2 次
'Are you fine? I am fine!'
```

省略"个数"，s.replace("OK","fine") 等价于 s.replace("OK","fine",2)。"字符子串 1" "字符串 2"可以是任何 Unicode 字符(如汉字)的字符串。注意：replace 成员函数是生成新字符串，原字符串不变，如 s 还是"Are you OK? I am OK!"。

(3) 字符串拼接成员函数 join。

以"字符串"为分割符，将字符串列表中所有字符串"字符串 1""字符串 2"等逐一拼接为一个字符串，其函数原型为：

　　　　str«字符串».join([«字符串 1»,«字符串 2»])

该函数返回字符串, 等价于«字符串 1»+«字符串 2»+«字符串 3»+…, 如:

　　>>> s="I am fine!" ↵(回车)　　　　　　　　　　# 字符串变量
　　>>> s.join(["Hello,"," Are you OK? ","That is all right."]) ↵(回车)
　　'Hello,I am fine! Are you OK? I am fine! That is all right.'

其中["Hello,"," Are you OK? ","That is all right."]为字符串列表。有关列表后续介绍。

　　经常使用"字符串"为空串, 起到拼接列表中所有字符串作用, 如:

　　>>> "".join(["Hello,"," Are you OK? ","That is all right."]) ↵(回车)
　　'Hello, Are you OK?  That is all right.'

又如字符串中所有字符排序, 并形成新字符串:

　　>>> "".join(sorted("Hello, Are you OK?")) ↵(回车)
　　'   ,?AHKOeellooruy'

sorted 函数对字符串的每个字符进行拆分、排序, 并形成字符串列表, 以空串为分割串(即没有分割), 将列表中所有字符合并成一个字符串。

　　(4) 字符串分割成员函数 split。

　　以"分割字符串"为分割符, 将"字符串"分割为若干子串, 并构成列表, 其函数原型为:

　　　　　　list «字符串».split(«分割字符串»)

该函数返回字符串的列表。如果没有"分割字符串", 默认以空字符为分割字符串, 如:

　　>>> s='Hello, I am fine! Are you OK?' ↵(回车)　　# 字符串变量
　　>>> s.split() ↵(回车)　　　　　　　　　　　　　　# 空格为分割字符串
　　['Hello,', 'I', 'am', 'fine!', 'Are', 'you', 'OK?']
　　>>> s.split("fine") ↵(回车)　　　　　　　　　　　# 子串分割字符串
　　['Hello, I am ', '! Are you OK?']

join、split 成员函数是字符串互为逆处理。

　　(5) 去掉空字符成员函数 strip、lstrip、rstrip。

　　这三个函数分别去掉字符串的首、尾(或左边、右边)的空字符, 其函数原型为:

　　　　　　str «字符串». «函数名»()

其中"函数名"为 strip、lstrip 或 rstrip, 函数返回字符串, 如:

　　>>> s="　I am fine!　" ↵(回车)　　　　　　　　　# 字符串变量
　　>>> s.strip(),s.lstrip(),s.rstrip() ↵(回车)　　　　　# 去首、尾空格
　　('I am fine!', 'I am fine!　', '　I am fine!')

注意: 原来字符串没有变化, 如 s 还是"　I am fine!　"。

　　(6) 字符大小写变换成员函数。

　　这类函数实现有关 ASCII 字符变换, 其函数原型为:

　　　　　　str «字符串». «函数名»()

其中"函数名"如表 3.2 所示, 函数返回字符串, 如:

　　>>> s="are you OK?" ↵(回车)

```
>>> s.capitalize(),s.upper(),s.lower(),s.title(),s.swapcase()↵(回车)
```
('Are you ok?', 'ARE YOU OK?', 'are you ok?', 'Are You Ok?', 'ARE YOU ok?')

表 3.2　字符大小写变换

| 函数 | 功能说明 |
| --- | --- |
| capitalize | 首字母大写,其余小写 |
| upper | 全部大写 |
| lower | 全部小写 |
| swapcase | 大小写互换 |

字符串中非 ASCII 字符(如汉字)不变换。注意:原来字符串没有变化,如 s 还是" are you OK?"。

(7)判断字符成员函数。

这类函数判断字符串中字符为 ASCII 字符情况,其函数原型为:

　　　　bool «字符串».«函数名»([«字符子串»])

其中"函数名"如表 3.3 所示。函数判断成立时,返回 True,否则返回 False,如:

```
>>> s="Are You Ok"↵(回车)        # 字符串变量
>>>s.startswith("Ar"),s.endswith("K"),s.isalnum(),s.isalpha(),s.isdigit(),s.islower(),s.isupper(),s.istitle()↵
(回车)
```
(True, True, False, False, False, False, False, True)

表 3.3　判断字符

| 函数 | 功能说明 |
| --- | --- |
| startswith | 是否以"字符子串"开头 |
| endswith | 是否以"字符子串"结尾 |
| isalnum | 是否全为字母或数字 |
| isalpha | 是否全字母 |
| isdigit | 是否全数字 |
| islower | 是否全小写 |
| isupper | 是否全大写 |
| istitle | 每个单词首字母是否为大写 |

字符串 s 中含有的空白字符,既不是数字字符也不是字母字符。

注意:字符串的成员函数对字符串自身的处理过程是先取出字符串(拷贝)后再对其进行处理,成员函数执行后,字符串自身并没有变化。

**4. 字符串格式化成员函数**

字符串可以通过字符串替换成员函数 replace 实现字符串中子串的替换,如:

```
>>> template="Someone is manifest student."↵(回车)              # 字符串(模板)
>>> template.replace("Someone","Zhang San").replace("manifest","an outstanding")↵(回车)
```

                     # 字符子串替换
'Zhang San is an outstanding student.'

  字符串 template（相当于模板）中，"Someone"替换成"Zhang San"后，进一步"manifest"替换为"an outstanding"形成具体人的描述。替换成员函数 replace 只能一次替换一个字符子串，需要替换的子串较多时很不方便。字符串格式化成员函数 format 可进行多项、格式化等灵活、便捷替换，其函数原型为：

       str«模板字符串».format(␣«运算对象 0»␣,«运算对象 1»␣)

该函数返回字符串。其中，"模板字符串"含有若干"{«运算对象序号»␣:␣字符␣>␣<␣m␣.n«格式符»␣}"（称为格式控制串）和普通字符子串，而格式控制串就是将要被替换的子串。"运算对象"可以是常量、变量或表达式。"格式符"是"运算对象"数据类型相关的标识符，如表 3.4 所示。"运算对象"从左到右序号为 0,1,2,…。下面重点介绍"格式控制串"。

表 3.4  格式符

| 格式符 | 指定数据类型 |
| --- | --- |
| d | 按十进制表示整数 |
| b | 按二进制表示整数 |
| o | 按八进制表示整数 |
| x, X | 按十六进制表示整数 |
| f | 浮点数 |
| e, E | 指数形式的浮点数 |
| g, G | 自动选择 f 或 e 的方式 |
| s | 字符串 |
| c | 按 Unicode 字符 |

  （1）可包含"运算对象序号"或空花括号，如：

  \>>> template="{0} is {1} student."↵(回车)        # 模板字符串
  \>>> template.format("Zhang San","an excenllent")↵(回车)   # 字符串替换
'Zhang San is an excellent student.'

  {0}{1}分别由"Zhang san""excellent"替代。此时字符串 template 等价于"{} is {} student."，即空花括号与运算对象排列顺序号对应。"格式控制串"中"运算对象序号"可以多次出现，如：

  \>>> template="{0},{1}{3} {0},{2}{3}"↵(回车)      # 模板字符串
  \>>> template.format("Hello","Ladies","Gentlemen","!")↵(回车)  # 字符串替换
'Hello,Ladies! Hello,Gentlemen!'

  当 format 参数个数少，而"格式控制串"多，而且"运算对象序号"与参数顺序不一致时，必须指明"运算对象序号"，"运算对象"自动替换"格式控制串"。

  （2）宽度、截取位数、充填字符、对齐。
  ① 宽度 m、充填字符、对齐：

- m 为正整数，表示替换的数据（如字符串）所占的列数，每个字符占 1 列。
- 当 m 小于数据实际位数（如字符串长度）时，m 不起作用，数据原样替换。任何数据的长度都大于 1。当 m 为 1 时，可以省略。
- 当 m 大于数据实际位数时，数据靠右或左对齐。如果有"字符"（非数字字符），数据对齐后补齐"字符"，否则（即没有"字符"），补齐空白。>、<、^表示数据靠右、靠左对齐和居中。

② 截取位数 n：

n 为正整数，对于输出数据为字符串，n 表示只取字符串开始的 n 个字符（n 应小于字符串的实际长度）。如果 m 小于 n，那么直接输出字符串的前 n 个字符（即 m 不起作用），如：

```
>>> template="{0: ?>10}|{1: #<8}|{0: ^10}|{0: 10.2}|{2: 4.10}|{3: 10}"↵(回车)
>>> template.format("Hello","Ladies","Gentmen","!")↵(回车)
'?????Hello|Ladies# # |   Hello  |He        |Gentlemen|!         '
```

其中，"{0: ?>10}"为第 0 运算对象"Hello"占 10 列，并且靠右对齐，左边补齐"?"。"{1: #<8}"为第 1 运算对象"Ladies"占 8 列，并且靠左对齐，右边补齐"#"。"{3: 10}" 为第 3 运算对象"!"占 10 列，并且靠左对齐，右边补齐空字符，即等价于"{3:' '<10}"。"{0: 10.2}" 为第 0 运算对象"Hello"占 10 列，只取 2 个字符"He"，并且靠左对齐，右边补齐" "。"{2: 4.10}"为第 2 运算对象"Gentmen"占 4 列，取 10 个字符不起作用。

整数、浮点数通过字符串类型 str 转换为字符串后可作为格式化成员函数 format 的参数进行字符串替换，但 format 还提供通过"格式符"自动进行字符串转换和替换。

(3) 整型、浮点型、字符串型格式符与数据。

① 格式符 d: 按十进制整数替换。"运算对象"为整型数据。宽度 m、左右对齐、补齐"字符"为"0"，或","三位数一组，截取位数 n 不可用。

```
>>> d=1234↵(回车)
>>> template="{0: d}|{0: 8d}|{0: <8d}|{0: 2d}|{0: >08d}|{0: <08d}|{0: ,d}"↵(回车)
>>> template.format(d)↵(回车)
'1234|    1234|1234    |1234|00001234|12340000|1,234'
```

② 格式符 b、c、o、x、X: 整数按二进制数 b、字符 c、八进制数 o、十六进制数 x\X 进行替换。"运算对象"为整型数据。宽度 m、左右对齐、补齐"字符"为"0"，截取位数 n 不可用。对于格式符 c，"运算对象"是字符的 Unicode 码值。

```
>>> "{0: b}|{0: c}|{0: d}|{0: o}|{0: x}|{0: X}".format(1234)↵(回车)
'10011010010|Ӓ|1234|2322|4d2|4D2'
```

③ 格式符 f: 按日常记数法的浮点数替换。"运算对象"为浮点数。宽度 m（包括小数点）、左右对齐、补齐"字符"为"0"，或","。整数部分 3 位数一组，截取位数 n 指定保留小数位数。若没有截取 n 小数位，自动补足 6 位小数。

```
>>> f=0.314159↵(回车)
>>> template="{0: f}|{0: 10f}|{0: <10f}|{0: 2f}|{0: >010f}|{0: <010f}|{0: 10.2f}"↵(回车)
>>> template.format(f)↵(回车)
'0.314159|  0.314159|0.314159  |0.314159|000.314159|0.31415900|      0.31'
```

④ 格式符 e、E: 按科学记数法（以 10 为底指数记数法）的浮点数替换。"运算对象"为浮点数。宽度 m（包括小数点）、左右对齐、补齐"字符"为"0"，截取位数 n 指定保留尾数小数

位数。若没有截取 n 小数位，自动补足尾数 6 位小数。格式符 e、E 替换时选择小写、大写字母。
>>> template="{0: e}|{0: 10e}|{0: <10e}|{0: 2e}|{0: >010e}|{0: <010e}|{0: 10.2e}|{0: 010.2e}"
>>> template.format(f)↵(回车)
'3.141590e−01|3.141590e−01|3.141590e−01|3.141590e−01|3.141590e−01|3.141590e−01|  3.14e−01|003.14e−01'

⑤ 格式符 g、G: 数值太大或太小时自动选 e 格式，否则自动选 f 格式。
>>>> "{0: f}|{0: }|{0: e}|{0: E}|{0: g}|{0: G}".format(314.1596)↵(回车)
'314.159600|314.1596|3.141596e+02|3.141596E+02|314.16|314.16'
>>> "{0: f}|{0: e}|{0: g}".format(123456789)↵(回车)
'123456789.000000|1.234568e+08|1.23457e+08'

没有格式符时，原样替换。g、G 自动截取小数位，有四舍五入进位。

⑥ 格式符 s: 字符串替换，与前述的字符串替换相同，即 "运算对象" 是字符串时，格式符 s 可以省略。

"模板字符串"中，格式控制串 "{«运算对象序号»:«字符»«>»«<»«m»«.n»«格式符»}" 的"运算对象序号"可改为"运算对象标识符"（也称运算对象关键字）。格式化成员函数 format 的参数也可采用命名(指定关键字)形式，这样就与运算对象序号无关。格式控制串形式 "{«运算对象关键字»:«字符»«>»«<»«m»«.n»«格式符»}"。format 参数形式为：

str «模板字符串».format(«运算对象关键字 0=运算对象 0»
                      ，«运算对象关键字 1=运算对象 1»)

如：
>>> template="{i_data: d}|{i_data: X}|{f_data: f}|{f_data: e}|{c_data: c}|{s_data: s}"↵(回车)
>>> template.format(c_data=1245,s_data="Hello",i_data=12345,f_data=0.89)↵(回车)
'12345|3039|0.890000|8.900000e−01|ӝ|Hello'

浮点数替换时，保留 6 位小数位。通过指定运算对象关键字，明确了需要替换的运算对象，与运算对象顺序无关。无论采用运算对象序号，还是运算对象关键字，在模板字符串中都是明确了需要替换的数据和位置。字符串格式化成员函数 format 实现根据格式符、宽度、攫取位数、对齐方式、补齐内容进行整型、浮点型或字符串数据等的替换，并根据运算对象的位置或指定关键字形式重复替换，比字符串替换成员函数 replace 只能替换一个字符串功能更强。

除了字符串格式化成员函数 format 进行字符串格式化外，字符串格式化还能通过表达式形式进行格式化。这部分内容将在第 4 章中结合输出函数 print 介绍。

**5. 字符串赋值语句**

在 2.2.4 中介绍了赋值语句，对字符串的赋值还有其他形式，如：
>>> a,b,c,d,e="China"↵(回车)              # 变量个数与字符串长度一致
>>> a,b,c,d,e↵(回车)                      # 查看变量
('C', 'h', 'i', 'n', 'a')

字符串是可迭代对象。赋值语句中，左边变量个数与右边字符串长度一致，字符依次一一赋值每个变量。

>>> i,lc="我爱中国！"↵(回车)              # 变量个数与字符串长度不一致，出错
ValueError: too many values to unpack (expected 2)

赋值语句中，左边变量个数与右边字符串长度不一致，不能依次一一赋值每个变量，抛出

值异常 ValueError。

```
>>> i,*lc="我爱中国！"↙(回车)          # 变量个数与字符串长度一致
>>> i,lc↙(回车)                        # 查看变量
('我', ['爱', '中', '国', '！'])
```

变量 i 的值为'我'。变量 lc 为列表['爱', '中', '国', '！']，即*lc 表示变量 lc 可以接收多个字符构成的一个列表。实际上，这是模式匹配的概念：单变量 i 匹配单个字符，单变量 lc 匹配多字符，但需要构成一个列表。用匹配的概念，可以很好理解以下语句：

```
>>> *ilc,t="我爱中国！"↙(回车)         # 变量个数与字符串长度一致
>>> ilc,t↙(回车)                       # 查看变量
(['我', '爱', '中', '国'], '！')
```

变量 ilc 的值为['我', '爱', '中', '国']，即多个字符构成的一个列表。变量 t 为'！'，即单个字符。把一个变量可以匹配多个数据的机制称为数据打包(Data Pack)，其形式为：*«变量名»。通过匹配概念，很好理解变量系列赋值和序列打包赋值。以下语句出错：

```
>>> *head,*tail="我爱中国！"↙(回车)    # 变量个数与字符串长度一致
SyntaxError: two starred expressions in assignment
```

由于 head、tail 不知道各自该匹配多少个字符，也就是赋值时存在匹配歧义，无法赋值。

与数据打包相对应为数据解包(Data Unpack)，由列表、元组构成的数据集，还原为多个数据系列，其使用形式为：*«列表↓元组»，如：

```
>>> template="{0},{1}！{0},{2}{3}"↙(回车)   # 模板字符串
>>> li=["Hello","Ladies","Gentlemen","!"]↙(回车)   # 列表
>>> template.format(li)↙(回车)                     # 字符串替换，出错
IndexError: tuple index out of range
```

在字符串模板 template 中含有四个序号{0}{1}{2}{3}，需要至少四个运算对象，但 li 只是一个列表，抛出个数不一致导致的索引异常 IndexError。可改用数据解包：

```
>>> template.format(*li)↙(回车)                    # 数据解包、字符串替换
'Hello,Ladies! Hello,Gentlemen!'
```

等价于 template.format("Hello","Ladies","Gentlemen","!")。

数据打包与数据解包形式一样，但数据打包在变量赋值中，而数据解包在变量做参数使用中。迄今已多次用到"*"，具有不同含义，如乘、指数、字符串重复数、数据打包、数据解包，即"*"具有多态性。

### 3.2.3 字符编码

编码普遍存在，如真实世界中的"人"，到概念世界中的"姓名"，再到纸面上"文字记录"，甚至到计算机世界的"数据记录"。"姓名"就是一种编码，但是这种编码不科学，因为真实世界中的两人(客观世界中人是唯一的)可能出现相同姓名的记录，即"人"集合与"姓名(编码)"集合是多对一的关系，也就是通过"姓名"难以确定具体"人"。为了使两个集合关系为一对一，需要制定编码规则，如身份证号、护照号、学生学号等，也就是通过约束集合(如针对学生设计学号)，确保"人"集合与"编码"集合一一对应，涉及两个核心：编码规则和编码值(统称编码)，如"身份证号""护照号"都是"人"的编码，即一个"人"有多种编码，"身份证号"与"护照号"等价，但编码值不相等。

英文由字母、数字等符号(即字面值)构成,其在计算机世界进行存储、传输、处理等需要进行编码。由于英文字符数量有限,采用7位二进制位表示,为了便于人查看,把二进制转为十进制或十六进制数。为了在不同领域(包括计算机)交流,由美国国家标准化机构制定的 ASCII 码(美国标准信息交换代码),一共128个字符,编码值范围0~127,即0000000~1111111表示。用一个字节(8位二进制位)足够表示、存储(最高位不用),并做到字符与编码一一对应。后来利用了最高位,形成扩展ASCII码(见附录A),表示字符数256,编码值0~255,即00000000~11111111。

除了 ASCII 码,还有其他编码。一个汉字也是一个字符。一个字节表示、存储不了所有汉字,采用 2 个字节 $0 \sim 2^{16}-1$。汉字编码有 GB 2312—80 等。

Unicode 编码有 UTF-8、UTF-16、UTF-32 等。根据不同字符采用不同字节数存储,其字符集可表示所有国家的字符,如拉丁文字符、西文字符(ASCII 字符),甚至中文汉字。在 Python 解释环境中,可查看 Python 支持的所有编码:

```
>>> import encodings↵(回车)                              # 导入编码库
>>> help(encodings)↵(回车)                               # 查看所有编码
```

可看到 ASCII、Latin-1、UTF-8、UTF-16、UTF-32 等数十种编码方法。

通过导入系统库 sys 的函数 getdefaultencoding 可查看当前 Python 解释环境的字符编码:

```
>>> from sys import getdefaultencoding↵(回车)            # 导入查看缺省编码函数
>>> getdefaultencoding()↵(回车)                          # 查看当前编码
'utf-8'
```

说明当前 Python 解释环境采用 UTF-8 编码。字符串的每个字符对应 UTF-8 编码。通过编码值函数 ord 可查看十进制的编码值,如:

```
>>> ord("A"),hex(ord("A")),oct(ord("A")),bin(ord("A"))↵(回车)   # 编码
(65, '0x41', '0o101', '0b1000001')
>>> ord("爱"),hex(ord("爱")),oct(ord("爱")),bin(ord("爱"))↵(回车) # 编码
(29233, '0x7231', '0o71061', '0b111001000110001')
```

可见"A"和"爱"字符的字节数不同。

字符串编码和解码成员函数 encode、decode 可分别设置字符的编码和解码,字符串可编码为字节串,而字节串可解码为字符串。

对字符串可以采用新编码,形成字节类型 bytes 的字符串(字节串),如:

```
>>> s="Hello,我爱中国!"↵(回车)                          # 字符串,str 型
>>> len(s)↵(回车)                                        # 字符串长度
11
>>> s.encode("utf8"),len(s.encode("utf8"))↵(回车)        # 重新编码、字符串长度
(b'Hello,\xe6\x88\x91\xe7\x88\xb1\xe4\xb8\xad\xe5\x9b\xbd\xef\xbc\x81', 21)
>>> s.encode("utf16"),len(s.encode("utf16"))↵(回车)      # 重新编码、字符串长度
(b'\xff\xfeH\x00e\x00l\x00l\x00o\x00,\x00\x11b1r-N\xfdV\x01\xff', 24)
```

可见形成新字节串(bytes 型),字符的字节数不同。通过解码,即可看到原来字符串,如:

```
>>> s=s.encode("utf8")↵(回车)                            # 重新编码
>>> s↵(回车)                                             # 字节串(二进制编码),bytes 型
```

```
b'Hello,\xe6\x88\x91\xe7\x88\xb1\xe4\xb8\xad\xe5\x9b\xbd\xef\xbc\x81'
>>> s=s.decode("utf8")↙(回车)        # 重新解码
>>> s↙(回车)                          # 字符串, str 型
'Hello,我爱中国！'
```

当进行编码时，字节串前缀字符"b"表示字符串是字节串（二进制）。实际上，迄今涉及字符串（字面值）缺省的前缀字符"u"，如："Hello,我爱中国！"等价于 u"Hello,我爱中国！"，即 Python 语言的 str 型字符串是 Unicode 编码（文本）。字符串（str 型）的字符可以是字符，还可以是转义字符。字符可用 3 位八进制"\OOO"（针对 1 个字节）、两位十六进制"\xHH"（针对 1 个字节），也可以用十六进制"\uHHHHHHHH"（针对 Unicode 编码，编码值 2 或 4 个字节），如：

```
>>> "\u6211\u7231\u4e2d\u56fd!"↙(回车)     # 转义字符
'我爱中国!'
```

在数据文件章节可知，文本文件就是读写 str 型对象的文件（即文本文件），二进制文件就是读写 bytes 型对象的文件（即二进制文件）。

## 3.3 列表

数据管理、处理时，面对的数据往往具有批量和有序特性，甚至具有多组分、复杂关联关系，如有一批学生，每个学生包括学号、姓名、籍贯、爱好、每学期的多门课程的成绩。经常对批量数据进行查询、修改、统计、删除等操作时，Python 语言的列表可以很好组织管理批量有序数据。

### 3.3.1 列表定义

列表的数据模型是数据元素为任何类型数据的线性表，其形式为：

[␣«运算对象 1»␣,«运算对象 2»␣]

此处方括号"[]"不是索引运算符，而是列表的标记。"运算对象"（称为列表元素）可以是任意 Python 数据类型的数据，包括数值、字符串、列表等。逗号","为列表元素分隔符。列表元素个数为列表长度。如果没有任何"运算对象"，则列表为空列表（或[]），其长度为 0，如：

[10, 'Xiao Li', '男', ["足球","跑步"],[90,88,96]]

是元素为 10、'Xiao Li'、'男'、["足球","跑步"]、[90,88,96]的列表，其中列表元素分别属于整型、字符串类型和列表类型，分别表示学号、姓名、性别、爱好、课程成绩。列表中含有列表，构成嵌套列表。对于嵌套列表，元素为列表时，可表示列表的深度。如这个例子中，["足球","跑步"]为内层列表，对外层而言，深度为 2，而外层深度为 1。

通过列表变量赋值，列表变量可引用列表常量。列表常量和列表变量都属于列表类型 list，如：

```
>>> stu=[10, 'Xiao Li', '男', ["足球","跑步"],[90,88,96]]↙(回车)    # 赋值
>>> stu↙(回车)                                                      # 查看列表变量
[10, 'Xiao Li', '男', ['足球', '跑步'], [90, 88, 96]]
```

通过数据类型函数 type、聚合数据长度函数 len,可查看数据类型和列表长度,如:
>>> type(stu), len(stu)↵(回车)                    # 查看数据类型、列表长度
(<class 'list'>,5)

可见 stu 所属数据类型为列表 list,列表长度为 5,即最外层列表元素个数。
还可以给列表赋值,自动进行匹配,如:

>>> [num, name,sex ,[hobbie1,hobbie2],scores]=stu↵(回车)      # 赋值列表变量
>>> num, name,sex ,hobbie1,hobbie2,scores↵(回车)             # 查看列表元素
(10, 'Xiao Li', '男', '足球', '跑步', [90, 88, 96])

注意: 赋值语句左侧是列表元素为变量的列表,左右两边的列表元素一一对应赋值,由两个线性表模型元素一一对应赋值。

### 3.3.2 列表操作

对线性表的存储(物理结构)了解,有助于理解字符串、列表的一些操作。计算机数据管理很多来自日常生活,如旅行团住店。宾馆有许多客房,客房按顺序编号。旅行团多名旅客住店,每人一间客房。一种安排住宿方式为: 每位旅客按客房编号顺序依次住下,也就是通过门牌号就可以遍历访问到所有旅客。另一种安排住宿方式为: 旅客不是按客房顺序住下,而是旅客住下后,又拿着下一位旅客的房间号,也就是旅行团居住客房不连续,访问到一个旅客后,再要下一旅客门牌号可以访问到下一旅客,也可遍历访问所有旅客。宾馆为计算机内存,房间为数据单元,旅客、下一门牌号为数据单元中数据。旅客都是有序的,即旅客是线性表。前者住宿方式为数据的顺序存储,后者住宿方式为数据的链式存储。逻辑上,字符串是线性表(数据模型);物理上,字符串是顺序存储的,如图 3.6 所示。逻辑上,列表是线性表(数据模型);物理上,列表是链式存储的,如图 3.8 所示。链式存储节点由两部分构成: 数据域和指针域。数据域指向数据,指针域指向下一节点。这种存储结构多了一个头结点,表示空链表(空列表)。节点如同客房,数据域如同客人,指针域如同下一客房门牌号。尽管旅客不是顺序居住,但查找旅客也不需要查找宾馆所有客房。这种存储还具有数据元素增加、删除、修改便捷性,如宾馆可以为旅客提供便捷住店、换房、查找、退房,只要维护旅客的手里下一个旅客门牌号即可。注意: 顺序性是指排列先后,连续性是指存储相邻,不是同一概念。而线性表具有有序性,存储采用顺序存储(连续)或链式存储(非连续)。字符串是顺序存储,列表和元组是链式存储。

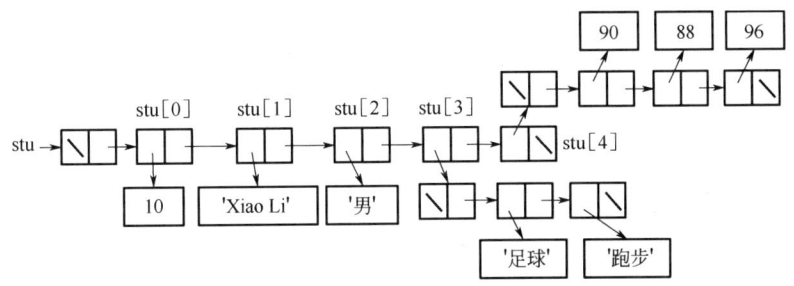

图 3.8　列表存储结构

列表的数据模型还是线性表,因此还可采用下标形式直观表示(图 3.9),也更好理解,但可以改变数据元素。除了给列表变量赋值操作外,还有以下几种列表操作处理。

| stu[0] | stu[1] | stu[2] | stu[3] | stu[4] |
|---|---|---|---|---|
| 10 | 'Xiao Li' | '男' | ['足球','跑步'] | [90, 88, 96] |
| 0 | 1 | 2 | 3 | 4 |
| −5 | −4 | −3 | −2 | −1 |

图 3.9 列表与正、负下标

**1. 列表运算**

(1)列表下标运算[]。

列表是任意运算对象(即列表元素)构成的线性表,通过索引运算符[]可获取列表元素:

　　《列表》[《列表下标》]

该表达式得到列表元素。"列表下标"可以是正整数常量、变量、表达式,下标取值范围为0~长度−1。"列表下标"还可以是负整常数、变量、表达式,其取值范围为−长度~−1。正、负下标满足:正下标−负下标=列表长度(图3.9),如:

```
>>> stu[0], stu[1]↵(回车)          # 列表常量,第 0、1 个元素
(10, 'Xiao Li')
>>> stu[-2], stu[-1]↵(回车)         # 列表常量,第-2、-1 个元素
(['足球', '跑步'], [90, 88, 96])
>>> stu[2+1]↵(回车)                # 列表变量第 2+1 个元素
['足球', '跑步']
>>> stu[5]↵(回车)                  # 列表变量第 5 个元素,下标越界异常
IndexError: listing index out of range
```

下标 5 越界,抛出索引出错异常 IndexError。为了更好理解,把正下标理解为从左到右的下标,而负下标理解为从右到左的下标。可见列表下标使用与字符串一样。实质上,两者都是线性表,只是各自元素不同。

特别说明:列表元素是可变的,通过下标运算可对列表元素赋值,如:

```
>>> stu[0]=120↵(回车)              # 列表元素赋值
>>> stu[4][1]=100↵(回车)           # 列表元素赋值
>>> stu↵(回车)
[120, 'Xiao Li', '男', ['足球', '跑步'], [90, 100, 96]]
```

这与字符串不同,即字符串不可变。此外,字符串的元素为字符,而列表的元素可以是任何类型数据(包括列表),可以表达更加复杂的数据及其关联关系。

(2)列表切片运算[]。

索引运算[]还可以获取有序的若干列表元素:

　　《列表》[《下标起始》]:《下标终止》]:《下标变化步长》]]

该表达式获取若干列表元素构成的列表。"下标起始""下标终止""下标变化步长"可以是正负整常数、变量、表达式,其含义为:从"下标起始"开始,按"下标变化步长",依次获取列表元素直至"下标终止"−1(即不包括"下标终止"位置上的列表元素),并构成列表作为列表切片运算结果,如:

```
>>> stu[1: 4: 1]↵(回车)
['Xiao Li', '男', ['足球', '跑步'], [90, 100, 96]]
```

即从第 1 个列表元素开始,到第 3 个列表元素(不是第 4 个)止列表元素形成列表。该下标变化

步长为1，即下标从1开始依次变化1直到3。

有关"下标""步长"说明如下：

① 当"下标变化步长"步长为1时，可以省略，如 stu[1: 4: 1]等价于 stu[1: 4]，但 stu[i]与 stu[i: i+1]是不等价的，前者为1个列表元素，后者为1个元素的列表，如：

&gt;&gt;&gt; stu[3]↙(回车)　　　　　　　　　　　　　　　# 得到列表元素

　['足球', '跑步']

&gt;&gt;&gt; stu[3: 4]↙(回车)　　　　　　　　　　　　　　# 得到列表元素的列表

　[['足球', '跑步']]

再看一个例子，注意下标变换步长：

&gt;&gt;&gt; stu[1: 4: 2]↙(回车)

　['Xiao Li', ['足球', '跑步']]

② "下标终止"也可以省略，意味着"下标终止"为列表长度，如 stu[1: : 1]和 stu[1: ]与 stu[1: 5: 1]等价的，结果都是['Xiao Li', '男', ['足球', '跑步'], [90, 100, 96]]列表。

③ "下标起始"省略时，表示下标起始位从0开始，如 stu[: 3: 1]、stu[: 3]与 stu[0: 3: 1]等价，结果为[120, 'Xiao Li', '男']。

④ 甚至"下标起始""下标终止""下标变化步长"都可以省略，如 stu[: ]为下标从0开始到列表长度，下标变化步长为1，即 stu[: ]与 stu[0: 4: 1]等价，还与 stu[: : ]、stu[0: : 1]、stu[: 4: ]、stu[: 4: 1]、stu[: : 1]等价，但 stu[]语法出错(无法判定是取列表元素还是切片取列表元素)。

⑤ 上述"下标起始""下标终止""下标变化步长"都是正整数，"下标变化步长"为正整数表示下标变化从左到右获取列表元素。"下标起始""下标终止""下标变化步长"还可以是负整数，"下标变化步长"为负整数表示下标变化从右到左获取列表元素，如：

&gt;&gt;&gt; stu[-1: -6: -1]↙(回车)

　[[90, 100, 96], ['足球', '跑步'], '男', 'Xiao Li', 120]

可以看到，切片获取的列表是按获取列表元素先后顺序构成的，如 stu[-1: -6: -1]等价于 stu[: : -1]、stu[-1: : -1]、stu[: -6: -1]。由于"下标变化步长"是负整数，逐一从右到左获取列表元素，显示倒序效果。"下标起始""下标终止"还可以正整数，如：

&gt;&gt;&gt; stu[3: : -1]↙(回车)

　[['足球', '跑步'], '男', 'Xiao Li', 120]

&gt;&gt;&gt; stu[: : -1]↙(回车)

　[[90, 100, 96], ['足球', '跑步'], '男', 'Xiao Li', 120]

&gt;&gt;&gt; stu[5: 1: -1]↙(回车)

　[[90, 100, 96], ['足球', '跑步'], '男']

⑥ 除了对列表元素赋值修改列表外，还可用新列表对列表切片进行赋值，实现把新列表元素替代列表切片，如：

&gt;&gt;&gt; orglist=[10,20,30,40,50,60]↙(回车)　　　　　# 列表

&gt;&gt;&gt; orglist[1: 4]=[1,2,3,4,5]↙(回车)　　　　　　# 修改切片

&gt;&gt;&gt; orglist

　[10, 1, 2, 3, 4, 5, 50, 60]

&gt;&gt;&gt; orglist[0: 1]=["a","b",orglist[0]]↙(回车)　　# 在第0元素前插入

&gt;&gt;&gt; orglist↙(回车)

['a', 'b', 10, 1, 2, 3, 4, 5, 50, 60]

通过列表切片赋值可插入一批元素，如 orglist[i: i+1]=[…,orglist[i],…]在第 i 位上插入一批元素，但 orglist[i]=[…,orglist[i],…]是在第 i 位上插入一个列表，如：

  >>> orglist=[10,20,30,40,50,60]↲(回车)  # 列表
  >>> orglist[0]=["a","b",orglist[0]]↲(回车)  # 在第 0 元素前插入
  >>> orglist↲(回车)
  [['a', 'b', 10], 20, 30, 40, 50, 60]

这些赋值改变列表元素也就改变了原来列表，主要得到链式存储的支持。

(3) 列表拼接运算+。

运算+将两个列表进行先后合并形成一个列表，表达式形式为：

《列表 1》+《列表 2》

该表达式获取"列表 1""列表 2"合并列表，如：

  >>> [120, 'Xiao Li', '男',]+[['足球', '跑步'], [90, 100, 96]]↲(回车)
  [120, 'Xiao Li', '男', ['足球', '跑步'], [90, 100, 96]]

不同于字符串合并可以省略+，列表合并不可省略+。还可以用+=进行复合赋值，如：

  >>> li1=[1,2,3];li2=[4,5,6]↲(回车)  # 变量赋值，两个赋值语句
  >>> li1+=li2↲(回车)  # 复合赋值语句，改变 li1 变量
  >>> li1↲(回车)
  [1, 2, 3, 4, 5, 6]

(4) 列表重复运算*。

运算*将列表重复若干次形成新列表，表达式形式为：

《列表》*《重复次数》

该表达式获取重复"列表""重复次数"的列表。"重复次数"为正整数，如：

  >>> [10,20]*3↲(回车)
  [10, 20, 10, 20, 10, 20]

还可以用*=进行复合赋值，如：

  >>> li1=[1,2,3]↲(回车)  # 变量赋值
  >>> li1*=3↲(回车)  # 复合赋值语句，改变 li1 变量
  >>> li1↲(回车)  # 变量赋值
  [1, 2, 3, 1, 2, 3, 1, 2, 3]

列表"下标运算""切片运算"的符号都是"[]"，但功能不一样。对列表元素赋值或切片赋值，改变了原来列表。列表"拼接运算+""重复运算*"不改变原来列表，但复合赋值"+=""*="可以改变原来列表，也就是对列表元素、切片赋值或复合赋值都更新了原来列表。列表"拼接运算+""重复运算*"和复合赋值"+=""*="与数值类型的算术运算加、乘和复合赋值语句形式相同，但功能不同，即这些符号具有多态性。在面向对象程序设计中，通过运算符重载可以扩充运算符功能，实现运算符的多态性。有关运算符重载将在第 7 章中介绍。

(5) 列表成员判断运算 in、not in

判断运算是判断"列表元素"是否存在列表中,表达式形式为:

«列表元素» in␣not in«列表»

对于 in 运算,如果"列表元素"是"列表"的元素,返回逻辑值 True,否则为逻辑值 False。对于 not in 运算,如果"列表元素"不是"列表"的元素,返回逻辑值 True,否则为逻辑值 False。如:

>>> "男" in stu,"跑步" in stu,"跑步" not in stu↵(回车)　　# 成员判断

(True, False, True)

注意: 列表成员判断是相对于列表最外层的判断。"跑步"是在内层列表,in 判断为 False。

(6) 列表比较运算。

列表比较表达式形式为:

«列表 1» op «列表 2»

该表达式可获得逻辑值 True 或 False。"op"是比较运算符>(大于)、>=(大于等于)、<(小于)、<=(小于等于)、==(等于)、!=(不等)。"列表"比较运算是两列表最外层的列表元素从左到右逐一进行比较。如果列表元素为字符串,则按字符串比较。如:

>>> stu=[10, 'Xiao Li', '男', ['足球', '跑步'], [90, 88, 96]]

>>> stu1=[10, 'Xiao Zhang', '男', ['足球', '跑步'], [90, 88, 96]]↵(回车)

>>> stu1>stu,stu1>=stu,stu1<stu,stu1<=stu,stu1==stu,stu1!=stu↵(回车)

(True, True, False, False, False, True)

上述比较运算符只比较字面值,而运算符 is、is not 比较两个对象是否同一存储结构。同一存储结构也拥有相同字面值,如:

>>> stu2=stu.copy()↵(回车)　　　　　　　　　# 列表拷贝为新列表对象,字面值相同

>>> id(stu),id(stu2)↵(回车)　　　　　　　　# 查看地址,地址不同,则存储不同

(66987176, 66989544)

>>> stu is stu,stu is not stu,stu==stu2,stu!=stu2,stu is stu2,stu is not stu2,stu2 is stu,stu2 is not stu↵(回车)

(True, False, True, False, False, True, False, True)

列表拷贝成员函数 copy 是拷贝列表元素后构成的新列表。可以看到 stu、stu2 存储地址不同,即不是同一存储,但字面值相同。列表字面值"=="比较结果为逻辑 True,而存储结构"is"比较结果为逻辑 False。对列表自身比较,肯定都为逻辑 True(存储结构和面值均相同),又如:

>>> stu3=stu↵(回车)　　　　　　　　　　　# 变量赋值,相同引用

>>> id(stu),id(stu3)↵(回车)　　　　　　　# 查看地址,同一存储地址

(66987116,66987116)

>>> stu3==stu,stu3!=stu,stu3 is stu,stu is stu3,stu3 is not stu,stu is not stu3↵(回车)

(True, False, True, True, False, False)

is、is not 是字面值和存储结构均相同的比较,而==、!=是字面值的比较。可见 is、is not 比==、!= 更加严格的比较。除了 is、is not 涉及存储结构外,其他列表的运算只用到字面值。

【例 3.3】 列表中增加、删除元素。

>>> stu=[10, 'Xiao Li', '男', ["足球","跑步"],[90,88,96]]↵(回车)　　# 新列表

```
>>> stu[0]=101↵(回车)                              # 修改元素
>>> stu[3]+=["游泳"]↵(回车)                        # 修改元素,增加爱好
>>> stu[4]=[stu[4][0]]+[stu[4][2]]↵(回车)          # 修改元素,删除 1 个成绩
>>> stu↵(回车)
[101, 'Xiao Li', '男', ['足球', '跑步', '游泳'], [90, 96]]
```

在原来列表中对列表元素赋值修改了列表元素。用列表切片赋值也可以修改爱好和成绩,如 stu[3][1: 2]=[stu[3][1],"游泳"];stu[4][1: 2]=[]。这个例子中,还看到索引运算符[]联合使用形式:

《列表》[«下标1⊥切片1»][«下标2⊥切片2»]ⁿ

从左到右,每个索引运算[]对应嵌套列表的深度,如 stu[0]为第 1 层列表的第 0 个元素,stu[4][2]为第 1 层列表的第 4 个元素(即第 2 层列表)的第 2 个元素。从左到右,每个索引运算[]依次称为第 1 维、第 2 维、……,即每一维对应一个列表的不同深度。

**2．列表内置函数**

(1)构造列表函数 list。

根据列表定义,可由字面值生成列表,如:

```
>>> l1=[9,"Xiao Yuan","女",["购物","零食"],[80,90,86]]↵(回车)    # 字面值
```

还可通过构造列表函数 list,将"可迭代对象"生成列表,其函数原型为:

list list(«可迭代对象»)

该函数返回由"可迭代对象"生成所有元素构成的列表,如:

```
>>> l2=list((9,"Xiao Yuan","女",["购物","零食"],[80,90,86]))↵(回车)
```

l2 与 l1 字面值相同,但结构不同。元组由圆括号括起来的元素构成。实际上,函数 list 的参数为"可迭代对象"时,list 为迭代工具,启动"可迭代对象"的迭代过程获取每个元素后进一步构造列表。"可迭代对象"可以是字符串、列表、元组、集合和字典。

注意: list(«字符串»)与[«字符串»]不同,如:

```
>>> list("Hello,我爱中国！"),["Hello,我爱中国！"]↵(回车)
(['H', 'e', 'l', 'l', 'o', ',', '我', '爱', '中', '国', '！'], ['Hello,我爱中国！'])
```

前者 list 启动迭代过程,获取字符串(可迭代对象)所有字符构成列表,等价于采用 for-in 迭代推导生成列表[x for x in " Hello,我爱中国！"]或 list(x for x in " Hello,我爱中国！"),而后者字符串是一个列表元素,不启动字符串的迭代过程。实际上,构造函数 list 是 list 类的构造函数。构造函数将在面向对象程序设计中介绍。

(2)列表长度函数 len。

求解最外层列表元素个数,其函数原型为:

int len(«列表»)

该函数返回整数值,如:

```
>>> len([10, 'Xiao Li', '男', ["足球","跑步"],[90,88,96]])↵(回车)    # 最外层元素个数
5
```

空列表的长度为 0。列表长度常用于判断列表是否为空列表。

(3) 排序函数 sorted。

对列表元素进行排序, 其函数原型为:

    list sorted(《列表》[,reverse=True⊥False])

该函数返回排序后的列表。其中, reverse=True 表示按降序排序列表元素; reverse=False 表示按升序排序列表元素, 等效于省略该参数, 如:

```
>>> li=[20,10,50,30,40]↵(回车)              # 无序列表
>>> lis=sorted(li)↵(回车)                    # 排序列表
>>> id(li),id(lis)↵(回车)                    # 排序前后列表地址
(53977976, 65218640)
>>> li,lis↵(回车)                            # 排序前后列表
([20, 10, 50, 30, 40], [10, 20, 30, 40, 50])
```

可见排序前后是两个列表。

```
>>> lis1=sorted(li,reverse=True)↵(回车)      # 降序排序列表
>>> lis2=sorted(li,reverse=False)↵(回车)     # 升序排序列表
>>> li,lis1,lis2↵(回车)                      # 排序前后列表
([20, 10, 50, 30, 40], [50, 40, 30, 20, 10], [10, 20, 30, 40, 50])
```

注意: 只有列表元素属于 int、float、str 才能排序, 因为其他类型数据之间不能比较, 如 [9,"Xiao Yuan","女",["购物","零食"],[80,90,86]] 就不可排序。

(4) 倒序函数 reversed、迭代函数 next。

倒序函数 reversed、迭代函数 next 的函数原型为:

    object reversed(《列表》)

    int⊥float⊥str next(《迭代器》)

reversed 函数返回列表元素倒序后的迭代器。next 函数单步执行"迭代器"的迭代过程获取元素。迭代器是可迭代对象。如:

```
>>> lri=reversed(li)↵(回车)                  # 列表元素迭代器
>>> lri↵(回车)                               # 迭代器
<list_reverseiterator object at 0x041DDA30>
>>> next(lri), next(lri)↵(回车)              # 单步迭代
(40,30)
>>> lr1=list(lri)↵(回车)                     # 迭代形成列表
>>> lri=reversed(li)↵(回车)                  # 重建列表元素可迭代对象
>>> lr2=[data for data in lri]↵(回车)        # 迭代形成列表
>>> id(li),id(lr1),id(lr2)↵(回车)            # 查看列表地址
(53977976, 60606504, 60606584)
>>> li,lr1,lr2↵(回车)                        # 查看列表
([20, 10, 50, 30, 40], [50, 10, 20], [40, 30, 50, 10, 20])
```

通过 list 函数或 for-in(迭代推导) 启动迭代过程生成列表。第 3 句对 lri 执行两步迭代, 分别获取 40、30, 下标定位在 50 的位置上。第 4 句执行完毕后, list 启动 lri 的迭代过程后, 下标已定位 lri 之后, 需要第 5 句重建迭代器 lri, 否则新建列表 lr2 为空列表。注意: 迭代器单步

执行过程,下标越界时,抛出迭代异常 StopIteration。

**【例 3.4】** 从键盘输入学生表格,包括表头信息和 2 个学生学号、姓名、多个爱好、三门课成绩。

```
table=[]                                              # 列表,类似数据库
print("请输入学生信息: ")                              # 提示信息
num= eval(input("学号: "))                             # 输入学号,形成数值编号
name=input("姓名: ")                                   # 输入姓名
sex=input("性别: ")                                    # 输入性别
hobbies=input("爱好: ")                                # 输入爱好,逗号分开
hobbies=hobbies.split(",")                             # 逗号分开,形成列表
scores=input("成绩: ")                                 # 输入成绩,逗号分开
scores=scores.split(",")                               # 逗号分开,形成列表
scores=[int(score) for score in scores]                # 形成数值成绩列表
stu=[[num,name,sex,hobbies,scores]]                    # 1 个完整学生信息
table+=stu                                             # 学生信息加入列表(类似数据库)
titletemplate="{0: <6d} {1: <6s} {2: <4s}"             # 输出模板
print(titletemplate.format(table[0][0],table[0][1],table[0][2]),end="")   # 输出学生信息
for i in table[0][3]: print("{0: ^6s}".format(i),end="")    # 输出学生爱好
for i in table[0][4]: print("{0: ^6d}".format(i),end="")    # 输出学生成绩
```

运行结果:

```
请输入学生信息:
学号: 1010 ↲(回车)                                     # 输入信息
姓名: 小李 ↲(回车)
性别: 男 ↲(回车)
爱好: 游泳,足球,跑步 ↲(回车)
成绩: 90,98,88 ↲(回车)
1010    小李    男    游泳    足球    跑步    90    98    88
```

程序中设置 table 变量保留每个学生完整信息(列表类似数据库),而每个学生形成自己的完整信息(类似一条记录)。利用输入函数 input 从键盘输入列表所需信息赋给相应变量。由于 input 函数输入字符串,eval 函数可将字符串转换为数值(再次求值),也可以用 int 数据类型转换,如程序中学号和成绩。输入爱好和成绩时,单项用逗号隔开,需要字符串分割函数 split 分割每一项形成列表。预先设置输出格式模板 titletemplate,通过 print 函数输出第 0 个学生的所有数据: 第 0、1、3 个元素分别为学号、姓名、性别,而爱好和成绩通过 for 循环语句迭代输出。这个程序只输入输出 1 个学生信息,同理,其他学生信息输入输出类似处理。有关多个学生信息输入、输出和循环语句 for 参阅结构化程序设计。

(5) 列表并发函数 map。

把一个"函数"同时作用于"列表"所有相同位置的元素,其函数原型为:

    object map(«函数», «列表 1»⌊,«列表 2»⌋)

该函数返回迭代器。迭代器是可迭代对象,可进一步启动迭代过程获取每个元素生成列表,其中"列表 1""列表 2"…同一位置的元素属于同一数据类型,如:

```
>>> from math import *↙(回车)                                    # 导入数学库
>>> m=map(sin,[30*pi/180,60*pi/180,90*pi/180])↙(回车)            # 作用于每个元素
>>> list(m)↙(回车)                                               # 迭代器生成列表
[0.49999999999999994, 0.8660254037844386, 1.0]
```

sin 函数只需要一个参数(单位弧度)。map 函数参数只有一个列表，使 sin 对列表每个元素求值。注意浮点数存在误差。再看一个例子：

```
>>> def myadd(x,y):↙(回车)                                       # 定义两个数之和函数
        return x+y
>>> madd=map(myadd,[10,"ab",30],[ 50,"cd",70,80])↙(回车)          # 可迭代对象
>>> list(madd)↙(回车)                                            # 可迭代对象生成列表
[60, 'abcd', 100]
```

myadd 函数需要两个参数。map 函数参数需要两个列表，使 myadd 对两个列表所有相同位置的元素求和或拼接。注意：当 map 函数使"函数"（如 myadd）对多列表求解时，以最短列表为准，长的列表被裁剪，使两个列表长度相同。当 map 函数参数是多个列表时，每个列表相同位置的元素(下标相同的元素)为"函数"（如 myadd）的参数。

(6) 列表元素组合函数 zip。

形式上，元组类似于列表，其用"("")"表示，不是用"[""]"。所有参数"列表"中序号(下标)相同的元素依次构成元组，其函数原型为：

    object zip(«列表 1» ,«列表 2»⌊,«列表 3»⌉)

该函数返回迭代器。迭代器是可迭代对象，可进一步用于生成元素为元组的列表，如：

```
>>> l1=[1,2,3]↙(回车)                                            # 列表赋值
>>> l2=["Zhang","Li","Yuan","Wang"]
>>> l3=[100,200,300,400,500]
>>> z=zip(l1,l2,l3)↙(回车)                                       # 迭代器生成
>>> list(z)↙(回车)                                               # 迭代工具，列表生成
[(1, 'Zhang', 100),(2, 'Li', 200),(3, 'Yuan', 300)]
```

zip 函数作用于多个列表时，以最短列表为准生成新组合的迭代器，即长的列表被裁剪，使列表长度相同。

有关迭代器参见第 6 章、第 7 章。

**3. 列表赋值语句**

列表及其元素、切片都是数据(运算对象)，均可以赋值给变量。此外，对于列表还可以进行多变量赋值，如：

```
>>> _,name,sex,_,_=[10, 'Xiao Li', '男', ["足球","跑步"],[90,88,96]]↙(回车)
>>> name,sex↙(回车)                                              # 查看变量
('Xiao Li', '男')
```

赋值语句要求左右两边的数据项一一对应，因此左边用了无名变量_。

无名变量的使用往往只关心变量值的存在，不关心变量具体值。变量在语句中是一致性解释，以最后赋值为准，如上述三个无名变量(同名)的值[90,88,96]，又如 a,b,a=10,20,30 后，a 的值只能为 30。

还可以用数据打包赋值，即 1 个变量以列表形式保留多个数据，如：

```
>>> _,name,sex,*tail=[10, 'Xiao Li', '男', ["足球","跑步"],[90,88,96]]↲(回车)
>>> name,sex,tail↲(回车)                                    # 查看变量
('Xiao Li', '男', [['足球', '跑步'], [90, 88, 96]])
```

变量 tail 是一个打包变量，其值为若干元素构成的列表。tail 可在应用中进行解包，如 print(*tail)，等价于 print(['足球', '跑步'], [90, 88, 96])，在屏幕上显示['足球', '跑步'][90, 88, 96]。只要理解列表是线性表、数据匹配，不难确定各种变量值，如：

```
>>> *head,hobbies,scores=[10, 'Xiao Li', '男', ["足球","跑步"],[90,88,96]]↲(回车)
>>> head, hobbies, scores↲(回车)                            # 查看变量
([10, 'Xiao Li', '男'], ['足球', '跑步'], [90, 88, 96])
```

可迭代对象也可以对多变量赋值，如：

```
>>> a,b,c,*d=range(1,11)↲(回车)
```

等价于 a,b,c,*d=[1, 2, 3, 4, 5, 6, 7, 8, 9, 10]。

```
>>> a,b,c,d↲(回车)                                          # 查看变量
(1, 2, 3, [4, 5, 6, 7, 8, 9, 10])
```

可以看到，这些列表赋值与字符串赋值相同，而且元组赋值也是一样，等价于 a,b,c,*d=1,2,3,4,5,6,7,8,9,10，其原理都源自它们的数据模型都是线性表。

#### 4. 列表删除语句

列表是可变对象，列表的元素可以增加、删除、修改。逻辑结构上，列表是线性表；物理结构上，列表是带头结点的链表。对列表元素的增加、删除、修改直接变更原来列表。通过列表下标、切片定位(索引)列表元素，除了赋值变更列表元素外，还可删除语句列表元素或整个列表，其形式为：

del «列表»[«列表下标»⊥«列表切片»]

该语句删除"列表"中"列表下标"或"列表切片"的元素，从而改变了原来列表。如：

```
>>> stu=[10, 'Xiao Li', '男', ["足球","跑步"],[90,88,96]]↲(回车)    # 赋值
>>> del stu[1]↲(回车)                                        # 删除列表元素
>>> stu↲(回车)                                               # 查看列表
 [10, '男', ['足球', '跑步'], [90, 88, 96]]
>>> del stu[: 2]↲(回车)                                      # 删除列表元素
>>> stu↲(回车)                                               # 查看列表
 [['足球', '跑步'], [90, 88, 96]]
```

可以看到，del 语句删除列表元素，改变了列表。这种改变不是通过赋值语句实现，而是 del 直接在列表上进行，没有创建新列表，即列表对象地址(引用)没变，只是元素减少了。可通过地址函数 id、长度函数 len 进行验证。del 语句还可以对变量脱解，还原未赋值状态。

#### 5. 列表成员函数

除了通过列表运算和列表内置函数对列表操作处理外，列表为对象，可用成员函数对自身处理。不同于内置函数把列表作为函数参数，列表是成员函数主体、启用者，通过成员运算符.，表示对自身成员函数的调用。

(1) 列表元素查找与统计成员函数 index、count。

元素查找成员函数 index 在给定的"下标开始"与"下标终止"区间内(即切片内)，在

"列表"中查找第1次出现的"列表元素"的下标(位置),其函数原型为:

  int «列表». index(«列表元素»↓,«下标起始»↓,«下标终止»↓)

该函数返回元素所在下标(整数)。"下标"可以正整数或负整数,表示从左向右,或从右向左查找。无论从列表向左还是向右开始查找,返回下标都是正整数(即从左开始的下标)。如果没找到"列表元素",出现元素值异常 ValueError,如:

```
>>> li=[2,3,5,4,3,5,3,2]↓(回车)                    # 列表
>>> li.index(3), li.index(3,4), li.index(3,2,7)↓(回车)   # 从左到右查找元素
(1, 4, 4)
>>> li.index(3,10)↓(回车)                           # 下标越界,没找到
ValueError: 3 is not in list
```

在列表最外层和给定区间内从左到右定位列表元素的第1次出现下标。如果没找到列表元素,抛出值异常 ValueError。

列表元素统计成员函数 count 从"列表"起始位置开始到结束统计"列表元素"的个数,其函数原型为:

  int «列表».count(«列表元素»)

该函数返回元素个数。如:

```
>>> li=[2,3,5,[6,3,5],3,2]↓(回车)   # 列表
>>> li.count(3),li.count(6),li.count([3,5]),li.count([6,3,5])↓(回车)
(2, 0, 0, 1)
```

注意: count 只统计列表最外层元素的个数。

(2) 列表元素追加与插入成员函数 append、insert。

列表元素追加成员函数 append 在列表的尾部追加"列表元素",其函数原型为:

  NoneType «列表».append(«列表元素»)

该函数返回 None。"列表元素"可以任何数据类型的数据,如:

```
>>> stu=[10, 'Xiao Li', '男', ["足球","跑步"],[90,88,96]]↓(回车)   # 列表
>>> stu.append("北京人")↓(回车)                                    # 增加籍贯
>>> stu[3].append("游泳")↓(回车)                                   # 增加爱好
>>> stu.append(["010-123456","1360123456"])↓(回车)                 # 增加电话
>>> stu↓(回车)                                                     # 查看信息
[10, 'Xiao Li', '男', ['足球', '跑步', '游泳'], [90, 88, 96], '北京人', ['010-123456', '1360123456']]
```

在应用上,列表作为相关数据的集合,如多个电话、爱好、成绩进行归类管理。

列表元素插入成员函数 insert 在列表下标有效范围内,从左到右定位下标,在"下标"位置处插入"列表元素","下标"及以后元素顺序后移,其函数原型为:

  NoneType «列表».insert(«列表下标»,«列表元素»)

该函数返回 None。"列表元素"可以任何数据类型的数据,如:

```
>>> stu=[10, 'Xiao Li', '男', ["足球","跑步"],[90,88,96]]↓(回车)   # 变量
>>> stu.insert(2,"北京人")↓(回车)                                  # 增加籍贯
>>> stu[4].insert(1,"游泳")↓(回车)                                 # 增加爱好
```

```
>>> stu.insert(len(stu),["010-123456","1360123456"])↵(回车)        # 增加电话
>>> stu↵(回车)                                                      # 查看信息
[10, 'Xiao Li', '北京人', '男', ['足球', '游泳', '跑步'], [90, 88, 96], ['010-123456', '1360123456']]
```

在插入电话号码时，下标 len(stu) 已超越下标边界，相当于 append 成员函数作用。如果"下标"超出下标范围，则在头部（当下标为负数时，在头部之前）、尾部（当下标在尾部之后）插入数据。如：

```
>>> li=[20,30,40]↵(回车)              # 列表变量
>>> li.insert(-2,25)↵(回车)           # 从右到左计数下标
>>> li.insert(10,50)↵(回车)           # 增加列表尾部
>>> li.insert(-10,10)↵(回车)          # 增加列表头部
>>> li↵(回车)                          # 查看信息
[10, 20, 25, 30, 40, 50]
```

（3）列表合并成员函数 extend。

把"另一列表"所有元素追加到自身"列表"中，其函数原型为：

  NoneType «列表».extend(«另一列表»)

该函数返回 None。如：

```
>>> n=[10,"Xiao Li"]; hbs=[["足球","跑步"]]; scores=[[90,88,96]]↵(回车)
>>> stu=[]↵(回车)                                                     # 列表
>>> stu.extend(n); stu.extend(hbs); stu.extend(scores)↵(回车)         # 拼接
>>> stu↵(回车)                                                        # 查看
[10, 'Xiao Li', ['足球', '跑步'], [90, 88, 96]]
```

从功能上看（即字面值看），«列表».extend(«另一列表»)等价于«列表»=«列表»+«另一列表»，但通过地址函数 id 可知：在存储结构上是不同的，前者没有新列表生成，而后者有新列表生成。

（4）列表元素删除成员函数 clear、remove、pop。

列表元素清空成员函数 clear 使列表为空列表，其函数原型为：

  NoneType «列表».clear()

该函数返回 None。如：

```
>>> stu=[10, 'Xiao Li', '男', ["足球","跑步"],[90,88,96]]↵(回车)      # 列表
>>> stu.clear()↵(回车)                                                 # 清空列表
[]
```

列表元素删除成员函数 remove 在"列表"中从左到右定位"列表元素"，删除第 1 次出现的"列表元素"，其函数原型为：

  NoneType «列表».remove(«列表元素»)

该函数返回 None。如：

```
>>> li=[20,[30,40],30,50,30]↵(回车)      # 列表变量
>>> li.remove(30)↵(回车)                  # 删除元素
>>> li↵(回车)                              # 查看列表
```

[20, [30, 40], 50, 30]

注意: remove 删除最外层的、第 1 次出现的 30。如果没找到"列表元素",抛出异常 ValueError。

列表元素删除成员函数 pop 在"列表"中从左到右(正数"列表下标")或从右到左(负数"列表下标")定位列表元素,返回"下标"指定位置的列表元素,并删除该元素,其函数原型为:

    object «列表».pop(«列表下标»)

该函数返回列表元素。如:

```
>>> li=[20,[30,40],30,50,30]↵(回车)         # 列表变量
>>> li.pop(1)↵(回车)                         # 弹出元素
[30, 40]
>>> li.pop(1)↵(回车)                         # 弹出元素
30
>>> li↵(回车)                                # 查看列表
[20, 50, 30]
```

列表增加(append、insert、extend)、删除(clear、remove、pop)成员函数是直接在列表上进行的,改变了原来列表元素,并没有生成新列表。pop(1)两次,实际删除原始列表的第 1、2 位置的元素。"列表下标"还可以负数(即从右到左),如:

```
>>> li.pop(-1)↵(回车)                        # 弹出元素
30
>>> li↵(回车)                                # 查看列表
[20, 50]
```

如果"列表下标"越界,则出现索引异常 IndexError,如:

```
>>> li.pop(10)↵(回车)                        # 弹出元素越界,异常出错
IndexError: pop index out of range
```

(5) 列表元素排序成员函数 sort。

实现对列表元素的排序,其函数原型为:

    NoneType «列表».sort([«reverse=True⊥False»])

该函数返回 None。当没有参数或参数"reverse=False"时,列表按从小到大排序,而参数"reverse=True"时,列表按从大到小排序。如:

```
>>> li=[3,2,5,1,4]↵(回车)                    # 列表变量
>>> li.sort()↵(回车)                         # 从小到大排序,等价于 li.sort(reverse=False)
>>> li↵(回车)                                # 查看结果
[1, 2, 3, 4, 5]
>>> li=[3,2,5,1,4]↵(回车)                    # 列表变量
>>> li.sort(reverse=True)↵(回车)             # 从大到小排序
>>> li↵(回车)                                # 查看结果
[5, 4, 3, 2, 1]
```

注意：由于成员函数 sort 排序是在自身列表上进行，因此没有产生新列表。例中只能反复对 li 变量赋相同字面值的列表。列表元素应为可比较的 int、float、str 型数据，不可为列表、元组、集合、字典类型。

对于列表元素为字符串，还可以根据字符串大小写排序，其函数原型为：

NoneType «字符串列表».sort([«key=str.lower⊥str.upper»][,«reverse=True⊥False»])

该函数返回 None。如果"key=str.lower"，字符串列表的字符串元素无论大小写字母均按小写字母排序；反之，如果"key=str.upper"，字符串列表的字符串元素无论大小写字母均按大写字母排序。如果缺省该参数，按 Unicode 码值排序。如：

```
>>> s=["abc","ACD","dac"]↲(回车)           # 列表变量赋值
>>> s.sort()↲(回车)                         # 列表排序
>>> s↲(回车)                                # 查看列表变量
 ['ACD', 'abc', 'dac']
>>> s=["abc","ACD","dac"]↲(回车)           # 列表变量重新赋值
>>> s.sort(key=str.lower)↲(回车)            # 列表变量排序
>>> s↲(回车)                                # 查看列表变量
 ['abc', 'ACD', 'dac']
>>> s=["abc","ACD","dac"]↲(回车)           # 列表变量重新赋值
>>> s.sort(key=str.upper)↲(回车)            # 列表排序
>>> s↲(回车)                                # 查看列表
 ['abc', 'ACD', 'dac']
```

还可以增加"reverse"参数进行升序或降序排序。

(6) 列表元素倒序成员函数 reverse。

实现对列表的倒序，其函数原型为：

NoneType «列表».reverse()

该函数返回 None。如：

```
>>> stu=[10, 'Xiao Li', ['足球', '跑步'], [90, 88, 96]]↲(回车)   # 列表
>>> stu.reverse()↲(回车)                                        # 列表倒序
>>> stu↲(回车)                                                  # 查看结果
 [[90, 88, 96], ['足球', '跑步'], 'Xiao Li', 10]
```

注意：该函数只对列表最外层的列表元素倒序。

(7) 列表拷贝成员函数 copy。

拷贝列表建立新列表，其函数原型为：

list «列表».copy()

该函数返回列表。如：

```
>>> stu=[10, 'Xiao Li', ['足球', '跑步'], [90, 88, 96]]↲(回车)   # 列表
>>> stu1=stu↲(回车)                                             # 列表赋值
```

```
>>> stu2=stu.copy()↵(回车)                                    # 列表拷贝
>>> stu↵(回车)                                                # 查看列表
[10, 'Xiao Li', ['足球', '跑步'], [90, 88, 96]]
>>> stu1↵(回车)                                               # 查看列表
[10, 'Xiao Li', ['足球', '跑步'], [90, 88, 96]]
>>> stu2↵(回车)                                               # 查看列表
[10, 'Xiao Li', ['足球', '跑步'], [90, 88, 96]]
>>> id(stu),id(stu1),id(stu2)↵(回车)                          # 查看列表地址
(56071208, 56071208, 56108840)
>>>stu1 is stu, stu2 is stu, stu1==stu, stu2==stu
(True, False, Ture, True)
```

可见 stu、stu1、stu2 的列表字面值相同，但 stu、stu1 列表在同一存储单元，stu2 列表在另一存储单元。对 stu 列表的变化，也是 stu1 列表的变化，而 stu2 不变，如：

```
>>> stu1.append(["010-12345","1360123456"])↵(回车)            #stu1 增加列表元素
>>> stu↵(回车)                                                # 查看 stu 列表
[10, 'Xiao Li', ['足球', '跑步'], [90, 88, 96], ['010-12345', '1360123456']]
>>> stu1↵(回车)                                               # 查看列表
[10, 'Xiao Li', ['足球', '跑步'], [90, 88, 96], ['010-12345', '1360123456']]
>>> stu2↵(回车)                                               # 查看列表
[10, 'Xiao Li', ['足球', '跑步'], [90, 88, 96]]
```

可见，stu、stu1 共享同一存储单元。

注意：列表元素增加、更新、删除成员函数改变了自身"列表"，但这改变不是通过赋值语句实现的，也可以体会成员函数与其他函数、运算符的不同。

**6. 其他函数**

对列表的操作还有其他库函数，如 functools 库有一个经常用的概括函数 reduce，它把一个过程（如函数）作用于列表所有元素，进行迭代循环处理，其函数原型为：

    object reduce(«函数名», «可迭代对象»)

该函数返回对象，该对象的数据类型取决于"函数"返回的数据类型，如例 3.5 所示。

**【例 3.5】** 求 1~100 之和。

```
from functools import reduce                                  # 导入 reduce 函数
def myadd(x,y):                                               # 定义两个数值之和函数
    return x+y↵(回车)
sum=reduce(myadd,list(range(1,101)))↵(回车)                   # 累加 1~100
```

运行结果：

```
>>> sum↵(回车)                                                # 查看结果
5050
```

首先定义函数 myadd 实现两个数值之和。list(range(1,101)) 形成[1,2,…,100]的列表。

reduce 使 myadd 作用于列表实现((((1+2)+3)+4)+5)+…, 等价于 reduce(myadd, range(1,101))。如果列表为字符串列表, myadd 函数实现字符串拼接, 并返回字符串, reduce 函数的返回值类型为字符串 str, 如:

```
>>> sum=reduce(myadd,["I"," am"," a"," student."])↵(回车)      # 字符串拼接
    >>> sum↵(回车)                                              # 查看结果
    'I am a student.'
```

列表成员函数不同于列表运算和内置函数以及库函数, 其直接作用于列表上, 变更列表自身, 没有新列表生成。这一特点在列表合并、增加元素、倒序等操作运算需要特别注意。

下面例子作为列表的小结, 每次执行 print 函数输出一行。

**【例 3.6】** 数学矩阵的转置, 如图 3.10、图 3.11 所示。

$$\begin{pmatrix} 4 & 2 & 1 & 6 & 3 \\ 10 & 30 & 20 & 40 & 50 \\ 11 & 33 & 22 & 55 & 44 \\ 21 & 23 & 25 & 27 & 28 \end{pmatrix} \qquad \begin{pmatrix} 4 & 10 & 11 & 21 \\ 2 & 30 & 33 & 23 \\ 1 & 20 & 22 & 25 \\ 6 & 40 & 55 & 27 \\ 3 & 50 & 44 & 28 \end{pmatrix}$$

图 3.10 原始矩阵　　　　　　　　　图 3.11 转置矩阵

数学矩阵设计两层的列表进行表示和存储, 如 arr 列表。

```
arr=[[4,2,1,6,3],[10,30,20,40,50],[11,33,22,55,44],[21,23,25,27,28]]
print("原始矩阵: ")                   # 原始矩阵
for row in arr: print(row)             # 输出每一行
t_arr=zip(*arr)                        # 解包、矩阵转置,可迭代对象
t_arr=map(list,t_arr)                  # 元组转为列表
t_arr=list(t_arr)                      # 形成列表
print("转置矩阵: ")                   # 转置矩阵
for row in t_arr: print(row)           # 输出每一行
```

运行结果:

```
原始矩阵:
    [4, 2, 1, 6, 3]
    [10, 30, 20, 40, 50]
    [11, 33, 22, 55, 44]
    [21, 23, 25, 27, 28]
转置矩阵:
    [4, 10, 11, 21]
    [2, 30, 33, 23]
    [1, 20, 22, 25]
    [6, 40, 55, 27]
    [3, 50, 44, 28]
```

其中, for 是循环语句, row 依次取出 arr 的最外层元素(一行), print 在屏幕上显示每一行。*数据解包取出列表的所有元素, 如[*[1,2,3,4]]结果为[1, 2, 3, 4]。更简单矩阵转置程序:

```
arr=[[arr[i][j] for i in range(len(arr))] for j in range(len(arr[0]))]
```
其中，for 是迭代推导式，i、j 依次取出 range 的元素。Python 程序表达很简洁，对编程人员要求很高。

## 3.4 元组

除了表示方式外，元组、字符串、列表的数据模型都是线性表，可便捷组织管理数据，包括复杂关系的、批量的和有序的数据，其存储结构也是链式存储，不同于列表，对其处理有些特殊约定。

### 3.4.1 元组定义

元组构成形式为：

(《运算对象1》,)

或

(《运算对象1》,《运算对象2》)

此处"()"不是圆括号运算符，而是元组的标记。"运算对象"（称为元组元素）可以是任意 Python 数据类型的数据，包括数值、字符串、元组等。逗号","为元组元素分隔符。元组元素个数为元组长度。如果没有任何"运算对象"的元组为空元组（即()），其长度为 0。如：

(10, 'Xiao Li', '男', ["足球","跑步"],[90,88,96])

元组表示学号、姓名、性别、爱好、课程成绩。

通过元组变量赋值，元组变量可引用元组常量（字面值）。元组常量和元组变量都属于元组类型 tuple，如：

```
>>> stu=(10, 'Xiao Li', '男', ["足球","跑步"],[90,88,96])↙(回车)    # 赋值
>>> stu↙(回车)                                                  # 查看元组变量
(10, 'Xiao Li', '男', ["足球","跑步"],[90,88,96])
```

注意：

(1) 当圆括号里只有一个运算对象时，该圆括号是括号运算符，如：

```
>>>(10)↙(回车)                                                  # 不是元组，()是圆括号运算符
10
```

在圆括号内、运算数后加入逗号（元组元素分割符）成为元组，如：

```
>>>(10,)↙(回车)                                                 # 是元组，()是元组标记符
(10,)
```

(2) 元组生成方式，如：

《运算对象1》,《运算对象2》

这种方式是在不引起歧义情况下所做的约定，如：

```
>>> 10, 'Xiao Li', '男', ["足球","跑步"],[90,88,96]↙(回车)        # 逗号分隔符
```

(10, 'Xiao Li', '男', ['足球', '跑步'], [90, 88, 96])

&gt;&gt;&gt; stu1=10, 'Xiao Li', '男', ["足球","跑步"],[90,88,96]↲(回车)　　　# 赋值

&gt;&gt;&gt; stu1↲(回车)　　　# 查看元组变量

(10, 'Xiao Li', '男', ['足球', '跑步'], [90, 88, 96])

但函数参数要求元组(1个参数)时，就不可用元素系列(多个变量)，参见第6章。

通过数据类型函数 type、长度 len 可查看数据类型和元组长度，如：

&gt;&gt;&gt; type(stu), len(stu)↲(回车)　　　# 查看数据类型、元组长度

(&lt;class 'tuple'&gt;, 5)

stu 所属数据类型为元组 tuple，元组长度即最外层元组元素个数为5。

(3) 当元组元素为变量时，还可以通过元素位置自动进行匹配为元组元素变量赋值，如：

&gt;&gt;&gt; (num, name,sex ,hobbies ,scores)=stu↲(回车)　　　# 赋值元组变量

&gt;&gt;&gt; num, name,sex ,hobbies ,scores↲(回车)　　　# 查看元组元素

(10, 'Xiao Li', '男', ['足球', '跑步'], [90, 88, 96])

左侧为元组，元组元素为变量，左右两边的元组元素一一对应赋值。

(4) tuple(《可迭代对象》)与(《可迭代对象》)不同：

&gt;&gt;&gt; tuple("Hello,我爱中国！"),("Hello,我爱中国！"),(10+20)↲(回车)

(('H', 'e', 'l', 'l', 'o', ',', '我', '爱', '中', '国', '！'), 'Hello,我爱中国！', 30)

前者 tuple 启动字符串(可迭代对象)的迭代过程，获取字符串的所有字符构成元组，等价于采用 for-in 迭代推导生成元组 tuple(x for x in " Hello,我爱中国！")；后者两者圆括号是圆括号运算符，不构成元组，但("Hello,我爱中国！",)、(10+20,)才是一个元素的元组。

### 3.4.2 元组操作

除了给元组变量赋值操作外，还有以下几种元组常量、变量、表达式操作。

**1. 元组运算**

(1) 元组下标运算[]。

元组的数据模型是线性表，其数据元素为任意运算对象(即元组元素)，通过索引运算[]可获取元组元素，构成表达式形式：

《元组》[《元组下标》]

该表达式得到元组元素。"下标"可以是正整数常量、变量、表达式，下标取值范围为0~长度-1。"下标"还可以是负整常数、变量、表达式，其取值范围为-长度~-1。正、负下标满足正下标-负下标等于元组长度，如：

&gt;&gt;&gt; stu[0], stu[1]↲(回车)　　　# 元组常量，第0、1个元素

(10, 'Xiao Li')

&gt;&gt;&gt; stu[-2], stu[-1]↲(回车)　　　# 元组常量，第-2、-1个元素

(['足球', '跑步'], [90, 88, 96])

&gt;&gt;&gt; stu[2+1]↲(回车)　　　# 元组变量第2+1个元素

['足球', '跑步']

&gt;&gt;&gt; stu[5]↲(回车)　　　# 元组变量第5个元素，下标越界抛出异常

IndexError: tupleing index out of range

为了更好理解,把正下标理解为从左到右的下标,而负下标理解为从右到左的下标。可见元组下标使用与字符串、列表一样,其数据模型(逻辑结构)都是线性表。

注意: 元组元素是不可变的,通过下标运算不可对元组元素赋值,如:

```
>>> stu[0]=120↵(回车)                    # 元组元素不可更新,抛出类型异常出错
TypeError: 'tuple' object does not support item assignment
>>> stu1[4]=[99,88,100,98]↵(回车)        # 元组元素不可更新,抛出类型异常出错
TypeError: 'tuple' object does not support item assignment
```

抛出类型异常 TypeError。这与字符串相同,元素都不可赋值,而列表元素可赋值。

```
>>> stu[4][0], stu[4][1], stu[4][2]=99,88,100↵(回车)   # 元素是列表
>>> stu[4].append(98)↵(回车)                          # 元素是列表,对列表操作
>>> stu↵(回车)
(10, 'Xiao Li', '男', ['足球', '跑步'], [99, 88, 100, 98])
```

元组元素为列表时,可直接对列表的操作运算。从存储结构看,列表是链式存储的,具有可变性。

(2) 元组切片运算[]。

索引运算[]还可以获取有序的若干元组元素,构成表达式形式:

《元组》[《下标起始》:《下标终止》:《下标变化步长》]

该表达式获取若干元组元素构成的元组。"下标起始""下标终止""下标变化步长"可以是正整常数、负整常数、变量、表达式,其含义为: 从"下标起始"开始,按"下标变化步长",依次获取元组元素直至"下标终止"-1(即不包括"下标终止"位置上的元组元素),并构成元组作为元组切片运算结果。设 stu 为(120, 'Xiao Li', '男', ['足球', '跑步'], [90, 100, 96]),元组切片运算:

```
>>> stu[1: 4: 1]↵(回车)
('Xiao Li', '男', ['足球', '跑步'], [90, 100, 96])
```

从第 1 个元组元素开始到第 3 个元组元素(不是第 4 个)止的元组元素形成元组。该下标变化步长为1,即下标从 1 开始依次变化 1 直到3。此外,需要注意以下几点:

① 当"下标变化步长"步长为 1 时可以省略,如 stu[1: 4: 1]等价于 stu[1: 4]。

② stu[i]与 stu[i: i+1]是不等效的,前者为 1 个元组元素,后者为 1 个元素的元组,如:

```
>>> stu[3]↵(回车)                    # 元组元素
['足球', '跑步']
>>> stu[3: 4]↵(回车)                 # 元组
(['足球', '跑步'],)
```

再看一个例子,注意下标变化步长:

```
>>> stu[1: 4: 2]↵(回车)              # 元组
('Xiao Li', ['足球', '跑步'])
```

③ "下标终止"也可以省略,意味着"下标终止"为元组长度,如 stu[1: : 1]和 stu[1: ]与 stu[1: 5: 1]等价,结果都是('Xiao Li', '男', ['足球', '跑步'], [90, 100, 96])元组。

④ "下标起始"省略时,表示下标起始位从 0 开始,如 stu[: 3: 1]、stu[: 3]与 stu[0: 3: 1]等价,结果为(120, 'Xiao Li', '男')。

⑤ "下标起始""下标终止""下标变化步长"都可以省略, stu[: ]为下标从 0 开始到元组长度, 下标变化步长为1, 如 stu[: ]与 stu[0: 4: 1]等价, 还与 stu[: : ]、stu[0: : 1]、stu[: 4: ]、stu[: 4: 1]、stu[: : 1]等价, 但 stu[]语法出错, 因为存在歧义, 无法判定是取元组元素还是切片取元组元素。

⑥ "下标起始""下标终止""下标变化步长"为正整数, "下标变化步长"为正整数表示下标变化从左到右获取元组元素。"下标起始""下标终止""下标变化步长"还可以是负整数, "下标变化步长"为负整数表示下标变化从右到左获取元组元素, 如:

>>> stu[-1: -6: -1]↵(回车)
([90, 100, 96], ['足球', '跑步'], '男', 'Xiao Li', 120)

⑦ 切片获取的元组是按获取元组元素先后顺序构成的, 如 stu[-1: -6: -1]等价于 stu[: : -1]、stu[-1: : -1]、stu[: -6: -1]。由于"下标变化步长"是负整数, 逐一从右到左获取元组元素, 显示倒序效果。"下标起始""下标终止"还可以是正整数, 如:

>>> stu[3: : -1]↵(回车)
(['足球', '跑步'], '男', 'Xiao Li', 120)
>>> stu[: : -1]↵(回车)
([90, 100, 96], ['足球', '跑步'], '男', 'Xiao Li', 120)
>>> stu[5: 1: -1]↵(回车)
([90, 100, 96], ['足球', '跑步'], '男')

元组不可变, 除了不可对元组元素赋值外, 也不可能切片赋值, 如:
>>> orgtuple=(10,20,30,40,50,60)↵(回车)      # 元组
>>> orgtuple[1: 4]=(1,2,3,4,5)↵(回车)        # 元组元素赋值异常
TypeError: 'tuple' object does not support item assignment

抛出类型异常 TypeError。不可赋值元组元素或切片。这是元组与列表不同之处。

(3) 元组拼接运算+。

将两个元组进行先后合并形成一个元组, 表达式形式为:

«元组 1»+ «元组 2»

该表达式获取"元组 1""元组 2"合并的元组, 如:
>>>(120, 'Xiao Li', '男')+(['足球', '跑步'], [90, 100, 96])↵(回车)
(120, 'Xiao Li', '男', ['足球', '跑步'], [90, 100, 96])

(4) 元组重复运算*。

将元组重复若干次形成新元组, 表达式形式为:

«元组»* «重复次数»

该表达式获取重复"元组""重复次数"的元组。"重复次数"为正整数, 如:
>>>(10,20)*3↵(回车)
(10, 20, 10, 20, 10, 20)

上述四种元组运算获取元素或生成一个新的元组, 原元组都没变化。元组"下标运算""切片运算"的符号都是"[]", 但功能不一样, 而元组"拼接运算""重复运算"的符号"+""*"与数值类型的算术加、乘的运算符"+""*"是一样的, 也可构成复合赋值语句"+=""*=", 但功能不同。这种特点就是面向对象中运算的多态性, 即相同的符号, 在进行不同数据类型的数据运算时体现不同功能。在面向对象程序设计中, 通过运算符重载可以扩充

运算符功能,实现运算符的多态性。有关运算符重载将在第7章中介绍。

(5) 元组成员判断运算 in、not in。

判断"元组元素"是否存在于元组中,表达式形式为:

«元组元素» in↓not in«元组»

该表达式获取逻辑值 True 或逻辑值 False。对于 in 运算,如果"元组元素"是"元组"的元素,该表达式为逻辑值 True,否则为逻辑值 False。对于 not in 运算,如果"元组元素"不是"元组"的元素,该表达式为逻辑值 True,否则为逻辑值 False。如:

>>> "男" in stu, "跑步" in stu, "跑步" not in stu ↵(回车)    # 成员判断

(True, False,True)

元组成员判断是相对于最外层的元组,而"跑步"是在内层元组,判断为 False。

(6) 元组比较运算。

可用于元组比较,表达式形式为:

«元组 1»op«元组 2»

该表达式获取逻辑值 True 或逻辑值 False。"op"是比较运算符>(大于)、>=(大于等于)、<(小于)、<=(小于等于)、==(等于)、!=(不等)。"元组"比较运算是两元组最外层的元组元素从左到右逐一进行比较。如果元组元素为字符串,则按字符串比较,如:

>>> stu=(10, 'Xiao Li', '男', ['足球', '跑步'], [90, 88, 96]) ↵(回车)

>>> stu1=(10, 'Xiao Zhang', '男',['足球', '跑步'], [90, 88, 96]) ↵(回车)

>>> stu1>stu,stu1>=stu,stu1<stu,stu1<=stu,stu1==stu,stu1!=stu ↵(回车)

(True, True, False, False, False, True)

上述比较运算符只比较字面值,运算符 is、is not 比较两个对象是否同一存储结构,如:

>>> stu2=stu ↵(回车)                    # 同一元组对象

>>> stu3=(10, 'Xiao Li', '男', ['足球', '跑步'], [90, 88, 96]) ↵(回车)

>>> id(stu),id(stu2),id(stu3) ↵(回车)          # 查看地址

(56954304, 56954304, 56953864)

>>> stu is stu,stu is not stu,stu==stu2,stu!=stu2,stu is stu2,stu is not stu2,stu2 is stu,stu2 is not stu ↵(回车)

                                # 查看比较

(True, False, True, False, True, False, True, False)

>>> stu==stu3,stu!=stu3,stu is stu3,stu is not stu3,stu3 is stu,stu3 is not stu ↵(回车)

(True, False, False, True, False, True)

从地址函数 id 可以看到,stu、stu3 是不同元组(存储单元不同),但字面值相同,元组字面值"=="比较结果为逻辑真 True,而存储结构"is"比较结果为逻辑假 False。元组自身比较,肯定都为逻辑真 True(存储结构和字面值均相同)。

【例 3.7】 元组中增加、删除元组元素。

```
stu=(10, 'Xiao Li', '男', ["足球","跑步"],[90,88,96])    # 元组变量赋值
stu=(101,)+stu[1: ]                    # 修改元素
stu[3][0: 1]=["游泳", stu[3][0]]              # 修改元素
stu[4][0: ]=[stu[4][0]]+[stu[4][2]]            # 删除元素
```

运行结果:

```
>>> stu ↵(回车)                                          # 查看元组
(101, 'Xiao Li', '男', ['足球', '跑步', '游泳'], [90, 96])
```

对原元组赋值修改了元组元素。

注意：元组具有不可变性，不可直接给元组元素赋值，但列表可以。

for-in 迭代推导表达式可用于元组的生成、遍历，如：

```
>>> t=tuple(c*2 for c in (1,2,3,4,5)) ↵(回车)            # 元组迭代生成
>>> t ↵(回车)                                            # 查看元组
(2, 4, 6, 8, 10)
```

但 t=(c*2 for c in (1,2,3,4,5)) 时 t 是生成器，不是元组。生成器是可迭代对象，可用 tuple 启动 t 的迭代过程生成元组 tuple(t)。有关生成器参见第 6 章、第 7 章相关内容。

**2. 元组内置函数**

(1) 构造元组函数 tuple。

根据元组定义，可由字面值生成元组，如：

```
>>> t1=(9,"Xiao Yuan","女",("购物","零食"),(80,90,86)) ↵(回车)  # 元组赋值
```

还可通过元组生成函数 tuple 生成元组时，其函数原型为：

    tuple tuple(«可迭代对象»)

该函数返回由可迭代对象元素构成的元组，如：

    t2=tuple((9,"Xiao Yuan","女",("购物","零食"),(80,90,86)))
    t3=tuple([9,"Xiao Yuan","女",("购物","零食"),(80,90,86)])

t1、t2、t3 等价。实际上，tuple 函数将"可迭代对象"启动迭代过程，获取"可迭代对象"的所有元素，再由这些元素构成元组，如：

```
>>> t4=tuple("我爱中国！") ↵(回车)                        # 元组生成
>>> t4 ↵(回车)                                           # 查看元组
('我', '爱', '中', '国', '！')
```

实际上，tuple 函数是 tuple 类的构造函数，参见第 7 章。

(2) 元组长度函数 len。

求解最外层元组元素个数，其函数原型为：

    int len(«元组»)

该函数返回整数值。如：

```
>>> len((10, 'Xiao Li', '男', ["足球","跑步"],[90,88,96])) ↵(回车)
5
```

空元组的长度为 0。元组长度常用于判断元组是否为空元组。

(3) 元组排序函数 sorted。

对元组进行元组元素排序，其函数原型为：

    tuple sorted(«元组»⌊,reverse=True⊥False⌋)

该函数返回排序后的列表。reverse=True 表示按降序排序元组元素；reverse=False 表示按升序排序元组元素，等效省略该参数。如：

```
>>> t=(20,10,50,30,40)↙(回车)                    # 无序元组
>>> ts=sorted(t)↙(回车)                          # 排序元组
>>> t,ts↙(回车)                                  # 排序前后元组
((20, 10, 50, 30, 40), [10, 20, 30, 40, 50])
```

元组 sorted 排序将所有元素构成有序的列表,而原来元组并没有改变。

```
>>> ts1=sorted(t,reverse=True)↙(回车)             # 降序排序元组
>>> ts2=sorted(t,reverse=False)↙(回车)            # 升序排序元组
>>> t,ts1,ts2↙(回车)                              # 排序前后元组
((20, 10, 50, 30, 40), [50, 40, 30, 20, 10], [10, 20, 30, 40, 50])
```

注意:排序元组的元素属于 int、float、str 型,只有这种数据才能比较大小。有序的列表(可迭代对象)可通过 tuple 函数再次生成有序的元组,如 ts1=tuple(ts1)。

(4)元组倒序函数 reversed。

实现元组最外层元素的倒序,其函数原型为:

   object reversed(«元组»)

该函数返回迭代对象(即迭代器),如:

```
>>> tri=reversed(t)↙(回车)                        # 元组元素迭代器
>>> tr1=tuple(tri)↙(回车)                         # 迭代形成元组
>>> tri=reversed(t)↙(回车)                        # 重建元组元素迭代器
>>> tr2=tuple(data for data in tri)↙(回车)        # 迭代形成元组
>>> t,tr1,tr2↙(回车)                              # 查看元组
((20, 10, 50, 30, 40),(40, 30, 50, 10, 20),(40, 30, 50, 10, 20))
```

reversed 返回元组迭代器,而不是元组。迭代器也是可迭代对象。可通过 next 函数启动迭代器 tri 单步迭代获取元素,直到索引越界出错抛出异常 StopIteration。通过 tuple 函数启动 tri 迭代过程生成所有元组元素构成元组。第 2 句执行完毕后,元组元素定位已到迭代器所有元素后,需要第 3 句重建迭代器,否则新建元组 tr2 为空元组(即到元组尾部,无法再迭代所致)。有关迭代器参见第 6 章、第 7 章。

元组与列表可以相互转换,如:

```
>>> l=list((10, 'Xiao Li', '男', ["足球","跑步"],[90,88,96]))↙(回车)
>>> l↙(回车)                                      # 查看列表
[10, 'Xiao Li', '男', ['足球', '跑步'], [90, 88, 96]]
 >>> t=tuple(l)↙(回车)                            # 列表转换元组
>>> t↙(回车)                                      # 查看
(10, 'Xiao Li', '男', ['足球', '跑步'], [90, 88, 96])
```

列表、元组都是可迭代对象,且 list、tuple 都是迭代工具,均可启动可迭代对象获取所有元素生成列表、元组。可以利用这一特点,把元组转换为列表,再利用列表的可变性进行增加、删除、修改后,最后转换为元组,实现元组的更新。

(5)元组并发函数 map。

把一个"函数"同时作用于"元组"的每个元素,其函数原型为:

   object map(«函数»,«元组 1»[,«元组 2»])

该函数返回迭代器,进一步启动迭代过程获取每个元素生成元组,其中"元组"元素属于同一数据类型,如:

```
>>> from math import *↵(回车)                              # 导入数学库
>>> m=map(sin,(30*pi/180,60*pi/180,90*pi/180))↵(回车)      # 作用于每个元素
>>> tuple(m)↵(回车)                                        # 迭代器生成元组
(0.49999999999999994, 0.8660254037844386, 1.0)
```

再看一个例子:

```
>>> def myadd(x,y):↵(回车)                                 # 定义两个数之和函数
    return x+y
>>> madd=map(myadd,(10,"ab",30),(50,"cd",70,80))↵(回车)    # 迭代器生成
>>> tuple(madd)↵(回车)                                     # 迭代器生成元组
(60, 'abcd', 100)
```

当"函数"作用于多个元组时,以最短元组为准,裁剪长的元组,相同下标的元组元素构成"函数"的参数。

(6) 元组元素组合函数 zip。

使所有参数"元组"中序号(下标)相同的元组元素依次构成元组,其函数原型为:

    object zip(«元组 1»,«元组 2»⌊,«元组 3»⌋)

该函数返回迭代器,迭代器进一步可启动迭代过程用于生成元素构成元组的元组,如:

```
>>> l1=(1,2,3)↵(回车)                                      # 元组赋值
>>> l2=("Zhang","Li","Yuan","Wang")↵(回车)
>>> l3=(100,200,300,400,500)↵(回车)
>>> z=zip(l1,l2,l3)↵(回车)                                 # 迭代器生成
>>> tuple(z)↵(回车)                                        # 迭代工具,元组生成
((1, 'Zhang', 100), (2, 'Li', 200), (3, 'Yuan', 300))
```

当 zip 函数作用于多个元组时,以最短元组为准,长的元组被裁剪,使多个元组等长。

### 3. 元组成员函数

除了通过运算和内置函数处理元组外,还有元组的成员函数。内置函数把元组作为函数参数。成员函数不同于内置函数,元组是成员函数的主体,由其启用成员函数处理自身。元组通过成员运算符.表示成员函数的调用。

(1) 元组元素查找成员函数 index。

在给定的"下标开始""下标终止"区间内(即切片内),在"元组"中查找第 1 次出现的"元组元素"的下标(位置)。"下标"可以正整数或负整数,表示从左向右,或从右向左查找。无论从列表向左还是向右开始查找,返回下标都是正整数(即从左开始的下标)。其函数原型为:

    int «元组».index(«元组元素»⌊,«下标起始»⌊,«下标终止»⌋⌋)

该函数返回元素所在下标,如:

```
>>> t=(2,3,5,4,3,5,3,2)↵(回车)                             # 元组
>>> t.index(3),t.index(3,4),t.index(3,2,7)↵(回车)          # 从左到右查找元素
(1, 4, 4)
```

```
>>> t.index(3,10)↙(回车)                                    # 下标越界,没找到
ValueError: tuple.index(x): x not in tuple
```

Index 函数在给定区间内从左到右定位元组元素的第一次出现位置(元组中绝对下标)。如果没找到元组元素,index 抛出值异常 ValueError。在多层元组嵌套中,index 成员函数只在最外层元组中查找。

(2) 元组元素统计成员函数 count。

从"元组"起始位置开始到结束统计"元组元素"个数,其函数原型为:

    int «元组».count(«元组元素»)

该函数返回元素个数,如:

```
>>> t=(2,3,5,(6,3,5),3,2)↙(回车)                            # 元组
>>> t.count(3),t.count(6),t.count((3,5)),t.count((6,3,5))↙(回车)    # 统计
(2, 0, 0, 1)
```

可见该函数只统计元组最外层元素的个数。

元组具有不可变性,其成员函数只对自身访问,没有增加、删除、排序、倒序等成员函数。但可根据元组与列表的互换性,通过列表成员函数的各种操作更新,间接实现元组的更新。对元组的操作还有其他库函数,如 functools 库 reduce 函数等。

元组及其操作运算不涉及元组元素的变更(如排序、倒序、元素和切片赋值),其运算、内置函数和成员函数(只有 index、count)以及其他库函数与列表的操作运算相同,也大多与字符串(字符串也是不可变)运算、处理相同。这主要源于它们数据模型(逻辑结构)同属于线性表。由列表表示和处理的有关问题求解,如求 1~100 之和、数学矩阵的转置、求矩阵中最大元素、求矩阵所有元素之和等均可采用元组进行表示和求解。

## 3.5 集合

Python 语言集合概念与数学集合概念类似,如集合元素不重复(唯一性)、与位置无关(即无序性),但两者也略有差异: Python 语言的集合元素可以属于不同数据类型(异类性)。集合具有查询、修改、统计、删除等操作,可以很好组织管理批量数据。

### 3.5.1 集合定义

Python 语言集合的数据模型是散列表 s={$key_0$: $value_0$, $key_1$: $value_1$, $key_2$: $value_2$,…, $key_n$: $value_n$},只有键(key)、没有值(value)时,构成形式:

    {«运算对象 1»[,«运算对象 2»]*}                        # 多个元素集合

"运算对象"是唯一、不重复的键(key),构成集合元素。花括号"{}"是集合的标记。"运算对象"(称为集合元素)可以是字面值或不可变的对象(如字符串、元组),包括数值、字符串、元组。逗号","为集合元素分隔符。集合元素个数为集合长度。没有任何"运算对象"的集合为空集 set(),其长度为 0。通过变量赋值,集合变量可引用集合常量:

```
>>> stu={10, 'Xiao Li', '男',("足球","跑步"),(90,88,96)}↙(回车)    # 赋值
```

```
>>> stu.↵(回车)                                    # 查看集合变量
{'男', 10,(90, 88, 96),('足球', '跑步'), 'Xiao Li'}
```

表示学号、姓名、性别、爱好、课程成绩。可以看到：集合的顺序类似随机，与位置无关。

注意："{}"、"{«运算对象»}"不是空集和1个元素集合，而是空字典和1个元素字典。集合的数据模型是散列表，与顺序无关，没有下标定位(索引)概念。

通过数据类型函数 type、长度函数 len、地址函数 id 和 sys 库数据单元大小函数 getsizeof 可查看集合的信息。

### 3.5.2 集合操作

集合、字典的数据模型是散列表，了解散列表的存储(物理结构)有助于理解集合、字典的操作。从旅行团安排住店可以很好理解散列表的存储管理。宾馆有许多客房，客房按顺序编号。旅行团多名旅客住店，每人一间客房。旅客在前台办理入住，向服务员提供旅客的身份证，服务员给旅客分配客房，同时做了身份证—客房门牌号的登记，形成旅行团的信息登记表。由于旅客无序居住，而且旅客又没有其他旅客的门牌号(即旅客没有关联)。为了查找旅客，只能通过旅客身份证，查阅旅客登记表，获取旅客的门牌号，进一步找到旅客。这种查找方式无须查找宾馆所有客房。旅客入住、变更、退房，都需要更新信息登记表。宾馆为计算机内存，房间为数据单元，旅客为数据单元中数据，身份证为键(也是数据单元数据)，信息登记表为索引表。如果身份号与客房门牌号有一定函数关系 h: 门牌号=h(身份证)，就没必要查看信息登记表，也就是函数 h 具有索引(定位)客房的作用。逻辑上，散列表是键—值的有序对构成 s={key$_0$: value$_0$, key$_1$: value$_1$, key$_2$: value$_2$,…, key$_n$: value$_n$}，键是唯一的、无序的，如图 3.12 所示。由于键是唯一的，物理上，采用哈希函数 h 快速索引到数据单元，也就是哈希函数起到索引表的作用，称为散列存储。注意：顺序性是指先后排列，连续性是指存储相邻，不是同一概念。散列表具有无序性、存储非连续性。

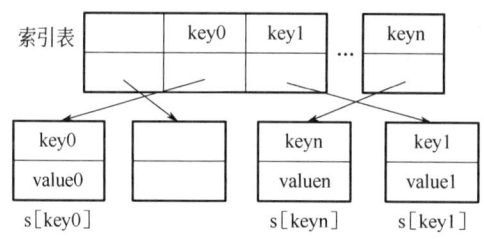

图 3.12  散列表存储结构

Python 语言中，集合是字典的特例，只有键 key，所有值 value 缺省，即 s={key$_0$, key$_1$, key$_2$,…, key$_n$}。除了赋值操作外，还有以下几种集合的操作。

**1. 集合运算**

集合元素是无序的，下标索引运算[]对序号索引、切片操作无效。集合元素具有唯一性，重复倍数运算*无效，但集合有其自身运算。这些运算与数学集合运算相同，包括并集、交集、差集、异或集、子集判断、元素属于集合判断。为了方便介绍集合运算，预设如下集合：

```
>>> s1={10,30,40,60,80}; s2={10,20,30,40,50,60}↵(回车)    # 集合变量
```

(1)集合运算。

① 集合交集运算&：由两个集合的相同元素构成集合，如：

```
>>> s=s1&s2↙(回车)                                    # 集合交运算
>>> s1,s2,s
```
({100, 40, 10, 80, 60, 30}, {40, 10, 50, 20, 60, 30}, {40, 10, 60, 30})

② 集合并集运算|: 由两个集合的所有元素构成集合, 并确保元素唯一性, 如:

```
>>> s=s1|s2↙(回车)                                    # 集合并运算
>>> s1,s2,s
```
({100, 40, 10, 80, 60, 30}, {40, 10, 50, 20, 60, 30}, {100, 40, 10, 80, 50, 20, 60, 30})

③ 集合差集运算-: 属于被减集合而不属于减集合的元素构成集合, 如:

```
>>> s=s1-s2↙(回车)                                    # 集合差运算
>>> s1,s2,s
```
({100, 40, 10, 80, 60, 30}, {40, 10, 50, 20, 60, 30}, {80, 100})

④ 集合对称差集运算^: 不同时属于两个集合的元素的集合, 即两个集合的并集-该两个集合的交集, 如:

```
>>> s=s1^s2↙(回车)                                    # 集合对称差集运算
>>> s1,s2,s
```
({100, 40, 10, 80, 60, 30}, {40, 10, 50, 20, 60, 30}, {80, 50, 20, 100})

集合运算符&、|、^与位运算符&、|、^, 集合差集运算符-与算术减运算符-形式上相同, 但功能各不同, 即这些运算符具有多态性。上述集合运算时, 集合 s1、s2 是取值运算后的运算, s1、s2 保持不变。

(2) 集合关系判断运算。

为了方便介绍集合运算, 预设如下集合:

```
>>> s1={10,20,30}; s2={10,20,30,40,50,60}↙(回车)     # 集合赋值
```

① 集合元素属于运算 in: 判断运算对象是否为集合元素。集合关系成立时, 得到逻辑值 True, 否则得到逻辑值 False, 如:

```
>>> 10 in s1,100 in s1↙(回车)
```
(True, False)

运算对象是集合元素时结果为 True, 否则为 False。不属于运算 not in 是 in 的逆判断。

② 集合子集判断运算<=、真子集判断运算<: 判断集合是否为另一集合的子集、真子集。集合关系成立时, 得到逻辑值 True, 否则得到逻辑值 False, 如:

```
>>> s1<=s2, s1<s2↙(回车)
```
(True, True)

集合是另一集合的子集、真子集时, 结果为 True, 否则为 False。

③ 集合超集判断运算>=、真超集判断运算>: 判断集合是否为另一集合的超集、真超集。集合关系成立时, 得到逻辑值 True, 否则得到逻辑值 False, 如:

```
>>> s1>=s2,s1>s2↙(回车)
```
(False, False)

集合是另一集合的超集、真超集时, 结果为 True, 否则为 False。

④ 集合相等运算==、集合对象相同运算 is: 判断集合与另一集合是否相等(元素相等)、存储结构是否相同(同一存储)。集合关系成立时,得到逻辑值 True,否则得到逻辑值 False,如:

>>> s3=s1; s4={10,20,30}↙(回车)
>>> s1==s3,s1==s4,s1 is s3, s1 is s4↙(回车)
(True, True, True, False)

集合字面值是否相同用==判断,集合对象(存储结构)是否相同用 is 判断。!=、is not 分别是==、is 的否定判断,即逆判断。

这些运算符与关系运算符形式相同,但功能不同,这些运算符具有多态性。

### 2. 集合内置函数

集合生成函数 set 启动"可迭代对象"的迭代过程,获取"可迭代对象"所有元素构成集合,其函数原型为:

    set set(《可迭代对象》)

该函数返回集合,而且集合元素是无序的、唯一的(不重复)。如:

>>> s1=set([9,"Xiao Yuan","女",("购物","零食"),(80,90,86)])↙(回车) # 生成
>>> s2=set((9,"Xiao Yuan","女",("购物","零食"),(80,90,86)))↙(回车) # 生成

s1、s2 的值都是{'Xiao Yuan', 9,(80, 90, 86),('购物', '零食'), '女'}。

"可迭代对象"也可以是 for-in 迭代推导表达式,如:

>>> s3=set(d*d for d in range(-5,5,2))↙(回车) # for-in 迭代推导生成集合
>>> s4={d*d for d in range(-5,5,2)}↙(回车) # 生成集合

s3、s4 都是{25, 9, 1},不是{25,9,1,1,9},可看到集合元素是唯一的。

注意 set(《字符串》)与{《字符串》}的不同:

>>> set("Hello,我爱中国!"),{"Hello,我爱中国!"}↙(回车)
({'！', '国', 'o', '爱', ',', 'e', '中', '我', 'H', 'l'}, {'Hello,我爱中国！'})

字符串是可迭代对象。前者启动字符串的迭代过程,获取所有字符构成无序的集合,并确保字符唯一性(删了一个字符"l"),而后者只有一个字符串元素(不启动迭代过程)。实际上,set 函数是 set 类的构造函数。

### 3. 集合成员函数

除了运算和内置函数处理外,集合有成员函数对自身处理。内置函数把集合作为函数参数。成员函数不同于内置函数,集合启用成员函数。

(1) 集合运算成员函数 union、intersection、difference、symmetric_difference。

这些函数分别实现"集合"与"另一集合"直接并集、交集、差集和对称差集运算,返回运算结果集合,其函数原型为:

    set《集合》.《集合运算成员函数》(《另一集合》)

集合运算中,运算符|、&、-、^也表示集合的并集、交集、差集和对称差集求解,并形成新集合。从功能角度看,这两大类的运算结果都是得到新集合。

(2) 集合关系判断成员函数 issubset、issupperset、isdisjoint。

这些函数分别判断"集合"是否是"另一集合"的子集、超集、无交集。集合关系成立时,返回逻辑值 True,否则返回逻辑值 False,其函数原型为:

bool «集合».«集合成员函数»(«另一集合»)

从功能上看，成员函数 issubset、issupperset 分别与集合关系运算符<=、>=等价。isdisjoint 判断集合的交集是否为空集，如：

>>> {10,20}.isdisjoint({10,30,40}),{10,20}.isdisjoint({30,40})↵(回车)
(False, True)

(3) 集合元素增加与更新成员函数 add、update、intersection_update、difference_update、symmetric_difference_update。

① 集合增加元素成员函数 add。

在"集合"中直接增加"集合元素"，其函数原型为：

NoneType «集合».add(«集合元素»)

该函数返回值 None。其中"集合元素"可以任何数据类型的数据，如：

>>> stu={10, 'Xiao Li', '男', ("足球","跑步"), (90,88,96)}↵(回车)    # 赋值
>>> stu.add("北京人")↵(回车)                                          # 增加籍贯
>>> stu↵(回车)                                                        # 查看信息
{'Xiao Li', 10, '北京人', (90, 88, 96), ('足球', '跑步'), '男'}

② 集合更新元素成员函数 update。

把"可迭代对象"所有元素直接合并到"集合"中，其函数原型为：

NoneType «集合».update(«可迭代对象 1»↵,«可迭代对象 2»↵),

该函数返回值 None。其中，"可迭代对象"可以是字符串、元组、列表或集合，如：

>>> stu=set()↵(回车)                                                  # 空集
>>> stu.update([9,"Xiao Yuan"],["女",("购物","零食")])↵(回车)         # 增加元素
>>> stu.update(((80,90,86),("010-12345","136012345")))↵(回车)
>>> stu.update({90})↵(回车)
>>> stu↵(回车)                                                        # 查看信息
{('购物', '零食'), 'Xiao Yuan', 9, '女', (80, 90, 86), 90, ('010-12345', '136012345')}

③ 集合特殊更新成员函数 intersection_update、difference_update、symmetric_difference_update。

这些函数利用"集合"与"另一集合"运算结果直接更新"集合"，其函数原型为：

NoneType «集合».«集合特殊更新成员函数»(«另一集合»)

该函数返回值 None。intersection_update、difference_update、symmetric_difference_update 成员函数分别为交集更新、差集更新和对称差集更新，如：

>>> s={10,20,30,40};s1={10,30,50,70,90,100}↵(回车)    # 集合
>>> s.intersection_update(s1)↵(回车)                   # 集合
>>> s,s1↵(回车)                                        # 查看集合
({10, 30}, {100, 70, 10, 50, 90, 30})

(4) 集合拷贝成员函数 copy。

拷贝集合所有元素构成新集合，其函数原型为：

　　　　　set «集合».copy()

该函数返回拷贝集合,如:

　　>>> s={('购物','零食'),9,(80,90,86),'Xiao Yuan','女'}↵(回车)
　　>>> s1=s.copy()↵(回车)　　　　　　　　　　　　　　　　　　　# 拷贝集合
　　>>> s↵(回车)　　　　　　　　　　　　　　　　　　　　　　　　# 查看信息
　　{('购物','零食'),9,(80,90,86),'Xiao Yuan','女'}
　　>>> s1↵(回车)　　　　　　　　　　　　　　　　　　　　　　　# 查看信息
　　{('购物','零食'),(80,90,86),'Xiao Yuan',9,'女'}

注意:集合拷贝值相同(即==运算成立),但数据单元不同(即id(s)和id(s1)值不同,is运算结果为False)。

(5) 集合元素删除成员函数 clear、remove、discard、pop。
① 集合元素清空成员函数 clear。
清空"集合"所有元素,使"集合"为空集,其函数原型为:

　　　　　NoneType «集合». clear()

该函数返回值 None,如:

　　>>> s={9,"Xiao Yuan","女",("购物","零食"),(80,90,86)}↵(回车)　　# 集合变量
　　>>> s.clear()↵(回车)　　　　　　　　　　　　　　　　　　　　# 集合清空
　　>>> s↵(回车)　　　　　　　　　　　　　　　　　　　　　　　　# 查看集合
　　set()

注意:空集为 set(),不是()、{}。()为圆括号运算符,{}为空字典。
② 集合元素删除成员函数 remove。
在"集合"中删除"集合元素",其函数原型为:

　　　　　NoneType «集合».remove(«集合元素»)
　　　　　NoneType «集合».discard(«集合元素»)

该函数返回值 None,如:

　　>>> s={9,"Xiao Yuan","女",("购物","零食"),(80,90,86)}↵(回车)　　# 集合变量
　　>>> s.remove("女")↵(回车)　　　　　　　　　　　　　　　　　　# 删除元素
　　>>> s↵(回车)　　　　　　　　　　　　　　　　　　　　　　　　# 查看集合
　　{('购物','零食'),'Xiao Yuan',9,(80,90,86)}

注意:remove 是删除集合最外层的元素。如果"集合元素"不存在,则抛出键异常 KeyError。集合元素删除成员函数 discard 与 remove 功能相同,但如果"集合元素"不存在,也不发生异常。
③ 集合元素弹出成员函数 pop。
集合的数据模型是散列表,具有无序的特点,但在计算机世界中其元素需要按一定顺序存储(即物理存储),只是这种顺序是计算机自动安排的,即集合元素的顺序性与其存储的顺序性不一致,也不一定连续。
集合元素弹出成员函数 pop 从"集合"存储顺序中从左到右返回头元素,并删除该元素,其函数原型为:

object«集合».pop()

该函数返回元素的数据类型取决于头元素的数据类型。如果"集合"为空集,则抛出键异常 keyError。如:

```
>>> s={9,"Xiao Yuan","女",("购物","零食"),(80,90,86)}↲(回车)    # 集合变量
>>> s↲(回车)                                                    # 存储顺序
{('购物', '零食'), 'Xiao Yuan', 9, '女', (80, 90, 86)}
>>> s.pop()↲(回车)                                              # 弹出元素元组,并删除
('购物', '零食')
>>> s↲(回车)                                                    # 查看集合
{'Xiao Yuan', 9, '女', (80, 90, 86)}
>>> s.pop()↲(回车)                                              # 弹出元素字符串,并删除
'Xiao Yuan'
>>> s↲(回车)                                                    # 查看集合
{9, '女', (80, 90, 86)}
```

集合元素存储顺序取决于计算机当时的运行环境,不同计算机甚至同一计算机不同时段运行结果可能不同,但都是从当前存储中依次删除集合元素。

注意:集合元素增加、更新、删除成员函数改变了自身"集合",但这改变不是通过赋值语句实现的,也可以体会成员函数与其他函数、运算符的不同。集合根据实际的真实存储顺序,也可以实现集合元素的打包和解包处理。

## 3.6 字典

字典的数据模型是散列表。字典概念与集合概念具有相同之处,元素是不重复(唯一性)的、与位置无关(无序性)、存储连续。但字典通过"键"可以索引字典元素,具有查询、修改、统计、删除等操作,可很好地组织管理批量数据。

### 3.6.1 字典定义

字典构成形式为:

{«键1»: «运算对象1»↲, «键2»: «运算对象2»♪}

此处花括号"{}"是字典的标记。"键"可以是字面值或不可变对象(如字符串、元组),"运算对象"可以是任何数据类型的常量、变量或表达式。"键: 运算对象"为字典元素。逗号","为字典元素分隔符。字典元素个数为字典长度。没有元素的字典为空字典(dict(),或{}),其长度为0。通过字典变量赋值,字典变量可引用字典常量:

```
>>> stu={"学号": 10,"姓名": 'Xiao Li',"性别": '男',"爱好": ("足球","跑步"),"成绩": (90,88,96)}↲(回车)
                                                                # 赋值字典变量
>>> stu↲(回车)                                                  # 查看字典变量
{'学号': 10, '姓名': 'Xiao Li', '性别': '男', '爱好': ('足球', '跑步'), '成绩': (90, 88, 96)}
```

注意:"{}"也是集合标记,但字典元素是"键: 运算对象"。集合可以理解为特殊的字典,

即没有"运算对象",只有"键"(唯一性、无序性)。

也可以 for-in 迭代推导生成字典,如:

```
>>> {x: x**2 for x in range(10)}↵(回车)          # 迭代推导生成字典
{0: 0, 1: 1, 2: 4, 3: 9, 4: 16, 5: 25, 6: 36, 7: 49, 8: 64, 9: 81}
>>> field=("学号","姓名","性别");stuInfo=(20201600,"张三","男")↵(回车)
>>> {field[x]: stuInfo[x] for x in range(3)}↵(回车)   # 迭代推导生成字典
{'学号': 20201600, '姓名': '张三', '性别': '男'}
```

通过数据类型函数 type、长度函数 len、地址函数 id 和 sys 库数据单元大小函数 getsizeof 可查看字典的信息。

### 3.6.2 字典操作

字典的数据模型是散列表,具有唯一、无序且存储非连续的特性,因此,不可用下标或切片索引字典元素,但可以用键索引。除了字典变量赋值外,字典还有以下几种操作。

**1. 字典运算**

字典索引运算[]采用下标、切片操作无效,但"键"是有效的索引。

(1)字典索引运算[]。

通过"键"可获取"字典"的"运算对象",表达式形式为:

　《字典》[《键》]

该表达式获取与"键"配对的"运算对象",如:

```
>>> stu["爱好"]↵(回车)                            # 字典元素值
('足球', '跑步')
>>> stu["籍贯"]↵(回车)                            # 字典元素值
KeyError: '籍贯'
```

如果"键"不在字典中,抛出键异常 KeyError。

```
>>> stu["爱好"]={"游泳","唱歌"}↵(回车)             # 字典元素赋值
>>> stu↵(回车)                                    # 字典信息
{'姓名': 'Xiao Li', '性别': '男', '学号': 10, '爱好': {'游泳', '唱歌'}, '成绩': (90, 88, 96)}
```

stu["爱好"]是集合,可进一步进行集合运算。"键"是不可变的,但其配对的"运算对象"是可变的,即通过赋值语句对字典元素赋值,改变"运算对象"。

如果给不存在的"键"元素赋值,插入一个新的字典元素,如:

```
>>> stu["籍贯"]="北京人"↵(回车)                    # 字典元素赋值
>>> stu↵(回车)                                    # 字典信息
{'姓名': 'Xiao Li', '性别': '男', '学号': 10, '爱好': {'游泳', '跳舞', '唱歌'}, '成绩': (90, 88, 96), '籍贯': '北京人'}
```

(2)字典元素判断运算 in、not in。

判断"运算对象"是否为字典的"键",表达式形式为:

　《键》in(《字典》)

如果"键"在字典中,得到逻辑值 True,否则得到逻辑值 False。not in 是 in 的逆运算,如:

```
>>> "性别" in stu,"年龄" in stu,"年龄" not in stu ↵(回车)   # 字典键是否存在
```

(True, False,True)

即"性别"是字典的"键",而"年龄"不是字典的"键"。

(3) 字典相等运算==与不相等运算!=、字典相同运算 is 与不相同运算 is not。

运算符==判断"字典"与"另一字典"是否有相同元素。运算符 is 判断"字典"与"另一字典"是否有相同字典对象(存储结构)。如果关系成立,得到逻辑值 True,否则得到逻辑值 False。!=、is not 分别是==、is 的否定判断,即逆判断。

**2. 字典内置函数**

(1) 构造字典函数 dict。

以元组为元素的"列表"或"元组"做参数,而且元组只能两个元素,前元素为"键",后元素为"运算对象",其函数原型为:

  dict dict([(«键 1», «运算对象 1»),(«键 2», «运算对象 2»)])  # 列表为参数
  dict dict(((«键 1», «运算对象 1»),(«键 2», «运算对象 2»)))  # 元组为参数

该函数返回字典, 如:

  >>> stu=dict([("学号",10),("姓名",'Xiao Li'),("性别",'男'),("爱好",("足球","跑步")),("成绩",(90,88,96))])↲(回车)  # 赋值字典变量
  >>> stu↲(回车)  # 查看字典变量
  {'学号': 10, '姓名': 'Xiao Li', '性别': '男', '爱好': ('足球', '跑步'), '成绩': (90, 88, 96)}

可见有序对"键""运算对象"构成字典的元素。

通过 zip 函数也可生成字典,如:

  >>> stu=dict(zip(('学号','姓名','性别','爱好','成绩'),(10,'Xiao Li','男',('足球','跑步'),(90,88,96))))↲(回车)
  # 赋值字典变量

zip 函数先生成两元素元组的生成器,再由 dict 启动生成器的迭代过程生成字典。

还可以根据指定"键""运算对象"的形式建立字典,其函数原型为:

  dict dict(«键 1»=«运算对象 1», «键 2»=«运算对象 2»)

该函数返回字典。

注意:"="不是赋值语句,而是函数指定参数名称,隐含着"键: 运算对象"有序对。"键"只能是字符系列,不是字符串,如:

  >>> s=dict(name="Zhang san",age=22)↲(回车)  # 赋值字典变量
  >>> s↲(回车)  # 查看字典变量
  {'name': 'Zhang san', 'age': 22}

实际上, dict 函数是 dict 类的构造函数。有关函数指定参数名称,参见第 6 章。

(2) 二元元组枚举函数 enumerate。

"序号(下标)"与可迭代对象元素构成二元元组为元素的迭代器,其函数原型为:

  object enumerate(«可迭代对象», «开始序号»)

该函数返回迭代器。从给定"开始序号"开始编号,"序号"依次与"可迭代对象"的元素配对形成二元"序号,可迭代对象"元素的元组。如果没有给定"开始序号",默认开始序号为 0, 如:

  >>> ds=["sdf",23,(4,"454")]↲(回车)  # 列表: 聚合数据

```
>>> a=enumerate(ds)↵(回车)              # 二元元组迭代器
>>> list(a)↵(回车)                       # 列表,有序
[(0, 'sdf'), (1, 23), (2, (4, '454'))]
>>> a=enumerate(ds)↵(回车)              # 二元元组迭代器
>>> set(a)↵(回车)                        # 集合,无序
{(1, 23), (0, 'sdf'), (2, (4, '454'))}
>>> a=enumerate(ds)↵(回车)              # 二元元组迭代器
>>> dict(a)↵(回车)                       # 字典,无序
{1: 23, 0: 'sdf', 2: (4, '454')}
```

a 是迭代器,任一 list、tuple、set、dict 函数(为迭代工具)启动 a 的迭代过程后,a 的下标已到尾部之后,需要重新执行 a=enumerate(ds)再次生成新的迭代器。有关迭代器,参见第 6 章、第 7 章内容。

**3. 字典成员函数**

除了运算和内置函数处理字典外,字典还有成员函数对字典的处理。内置函数把字典作为函数参数。成员函数不同于内置函数。字典是成员函数主体,字典启用成员函数对自身进行处理。

(1) 字典元素更新与增加成员函数 update、setdefault。

① 字典元素更新成员函数 update。

如果"键"不在字典中,把"键: 运算对象"加入字典,否则(即"键"在字典中)"运算对象"更新字典元素,其函数原型为:

    NoneType «字典».update({«键 1»: «运算对象 1»⌞,«键 2»: «运算对象 2»╓})

该函数返回 None,如:

```
>>> stu={'姓名': 'Xiao Li', '性别': '男', '学号': 10}↵(回车)         # 字典
>>> stu.update({"学号": 100, '成绩': (90, 88, 96)})↵(回车)           # 增加、更新
>>> stu↵(回车)                                                      # 查看信息
{'姓名': 'Xiao Li', '性别': '男', '学号': 100, '成绩': (90, 88, 96)}
```

② 字典元素增加成员函数 setdefault。

如果"键"不在字典中,增加"键: 缺省运算对象"到字典中(如果没有指定"缺省运算对象",则缺省运算对象为 None),返回"缺省运算对象";否则(即"键"在字典中),则返回"键"配对的运算对象,其函数原型为:

    object «字典».setdefault(«键»⌞,«缺省运算对象»╜)

如:

```
>>> a=stu.setdefault("爱好",{"跳舞","唱歌"})↵(回车)     # 设置新元素,缺省值
>>> a↵(回车)
{'跳舞', '唱歌'}
>>> b=stu.setdefault("籍贯")↵(回车)                     # 设置新元素,缺失值 None
>>> b↵(回车)                                            # 空值 None
>>> c=stu.setdefault("性别","女")↵(回车)                # 设置旧元素,返回原值,值不变
```

```
>>> c↵(回车)                                              # 原来的值
'男'
>>> stu↵(回车)                                            # 查看信息
{'姓名': 'Xiao Li', '性别': '男', '爱好': {'跳舞', '唱歌'}, '籍贯': None}
```

可见，已有"性别"，不改变"男"为"女"；没有"爱好"，增加{'跳舞', '唱歌'}；没有"籍贯"，没给定具体内容，增加 None。

(2) 字典拷贝与形成成员函数 copy、fromkeys。

① 字典拷贝成员函数 copy。

拷贝字典所有元素，并构成字典，其函数原型为：

dict «字典».copy()

该函数返回拷贝的字典，如：

```
>>> stu1=stu.copy()↵(回车)                                # 拷贝字典
>>> stu↵(回车)                                            # 查看信息
{'姓名': 'Xiao Li', '性别': '男', '学号': 100, '成绩': (90, 88, 96)}
>>> stu1↵(回车)                                           # 查看信息
{'姓名': 'Xiao Li', '性别': '男', '学号': 100, '成绩': (90, 88, 96)}
>>> stu==stu1, stu is stu1↵(回车)
(True, False)
```

stu1 与 stu 的字面值相同（即==运算结果为 True），但不是同一对象（即存储结构不同，is 运算结果为 False）。通过地址函数 id 可看到两者地址不同。

② 字典形成成员函数 fromkeys。

以键列表的每个"键"与"运算对象"构成"键: 运算对象"，其函数原型为：

dict «字典»⊥dict.fromkeys([«键 1»⌐,«键 2»⌐], «运算对象»)

该函数返回字典，该字典的所有元素的值都是"运算对象"，如：

```
>>> dict.fromkeys(["籍贯","评价","性别"],"后续补充")↵(回车)   # 创建字典
{'籍贯': '后续补充', '评价': '后续补充', '性别': '后续补充'}
>>> stu.fromkeys(["籍贯","评价","性别"],"后续补充")↵(回车)    # 创建字典
{'籍贯': '后续补充', '评价': '后续补充', '性别': '后续补充'}
>>> stu↵(回车)                                            # 查看字典
{'姓名': 'Xiao Li', '性别': '男', '学号': 100, '成绩': (90, 88, 96)}
```

注意：copy、fromkeys 创建新字典，而原来的字典不受影响。函数参数"[«键 1»⌐,«键 2»⌐]"还可以是元组"(«键 1»⌐,«键 2»⌐)"或集合"{«键 1»⌐,«键 2»⌐}"。

(3) 字典元素删除成员函数 clear、pop、popitem。

① 字典清空成员函数 clear。

清空字典所有元素，其函数原型为：

NoneType «字典».clear()

该函数返回值 None，如：

```
>>> stu1.clear()↵(回车)                      # 字典清空
>>> stu1↵(回车)                              # 查看字典
{}
```

② 字典元素弹出成员函数 pop。

从指定"键"获取字典元素的"运算对象",并删除该字典元素,其函数原型为:

   object «字典».pop(«键»[,«缺省运算对象»])

该函数返回分多种情况。如果"键: 运算对象"在字典中,返回"运算对象",如:

```
>>> stu.pop("学号")↵(回车)                  # 有键,弹出元素的运算对象,并删除元素
100
>>> stu↵(回车)                              # 查看字典
{'姓名': 'Xiao Li', '性别': '男', '成绩': (90, 88, 96)}
```

如果"键: 运算对象"不在字典中,也没有"缺省运算对象"参数,抛出键异常 KeyError,如:

```
>>> stu.pop("籍贯")↵(回车)                  # 没有键,抛出键异常
KeyError: '籍贯'
```

如果"键: 运算对象"不在字典中,有"缺省运算对象"参数,该函数返回"缺省运算对象",如:

```
>>> stu.pop("籍贯","上海")↵(回车)           # 没有键,返回缺省运算对象,不出错
'上海'
>>> stu↵(回车)                              # 查看字典
{'姓名': 'Xiao Li', '性别': '男', '成绩': (90, 88, 96)}
```

如果"键: 运算对象"在字典中,也有"缺省运算对象"参数,返回"运算对象",即"缺省运算对象"无效,如:

```
>>> stu.pop("性别","女")↵(回车)             # 有键、缺省运算对象,弹出元素的值,并删除元素
'男'
>>> stu↵(回车)                              # 查看字典,缺省运算对象无效
{'姓名': 'Xiao Li', '成绩': (90, 88, 96)}
```

pop 成员函数主要目的是为找到"键"对应的"运算对象",并删除该元素。但还有可能其他情况发生,因此出现多种可能。

③ 字典元素弹出成员函数 popitem。

字典的数据模型是散列表,其元素具有无序性,但在计算机世界中,字典按一定顺序存储,也就是字典元素顺序性与其元素的存储顺序性不一致。这一性质与集合相同。pop 函数从"字典"存储顺序中从左到右获取头元素构成的二元元组("键","运算对象"),并删除该元素,其函数原型为:

   tuple «字典».popitem()

该函数返回二元元组,如:

```
>>> stu.popitem()↵(回车)                    # 弹出最后元素,并删除该元素
```

('成绩',(90, 88, 96))
```
>>> stu↵(回车)                                    # 查看元组
{'姓名': 'Xiao Li'}
```

如果"字典"为空字典时,则抛出键异常 Key Error。

(4) 字典获取键、运算对象相关成员函数 get、keys、values、items。

这几个函数分别获取字典的运算对象、键集、运算对象集、键—运算对象对集,其函数原型为:

object «字典». get(«键»⌊,«缺省运算对象»⌋)
object dict_keys⊥dict_values⊥items «字典». «字典成员函数»()

获取运算对象成员函数 get 的功能与字典元素弹出成员函数 pop 相同,但不删除字典元素。其他字典成员函数 get、keys、values、items 返回可迭代对象。

```
>>>stu={'姓名': 'Xiao Li','性别': '男','爱好': {"唱歌","跳舞"}, "籍贯": None}↵(回车)
>>> stu.keys()↵(回车)                              # 键集
dict_keys(['姓名', '性别', '爱好', '籍贯'])
>>> stu.values()↵(回车)                            # 运算对象集
dict_values(['Xiao Li', '男', {'跳舞', '唱歌'}, None])
>>> stu.items()↵(回车)                             # 键-运算对象对集
dict_items([('姓名', 'Xiao Li'),('性别', '男'),('爱好', {'跳舞', '唱歌'}),('籍贯', None)])
```

这些可迭代对象可以进一步 for-in 迭代推导生成列表、元组,键集可以生成集合,但其他不可生成集合(可能含有可变对象),如:

```
>>> list(stu.keys())↵(回车)                        # 键列表
['姓名', '性别', '爱好', '籍贯']
>>> set(stu.keys())↵(回车)                         # 键集合
{'籍贯', '姓名', '性别', '爱好'}
>>> list(stu.items())↵(回车)                       # 键—运算对象对列表
[('姓名', 'Xiao Li'),('性别', '男'),('爱好', {'跳舞', '唱歌'}),('籍贯', None)]
>>> set(stu.items())↵(回车)                        # 键—运算对象对集合,元组不可构成集合
TypeError: unhashable type: 'set'
```

### 4. 删除字典语句

删除语句 del 可删除字典元素,其形式为:

del «字典»[«键»]

如:

```
>>> del stu["性别"]↵(回车)                         # 删除字典元素
>>> stu↵(回车)                                    # 查看信息
{'姓名': 'Xiao Li', '爱好': {'跳舞', '唱歌'}, '籍贯': None}
```

如果字典元素"键: 运算对象"不存在(即键存在),抛出键异常 KeyError。

聚合数据类型及其组合可以表示复杂的数据,用于描述问题,实现数据及其增加、修改、删除、查询等管理和统计汇总。下面以一个例子作为本节总结。

**【例 3.8】** 学生信息如表 3.5 所示,设计该表的数据结构。

表 3.5  学生信息表

| 个人基本信息 | | | | | |
|---|---|---|---|---|---|
| 姓    名 | 小李 | 出生年月 | 1998.10 | 学号 | 2016111001 |
| 政治面貌 | 群众 | 民  族 | 汉 | 性  别 | 男 |
| 入学时间 | 2016.9 | | 毕业时间 | 2020.7 | |
| 电    话 | 010-1234567;13601234567 | | 电子信箱 | xiaoli@sina.com;xiaoli@163.com | |
| 家庭住址 | 新疆克拉玛依平安苑 10-1 | | 邮编 | 834000 | |
| 何时何地受何奖励 | 2017 年三好学生<br>2018 年优秀班干部 | | | | |
| 课程及成绩 | | | | | |
| 学期 | 课程名称 | 成绩 | 备注 | 学期 | 课程名称 | 成绩 | 备注 |
| 2019-2020.1 | C 语言程序设计 | 90 | 正常 | 2019-2020.2 | 数据结构与算法 | 88 | |

这个表较为复杂,利用聚合数据类型可表示为:

\>>> grjbxx={"name": "小李","birthday": " 1998.10","num": 
2016111001,"politic": None,"nationality": "汉","sex": "男
","entrance": "2016.9","graduation": "2020.7","telephone": { "010-1234567","13601234567"},"email": [ "xiaoli@sina.com
","xiaoli@163.com"],"address": " 新疆克拉玛依平安苑 
10-1","zipcode": 834000,"hortation": [ "2017 年三好学生","2018 年优秀班干部"]}↵(回车)
\>>> kccj={"C 语言程序设计": { "2019-2020.1": (90,"正常") }, "数据结构与算法
": { "2019-2020.2": (88,"正常") }}↵(回车)
\>>> num2016111001={"grjbxx": grjbxx,"kccj": kccj}↵(回车)

grjbxx、kccj 是独立的两个记录,形成 num2016111001 记录,其他学生信息形式相同,进一步构造成学生信息数据库。可以看到,无论多么复杂的登记表,都可以用聚合数据进行表达、存储;通过聚类数据的增加、删除、修改、查询等操作,可实现基于聚合数据的数据管理。

## 3.7  数据打包和解包

对变量赋值的总要求是左变量与右边运算对象一一对应,构成表达式形式:
«变量名 1»,«变量名 2»↵=«运算对象 1»,«运算对象 2»↵

左边"变量"数与右边"运算对象"数相等,而且根据位置顺序对变量赋值,即«运算对象 i»赋给«变量名 i»,如:

\>>> a1,a2,a3=10,10+20,20*30↵(回车)        # 一一对应,依次赋值
\>>> a1,a2,a3↵(回车)
(10, 30, 600)

上述赋值语句左右两边均为元组，其数据模型为线性表。线性表具有严格顺序性。根据线性表的顺序性，将右边线性表的元素（运算对象）依次对左边线性表元素（变量）进行一一赋值。这种赋值特性，还可以扩展到两边是元组、列表，只要按顺序可一一对应，如[a1,a2,a3]=(10,10+20,20*30)与[a1,a2,a3]=10,10+20,20*30是等价的。

### 3.7.1 数据打包

在赋值语句中，左右两边变量和运算对象数必须相同，左右两边数目一致性还有一种变形形式：

《变量名1》,《变量名2》,⋯,《*变量名k》=《运算对象1》,《运算对象2》,⋯,《运算对象k》,《运算对象k1》,⋯

对"变量i"依次赋值"运算对象i"（i=1,2,⋯,n），而把"运算对象k"及后续"运算对象k1"（k1=1,2,⋯,m）构成一个列表赋给"变量k"（称为数据打包），"变量k"为打包变量，如：

```
>>> a,b,*c=1,2,3,4,5↵(回车)          # 一一对应,打包赋值
>>> (a,b,c)↵(回车)
(1, 2, [3, 4, 5])
```

可见a值为1，b值为2，c值为[3,4,5]，即把3,4,5打包后赋给c（打包变量），确保赋值左右两边一一对应。字符串、列表、元组的数据模型为线性表，具有顺序特性。从线性表角度，不难理解：

```
>>> s1,*s2="我爱中国！"↵(回车)        # 一一对应,打包赋值
>>> s1,s2↵(回车)
('我', ['爱', '中', '国', '！'])
```

等价于(s1,*s2)="我爱中国！"、[s1,*s2]="我爱中国！"。

```
>>> d1,*d2=[1,2,3,4,5]↵(回车)         # 一一对应,打包赋值
>>> d1,d2
(1, [2, 3, 4, 5])
```

等价于赋值语句左边[d1,*d2]、(d1,*d2)，赋值语句右边[1,2,3,4,5]、(1、2、3、4、5)、{1、2、3、4、5}、以1、2、3、4、5为键的字典或1、2、3、4、5。

注意：

（1）数据打包是针对两个以上变量的赋值，即多变量赋值。如果只对一个变量赋多个值，多个值直接构成元组后赋值，如a=1,2,3，a的值为(1,2,3)。

（2）打包变量只能一个，而且可以随意确定打包变量位置。根据线性表顺序对应原则进行打包赋值，如a,*b,c=1,2,3,4，a值为1，c值为4，b值[2,3]。

### 3.7.2 数据解包

打包数据以原样取出，构成表达式形式：

《*打包变量名》

如：

```
>>> a,*b=1,2,3,4,5↵(回车)             # 给两个变量a、b赋值,b打包
>>> print(a,";", b,";", *b)↵(回车)     # 查看变量a、b和*b
1 ; [2, 3, 4, 5] ; 2 3 4 5
```

也就是 a 与 1, b 与[2,3,4,5]是对应。在 print 函数中，*b 为 b 的解包，即将 b 还原为一组数据。又如：

```
>>> s1,*s2="我爱中国！"          # 给变量 s1、s2 赋值，打包变量 s2
>>> s1,s2,*s2                    # 查看变量，打包变量 s2 及其解包
('我', ['爱', '中', '国', '！'], '爱', '中', '国', '！')
>>> print(s2)                    # 输出打包变量
['爱', '中', '国', '！']
>>> print(*s2)                   # 输出打包变量的解包
爱 中 国 ！
```

注意：打包和解包用到"*"，其用在赋值中表示数据打包，而在其他应用中表示数据解包。该符号在算术运算中表示乘运算，即"*"在不同位置表示不同含义，具有多态性。

### 3.7.3 聚合数据计算函数

聚合数据的数据模型是线性表或散列表，表示一组数据的聚合，通过序号或键可以进行索引，但对不同类型聚合数据（字符串、元组、字典、集合、列表）进行一定约定，使其各具特色，对应不同的运算、内置函数和成员函数。对于聚合数据，经常使用的内置函数还有最大值函数 max、最小值函数 min、求和函数 sum。

**1. 最大值函数 max**

求参数中的最大者，函数原型为：

    object max(«运算对象 1», «运算对象 2»)

其中，"运算对象"是相互间可比较的运算对象。该函数返回"运算对象"最大者，其数据类型取决于最大者数据类型，如：

```
>>> max("I","love","China")      # 参数系列
'love'
>>> max(False,True,-1,1)         # 参数系列，True 为 1, False 为 0
True
>>> max([1,2,3],[8,0],[2,6,2])   # 参数系列
[8, 0]
```

这个函数是可变参数个数的。max 函数定义时，采用打包变量做形参，即把形参形成一个列表参数（赋值形式）传到 max 函数内部。更详细内容参见第 6 章。根据 max 函数内涵，max 函数还可用如下原型：

    object max(«聚合运算对象»)

其中，"聚合运算对象"的元素是相互间可比较的运算对象，其等价于：

    object max(*«聚合运算对象»)

即"聚合运算对象"解包，还原多参数形式。"聚合运算对象"为字典时，返回"键"最大者。

**2. 最小值函数 min**

最小值函数 min 与最大值函数 max 原型、使用形式相同，只是返回最小者。

**3. 求和函数 sum**

可迭代对象所有元素之和，其函数原型为：

object sum(«可迭代对象»)

其中,"可迭代对象"的元素是相互间可进行算术加运算的运算对象,如 int、float、complex 的数据。该函数返回"可迭代对象"所有元素之和(如果"可迭代对象"是字典,返回所有"键"之和),其数据类型取决于和的数据类型。"可迭代对象"可以是列表、元组、集合、字典、range,如:

```
>>> sum([True,2,4,3,5j])↵(回车)          # 列表,True 为 1
(10+5j)
>>> sum({True,2,4,3,5j})↵(回车)          # 集合,True 为 1
(10+5j)
>>> sum({True: 10,2: 20,4: 30,3: 40,5j: 50})↵(回车)   # 字典,True 为 1
(10+5j)
```

sum 函数启动"可迭代对象"的迭代过程获取各个元素(或字典的键),逐一进行累加。

**【例 3.9】** 求矩阵中最大元素及其所在的行。

```
arr=[[4,2,1,6,3],[10,30,20,40,50],[11,33,22,55,44],[21,23,25,27,28]]
print("原始矩阵: ")                      # 原始矩阵
for row in arr: print(row)
max_arr_i=map(max,arr)                   # 每行最大值的列表迭代器
max_arr=list(max_arr_i)                  # 每行最大值的列表
print("Max_arr=",max_arr)
max_val=max(max_arr)                     # 列表中最大值
print("Max_value=",max_val)
row=[r for r in arr if max_val in r]     # 最大值所在行
print(*row)
```

运行结果:

```
原始矩阵:
[4, 2, 1, 6, 3]
[10, 30, 20, 40, 50]
[11, 33, 22, 55, 44]
[21, 23, 25, 27, 28]
Max_arr= [6, 50, 55, 28]
Max_value= 55
[11, 33, 22, 55, 44]
```

其中,for 是循环语句,row 依次取出 arr 的元素。max 函数求聚合数据最大值。

**【例 3.10】** 求矩阵每一行之和及矩阵所有元素之和。

```
arr=[[4,2,1,6,3],[10,30,20,40,50],[11,33,22,55,44],[21,23,25,27,28]]
print("矩阵: ")                          # 矩阵
for row in arr: print(row)               # 输出每一行
sum_i=map(sum, arr)                      # 每行(列表)之和构成列表迭代器
sum_i=list(sum_i)                        # 每行之和列表
```

```
        print("每行之和: ",sum_i)              # 输出每行之和
        sum_i=sum(sum_i)                        # 列表之和列表
        print("总和: ",sum_i)                   # 输出总和
```

运行结果:

矩阵:
[4, 2, 1, 6, 3]
[10, 30, 20, 40, 50]
[11, 33, 22, 55, 44]
[21, 23, 25, 27, 28]
每行之和: [16, 150, 165, 124]
总和: 455

其中,for 是循环语句,row 依次取出 arr 的元素。sum 函数求聚合数据所有元素之和。所有元素之和可改写为 sum(map(sum,arr))。

# 本章小结

数据类型是数据共有的性质,决定数据精度、操作运算、结合性等。除了整型 int、浮点型 float、逻辑型 bool、复数型 complex 等基本简单数据类型外,还包括字符串型 str、列表型 list、元组型 tuple、集合型 set 和字典型 dict 等基本聚合数据类型。基本聚合数据类型的运算对象是一些元素(运算对象)聚集而成的,其通过下标或键可索引(定位)到元素。聚合数据类型及其运算对象与数据结构密切相关。

数据结构涉及数据及其之间的联系,包括逻辑结构和物理结构。数据是计算机可存储和处理符号的统称,可细化为数据元素(相当于记录)及其数据项(相当于记录的字段)。线性表是一种重要逻辑结构,其描述数据元素相邻关系:除了头元素没有前驱元素、尾元素没有后续元素以外,其他元素有唯一前驱元素和唯一后续元素,即数据元素具有明确顺序关系,可通过下标明确定位数据元素,就如同班级学生可重新编号(学号)。另一种无序的数据元素聚合,即散列表,其数据元素为"键 key: 运算对象 value"的有序对,而且键 key 是唯一的,通过哈希函数 h(key)可以定位到唯一的数据元素,键 key 和位置一一对应,即通过键可以索引到数据元素,如同班级学生都有身份证号或姓名(不同名情况下)可以找到学生。线性表和散列表主要元素操作有查找、替换、增加、删除、合并等。线性表和散列表是聚合数据的数据模型。聚合数据具有线性表或散列表的特性,又具有各自特殊性。字符串、列表、元组的数据模型是线性表,字符串是顺序存储,列表和元组是链式存储。而字典、集合的数据模型是散列表,都是散列存储。

字符串的数据模型是线性表,其构成形式为单引号、双引号或三引号对中的字符系列。通过下标可以索引到字符串中的字符。字符串中的字符是不可变的,即不可对字符串的元素赋值。对字符串的操作主要包括字符串运算、内置函数和字符串成员函数。字符串运算符主要有+(字符串拼接)、*(字符串倍数重复)、in/not in(字符是否在字符串中的判断)、[](下标运算、切片运算)、按字典顺序的关系运算。字符串内置函数主要有 len(字符串长度)、ord(字符的编码值)、chr(编码值的字符)、str(数值转为字符串)、repr(数值转为字符串、字符串转为字符串的字符串)、eval(再次求值)。字符串是运算对象,具有成员函数,主要有 replace(子串替换)、

find/index（定位字符子串）、count（统计字符子串）、join（字符串拼接）、split（分割字符串）、strip（去掉首尾空白）等。字符串可以替换形成新的字符串，字符串格式化是全面、高效的替换方法：

«模板字符串».format(«运算对象 0»␣,«运算对象 1»↵)

其中，"模板字符串"是含有若干 {␣«运算对象序号»␣:␣字符␣>⊥<␣m␣.n«格式符»␣} "（称为"格式控制串"）。"格式符"是"运算对象"数据类型相关的标识符。"运算对象"从左到右序号为 0,1,2,…。format 的参数也采用命名（指定关键字）形式："{␣«运算对象关键字»␣:␣字符␣><␣m␣.n«格式符»␣}"。format 参数形式为：

«模板字符串».format(«运算对象关键字 0=运算对象 0»␣,«运算对象关键字 1=运算对象 1»↵)

　　Python 语言采用 Unicode 编码，字符串可表达多种文字。通过字符串成员函数 encode 可对字符串（str 型）进行不同编码形成二进制的字节串（bytes 型），而通过 decode 可对字节码（bytes 型）进行解码还原字符串（str 型）。字符串的转义字符除了表示 1 个字节的八进制 "\0OO" 和十六进制 "\xHH"，还可以表示 2 个字节、4 个字节的十六进制 "\uHHHH" "\uHHHHHHHH"。导入系统库 sys 的 getdefaultencoding 函数可以获取当前 Python 解释环境的字符编码。

　　列表的数据模型是线性表，列表的形式为：

[␣«运算对象 1»␣,«运算对象 2»↵]

此处"[]"不是索引运算符，而是列表的标识。"运算对象"为列表元素，可以是任意数据类型的数据（对象）。如果"运算对象"是列表，构成列表嵌套。列表元素个数为列表长度。列表长度为 0 时，该列表为空列表。元素可以任意数据类型的特性，使得列表可以表达复杂的数据，更好地描述客观世界。列表元素是可变的。下标运算和切片运算可确定列表元素，获取元素或子表，也可根据位置对其进行赋值，实现列表元素的更新，包括插入新元素。此外，对列表的操作还有运算、内置函数和列表成员函数。运算符包括 +（拼接列表）、比较运算（列表字面值逐一比较）、*（倍数重复列表）、in/not in（判断元素）、[]（下标运算或切片运算）、for-in（迭代推导）。内置函数主要有 list（构造列表）、sorted（排序列表）、reversed（倒序列表）、len（列表长度）、map（过程作用于列表）、zip（列表元素序号相同的构成元组）。这些操作列表的副本，并生成新列表，原列表没有变化。列表成员函数主要有 clear（清空列表）、remove 和 pop 以及 popitem（删除列表元素）、append 和 insert 以及 extend（增加列表元素）、index（列表元素定位）、sort（列表排序）、reverse（列表倒序）、copy（拷贝字面值列表）、count（统计指定元素个数）。列表成员函数的主体是列表，直接对列表元素的增加、删除、修改，没有新列表副本生成。实际上，列表的存储结构是带头节点的链表。

　　元组的数据模型是一种有所约定的线性表，元组的形式为：

(␣«运算对象 1»␣,«运算对象 2»↵)

此处"()"不是括号运算符，而是元组的标识。"运算对象"为元组元素，可以是任意数据类型的数据（对象）。如果"运算对象"是元组，构成元组嵌套。元组元素个数为元组长度。元组长度为 0 时，该元组为空元组。元组是不可变的。下标运算和切片运算可确定元组元素，获取元素值或子元组，但不可对其进行赋值。此外，对元组的操作还有运算、内置函数和元组成员函数。运算符包括 +（拼接元组）、比较运算（元组字面值逐一比较）、*（倍数重复元组）、in/not in（判断元素是否在元组中）、[]（下标运算、切片运算）、for-in（迭代推导）。内置函数主要有 tuple（构造元组）、sorted（排序元组）、reversed（倒序元组）、len（元组长度）、map（过程作用于元组）、zip（元组元素序号相同的构成元组）。这些操作元组的副本，生成新元组，原元组没有变化。元组成员函数有 index(元组定位)、count(统计指定元素个数)。

集合的数据模型是散列表(或哈希表),集合的形式为:

{《运算对象1》[,《运算对象2》]}

此处"{}"是集合的标识。"运算对象"为集合元素。集合是不可变的,而且集合元素是唯一的、无序的。集合元素个数为集合长度。集合长度为 0 时,该集合为空集(set(),不是{})。对集合的操作运算还有运算、内置函数和集合成员函数。运算符包括|(并集)、&(交集)、-(差集)、^(对称差集)、in/not in(判断元素是否在集合中)、>=、>(判断包含关系)、<=、<(判断子集关系)、for-in(迭代推导)。内置函数主要有 set(迭代生成集合)。成员函数主要有 union、intersection、difference、symmetric_difference(集合运算)、add、update、intersection_update、difference_update、symmetric_difference_update(字典元素增加与更新)、copy(字典拷贝)、clear、remove、discard、pop(集合元素删除)、issubset、issupperset、isdisjoint(集合关系判断)。

字典的数据模型是散列表(哈希表),字典的形式为:

{《键1》:《运算对象1》[,《键2》:《运算对象2》]}

此处"{}"是字典的标记。"键"可以是字面值或不可变对象(如字符串、元组),"运算对象"可以是任何数据类型的常量、变量或表达式。"键: 运算对象"构成字典元素。字典元素个数为字典长度。字典长度为 0 时,该字典为空字典(dict(),或{})。对字典的操作还有运算、内置函数和字典成员函数。运算符包括[](键索引)、in(判断键是否在字典中)、for-in(迭代推导)。内置函数主要有 update、setdefault(字典元素更新与增加)、copy、fromkeys(字典拷贝与形成)、clear、pop、popitem(集合元素删除)、get、keys、values、items(获取值、键集、值集、键—值对集)。

删除语句 del 删除变量的引用(脱值),对列表还可以删除元素、切片,对字典也可以删除元素。关系运算==、! =与 is、is not 不同,前者是比较聚合数据的字面值,后者是比较聚合数据的存储结构(即字面值和存储结构)。还有其他函数,如 functools 库的 reduce(将过程迭代作用于列表,如求和)。

赋值语句左右两边运算对象数目必须一致。当赋值语句右边运算对象数目多于左边的变量数目时,左边变量可采用数据打包(即打包变量),通过数据打包以列表形式收集到一批数据。打包赋值时,打包变量只能唯一,避免出现打包歧义。在应用中,可以通过解包获取多个数据。

对于聚合数据,经常使用的内置函数还有最大值函数 max、最小值函数 min、求和函数 sum。

## 习题三

1. 基本概念解释: 数据结构(数据、数据元素、数据项)、线性表和散列表、线性表与散列表的主要操作、顺序存储、链式存储、散列存储。
2. Python 语言的字符采用什么编码?有什么优点?
3. 字符串是怎样的构成形式?字符串与存储的字节串长度一样吗?为什么?
4. 对于字符串,主要有哪些运算符、内置函数、成员函数和语句实现对其的操作?
5. 什么是字符串格式化?
6. 列表是怎样构成的?
7. 对于列表,主要有哪些运算、内置函数、成员函数和语句实现对其的操作?
8. 对 4×4 二维矩阵

转置前: $\begin{pmatrix} 1 & 2 & 3 & 4 \\ 5 & 6 & 7 & 8 \\ 9 & 10 & 11 & 12 \\ 13 & 14 & 15 & 16 \end{pmatrix}$ 转置后: $\begin{pmatrix} 1 & 5 & 9 & 13 \\ 2 & 6 & 10 & 14 \\ 3 & 7 & 11 & 15 \\ 4 & 8 & 12 & 16 \end{pmatrix}$

进行以下处理：

(1) 采用列表表示矩阵，并实现转置。

(2) 求矩阵中最大元素值。

(3) 求矩阵中每一行、每一列之和及所有元素之和。

9. 设计名片信息登记表。名片信息包括单位、姓名、头衔、联系方式、地址。采用列表实现名片信息登记。

10. 元组是怎样构成的？

11. 对于元组，主要有哪些运算符、内置函数、成员函数和语句实现对其的操作？

12. 元组操作与列表操作对比，为何少了一些操作？

13. 采用元组实现第8题的功能。

14. 集合是怎样构成的？

15. 对于集合，主要有哪些运算、内置函数、成员函数和语句实现对其的操作？

16. 集合操作为何与元组操作、列表操作有些不一样？

17. 字典是怎样的构成形式？

18. 对于字典，主要有哪些运算、内置函数、成员函数和语句实现对其的操作？

19. 字典操作与集合操作主要有哪些不一样？

20. 采用字典实现第9题的功能。

# 第4章 结构化程序设计

计算机问题求解过程：客观世界(问题)→概念世界(人脑)→计算机世界(程序)。概念世界(人脑)的核心是算法设计和数据结构设计，即问题抽象表示为数据及其关联关系的数据结构和求解过程的算法。最后采用某种计算机语言(如 Python)描述算法和数据结构构成程序。程序中语句大体对应算法的步骤，包括算法的顺序、分支和循环结构，也就是程序中语句执行流程对应可划分为三种基本程序结构：顺序结构、分支结构和循环结构。这三种基本结构可实现各种复杂的算法。除了程序顺序结构的语句依次顺序执行外，分支结构和循环结构均需要相应的控制语句决定下一个语句的执行。结构化程序设计重点在于掌握控制程序流程，也称程序走向。

## 4.1 顺序程序设计

顺序结构是结构化程序三种基本结构之一，表达问题的求解过程按时序连续、依次逐步求解，最终达到求解目标。最基本求解步骤体现语句"自上而下，自左到右"依次执行，也就是每一语句执行结束后不作任何判断、无条件自动执行紧邻的下一个语句：不同行的多个语句，从上到下依次执行；同一行中多个语句，从左到右依次执行。这是最简单的程序结构，如例 2.2 包括导入数学库、输入数据、求解计算、输出数据语句。

人机交互是计算机系统的基本功能，主要在顺序程序设计中实现，通过计算机键盘、鼠标和屏幕等人机接口设备，实现人与计算机之间的互动。计算机高级语言都提供实现输入输出功能，主要表现在程序的运行过程中接收用户输入数据，把程序处理结果输出反馈给用户。Python 语言输入输出函数实现输入输出处理。这些函数属于内置函数，无须说明导入就可直接调用。输入输出函数可分为格式化和非格式化的输入输出函数两大类。

### 4.1.1 输出函数

print 函数可以按格式或无格式方式把数据输出到屏幕上。

**1. print 函数**

print 函数实现输出功能，其功能很强，使用灵活，有多种使用形式。

(1) 不带参数 print 函数。

不带参数 print 函数原型为:

  NoneType print()

该函数返回 None，其构成函数语句，只是在屏幕上输出换行(即空行)，如:

  >>> print()↵(回车)              # 在屏幕上光标到下一行左边

(2) 无格式参数 print 函数。

无格式参数 print 函数原型为:

  NoneType print(«运算对象 1»⌴,«运算对象 2»⌴,sep=«分割字符串»⌴,end=«结束字符串»)

该函数返回 None，其构成函数语句，在屏幕上输出若干"运算对象"，由"分割字符串"分割"运算对象"，最后以"结束字符串"作为输出结尾，如:

  >>> a=10;b=12.6;c=2.4+4.5j;d="My name is Xiao Li"↵(回车)  # 变量初始化
  >>> print("a=",a+1,",b=",b,",c=",c,",d=",d)↵(回车)    # 输出数据参数 8 个
  a= 11 ,b= 12.6 ,c= (2.4+4.5j) ,d= My name is Xiao Li

print 函数"运算对象"可以是变量、常量、表达式，并输出后自动换行，其等价于:

  >>> print("a=",a+1,",b=",b,",c=",c,",d=",d,end="\n")↵(回车)# 回车换行符

end、sep 为 print 函数的参数名。end 表示在输出所有"运算对象"后输出"结束字符串"。sep(separate 缩写)表示"运算对象"之间输出"分隔字符串"。这两个字符串可以包含 Unicode 任意字符(包括中文、转义字符)，如"\n"(回车换行符控制光标位置)，如:

  >>> print(a,b,c,d,end="\n 这是我的数据！",sep=";")↵(回车)  # 输出数据间分隔符
  10;12.6;(2.4+4.5j);My name is Xiao Li
  这是我的数据！

函数参数指定参数名 end 和 sep，参数在函数调用中与顺序无关(参见第 6 章)。

(3) 有格式参数 print 函数。

有格式参数 print 函数原型为:

  NoneType print(«格式说明串»⌴%(«运算对象 1»⌴,«运算对象 2»)⌴,end=«结束字符»)

该函数返回 None，其构成函数语句。这是 print 函数经常使用的形式。其中，"格式说明串"包括两部分: 按原样输出的普通字符和格式控制串"%格式符"。"%格式符"用于确定数据的输出类型和格式，与输出"运算对象"一一对应，包括个数和输出数据类型以及位置次序必须一致。"运算对象"可以是常量、变量或表达式。"⌴«运算对象»⌴"中的逗号只是分隔符。

【例 4.1】 输出函数格式举例。

```
x=65; y=66                                  # 定义变量、初始化
print("这是输出格式简单例子.")                # 1 输出信息, 无格式
print("%d %d"%(x,y))                        # 2 输出两个整数, 有格式
print("%d,%d"%(x,y))                        # 3 输出两个整数, 有格式
print("%c,%c"%(x,y))                        # 4 输出两个字符, 有格式
```

```
print("x=%d , y=%d"%(x,y))                    # 5 输出两个整数,有格式
```

运行结果:

这是输出格式简单例子.
65  66
65 , 66
A , B
x=65 , y=66

第 1 个 print 函数只输出"这是输出格式简单例子."字符串常量,普通字符原样输出。后续四次输出了 x、y 的值,但"格式说明串"不同,输出的结果也不同。第 2 个 print 函数"格式说明串"中两格式控制串"%d"之间加入 1 个空格(普通字符),输出 x、y 的值之间有 3 个空格。第 3 个 print 函数"格式说明串"中两格式控制串"%d"之间加入" , "(普通字符),输出 x、y 的值之间有一个逗号。第 4 个 print 函数"格式说明串"中除了普通字符的逗号外,还有格式控制串为"%c",要求按字符形式输出 x、y 的值(即 ASCII 码为 65、66 字符,也是 Unicode 码)。第 5 个 print 函数与第 2 个相似,为了输出结果的可读性,又增加了"x="和"y="普通字符和逗号","。可以看到,print 函数的"格式说明串"中普通字符原样输出,而同一数据按不同格式符,输出结果(形式)不同。

### 2. 格式控制串

"运算对象"按格式输出,"格式说明串"必须包含格式控制串,其基本形式为:

%[±0][m][.n]«格式符»

其中"%"和"格式符"是必需的(注意:此处"%"构成格式控制串,不是求余运算符)。"格式符"及其作用如表 4.1 所示。m、n、0 选项含义如下:

表 4.1  print 函数格式符

| 格式符 | 指定输出数据的类型 |
|---|---|
| d | 按十进制有符号整数输出 |
| u | 按十进制无符号整数输出 |
| f | 按浮点数输出 |
| s | 字符串输出 |
| c | 只能输出单个字符 |
| e, E | 指数形式的浮点数 |
| x, X | 无符号以十六进制表示的整数 |
| o | 无符号以八进制表示的整数 |
| g, G | 自动选择 f 或 e 的方式显示 |

(1)列数 m 和充填 0。

① 列数:m 为正整数,表示输出数据所占的列数(1 列为屏幕 1 个光标位)。浮点数小数点也要占 1 列。当 m 小于数据实际位数(长度)时,m 不起作用,数据原样输出。当 m 为 1 时,可以省略,数据原样输出。

② 对齐与充填: 当 m 大于数据位数时, 如果+m(可省略+号), 则输出数据靠右, 左边补空白; 如果-m, 则输出数据靠左, 右边补空白。同样情况, 0m 或-0m 时, 则左侧或右侧补 0, 不是补空白。

(2) 小数位或首字符数 n。

① 小数位: n 为正整数, 对于输出数据为浮点数, n 表示输出浮点数要保留的小数位的位数, 且 n 小于 6。当 m 小于 n 时, 浮点数整数部分原样输出(即 m 不起作用)。取 n 位小数时, 有四舍五入进位。

② 首字符数: n 为正整数, 对于输出数据为字符串, n 表示只取字符串开头的 n 个字符(n 应小于字符串的实际长度)。如果 m 小于 n, 那么直接输出字符串开头的 n 个字符(即 m 不起作用)。

【例 4.2】 输出函数格式说明串举例。

```
a=89;      b=123.456789                                          # 定义变量、初始化
c=12345678.123456789;  d='x'
print("a=%d,%5d,%-5d,%o,%x"%(a,a,a,a,a))                         # 整数输出
print("b=%f,%5.4f,%e,%10.2e"%(b,b,b,b))                          # 浮点数输出
print("c=%f,%8.4f"%(c,c))                                        # 字符输出
print("d=%c,%8c"%(d,d))                                          # 整数按字符输出
print("s=%s,%2s,%5s,%-5s,%.2s"%("XYc","XYc","XYc","XYc","XYc"))  # 字符串输出
print("a=%06d"%a)    # 整数按字符输出
print("s=%s,%2s,%5s,%-5s,%.2s"%("XYc","XYc","XYc","XYc","XYc"))  # 字符串输出
print("a=%06d"%a)                                                # 整数输出
```

运行结果:

```
a=89,    89,89   ,131,59
b=123.456789,123.4568,1.234568e+02,  1.23e+02
c=12345678.123457,12345678.1235
d=x,           x
s=XYc,XYc,  XYc,XYc  ,XY
a=000089
```

转义字符是普通字符。输出常用转义字符\n、\r、\b、\t 等控制光标位置。

【例 4.3】 转义字符输出举例。

```
a=12345                                                          # 定义变量、初始化
print("%d\t%d\b%d\n%d%d\rEND\n\x41\101A"%(a,a,a,a,a))
```

运行结果(这是 PyCharm 运行结果, IDLE 有些不寻常结果):

```
12345    123412345
END
AAA
```

程序"格式说明串"含有转义字符控制光标位置。输出 12345 后, \t 把光标跳到下一个区域(每个输出区域占 8 列), 即光标在第 9 列上; 接着输出 12345 后, 输出\b, 即光标往左退 1 列后在 5 的位置上。输出 12345 后输出\n, 光标回车换行(光标在下一行的最左边), 接着输出

1234512345；输出\r，即把光标进行回车在同一行的最左边，在屏幕上擦除了 1234512345。再输出普通字符 END。输出\n，光标在下一行的起始位置上，最后输出普通字符 AAA（A 的 ASCII 为 65，十六进制数 41，八进制数 101）。可以看出，转义字符是普通字符。但在 Python 解释环境中，运行结果有些转义字符并没有起到作用。在 IDLE 中，上述程序运行结果如下：

12345　　　12345□12345
1234512345END
AAA

即退格"\b"和回车"\r"并没有起作用。

内存中最小数据单元为字节单元(8 位二进制位)，连续排列。每个字节单元都有相应的编号，即地址(如图 4.1 所示：c=12，数据单元两个字节)。把数据单元的第一个字节的地址(即首地址)称为数据单元的地址。在程序中变量用变量名标识。变量对应的数据单元由操作系统进行分配和维护，而在程序中只要通过变量名就可以访问数据单元(包括取值和赋值)，称为变量名引用数据单元。为变量分配了数据单元，也就确定了数据单元的地址。高级语言无须参与内存的管理。通过例 4.4 可以深刻领会变量、变量名、数据单元、引用的内涵。

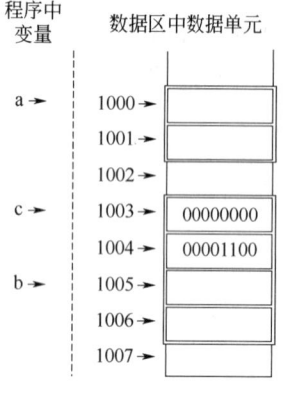

图 4.1　变量、地址与数据单元

【例 4.4】　变量引用的数据单元大小及其地址。

```
from sys import *                                          # 导入系统库
i=1                                                         # 变量定义、初始化
f=1.0
c="我爱你,中国！"
print("size(i)=%d, address(i)=%x"%(getsizeof(i),id(i)))     # 数据单元大小与地址
print("size(f)=%d, address(f)=%x"%(getsizeof(f),id(f)))     # 数据单元大小与地址
print("size(c)=%d, address(c)=%x"%(getsizeof(c),id(c)))     # 数据单元大小与地址
print("length(c)=%d"%len(c))                                # 字符个数
```

运行结果：

size(i)=14, address(i)=64f53900
size(f)=16, address(f)=3ade9c0
size(c)=52, address(c)=3f7bf70
length(c)=7

系统库 sys 的 getsizeof 函数用于求解变量所引用的数据单元大小(字节数)。程序中变量赋值，变量名就引用数据单元，数据单元对应地址(位置)。注意：这个程序每次运行，或在不同计算机上运行时每个数据单元地址可能不同，但数据单元及其地址肯定存在。这如同一个游客不断住店、退房、住店一样，游客入住肯定有房间，但不见得始终是同一房间，何况入住不同宾馆。可以看到，字符串长度与数据单元大小不一样。字符串长度是字符的个数(一个汉字是一个字符)，而数据单元与 Unicode 编码规则 UTF-8 等有关。

实际上，⌊"格式说明串"⌋%(«运算对象 1»⌊，«运算对象 2»⌋)是字符串表达式，其中，"格式说明串"是含有待定"运算对象"(即 int 型、float 型、str 型等数据)的"格式控制串"的字符串模板。

**【例 4.5】** 基于"格式说明串"(即字符串模板)的字符串生成。

```
pattern='我的年龄: %-5d,月薪: %-10.2f,爱好: %s\n'    # 格式化模板
age=22                                              # 变量赋值
salary=12345.68                                     # 变量赋值
hobby="美食,散步"                                    # 变量赋值
myinfo=pattern%(age,salary,hobby)                   # 字符串生成
print(myinfo)                                       # 输出字符串
```

运行结果:

我的年龄: 22   ,月薪: 12345.68  ,爱好: 美食,散步

>>> myinfo↵(回车)                                    # 字符串

'我的年龄: 22   ,月薪: 12345.68  ,爱好: 美食,散步\n'

可见,pattern 是含有格式控制符的字符串。myinfo 是字符串,该字符串是由 pattern 按格式要求替换数据形成的,格式控制起到指定数据类型的数据转换字符串作用。print 函数输出字符串中每个字符,包括转义字符。

注意:'值: %d'%2*3 不是生成'值: 6',而是'值: 2 值: 2 值: 2',即重复 3 次'值: 2'字符串。

还可以采用字符串的 format 成员函数,根据格式控制形成字符串后再输出,实现更强大的输出功能。实际上,print 函数是文本(字符串)的输出函数。对于无格式输出,把"运算对象"转换为字符串,并按"分割字符串""结束字符串"要求生成一个完整的字符串后显示在屏幕上。对于有格式输出,按格式控制要求,把"运算对象"转换为字符串,再与格式说明串中普通字符和"分割字符串""结束字符串"要求生成一个完整的字符串后显示在屏幕上。在第 8 章中,将更深刻理解 print 函数。

## 4.1.2 输入函数

输入函数 input 实现输入功能,接收键盘输入字符串(包括汉字等),其函数原型为:

  str input(《提示信息字符串》)

该函数返回键盘输入的字符串。"提示信息字符串"直接显示在屏幕上。

**【例 4.6】** 输入字符串。

```
a=input("请输入姓名: ")                              # 输入字符串后赋给变量
print("a=",a)                                       # 变量值?
b=input("请输入数值: ")                              # 输入字符串后赋给变量
print("b=",b)                                       # 变量值?
print("a+b=",a+b)                                   # 变量值?
```

运行结果:

请输入姓名: 小李↵(回车)

a= 小李

请输入数值: 123↵(回车)

b= 123

a+b=小李 123

```
>>> a, b↵(回车)                                    # 查看变量
('小李', '123')
```

input 函数接收键盘输入的字符串，可以 Unicode 任意字符。当需要输入数值时，必须进行数据类型的强制转换才可以进行算术等运算，如：

```
>>> x=int(input("x="));y=int(input("y="))↵(回车)    # 强制类型转换
x=10↵(回车)
y=20↵(回车)
>>> x+y↵(回车)
30
```

如果没有 int 强制转换整型数据，x+y 的结果为'1020'，即字符串拼接。

当输入"表达式"形式时也是字符串，但可以利用 eval 函数求值，如：

```
>>> d=input("请输入表达式: ")↵(回车)                 # 输入表达式形式
请输入表达式: [x*5 for x in range(2,10,2)]↵(回车)      # 输入表达式(字符串)
>>> d↵(回车)                                      # 字符串
'[x*5 for x in range(2,10,2)]'
>>> eval(d)↵(回车)                                # 两次求值
[10, 20, 30, 40]
```

变量 d(字符串)的内涵是"表达式"形式。当输入"语句"形式时，可用 exec 函数执行，如：

```
>>> d=input("请输入语句: ")↵(回车)
请输入语句: from math import *; a=input("a: ");print(sin(float(a)*pi/180))↵(回车)
                                                # 输入语句形式
>>> d↵(回车)                                      # 输入语句(字符串)
'from math import *; a=input("a: ");print(sin(float(a)*pi/180))'
>>> exec(d)↵(回车)                                # 两次求值
a: 30↵(回车)
0.49999999999999994
```

变量 d(字符串)含有"多个语句"形式。pi、sin 分别为 math 库的圆周率和正弦函数。sin 函数参数为弧度单位。浮点数计算存在误差，30°的正弦值接近 0.5。

实际上，print、input 函数是文本文件输出函数。有关文件读写参见第 8 章。

### 4.1.3 顺序程序设计举例

问题求解过程按语句书写顺序执行：多行时逐行从上到下、同行时从左到右依次执行各语句。

【例 4.7】 体积换算重量。材料重量与体积相关：重量=系数*体积。不同材料，相关系数不同，如方钢系数为 0.00785。

```
coefficient=float(input("输入材料系数: "))          # 显示提示信息，输入数据，类型强制转换
length=float(input("输入箱子长度: "))
width=float(input("输入箱子宽度: "))
height=float(input("输入箱子高度: "))
```

```
volume=height * length * width              # 计算赋值
weight=coefficient*volume
print("长、宽、高: %d×%d×%d"%(length, width , height))  # 格式化输出数据
print("体积(inches): %d"% volume)
print("重量(pounds): %d"%weight)
```

运行结果:

输入材料系数: 0.00785↵(回车)
输入箱子长度: 10↵(回车)
输入箱子宽度: 20↵(回车)
输入箱子高度: 30↵(回车)
长、宽、高: 10×20×30
体积(inches): 6000
重量(pounds): 47

input 函数套在强制数据类型转换内,输入字符串后进行 float 类型转换,后续才可算术运算。

【例 4.8】 人民币兑换外币。输入人民币金额和外币名称、汇率,输出比重和相应金额。

```
rmb=float(input("输入人民币金额: "))        # 显示提示信息,输入数据,类型强制转换
wbm=input("输入外币名称: ")                # 显示提示信息,外币名称为文本,无须数据类型转化
rate=float(input("输入汇率: "))            # 显示提示信息,输入数据,类型强制转换
wb=rmb/rate                               # 计算
print("%.2f 元换成%s%.2f"%(rmb,wbm,wb))  # 格式化输出数据
```

运行结果:

输入人民币金额: 100↵(回车)
输入外币名称: 美元↵(回车)
输入汇率: 6.56↵(回车)
100.00 元换成美元 15.24

input 函数套在数据类型转换函数内,输入字符串后转换为 float 型,后续才可算术运算。输出人民币和外币取 2 位小数位。

【例 4.9】 Fibonacci 数列: 1, 1, 2, 3, 5, 8,…。输入第 n 项,输出第 n 项数值,如 fib(1)= 1, fib(6)=8。计算公式为:

$$fib(n) = \frac{1}{\sqrt{5}} \times \left[ \left( \frac{1+\sqrt{5}}{2} \right)^n - \left( \frac{1-\sqrt{5}}{2} \right)^n \right]$$

```
n=int(input("n="))                        # 输入第 n 项
fn=1/5**0.5*\
   (((1+5**0.5)/2)**n-((1-5**0.5)/2)**n)  # 计算
print("fib(%d)=%d\n"%(n,fn))              # 输出结果
```

运行结果:

n=6↵(回车)
fib(6)=8

这个程序赋值语句较长,采用换行符\,将一个语句写在两行。运算符**可用于开方和指数计算。

从上述顺序程序例子可看到程序基本结构:数据输入、计算处理、数据输出。

## 4.2 分支程序设计

大量问题求解涉及根据某种条件决定采用相应的处理,在程序上体现分支程序结构:先进行条件判断,再选择相应的语句执行。Python语言提供了if语句和if-elif-else语句,前者用于实现二选一,后者用于实现多选一。选择条件(也称判断条件)作为分支程序结构的重要组成部分,主要是关系表达式或逻辑表达式,也可以是其他表达式。

根据给定选择条件为"逻辑真"或"逻辑假",if语句决定执行两个分支之一的语句。"逻辑真"包括True、非0、非空字符串、非空列表、非空元组、非集合、非空字典;"逻辑假"包括False、0、空字符串、空列表、空元组、集合、空字典。注意:选择条件不仅是逻辑值True、False,还可以其他类型数据。if语句为复合语句,可包含其他语句完成分支功能。

### 4.2.1 if语句及其嵌套

if语句可分为2种形式。
**1. if语句第一种形式**

if«选择条件»:
    «语句块1»
else:
    «语句块2»

其中,"选择条件"可以是常量、变量或表达式(包括关系表达式、逻辑表达式、算术表达式等),作为选择"语句块1"或"语句块2"的判断条件。"语句块"可以是任何语句构成,至少有一个语句,表示共同完成问题求解。if语句功能:如果"选择条件"为"逻辑真",那么执行"语句块1",否则执行"语句块2",如图4.2所示。"逻辑真"包括True、非0、非[ ]、非( )、非' '、非{ }等。注意:语句块是右缩进对齐的若干语句。

【例4.10】 求两个数的较大值。
```
x=int(input("x="))        # 输入数据
y=int(input("y="))
if x>y :
    m=x                   #  x大,保留x
else:
    m=y                   #  y大,保留y
print("max=",m)           # 输出最大m
```
运行结果:
x=5↵(回车)
y=12↵(回车)
max=12
x=12↵(回车)
y=5↵(回车)
max=12

程序过程如图 4.3 所示。input 函数输入数值字符串,并转换为整数后赋给变量 x 和 y。如果 x 值大于 y 值,把 x 值赋予变量 m,否则把 y 值赋予 m,因此 m 值总是最大,最后输出 m 值。如果没有转换整型函数 int,只是按 Unicode 码进行字符串比较和输出最大字符串。

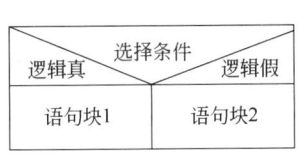

图 4.2　二分支结构

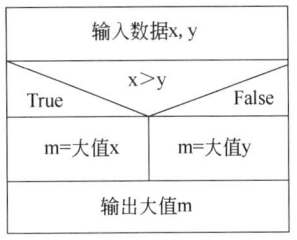

图 4.3　输出最大值

【例 4.11】　判断成绩是否及格(成绩及格线为 60)。

```
score=float(input("输入成绩: "))    # 输入成绩
if score>=60:
    print("及格。")                 # 输出合格
else:
    print("不及格。")               # 输出不合格
```

运行结果:

　　输入成绩: 96↵(回车)
　　及格。
　　输入成绩: 59↵(回车)
　　不及格。

input 函数输入成绩为数值字符串,并转换为浮点数赋给变量 score。如果成绩 score 值大于 60,输出"及格",否则输出"不及格"。

**2. if 语句第二种形式**

　　if«选择条件»:
　　　　«语句块»

即少了 else: 分支。当"选择条件"为"逻辑真"时,执行"语句块"。

【例 4.12】　求两个数的较大值。

```
x=int(input("x="))              # 输入数据
y=int(input("y="))
m=y                              # 默认 y 大
if x>y :
    m=x                          # x 大,保留 x
print("max=",m)                  # 输出最大 m
```

运行结果:

　　x=8↵(回车)
　　y=16↵(回车)
　　max=16

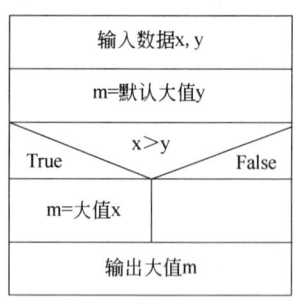

x=16.↵(回车)
y=8.↵(回车)
max=18

图 4.4　输出最大值

程序过程如图 4.4 所示。输入两个数值赋给 x、y。把 y 值先赋予变量 m，即默认 y 值大，再用 if 语句判别 m 值和 x 值的大小。如果 m 值小于 x 值，则修正 m 值(默认有误要修正)，即把 x 值赋给 m。如果 m 值大于或等于 x 值，则无须修正 m 值(默认无误无须修正)，因此 m 中总是最大，最后输出 m 值。尽管少了 else 分支，但算法业务逻辑并没减少。

【例 4.13】　将两个实数按从小到大排序。

```
a=int(input("a="))                    # 输入数据
b=int(input("b="))
if a>b :                              # 交换 a、b 的值
    t=a; a=b; b=t
print(a,",",b)                        # 输出小数、大数运行结果：
```

运行结果：

a=80.↵(回车)
b=16.↵(回车)
16.0 , 80.0
a=16.↵(回车)
b=80.↵(回车)
16.0 , 80.0

变量具有赋值"挤得掉"特点，a=b; b=a 不可能对调两个变量值。实现两个变量值的交换可借助第三个变量。这类似于要交换两个杯子中的水，需要借助第三个杯子暂时过渡。如果输入 80、16 给变量 a、b，即 a>b，需要交换两个变量值，其过程如图 4.5 所示：①a>b，②t 保留 a 的值；③b 的值赋给 a；④t 的值赋给 b。如果 a 的值(如 16)小于 b 的值(如 80)，则无须交换。这样 a 的值总是小于 b 的值，实现从小到大排序。变量 t 及其值不受关注。

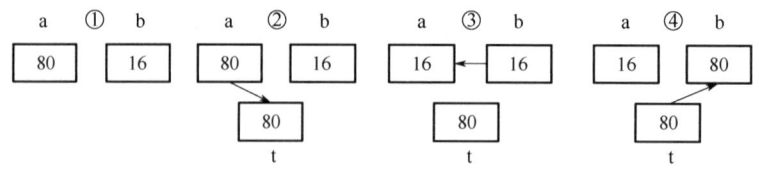

图 4.5　数据交换过程

依次执行 a=a+b; b=a-b; a=a-b 也可实现两个变量值交换。a, b=b, a 利用 Python 赋值语句右边表达式先求值(16, 80)后依次赋给左边变量的特点，实现更便捷、高效的变量值交换。

【例 4.14】　成绩等级换算：根据百分制分段换算为成绩等级。

```
score=float(input("成绩(0~100): "))    # 输入数据
if 90<=score<=100:    grade="优"       # 换算等级
if 80<=score<90:      grade="良"
```

```
if 70<=score<80:      grade="中"
if 60<=score<70:      grade="及格"
if score<60:          grade="不及格"
print("成绩: ",score,"等级: ",grade)              # 输出成绩、等级
```

运行结果:

  成绩(0~100): 88↵(回车)
  成绩: 88.0 等级: 良
  成绩(0~100): 66↵(回车)
  成绩: 66.0 等级: 及格

冒号":"是复合语句标识符,其后可以跟语句。变量 score 取得成绩后判断其是否落在某个成绩区间。score 值落在一个区间就输出该区间对应等级。程序实现了多分支的功能,优点: if 语句先后顺序无关; 缺点: 每个 if 语句都要判断。注意: 区间表示 80<=score<90 形式,其实质是 80<=score and score<90。

上述两种形式 if 语句可表示为:

```
if «选择条件»:
    «语句块 1»
else:
    «语句块 2»
```

**3. if 语句嵌套**

if 语句是"二选一"的二分支语句。在 if 语句的"语句块"也可以包含 if 语句,形成 if 语句的嵌套,即 if 语句中内嵌 if 语句,可以实现复杂的"多选一"的功能,其形式为:

```
if «选择条件»:
    «语句块 11»
    «if 语句 1»
    «语句块 12»
else:
    «语句块 21»
    «if 语句 2»
    «语句块 22»
```

if 语句嵌套出现多个 if 和多个 else,需要特别注意 if 和 else 配对,以免弄错算法,也就是 if 语句嵌套中 if 语句的 else 分支的对齐,下面两个 if 嵌套功能是不同的,如图 4.6 所示。

```
(1) if «选择条件 1»:
        if «选择条件 2»:
            «语句块 1»
    else:
        «语句块 2»

(2) if «选择条件 1»:
        if «选择条件 2»:
            «语句块 1»
```

else:
 «语句块 2»

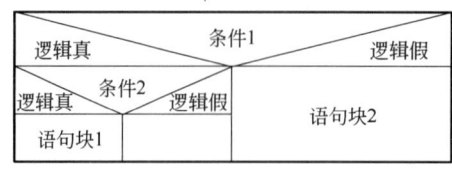

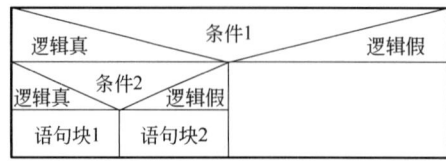

图 4.6 if 语句嵌套

【例 4.15】 判断两个数等于、小于或大于的关系。

```
a=int(input("输入数据 A: "))        # 输入数据
b=int(input("输入数据 B: "))
if a!=b:                            # 数据不等
    if a>b: print("A>B")            # 数据不等, 且大于
    else: print("A<B")              # 数据不等, 且小于
else: print("A=B")                  # 数据不是不等于, 即等于
```

运行结果:

  输入数据 A: 12↲(回车)
  输入数据 B: 12↲(回车)
  A=B
  输入数据 A: 12↲(回车)
  输入数据 B: 14↲(回车)
  A<B

程序用了 if 语句嵌套进行 A>B、A<B 或 A=B 三种分支选择, 但可读性不好。if 语句嵌套一般采用经典嵌套形式:

  if «选择条件 1»:
   «语句块 1»
  else:
   if «选择条件 2»:
    «语句块 2»
   else:
    …
     if «选择条件 m»:
      «语句块 m»
     else:
      «语句块 m+1»

即只在 else 分支中嵌套 if 语句。从上到下依次判断"选择条件 i"(i=1, 2, …, m), 直至当前"选

择条件 i"的值为"逻辑真"时,则执行其对应的"语句块 i"。如果所有"选择条件 i"的值均为"逻辑假",则执行"语句 m+1"。最后的"else:«语句块 m+1»"子句可缺省,如图 4.7 和图 4.8 所示。

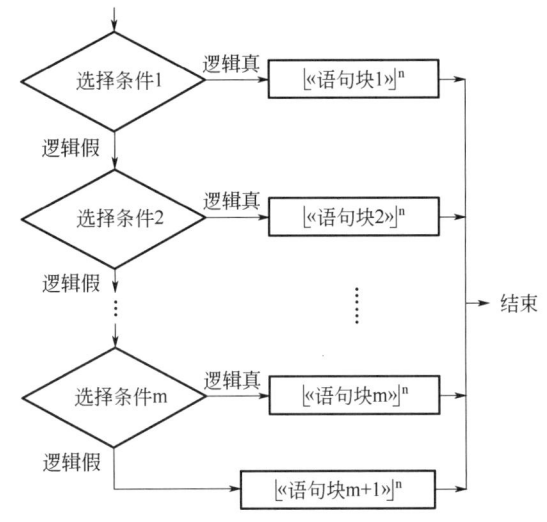

图 4.7　多分支结构

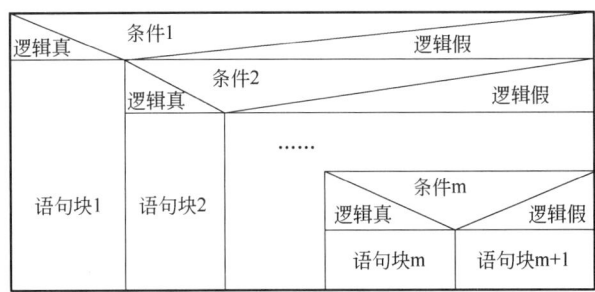

图 4.8　多分支结构

【例 4.16】　判断两个数等于、小于或大于的关系。

```
a=int(input("输入数据 A: "))              # 输入数据
b=int(input("输入数据 B: "))
if a==b: print("A=B")                     # 数据等于
else:
    if a>b: print("A>B")                  # 数据不等,且大于
    else:   print("A<B")                  # 数据不等,且小于
```

【例 4.17】　输入三个整数,输出最大数和最小数。

```
a=int(input("输入数据 A: "))              # 输入数据
b=int(input("输入数据 B: "))
c=int(input("输入数据 C: "))
if a>b:                                   # 前两个数比较
    max,min=a,b                           # 前两个数的大、小
```

```
    else:
        max,min=b,a                              # 前两个数的大、小
    if max<c:                                    # 当前大数与第 3 个数比较
        max=c                                    # 更新当前大数
    else:
        if min>c:                                # 当前小数与第 3 个数比较
            min=c                                # 更新当前小数
    print("Max=%d, Min=%d"%(max,min))            # 最大数与最小数
```

运行结果：

```
A=16↵(回车)
B=60↵(回车)
C=28↵(回车)
Max=60, Min=16
```

变量 a、b、c 取得值后，首先比较 a 和 b 大小，并把大值和小值分别赋给 max、min，然后 max、min 再与 c 比较。若 max 小于 c，则把 c 赋予 max；如果 c 小于 min，则把 c 赋予 min。因此 max 总是最大，而 min 总是最小。最后输出 max 和 min。这个算法是第一次获得当前最大值、最小值，后续其他变量与当前最大值、当前最小值比较决定是否修正当前最大值、最小值。这只是为了更好理解 if 语句。这个程序也可以采用 Python 内置函数 max、min 求解：max=max(a,b,c);min=min(a,b,c)，适用于更多变量求解最大最小值，可读性好，但效率较低。

【例 4.18】 成绩等级换算：根据百分制分数段换算为成绩等级。

```
score=float(input("成绩(0~100): "))              # 输入数据
if 90<=score<=100: grade="优"                    # 换算等级
else:
    if 80<=score<90: grade="良"
    else:
        if 70<=score<80: grade="中"
        else:
            if 60<=score<70: grade="及格"
            else:
                grade="不及格"
print("成绩: ",score,"等级: ",grade)              # 输出成绩、等级
```

一个成绩只有唯一一个等级，一旦获得某一等级就无须再判断其他区间，也就是一个成绩不是每个分支都要判断，如输入 78 判断前 3 个分支。除非成绩小于 60，才判断所有分支。优点：if 语句顺序位置无关。缺点：需要区间端点关系运算。"选择条件"还可改进：

【例 4.19】 成绩等级换算：根据百分制分数段换算为成绩等级。

```
score=float(input("成绩(0~100): "))              # 输入数据
if 90<=score: grade="优"                         # 换算等级
else:
    if 80<=score: grade="良"
    else:
```

```
        if 70<=score: grade="中"
    else:
        if 60<=score: grade="及格"
        else:
            grade="不及格"
print("成绩: ",score,"等级: ",grade)              # 输出成绩、等级
```

每个分支减少了区间端点判断。优点: 效率提高。缺点: if 语句"选择条件"顺序不可调整, 也就是判断是先后顺序有关的。不用 if 语句, 也可实现成绩等级换算, 如:

【例 4.20】 成绩等级换算: 根据百分制分数段换算为成绩等级。

```
score=float(input("成绩(0~100)="))                # 输入数据
grades=("优","优","良","中","及格","不及格","不及格","不及格","不及格","不及格")
grade=score//10                                    # 整除, 成绩段, 换算下标
grade=grades[10-grade]                             # 下标检索
print("成绩: ",score,"等级: ",grade)              # 输出成绩、等级
```

程序利用成绩等级和元组下标的有序性及其一一对应特点, 由成绩等级换算元组下标后获取元素。也可以用列表、字典、集合实现成绩等级换算。如果 grades=("优","良","中","及格","不及格"), 程序如何改写？例 4.18～例 4.20 说明, 在程序设计时功能要求是唯一, 但算法并不唯一, 程序也不唯一, 如同命题作文, 题目唯一, 写作风格不唯一。在满足功能情况下, 需要设计可读性好、效率高的程序。

使用 if 语句需要注意:

(1)在 if 之后为"选择条件"。"选择条件"可以是常量、变量或表达式(通常为逻辑表达式或关系表达式), 其值归为"逻辑真"或"逻辑假", 不仅是 True 或 False, 如:

```
if 20:
    《语句块》
```

"选择条件"总是非 0, "语句块"必然执行, 因此该程序合法(符合语法), 但没有意义。

(2)"选择条件"无须用圆括号括起来, 但紧跟冒号构成复合语句。

(3)任一分支只能是"语句块", 共同完成一定功能。当分支需要多个语句时, 可以使用语句分隔符";", 右缩进后一行多个语句, 或每行一个语句右缩进对齐, 如:

```
if a>b:
    a+=1; b+=1                                     # 1 个分支, 右缩进一行多句
else:
    a,b=0,10                                       # 1 个分支, 每行一句右缩进对齐
```

【例 4.21】 三个数据从小到大排序。

```
a=float(input("输入数据 A: "))                    # 输入数据
b=float(input("输入数据 B: "))
c=float(input("输入数据 C: "))
if a>b: a,b=b,a                                    # a 大于 b, 交换 a,b 数值
if a>c: a,c=c,a                                    # a 大于 c, 交换 a,c 数值
if b>c: b,c=c,b                                    # b 大于 c, 交换 b,c 数值
```

```
    print("%5.2f,%5.2f,%5.2f"%(a,b,c))           # 从小到大输出数据
```
运行结果:

    输入数据 A: 3.5↵(回车)
    输入数据 B: 1.3↵(回车)
    输入数据 C: 2.1↵(回车)
     1.30, 2.10, 3.50

排序过程: 先从三个中选出小的, 再从两个中选出次小的。利用变量具有赋值"挤得掉"特点, 同时利用赋值语句右边先求值再依次赋值的特点实现变量值交换。这个算法默认当前值最小, 其他变量依次与当前值比较决定是否修正当前最小值, 再依次确定当前最小值直至没有可确认的当前值为止。这个算法就是选择排序算法。可采用更简洁程序:

```
dataset=[]
a=float(input("输入数据 A: ")); dataset.append(a)
b=float(input("输入数据 B: ")); dataset.append(b)
c=float(input("输入数据 C: ")); dataset.append(c)
dataset.sort()
a,b,c=dataset
print("%5.2f,%5.2f,%5.2f"%(a,b,c))# 从小到大输出数据
```

列表 dataset 的追加元素成员函数 append 收集 a、b、c 的值, 再利用列表 dataset 的排序成员函数 sort 排序, 之后 a,b,c=dataset 获取排序后的值。

## 4.2.2　if-elif-else 语句

除了 if 语句嵌套实现多分支功能外, 还可用 if-elif-else 语句, 其形式为:

```
if«选择条件 1»:
    «语句块 1»
elif«选择条件 2»:
    «语句块 2»
    …
elif«选择条件 m»:
    «语句块 m»
 else:
    «语句块 m+1»
```

其中, ⌊«语句块 i»⌋ (i=1,2,3,…) 表示第 i 个"语句块 i"。从图 4.7、4.8 可见, "选择条件"的判断顺序为: "选择条件 i"为"逻辑真"时, 执行"语句块 i", 否则, 继续判断"选择条件 i+1", 直到所有"选择条件"都为"逻辑假", 则如果有 else 分支, 执行"语句块 m+1"。

【例 4.22】　成绩等级换算: 根据百分制分数段换算为成绩等级。

```
score=float(input("成绩(0~100): "))         # 输入数据
gr=score//10                                # 整除, 成绩段
if gr==10 or gr==9: grade="优"              # 换算等级
elif gr==9: grade="良"
```

```
elif gr==7: grade="中"
elif gr==6: grade="及格"
else:       grade="不及格"
print("成绩: ",score,"等级: ",grade)              # 输出成绩、等级
```

这道题可以采用成绩区间判断,此次改用取整(即去掉个位数字),程序更加简洁:

```
score=float(input("成绩(0~100): "))               # 输入数据
gr=score//10                                      # 整除,成绩段
grades={10: "优",5: "不及格",8: "良",7: "中",9: "优",6: "及格"}  # 成绩等级
if gr<6: gr=5                                     # 条件满足?
grade=grades[gr]
print("成绩: ",score,"等级: ",grade)              # 输出成绩、等级
```

采用字典记录成绩等级,而键对应成绩段。通过成绩取整获取成绩段码,以该段码为字典的键。字典检索是以键进行的,与顺序无关。

表 4.2  车辆限行

| 限行尾号 | 限行日 | 限行尾号 | 限行日 |
| --- | --- | --- | --- |
| 1、6 | 周一 | 4、9 | 周四 |
| 2、7 | 周二 | 5、0 | 周五 |
| 3、8 | 周三 | | |

【例 4.23】 车辆限行,限行规则如表 4.2 所示。

```
x=input("输入牌号: ")                             # 输入车牌号
y=int(x[len(x)-1])%5                              # 得尾数,归一化
if y==1: lt="周一限行"                            # 判断限行
elif y==2: lt="周二限行"
elif y==3: lt="周三限行"
elif y==4: lt="周四限行"
else:      lt="周五限行"
print("车牌号: ",x, lt)                           # 输出信息
```

运行结果:

```
输入牌号: 1A2B3456↵(回车)
车牌号: 1A2B3456 周一限行
```

车牌中可含字符,但最后一个是数字字符 x[len(x)-1],并转换为整数 int。限行车牌的尾号之差为 5,因此车牌尾号与 5 的余数即可归一化,如 3、8 归一化为 3,2、7 归一化为 2 等。车牌尾号归一化后的顺序性与限行日的顺序性具有一致性,相差为 1。日期采用列表管理,车牌归一化-1 为下标,可判断限行日。

```
x=input("输入牌号: ")                             # 输入数据
y=int(x[len(x)-1])%5-1                            # 得尾数,归一化,转为下标
wks=["周一","周二","周三","周四","周五"]
lt=wks[y]+"限行"                                  # 归一转为下标
```

```
print("车牌号: ",x, lt)                              # 输出信息
```

同一问题有不同算法，对应不同程序。应追求简洁、高效算法。

【例 4.24】 快递收费，其计算标准如下（distance 为距离，折扣为 discount）：

distance < 250　　　　　discount=0%折扣
250≤distance < 500　　　discount=2%折扣
500≤distance < 1000　　 discount=5%折扣
1000≤distance < 2000　　discount=8%折扣
2000≤distance < 3000　　discount=10%折扣
3000≤distance　　　　　 discount=15%折扣

设每吨每千米货物的基本运费为 price，货物重为 weight，距离为 distance，总运费 totalfee=price×weight×distance×(1-discount)。

分析折扣 d 与距离 distance 的规律，发现折扣的"变化点"都是 250 的倍数，引入变量 coefficience，coefficience 值为 distance/250，即 coefficience 代表 250 的倍数。折扣率 discount 与 coefficience 的关系如下：

coefficience<1 时，　　　discount=0%
1≤coefficience<2 时，　　discount=2%
2≤coefficience<4 时，　　discount=5%;
4≤coefficience<8 时，　　discount=8%;
8≤coefficience<12 时，　 discount=10%;
coefficience≥12 时，　　　discount=15%

程序如下：

```
price=float(input("基本运费: "))                    # 输入数据
weight=float(input("货重: "))
distance=float(input("距离: "))
if distance>=3000: coefficience=12                  # 判断
else: coefficience=int(distance//250)
if coefficience==0:          discount=0             # 条件,赋值
elif coefficience==1:        discount=2
elif coefficience in {2,3}:      discount=5         # 条件,逻辑运算
elif coefficience in {4,5,6,7}:  discount=8         # 条件,元素判断
elif coefficience in {8,9,10,11}:  discount=10
elif coefficience==12:       discount=15
totalfee=price*weight*distance*(1-discount/100)     # 计算
print("总运费: %-15.4f"%totalfee)                   # 输出
```

运行结果：

基本运费: 80↵(回车)
货重: 1000↵(回车)
距离: 200↵(回车)
总运费: 16000000.0000

程序使用运算符 in 判断 coefficience 是否属于集合元素，简化了条件判断。

if-elif-else 语句中，"语句块"可以是任何语句，如果包含 if 语句、if-elif-else 语句，则构成多分支嵌套。if-elif-else 语句可以简略表示为：

if«选择条件 1»：
　　«语句块 1»
⌊elif«选择条件 2»：
　　«语句块 2»⌋ⁿ
⌊else：
　　«语句块 3»⌋

## 4.2.3 条件运算

条件运算符是 Python 语言唯一三元运算符。条件运算是根据条件的值为"逻辑真"或"逻辑假"从两个"运算对象"中二选一，构成表达式形式：

«运算对象 1» if «选择条件» else «运算对象 2»

如果"选择条件"为"逻辑真"，则选取"运算对象 1"的值为条件表达式的值，否则选取"运算对象 2"的值为条件表达式的值，如图 4.9 所示。

在 if 语句中，当"选择条件"的值为"逻辑真"或"逻辑假"都只执行赋值语句时，常可使用条件表达式来实现，使程序简洁，如：

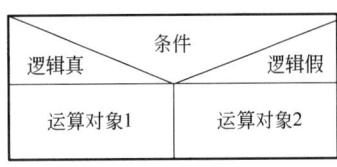

图 4.9　条件运算

if a>b: max=a

else: max=b

可用条件表达式写为：

max=a if a>b else b

在条件表达式中，如 a>b 为 True 时，则把 a 的值赋给 max，否则把 b 的值赋给 max。

使用条件运算还应注意：

(1) 条件表达式是表达式，可成为运算对象，而 if 语句是语句，如：

z=sin(x if x>y else y)　　　　　　　　# 条件表达式为运算对象

print("Max=", x if x>y else y)　　　　# 条件表达式为运算对象

(2) 条件运算符的优先级低于关系运算符和算术运算符的优先级，如 max=(a+10) if (a>b) else (b-5) 等价于 max= a+10 if a>b else b-5。

(3) 条件运算符 if 和 else 是一对，不能分开单独使用，而且都没有冒号，如小写字母变大写字母，其他字符不变: ch=chr(ord(ch)-32) if "a"<=ch<="z" else ch，不可省略 else。ord、chr 函数是实现编码、字符的转换。利用小写字母的编码比大写字母的编码大 32 特点。

(4) 条件运算符为左结合性运算符，即自左至右运算，如：

f if e<f else e if a>b else c if c>d else d

等价于

(f if e<f else e) if (a>b) else (c if c>d else d)

这也是条件表达式嵌套，即条件表达式中的"运算对象"还可以是条件表达式。条件表达式的嵌套最好利用圆括号以增强程序可读性、可理解性。

（5）条件运算符不能取代 if 语句，只有在 if 语句中"语句块"为赋值语句，且两个分支都给同一个变量赋值时才能代替 if 语句。

（6）"选择条件""运算对象1""运算对象2"可以是任意数据类型的数据，包括常量、变量、表达式，而且"选择条件""运算对象1""运算对象2"的数据类型可以不同，此时条件表达式的值的数据类型为"运算对象1"或"运算对象2"的数据类型，如：

'a' if x else 'b'

无论 x 为何种类型，条件表达式的值为字符串型。又如：

10 if x>y else 1.50

x>y 为"逻辑真"时条件表达式属于整型(值10)，否则条件表达式属于浮点型(值1.50)。

从功能看，'a' if x else 'b' 与 (x and 'a') or 'b'、['b','a'][bool(x)]、('b','a')[bool(x)]、{True: 'a',False: 'b'}[bool(x)] 是等价的，其通过逻辑运算和逻辑值(False、True，其也是数值0、1)以及聚合数据的索引运算[]实现。可见，Python 语言具有很大灵活性。

【例4.25】 求两个数的较大值。

```
a=int(input("a="));b=int(input("b="))    # 输入数据,数据类型转换
print("max=%d"%(a if a>b else b))    # 条件表达式为输出参数
```

运行结果：

a=50↵(回车)
b=12↵(回车)
max=50
a=12↵(回车)
b=50↵(回车)
max=50

【例4.26】 大写字母转换小写字母，其他字符不变。

```
ch=input("输入字母: ")    # 输入字符
ch=ord(ch)+32 if 'A'<=ch<='Z' else ord(ch)    # 条件表达式为运算对象,得编码
print(chr(ch))    # 编码转字符
```

运行结果：

输入字母: X↵(回车)
x
输入字母: y↵(回车)
y

字符与编码一一对应。这道题可采用 if 语句、if-elif-else 语句逐个字符判断变换，虽然直观，但繁琐。根据大写字母编码比小写字母编码小32的特点，采用判断、计算方法显得简洁。编码函数 ord 返回字符的编码，而字符函数 chr 返回编码对应的字符。如果 ch 是大写字母，那么 ord(ch)+32 为小写字符编码。输出时再把编码转换为字符 chr(ch)。同理，ch=ord(ch)-32 if 'a'<=ch<='z' else ord(ch); print(chr(ch)) 实现小写字母转换为大写字母，其他不变。而

ch=ord(ch)+32 if 'A'<=ch<='Z' else ord(ch)-32 if 'a'<=ch<='z' else ord(ch); print(chr(ch))实现大小写字母互换,其他字符不变。

## 4.2.4 分支设计程序举例

**【例 4.27】** 判断年份是否闰年。

闰年 year 满足如下条件之一:
(1) year 能被 4 整除,但不能被 100 整除,如 2008;
(2) year 能被 400 整除,如 2000。

由关系或逻辑表达式表示闰年的条件,算法如图 4.10 所示。

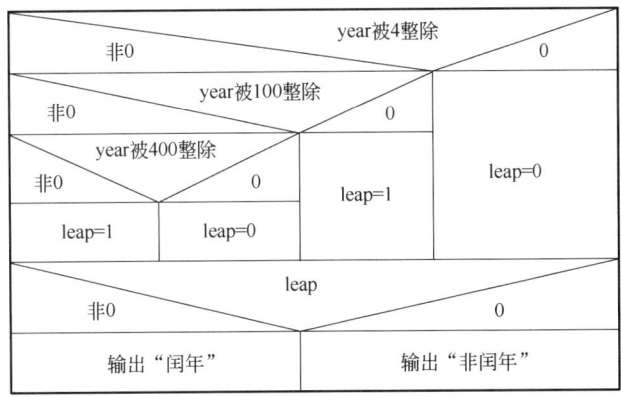

图 4.10 闰年求解算法

程序 1: 应用 if 语句嵌套实现。程序如下:

```
year=int(input("请输入年份: "))          # 输入数据
if year%4==0:                            # 判断,分支
    if year%100==0:
        if year%400==0: leap=1
        else:    leap=0
    else: leap=1
else: leap=0
if leap: print("%d 是"%year,end="")      # 输出不换行
else:  print("%d 不是"%year,end="")      # 输出不换行
print("闰年.")
```

运行结果:

请输入年份: 2000↵(回车)
2000 是闰年.
请输入年份: 2013↵(回车)
2013 不是闰年.

程序 2: 应用 if-elif-else 语句实现。程序如下:

```
year=int(input("请输入年份: "))          # 输入数据
if year%4 !=0:     leap=0                # 判断,分支
```

```
elif year%100 !=0: leap=1
elif year%400 !=0: leap=0
else: leap=1
if leap: print("%d 是"%year,end=")                    # 输出不换行
else:  print("%d 不是"%year,end=")                    # 输出不换行
print("闰年.")
```

程序 3: 应用复杂的逻辑表达式实现。程序如下:

```
year=int(input("请输入年份: "))                         # 输入数据
if(year%4 ==0 and year%100 !=0) or (year%400 ==0): leap=1
else: leap=0
if leap: print("%d 是"%year,end=")                    # 输出不换行
else:  print("%d 不是"%year,end=")                    # 输出不换行
print("闰年.")
```

程序 4: 应用条件表达式实现。程序如下:

```
year=int(input("请输入年份: "))                         # 输入数据
leap=1 if(year%4 ==0 and year%100 !=0) or (year%400 ==0) else 0
if leap: print("%d 是"%year,end=")                    # 输出不换行
else:  print("%d 不是"%year,end=")                    # 输出不换行
print("闰年.")
```

这个例子也说明, 问题求解的程序往往不唯一。

【**例 4.28**】 求 $ax^2+bx+c=0$ 方程的根。

求解二次方程方程根有四种可能解:

① 当 a=0 时, 不是二次方程;

② 当 $b^2-4ac=0$ 时, 有两个相等实根;

③ 当 $b^2-4ac>0$ 时, 有两个不等实根;

④ 当 $b^2-4ac<0$ 时, 有两个共轭复根, 即 p+qi 和 p-qi 形式, 其中 p=-b/2a, q=($\sqrt{b^2-4ac}$)/2a。
对应的算法如图 4.11 所示。

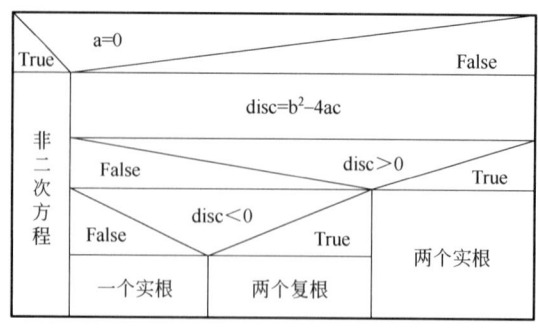

图 4.11　二次方程根算法

```
from math import *                                    # 导入数学库
a=float(input("a="));b=float(input("b="));c=float(input("c="))   # 输入数据
```

```
        print("方程",end=")                                    # 输出信息,不换行
        if abs(a)<=1e-6:                                       # 等于0
            print("不是一元二次方程")
        else:                                                  # 不等于0
            disc=b*b-4*a*c;
            if abs(disc)<=1e-6                                 # 等于0,一个实根
                print("有两个相同的根: %8.4lf"%(-b/(2*a)))      # 格式化输出
            else:                                              # 不等于0
                if disc>1e-6:                                  # 大于0
                    x1=(-b+sqrt(disc))/(2*a)                   # 两个实根
                    x2=(-b-sqrt(disc))/(2*a)
                    print("有两个不同的根: %8.4lf and %8.4lf"%(x1,x2))  # 格式化输出
                else:                                          # 小于0
                    realpart=-b/(2*a)                          # 两个复数
                    imagpart=sqrt(-disc)/(2*a)
                    print("有两个复数根: ")
                    print("%8.4lf+%8.4lfj"%(realpart,imagpart))  # 格式化输出
                    print("%8.4lf-%8.4lfj"%(realpart,imagpart))
```

运行结果:

```
a=2↵(回车)
b=5↵(回车)
c=3↵(回车)
方程有两个不同的根: -1.0000 and   -1.5000
a=1↵(回车)
b=4↵(回车)
c=4↵(回车)
方程有两个相同的根: -2.0000
a=4↵(回车)
b=2↵(回车)
c=2↵(回车)
方程有两个复数根:
 -0.2500+   0.6614j
 -0.2500-   0.6614j
```

开平方函数 sqrt 为 math 库函数,需要导入 math 库。变量 a 为浮点数,在计算和存储时受精确度限制,常有误差。如果以 a==0 为选择条件,误差使 a 不等于 0,而采用 a 的绝对值 abs(a) 小于一个很小的数(如 1e-6),即 a 的值在以 0 为中心的很小区间内就默认为 a 的值为 0。同理,判断 disc 为 0 也使用 if abs(disc)<=1e-6 判断。这个例子是结构化程序设计实现,不同于例 1.1 分别模块化程序设计、面向对象程序设计实现。

## 4.3 循环程序设计

有些问题具有重复变化规律,如若干自然数之和 1+2+3+⋯+n,每项是前项加 1,直到满足结束条件为止。不同于依次执行的顺序程序和选择执行的分支程序的程序走向,循环程序是有条件地反复执行同一程序,直至条件不满足。循环程序包括四要素:有关问题初始化、循环条件、循环体和循环条件的变化,由循环语句实现。Python 语言循环语句包括 for 语句、while 语句两种。无条件跳转语句 break 语句、continue 语句常与循环语句配合使用。

### 4.3.1 for 语句

for 语句形式为:

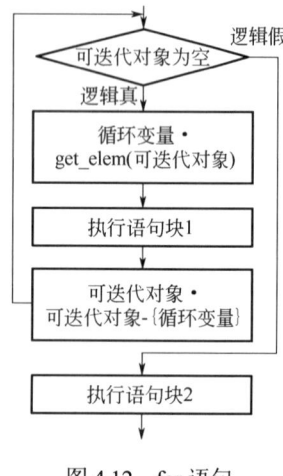

图 4.12　for 语句

```
for «循环变量» in «可迭代对象»:
    «语句块 1»
else:
    «语句块 2»
```

其中,"循环变量"控制循环进程,在"语句块 1"中可访问该变量。"可迭代对象"可以是聚合数据和离散区间函数 range。从逻辑上看,"循环变量"值为"可迭代对象"元素时,"«循环变量» in «可迭代对象»"为 True,可执行"语句块 1"(称为循环体)。从功能上看,"«循环变量» in «可迭代对象»"表示"循环变量"依次获取"可迭代对象"的元素,可执行"语句块 1"。"语句块 2"是"«循环变量» in «可迭代对象»"为逻辑假 False(即"循环变量"不可获取"可迭代对象"元素)时执行部分。注意"语句块"右缩进对齐。else 子句可以省略。"语句块"表示完成问题求解功能,具体如下(图 4.12):

(1)判断"可迭代对象"是否为空(即是否还有元素)。
(2)如果"可迭代对象"不为空,则
　　　取"可迭代对象"一个元素,赋给控制变量;
　　　执行"语句块 1";
　　　"可迭代对象"减去一个元素;
　　　转向(1)。
(3)否则,执行"语句块 2"。
(4)结束 for 语句。

在实际应用中,for 语句 else 分支可以省略。

【例 4.29】　求 1+2+3+⋯+n。

```
n=int(input("输入项数 n: "))      # 输入项数,数据类型转换
s=0                              # 定义变量并初始化
for i in range(1,n+1):           # for 语句
    s+=i                         # 语句块,求和、计数
```

```
        else:
            print("循环%d 次, 正常结束."%n)
        print("sum=%d."%s)                              # 输出
```
运行结果:

输入项数 n: 100↙(回车)

循环 100 次,正常结束.

sum=5050.

为了实现 1~n 整数累加, range 函数每次迭代产生 1 个数。for 语句启动 range 迭代过程, 循环控制变量 i 依次获取 1 个元素, 并进行加运算 s+=i。循环正常结束时, 执行 else 子句。

可以看到构成循环程序的四个要素:

(1) 有关变量、初始化, 如 i、s=0、n;

(2) 循环条件为逻辑真 True, 如 i in range(1, n+1)为 True, 即 i 为{1, 2, ···, n}的任一元素;

(3) 循环求解目标, 即循环体, 如 s+=i;

(4) 循环控制变量变化, 如 i 依次取值每个元素, 直到没有元素可取, 即遍历了所有元素。

改变 range 参数可进行不同的循环, 如偶数之和、奇数之和及其循环次数:

```
for i in range(1,n+1,2): s+=i                           # 1 到 n 之间奇数之和
for i in range(2,n+1,2): s+=i                           # 1 到 n 之间偶数之和
```

range 函数在循环过程中可生成控制循环的所有可能取值, 用于控制循环次数和后续控制变量的使用。

内置求和函数 sum 可累加数值型可迭代对象的元素, 其原型 int 或 float 或 complex sum(«可迭代对象»), 如 sum(range(1,6))、sum(x for x in range(1,6))、sum([1,2,3,4,5]), 它们是等价的。

【例 4.30】 文本段内字符变换: 把小写字母变换为大写字母, 大写字母变换为小写字母, 其他字符不变。

```
s=input("输入字符串: \n")                              # 输入字符串
snew=""                                                 # 新字符串
for ch in s:                                            # 循环条件
    ch=ord(ch)-32 if 'a'<=ch<='z' else\
ord(ch)+32 if 'A'<=ch<='Z' else ord(ch)                 # 小写字母变大写, 大写字母变小写
    snew+=chr(ch)                                       # 拼接每个字符
print(snew)                                             # 输入新字符串
```

运行结果:

输入字符串:

Hi,I love you! 我爱中国。↙(回车)

hI,i LOVE YOU! 我爱中国。

输入字符串赋给 s。字符串为可迭代对象, 具有迭代生成所有字符能力。循环条件 "ch in s" 中 ch 依次取值 s 中每个字符(即 ch 的值为 s 中每个字符时循环条件为 True)。ord 函数把字符转换为 Unicode 编码, 大、小写字母 Unicode 编码相差 32。通过条件运算得到字符 Unicode 编码。chr 函数把 Unicode 编码转换为字符, 并拼接到新字符串 snew 中。程序中, for 语句省略 else 子句。

【例 4.31】 数列 $1, \dfrac{1}{e^1}, \dfrac{1}{e^2}, \dfrac{1}{e^3}, \dfrac{1}{e^4}, \dfrac{1}{e^5}, \cdots$，求数列前 n 项之和（e 为自然数）。

```
from math import e                              # 导入自然数 e
n=int(input("输入项数 n: "))                     # 输入项数
s=1/e                                           # 第 1 项分数
total=1                                         # 之和，初始化 e**0
for i in range(1,n):                            # for 语句，range 确定循环次数
    total+=s                                    # 累加第 i 项分数，即循环目标
    s/=e                                        # 第 i+1 项分数
print("e=",e,"sum(%d)=%f"%(n,total))            # 输出结果
```

运行结果：

输入项数 n: 2↙（回车）
e= 2.718281828459045 sum(2)=1.367879

数学库 math 中含有数学常量，如圆周率 pi、自然数 e。以 i（i=0, 1, 2, …）为循环控制变量，第 i 项为 $\dfrac{1}{e^i}$，实现逐项累加：每一项分数是前一项分数 s/e。注意：range 函数参数与项数相差 1。

也可采用更简单程序：

```
from math import e                              # 导入自然数 e
n=int(input("输入项数 n: "))                     # 输入项数
total=sum(1/(e**i) for i in range(0,n))         # 分数累加
print("e=",e,"sum(%d)=%f"%(n,total))            # 输出结果
```

程序中，"1/(e**i) for i in range(0,n)" 为迭代推导式（可迭代对象），具备逐个产生分数 $\dfrac{1}{e^i}$。求和函数 sum 启动迭代过程进行元素 $\dfrac{1}{e^i}$ 累加计算。程序不唯一，设计很灵活、多样。

注意：for 语句和 for 迭代推导式不同。前者是语句，需要反复执行；后者是表达式，可构成可迭代对象，在循环语句或迭代工具启动下可生成所有元素。

【例 4.32】 学生成绩统计：课程数、平均成绩，并输出学生成绩单。利用例 3.10 学生信息，假设学生数据库 stu_base 是一个列表 stu_base=[ 'num2016111001',…]。

```
num=input("输入学号: ")                          # 输入学号
num="num"+num                                   # 学号构成与学生信息库学号一致
if num not in stu_base:                         # 学号不在学生库中
    print(num,"学生不存在！")
    exit()                                      # 终止运行
stu=stu_base.index(num)                         # 学生索引号
stu=stu_base[stu]                               # 学生索引号
stu=eval(stu)                                   # 去掉引号，再次求值
courses=stu["kccj"]                             # 课程信息
count=len(courses)                              # 课程门数
print("学号: ",stu["grjbxx"]["num"],"姓名: ",stu["grjbxx"]["name"])   # 显示信息
sum=0                                           # 成绩总和
```

```
for course,data in courses.items():              # 成绩总和
    print("%-10s%-14s%-4d%-6s"%(course,*data))   # 显示课程信息,*参数去掉括号
    sum+=data[1]                                  # 成绩求和
avg=sum/count                                     # 成绩均值
print("课程数: ",count,"  平均分数: ",avg)        # 显示课程数、成绩均值
```

运行结果：

输入学号: 2016111001↵(回车)
学号: 2016111001 姓名: 小李
C 语言程序设计    2019-2020.1    90    正常
数据结构与算法    2019-2020.2    88    正常
课程数: 2    平均分数: 89.0

### 4.3.2 while 语句

while 循环语句形式：

while 《循环条件》：
    《语句块 1》
else：
    《语句块 2》

其中，"循环条件"常为关系表达式或逻辑表达式，也可以是其他表达式。"语句块"为可执行的任何语句，完成一定功能。"语句块 1"也称为循环体。注意"语句块"右缩进对齐。while 语句执行过程为：

(1)求解"循环条件"。如果"循环条件"的值为"逻辑真"，则执行"语句块 1"（即循环体），然后转向(1)；如果"循环条件"的值为"逻辑假"，转向(2)；

(2)执行"语句块 2"；

(3)结束 while 语句，如图 4.13 所示。

else 子句是 while 语句的组成部分，循环正常结束时执行 else 子句。程序设计时，else 子句可以省略。

【例 4.33】 求 1+2+3+…+n，算法如图 4.14 所示。

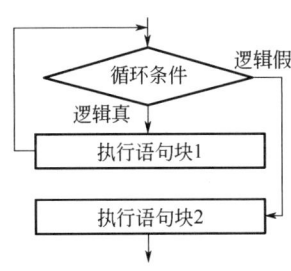

图 4.13  while 语句

图 4.14  累加计算

```
n=int(input("输入 n: "))                          # 输入项数
```

```
    i=1                                    # 变量赋值,循环变量初始化
    s=0                                    # 变量赋值,累加变量初始化
    while i<=n:                            # 循环条件
        s+=i                               # 累加
        i+=1                               # 循环控制变量变化
    else:
        print("循环%d 次, 正常结束."%i)
    print("sum=%d"%s)
```

运行结果:

输入 n: 100↵(回车)
循环 101 次,正常结束.
sum=5050

变量 i 为循环控制变量, i<=n 为循环条件,i 的值从 1 到 100,s 累加 i 的值,正好求 1 到 n 之和。每次循环执行 i+=1,改变循环控制变量 i 的值,最终使循环条件 i<=n 不成立,即 i 的值为 n+1。

对比例 4.29,功能上 while 语句和 for 语句可以相互替换使用,但有些不同:

(1) for 语句启动"可迭代对象"的迭代过程,"循环变量"依次获取"可迭代对象"元素,即"循环变量"是自动变化的,如:

>>> for x in [1,2,3]: print(x,end=" ")↵(回车)
1 2 3

而 while 语句"循环条件"为"逻辑真"时循环,即使"循环条件"含有可迭代对象,也不自动改变"循环条件",如:

>>> while y in [1,2,3]: print(y,end=" ")↵(回车)
NameError: name 'y' is not defined

变量 y 没定义(赋值),抛出命名异常 NameError。"in"不是 while 语句固定组成部分,只是元素成员运算符 in。程序可改为:

>>> y=1↵(回车)
>>> while y in [1,2,3]: print(y,end=" ");y+=1↵(回车)        # 循环内改控制变量

y 初始化 1,判断 y 在列表中,输出 y 值,y+=1 改变 y 值,直至 y 不在列表中。可见 while 循环语句并没有启动可迭代对象的迭代过程。

(2) 习惯上,while 语句一般用于事先不知道循环次数或者是没有循环控制变量的情况,而 for 语句一般用于循环次数已知的情况。

【例 4.34】 求圆周率,其计算公式为:

$$\frac{\pi}{4}=1-\frac{1}{3}+\frac{1}{5}-\frac{1}{7}+\frac{1}{9}-\frac{1}{11}+\cdots$$

实际上,这也是累加过程。从公式可见,后一项比前一项的分母多 2,而且符号相反。分母 n 每次增 2(即 n=n+2),求得下一项的分母。符号 s 每次符号取反(即 s=-s),求得下一项的符号。n 和 s 初值均为 1,分数 t=s/n。循环次数未知,以当前项分数足够小为循环结束条件,即循

环条件 abs(t)<1.0e-6 时结束循环。

```
s=n=t=1                          # 定义变量,且初始化 1, s 为正号
pi=0                             # 定义分母、分数、PI
while abs(t)>1.0e-6:             # 精度不够,进入下次循环
    pi=pi+t                      # 累加当前项分数
    n=n+2                        # 分母增 2
    s=-s                         # 正负符号变号
    t=s/n                        # 下一项分数
pi=pi*4                          # PI 的值
print("PI 的值是: %7.5f"%pi)
```

运行结果:

PI 的值是: 3.14159

求绝对值函数 abs 为内置函数。在循环执行之前,已把分母 n、符号 s、分数 t 都设置为第 1 项的值。进入 while 循环后,首先把 t 累加到 pi 上,然后求下一项的分母 n、符号 s 和分数 t,为下一次累加做好准备。当前项不够小(即大于 1.0e-6)时就一直循环累加。循环结束后求得 π/4 的值。执行 pi=pi*4 才求得 π 的值。这程序显然预先不知道循环次数。在循环体中也可写成 pi, n, s, t = pi + t, n+2, -s, s/n, 程序更简洁。math 库中也有 pi 常数。

【例 4.35】 猜数游戏: 随机生成一个整数, 猜猜它是什么数。

```
from random import randint                       # 随机函数
count=1                                          # 猜测次数
left=int(input("左边界: "))                       # 猜测区间
right=int(input("右边界: "))
puz=randint(left,right+1)                        # 随机整数
data=int(input("输入整数: "))                     # 输入整数
while data!=puz:                                 # 猜对了
    print("第%d 次"%count,end=" ")                # 猜测次数
    if data>puz:                                 # 猜测错了,再输入猜测
        data=int(input('%d 大了,\n 请再次输入数字: '%data))
    else:
        data=int(input('%d 小了,\n 请再次输入数字: '%data))
    count+=1                                     # 猜测次数累加
else:
    print('恭喜你: 第%d 次输入%d 正确。'%(count,data))   # 猜测正确
```

运行结果:

左边界: 0↵(回车)
右边界: 10↵(回车)
输入整数: 2↵(回车)
第 1 次　2 小了,
请再次输入数字: 8↵(回车)
恭喜你: 第 2 次输入 8 正确。

导入 random 随机数生成库的随机生成整数函数 randint。输入猜数所在数据区间,在该区间内随机生成一个整型猜数。输入一个数,有三种可能:等于、大于或小于猜数。"等于"时,结束循环,否则给出提示信息并继续输入下一个数据。猜到猜数的次数是不知的,使用 while 语句更好实现循环次数未知过程。

### 4.3.3 break 语句和 continue 语句

break 语句和 continue 语句都是无条件跳转语句,实现跳到缺省(固定)位置。

**1. break 语句**

无条件跳转语句 break 形式为:

break

break 语句只能在循环语句(即 for 语句、while 语句)中使用。当 for 语句、while 语句循环体执行 break 语句,跳出循环语句,提前终止循环。为了有效控制跳转,在循环体中,break 语句常与 if 语句联合使用,即满足条件时跳出循环语句,结束循环。在某些应用中,循环若干次后已经得到结果,继续循环执行已没有必要,此时就可使用 break 语句终止循环。以 while 语句为例,break 语句如图 4.15 所示。

【例 4.36】 非负整数倒序,并求所有数字之和。如输入 1328,则输出 8231 和 14。

把整数逐一拆分每个数字并按逆序输出,也就是从右到左逐一分离每个数字。通过"求余取得个位数字,整除去除个位数字"方法,直至被除数为 0,即输入 x, x%10 获取个位数字, x//10 去掉个位数字,直至 x 的值为零。

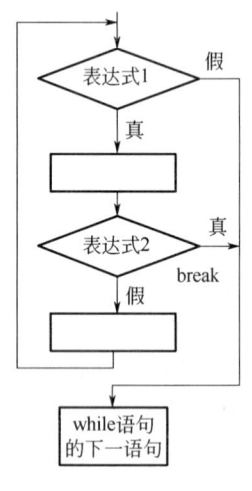

图 4.15　break 语句

```
while True:                                   # 无限循环
    x=int(input("请输入非负整数: "))           # 输入整数
    if x>0: break                             # 输入整数有效,结束循环
a=x%10; x=x//10                               # 取得个位数字,去掉个位数字
rev=a                                         # 倒序数
s=a                                           # 数字之和
while x!=0:                                   # 未取尽个位数
    a=x%10; x=x//10                           # 取得个位数字,去掉个位数字
    rev=rev*10+a                              # 倒序数进位加个位
    s+=a                                      # 数字之和
print("倒序数: %d, 数字之和: %d"%(rev,s))      # 输出倒序数
```

运行结果:

请输入非负整数: 12345↙(回车)
倒序数: 54321, 数字之和: 15

第 1 个 while 语句实现输入一个非负的整数。当输入是负数时提醒再次输入,而输入正整数时 break 语句跳转出 while 语句,结束循环。第 2 个 while 语句实现对正整数 x 的数字分离和数字输出。已经是非负的整数,不需要判断就可以先分离个位数 a=x%10,去除个位数字 x=x//10,然后个位数 a 和数字累加到 s。也可以采用字符串和列表处理:

```
while True:                                      # 无限循环
    x=int(input("请输入非负整数: "))              # 输入整数
    if x>0: break                                 # 输入整数有效,结束循环
x=list(str(x))                                    # 转换为数字字符列表
x.reverse()                                       # 数字字符列表倒序
s=sum(map(int,x))                                 # 数字之和
rev=""                                            # 倒序数字符串
rev=rev.join(x)                                   # 数字字符的拼接
print("倒序数: %s,数字之和: %d"%(rev,s))          # 输出倒序数
```

输入有效正整数"12345",转换为数字字符串列表['1', '2', '3', '4', '5'],对列表进行倒序['5', '4', '3', '2', '1'],将列表每个元素转换为整型后构成数字列表[5, 4, 3,2,1],sum函数求和15,对每个数字字符串进行拼接形成倒序"54321",采用%s格式输出显示54321。

**【例 4.37】** 同构数判断。同构数为该数平方数的尾部,如1、5、6、25。

```
data=int(input("输入整数: "))                    # 输入正整数
mlt=data**2                                       # 整数的平方
flag=True                                         # 默认是同构数
print(data,",",mlt)                               # 显示数据
while data%10:                                    # 取尽所有数字?
    if data%10!=mlt%10:                           # 个位数字不等
        flag=False                                # 修正默认
        break                                     # 无须再求解
    data=data//10; mlt=mlt//10                    # 去掉个位
print("是同构数吗? ",flag)                        # 输出判断结果
```

运行结果:

输入整数: 25↙(回车)
25 , 625
是同构数吗? True
输入整数: 8↙(回车)
8 , 64
是同构数吗? False

变量mlt是变量data的平方(mlt>data)。通过取个位data%10、mlt%10后,如果个位不等肯定不是同构数,修正标识变量flag为False,break跳出while语句,结束循环;如果个位相等,去掉个位data//10、mlt//10继续循环,直到取尽data所有数字。例4.37采用字符串判断实现更简单:

```
data=int(input("输入正整数: "))                   # 输入正整数
mlt=data**2                                       # 整数的平方
flag=True                                         # 默认是同构数
print(data,",",mlt)                               # 显示数据
data=str(data)                                    # 数字字符列表
mlt=str(mlt)                                      # 数字字符列表
```

```
mlt=mlt[len(mlt)-len(data):len(mlt)]        # 尾部切片
if data!=mlt:                                # 数字字符依次不等？
    flag=False                               # 修正默认值
print("是同构数吗？ ",flag)                  # 输出判断结果
```

**【例 4.38】** 判断一个正整数是否是素数。

素数为被 1 和自身整除外不能被其他数整除。算法采用"枚举—测试"方法,即判断数 m 是否能被 2,3,…,m-1 之一整除。如果 m 能被 2,3,…,m-1 中任一数整除,m 就不是素数。如果 m 不能被 2,3,…,m-1 中任一数整除,m 就是素数。为了判断方便,可用循环依次以 2,3,…,m-1 为除数判断。实际只需枚举测试 2, 3, …, $\sqrt{m}$ 。由于循环次数取决于 m,次数是已知的,采用 for 语句实现,程序更简洁。

```
from math import sqrt                        # 导入数学库
isprime=True                                 # 定义变量,默认素数
m=int(input("输入整数: "))                   # 输入数据
n=int(sqrt(m))                               # 开平方,取整
for i in range(2,n+1):                       # 枚举可能因子
    if m%i==0:                               # 是否因子
        isprime=False                        # 不是素数,修改默认值
        break                                # 结束测试因子
else:
    print("循环过程不是提前结束.")
if isprime: print("%d 是素数."%m)            # 是否素数？
else:   print("%d 不是素数."%m)
```

运行结果:

输入整数: 8↵(回车)
8 不是素数.
输入整数: 11↵(回车)
循环过程不是提前结束.
11 是素数.

程序导入 math 库开平方根函数 sqrt。设置一个指示变量 isprime,并用 True 或 False 表示素数命题成立与否。先假设(默认)命题成立(即 isprime 为 True,默认 m 是素数)。采用枚举测试算法,for 语句获取函数 range(2, n+1)中数值(i=2, 3, …, $\sqrt{m}$ ),并循环逐一测试每个可能值。只要有命题不成立(如 m%i==0),那么修改命题成立状态(如 isprime=False,修改默认值),并执行 break 语句提前结束循环,其余可能值无须测试。最后判断指示变量 isprime 值确定命题是否成立。一个数是否素数只有两种可能,只要确定不是素数就可以提前结束求解(循环),提高了问题求解的效率。从理解 for 语句角度,加了 else 子句,可见通过 break 语句结束循环时不执行 else 子句,证实 else 子句也是 for 语句正常循环组成部分。

**2. continue 语句**

无条件跳转语句 continue 形式为:

continue

continue 语句结束当前次循环,提前进入下一次循环,即跳过循环体中剩余的语句而强行

执行下一次循环。以 while 语句为例，break 语句和 continue 语句使用形式相同：

(1) while «表达式 1»：
　　……
　　if «表达式 2»：
　　　　break
　　……

(2) while «表达式 1»：
　　……
　　if «表达式 2»：
　　　　continue
　　……

但 continue 语句和 break 语句在循环语句中的作用不同。前者是"结束当前次循环，提前进入下一次循环"，整个循环还没结束（图 4.16），而后者是"结束循环"，循环不再执行。

【例 4.39】 从 1~100 中求出以 3 为因子的所有整数之和。

```
s=0                        # 变量初始化
for m in range(1,100+1):   # 枚举 100 个数
    if m%3!=0:             # 3 为因子？
        continue           # 不是 3 的倍数跳过
    s+=m                   # 累加
print("sum=%d."%s)         # 输出
```

运行结果：

　　sum=1683.

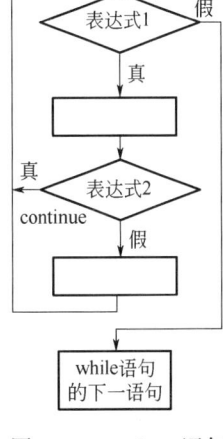

图 4.16　continue 语句

在 for 语句循环体中，如果 m 不是 3 的倍数，那么跳过累加（即不累加），并提前进入下次循环，继续判断其他整数。注意：控制变量 m 继续获取下一个 range 函数的元素。

### 4.3.4　循环嵌套

循环嵌套是在一个循环体内又包含另一个完整的循环。内嵌的循环还可以再嵌套循环，构成多重循环。for 语句、while 语句中 "语句块"还可以包含任意的循环语句，构成循环嵌套。

时钟走时是一种三重嵌套循环：时针内嵌着分针，分针内嵌着秒针。最外层为时针，中间层为分针，最内层为秒针。时针变化 1 小时，分针变化 60 分钟，而分针变化 1 分钟，秒针变化 60 秒。多重循环程序也是如此，外层循环变化最慢，内层循环变化最快。

【例 4.40】 打印乘法口诀表。

乘法口诀表如图 4.17 所示，共 9 行 9 列。打印时需要设置两个循环控制变量 i、j：用 i 控制行，用 j 控制列，则 i、j 的变化范围均为 1 到 9。乘法满足交换律，只打印下三角，即第 i 行的 j 的变化范围为 1 到 i，可见 i 每增加 1，j 就从 1 变化到 i。程序如下：

```
for i in range(1,10):      # 行的变化范围，外循环
    for j in range(1,i+1): # 每行中列的变化范围，内循环
```

```
            print("%d×%d=%-4d"%(j,i,i*j),end="")        # 输出每一行
        print()                                          # 换行
```

```
1×1=1
1×2=2   2×2=4
1×3=3   2×3=6    3×3=9
1×4=4   2×4=8    3×4=12   4×4=16
1×5=5   2×5=10   3×5=15   4×5=20   5×5=25
1×6=6   2×6=12   3×6=18   4×6=24   5×6=30   6×6=36
1×7=7   2×7=14   3×7=21   4×7=28   5×7=35   6×7=42   7×7=49
1×8=8   2×8=16   3×8=24   4×8=32   5×8=40   6×8=48   7×8=56   8×8=64
1×9=9   2×9=18   3×9=27   4×9=36   5×9=45   6×9=54   7×9=63   8×9=72   9×9=81
```

图 4.17 乘法口诀表

【例 4.41】 统计数据个数: 统计个位、十位和百位数字均不相同的三位数的个数。

百位数字从 1 到 9, 个位、十位数字从 0 到 9, 并且三个数字不能相等。设置 3 个变量 a、b、c 分别代表百位、十位和个位数字。只要三个数字不同, 构成的整数就符合要求, 即可累加个数。

```
count=0;                                # 统计个数
for a in range(1,10):                   # 百位数字取值
    for b in range(10):                 # 十位数字取值
        if a!=b:                        # 百位、十位数字不同
            for c in range(10):         # 个位数字取值
                if c!=a and c!=b:       # 各位数字不同,累加
                    count+=1
print("count=%d."%count)                # 输出统计结果
```

运行结果:

count=648.

程序共有 3 层循环。最外层控制变量 a 的值从 1 到 9 变化, 中间层 b 的值从 0 到 9 变化, 最内层 c 的值从 0 到 9 变化。最内层 c 从 0 变化到 9, 中间层 b 才加 1, 而中间层 b 从 0 变化到 9, 最外层 a 才加 1。可看到最外层变化最慢, 最内层变化最快。

对于任何一个三位数, 分离出百位、十位和个位数字, 并判断是否满足各位均不等实现个数累计。这种方法只用一层循环, 具体如下:

```
count=0                                 # 统计个数
for s in range(100,999):                #100~999 整数
    a=s%10;                             # 取个位数字
    b=s//10; b=b%10                     # 取十位数字
    c=s//100                            # 取百位数字
    if a==b or a==c or b==c: continue   # 不符合要求,不计数
    count+=1
print("count=%d."%count)                # 输出统计结果
```

第一个程序采用固定三重循环, 只能用于三位数判断。第二个程序设定 a、b、c 表示三位数字, 也只能用于三位数判断。这两个程序均不具有通用性, 具有局限性。可采用字符串字符

是否存在子串的方法,即数值转换为字符串,再转换为数值字符串列表,进一步循环判断列表头元素是否在其后子表中。如果数字字符不在子表中,不是重复字符,可以列表中删除数字字符;反之,是重复字符,结束判断,不累加个数。如果列表为空,则所有字符都不重复,可累加个数:

```
num=int(input("输入位数: "))              # 输入位数
left, right=10**(num-1), 10**num         # 数据区间边界
count=0                                   # 统计个数
for s in range(left,right):               # 数据区间
    dl=list(str(s))                       # 数据转换为数字字符串列表
    x=dl.pop(0)                           # 取列表头元素,并去掉该元素,形成子列表
    while dl!=[]:                         # 子列表非空表
        if x in dl: break                 # 头元素在子列表中,数字重复,结束
        x=dl.pop(0)                       # 取列表头元素,并去掉该元素,形成子列表
    if dl==[]: count+=1                   # 取所有元素,元素并判断不重复
print("count=%d."%count)                  # 输出统计结果
```

运行结果:

输入位数: 1↵(回车)

count=9.

输入位数: 3↵(回车)

count=648.

该程序可以解决任意位数的统计,更加通用。

**【例 4.42】** 统计素数个数:统计区间[2, n]中素数的个数。

关键是判断所有 m∈[2, n]是否为素数,具体实现在例 4.38 的程序外又套上 m 从 2 到 n 之间取值的外循环。

```
from math import *
num=int(input("输入数: "))                # 输入位数
count=0                                   # 统计个数,初始化
for m in range(2,num+1):                  # 2 到 num 内取值
    isprime=True                          # 默认为素数
    n=int(sqrt(m))
    for i in range(2,n+1):
        if m%i==0:                        # 不是素数
            isprime=False                 # 修改默认值
            break                         # 不再测试 m
    if isprime==False:
        continue                          # 不是素数,结束此次循环
    print("%5d"%m,end="")                 # 输出素数
    count+=1                              # 累加素数个数
    if count%10==0: print()               # 10 个数据换行
print("\n%d 以内的素数共有%d 个."%(num,count))
```

运行结果:

输入位数: 70↵(回车)
```
 2  3  5  7 11 13 17 19 23 29
31 37 41 43 47 53 59 61 67
```
70 以内的素数共有 19 个。

对 2 到 num 间任何一个数 m 判断是否是素数。首先假设 m 是素数，isprime=True 用在循环体内，确保对每个 m 值都重新开始默认素数。

注意: break 语句和 continue 语句出现在多层嵌套的循环语句中，只能对最近包含 break 语句和 continue 语句的当前循环语句有效，更外层或更内层的循环语句不受影响。如例中 break 语句只能结束内嵌 for 语句，外层 for 语句不受影响，而 continue 语句只能结束外层 for 语句的当前循环，内层 for 语句不受影响。

【例 4.43】 百钱买百鸡: 一百个铜钱买一百只鸡，其中公鸡一只 5 钱，母鸡一只 3 钱，小鸡一钱 3 只，一百只鸡中公鸡、母鸡、小鸡各多少？有哪些购买方案？

设一百只鸡中，公鸡、母鸡、小鸡的数量分别为 x、y、z，将问题抽象为三元一次方程组：

$$\begin{cases} 5x+3y+\dfrac{z}{3}=100 \\ x+y+z=100 \end{cases}$$

其中，x、y、z 为正整数，且 z 是 3 的倍数。由于鸡和钱的总数都是 100，可以确定 x、y、z 的取值范围: x 的取值范围为 1~20; y 的取值范围为 1~33; z 的取值范围为 3~99，步长为 3。采用枚举方法遍历 x、y、z 所有可能组合解。

```
for x in range(1,20+1):                        # 数量变化
    for y in range(1,33+1):
        for z in range(3,99+1,3):
            if 5*x+3*y+z/3==100 and x+y+z==100:    # 满足条件
                print("cock=%d,hen=%d,chicken=%d."%(x,y,z))
```

运行结果：
```
cock=4,hen=18,chicken=78
cock=8,hen=11,chicken=81
cock=12,hen=4,chicken=84
```

如果只要求一种购买方案，而不是所有可能方案。当找到第一种方案时终止测试其他可能组合，即程序结束所有循环。可用 break 语句跳出循环，但 break 语句只能跳出当前循环，可设置一个标记变量 flag，初值为 False。当找到一种方案时 flag 赋值 True。在其他循环中都加上: if flag==True: break，确保循环逐层跳出。修改后的程序为：

```
flag=False
for x in range(1,20+1):                        # 数量变化
    for y in range(1,33+1):
        for z in range(3,99+1,3):
            if 5*x+3*y+z/3==100 and x+y+z==100:    # 满足条件
                print("cock=%d,hen=%d,chicken=%d."%(x,y,z))
                flag=True
```

```
            break                              # 跳出内层
        if flag: break                         # 非 0 为 "真", 跳中间层
    if flag: break                             # 非 0 为 "真", 跳外层
```

运行结果:

cock=4,hen=18,chicken=78

注意: for 语句内使用 break 语句, 每个 break 语句只能结束当前 for 语句(最近包含 break 的 for 语句)。设计多重循环语句时, 需要设计标记变量(如 flag), 逐层比较判断标记变量、修正, 逐层跳转出循环语句。

表 4.3 Fibonacci 算法

| n | 1 | 2 | 3 | 4 | 5 | 6 | … |
|---|---|---|---|---|---|---|---|
| F(n) | 1 | 1 | 2 | 3 | 5 | 8 | … |
| 第 1 次循环,求 F(3) | f1 | f2 | f |   |   |   | … |
| 第 2 次循环,求 F(4) |   | f1 | f2 | f |   |   | … |
| 第 3 次循环,求 F(5) |   |   | f1 | f2 | f |   | … |
| 第 4 次循环,求 F(6) |   |   |   | f1 | f2 | f | … |
| … |   |   |   |   |   |   |   |

【例 4.44】 Fibonacci 数列 1, 1, 2, 3, 5, 8, …, 其递推式为:

$$F(n) = \begin{cases} 1, & 当 n=1 或 n=2 \\ F(n-1)+F(n-2), & 当 n \geqslant 3 \end{cases}$$

求 Fibonacci 数列前 n 项及其之和, 输出时每行输出 5 个数。

从递推式可以看出, 除了第 1、2 项数值为 1 外, 其他项为前两项之和。设前两项分别是 f1、f2, 当前项 f=f1+f2。得到当前项 f 后, 为了求下一项做准备 f1,f2=f2,f, 也就是前移 1 项(表 4.3):

```
n=int(input("输入 n: "))                       # 输入项数
f1, f2=1, 1                                    # 定义变量, 初始化第 1、2 项
s=f1+f2                                        # 定义累加变量, 初始化为第 1、2 项之和
print("%9d%9d"%(f1,f2),end="")                 # 输出第 1、2 项
for i in range(3,n+1):                         # 从第 3 项开始至 n 项
    f=f1+f2                                    # 当前项
    s+=f                                       # 累加当前项
    print("%9d"%f,end="")                      # 输出当前项
    f1,f2 = f2,f                               # 当前项前移
    if i%5==0: print()                         # 满足 5 个数换行
print("\nsum=%.0f"%s)                          # 输出总和
```

运行结果:

输入 n: 15↙(回车)
```
        1        1        2        3        5
        8       13       21       34       55
       89      144      233      377      610
```

sum=1596

for 语句中"语句块"(循环体)由赋值语句、函数 print 语句、if 语句构成,完成当前项计算、求和、输出数据和显示换行。例 4.44 根据 Fibonacci 计算公式,由数列生成也可实现:

```
n=int(input("输入 n: "))        # 输入项数
s=0                              # 累加变量,初始化为 0
for i in range(1,n+1):
    f=1/5**0.5*(((1+5**0.5)/2)**i\
      -((1-5**0.5)/2)**i)        # 计算每一项
    s+=f
    print("%9d"%f,end="")        # 输出当前项
    if i%5==0: print()           # 5 个数换行
print("\nsum=%.0f"%s)            # 输出总和
```

该程序计算复杂度高(平方、开方计算),效率较低。Fibonacci 问题还可用递归算法进行求解。

【例 4.45】分数数列排序。分数数列:$a_0/b_0, a_1/b_1, \cdots, a_n/b_n$,其中 $a_i, b_i$ 是整数($i=0,1,2,\cdots,n-1$),如 3/4、1/2、5/6、3/2、6/5。

内置排序函数 sorted 排序列表的副本,原来列表不变,而列表排序成员函数 sort 直接对列表排序,改变原来列表。这两函数只对 int、float、str 类型等可比较的元素,对分数均不可用,需要自己设计实现。采用二元 a、b 分别表示分子和分母(即数据结构设计)。分数比较时需要进行 a/b 运算。此例采用选择排序算法(图 4.17),即 i 从 0 开始到 N 逐项进行比较,默认当前项 $a_i/b_i$ 最小,并依次与其他项 $a_j/b_j$(j=i+1, i+2, $\cdots$, n-1)比较。如果 $a_i/b_i > a_j/b_j$,则对换两项进行当前项修正,确保当前第 i 位置是当前最小。

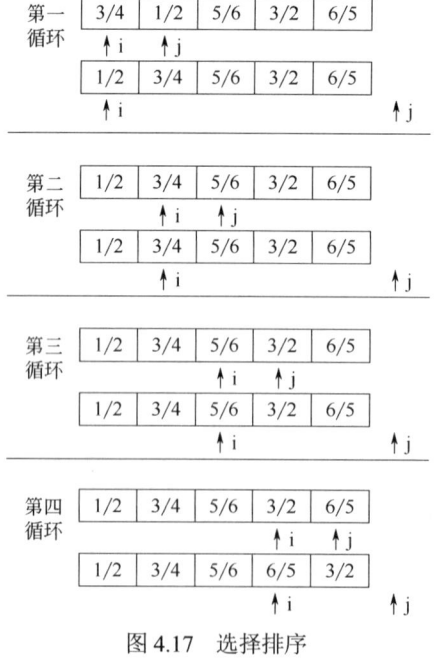

图 4.17 选择排序

```
n=int(input("输入分数项数: "))                          # 项数
seq=[]                                                  # 数列
for i in range(n):                                      # 输入每个分数
    [a,b]=input("输入分数(a/b): ").split("/")           # 输入分子、分母和符号/
    fs=(int(a),int(b))                                  # 分子、分母
    seq.append(fs)                                      # 收集分数
for i in range(n-1):                                    # 当前项 i
    for j in range(i+1,n):                              # i 后的其他项 j
        if seq[i][0]/seq[i][1]>seq[j][0]/seq[j][1]:     # 比较
            seq[i],seq[j]=seq[j],seq[i]                 # 对换
for i in range(n):                                      # 输出每一项
    print("%d/%d    "%(seq[i][0],seq[i][1]),end="")     # 输出分子/分母
print("\n")
```

运行结果:

```
输入分数项数: 5↵(回车)
输入分数(a/b): 5/6↵(回车)
输入分数(a/b): 3/2↵(回车)
输入分数(a/b): 6/5↵(回车)
输入分数(a/b): 1/2↵(回车)
输入分数(a/b): 3/4↵(回车)
1/2    3/4    5/6    6/5    3/2
```

n 为数列的项数,每项分数 fs(元组表示)追加到数列 seq(列表表示)中。在 input 函数输入字符串,通过 split 成员函数分解字符串为列表,并赋给列表[a,b],再转换为整数元组(a,b)后追加到列表 seq 中。通过赋值运算,完成两个列表元素的对换,如图 4.17 所示。上述程序的性能差一些,主要存在数组元素大量对换,可改写为(核心部分,其他与上述程序相同):

```
for i in range(n-1):                                    # 当前项 i
    r=i                                                 # 默认位置
    for j in range(i+1,n):                              # i 后的其他项 j
        if seq[r][0]/seq[r][1]>seq[j][0]/seq[j][1]:     # 比较
            r=j                                         # 更新默认位置
    if i!=r:                                            # 默认位置变化?
        seq[i],seq[r]=seq[r],seq[i]                     # 对换
```

当前默认最小位置 i 从 0 开始。通过变量 r 记住当前最小值的位置(r=i),并与其他位置 j=i+1,…,n-1 的分数进行比较。如果当前位置 r 对应的最小值大于其他位置 j 对应的值,修改当前最小值的位置(r=j)。最后判断当前最小值的位置是否改变(即 i!=r),决定是否进行列表元素的对换。算法还可以更简洁:

```
for i in range(n):                                      # 输入每个分数
    [a,b]=input("输入分数(a/b): ").split("/")           # 输入分子、分母和符号/
    fs=[int(a)/int(b),int(a),int(b)]                    # 商、分子、分母的列表
    seq.append(fs)                                      # 收集分数
seq.sort()                                              # 根据商升序排序
```

```
    for x in seq: x.pop(0)                                    # 去掉商
```
在输入分数中顺便进行商的计算并加入列表头部。程序利用了列表的排序成员函数 sort 对列表 seq 的元素从小到大排序。列表 seq 元素是三元素的列表 fs。列表 fs 的元素为 float、int 类型数据，fs 也是可以比较的。列表 seq 排序时 fs 元素的比较按第 0、1、2 元素依次比较，也就是商小的列表 fs 在前，商大的列表 fs 在后。当商相同时再依次比较分子、分母排序列表 fs。最后利用列表弹出成员函数 pop 去掉所有列表 fs 中的商。

**【例 4.46】** 索引排序：书架有编号，图书放到书架上。现在图书在书架上不动，又想获取书名的有序系列，即对书名进行排序。

有些应用中，数据不可生成副本，也不可改变，但想得到排序结果。对于这种问题，内置排序函数 sorted、排序成员函数 sort 均不可用，需要自己设计程序实现——索引排序。

```
arr0=input("输入若干书名,逗号隔开书名: ")                    # 输入书名
arr0=arr0.split(",")                                        # 形成书名列表
arr1=[]                                                     # 书名索引列表
for i in range(len(arr0)): arr1.append(i)                   # 书名索引列表
for i in range(len(arr0)-1):                                # 遍历列表
    r=i                                                     # 默认最小值位置
    for j in range(i+1,len(arr0)):
        if arr0[arr1[r]]>arr0[arr1[j]]: r=j                 # 修正最小值位置
    if i!=r:                                                # 默认最小值位置有误
        arr1[r],arr1[i]=arr1[i],arr1[r]                     # 交换索引
print("arr0=",arr0,"\n","arr1=",arr1)                       # 显示原列表、排序列表
for i in range(len(arr0)): print(arr0[arr1[i]],end=",")     # 索引列表
```

运行结果：

输入若干书名,逗号隔开书名: C language,Basic,Python,Fortran,Java↵(回车)
arr0= ['C language', 'Basic', 'Python', 'Fortran', 'Java']
arr1= [1, 0, 3, 4, 2]
Basic,C language,Fortran,Java,Pascal,

输入若干书名，并约定逗号为书名分隔符，后续分离为独立书名构成书名列表 arr0（如同图书放到书架上）。从小到大选择排序算法：默认当前 r=i 位置元素最小，其他位置 j（i+1, i+2, …, len(arr0)-1）比较。如果当前位置 r 元素小，则修改位置（默认错改正）。检查最初默认位置 r=i 是否变化。如果最初默认位置 r 发生变化，交换最小元素。本例采用选择排序算法，但建立索引并排序：建立索引列表 arr1（如同书架编码）保留 arr0 的下标，如图 4.18 和图 4.19 所示。排序过程比较大小的是 arr0 元素 arr0[arr1[r]]>arr0[arr1[j]]（即比较书名），而交换的是索引列表 arr1 元素 arr1[r], arr1[i] = arr1[i], arr1[r]（即书架编码）。arr0[arr1[0]], arr0[arr1[1]],…, arr0[arr1[4]]就是有序的。这种索引的思想在数据管理中大量使用，如图书馆书架上的书（书名、作者、出版社等信息，存放书架位置号），可建立书名、作者、出版社等信息的索引并排序，而无须重复多个书架、多本书，可节省书架、图书。

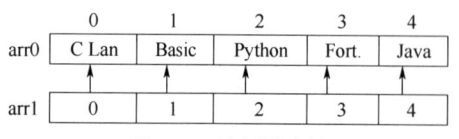

图 4.18 选择排序前

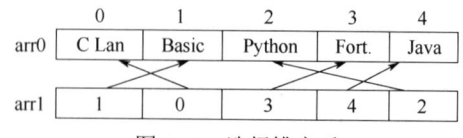

图 4.19 选择排序后

【例 4.47】 输入二维数值矩阵,实现矩阵的转置,即把第 i 行转变为第 i 列,第 j 列转变为第 j 行。

```
row_col=input("输入行数和列数(用逗号分开): ")    # 输入行数、列数
row_col=row_col.split(",")                       # 行数、列数(字符串)分开
row_col=[int(rc) for rc in row_col]              # 行数、列数转换为整数
arr=[]                                            # 空矩阵
for row in range(row_col[0]):                    # 输入矩阵
    r_c=input("行数据(用逗号分开): ")             # 输入行
    r_c=r_c.split(",")                            # 分开各列(字符串)
    r_c=[int(c) for c in r_c]                     # 各列转换为整数
    arr.append(r_c)                               # 整数行加入矩阵
for row in arr:                                   # 行、列的调整
    if len(row)!=row_col[1]:                      # 列数调整
        while len(row)>row_col[1]:                # 列数多了,删除多余列元素
            del row[len(row)-1]
        while len(row)<row_col[1]:                # 列数少了,增加列元素
            row.append(None)
new_arr=[]                                        # 新矩阵
for c in range(row_col[1]):                       # 各列
    row=[]                                         # 新行
    for r in range(row_col[0]):                   # 各行
        row.append(arr[r][c])                     # 新行
    new_arr.append(row)                            # 新行加入新矩阵
print("原矩阵: ")                                  # 显示矩阵
for row in arr: print(row)
print("转置矩阵: ")
for row in new_arr: print(row)
```

运行结果:

输入行数和列数(用逗号分开):3,4↙(回车)
行数据(用逗号分开):1,2,3↙(回车)
行数据(用逗号分开):4,5,6,8,10↙(回车)
行数据(用逗号分开):9,11,12,13↙(回车)
原矩阵:
[1, 2, 3, None]
[4, 5, 6, 8]
[9, 11, 12, 13]
转置矩阵:
[1, 4, 9]
[2, 5, 11]
[3, 6, 12]
[None, 8, 13]

对 input 输入字符串进行分割,形成字符串列表,再对每个元素转换为整数形成整数列表。矩阵输入是一整行,有可能元素数个数与列数不符,进行列数调整,即元素多了,则删除元素;元素少了,则增加元素(None)。注意:删除、增加元素都是直接在列表上进行。转置算法是把每一列变为每一行。实际上,new_arr=[[arr[i][j] for i in range(len(arr))] for j in range(len(arr))]即可实现。这是串行的思路,还可用并行的思路如例 3.6 所示,更简洁。

**【例 4.48】** 已知矩阵,输入元素下标[i,j],判断该元素是否为所在行、列的极小值。

```
arr=[[6,2,3,4],[5,1,7,8],[12,11,10,9]]           # 矩阵
row_col=input("输入行数和列数[row,col]: ")        # 输入行数、列数
row_col=row_col[row_col.find("[")+1: row_col.find("]")]   # 行数、列数分开
row,col=int(row_col.split(",")[0]),int(row_col.split(",")[1])   # 行、列
flag=True                                         # 默认是极小点
for j in range(len(arr[0])):                      # 所在行中是极小吗?
    if j==col: continue                           # 所在位置无须判断
    if arr[row][j]<=arr[row][col]:                # 不是最小点
        flag=False                                # 默认错了,修正
        break                                     # 无须再判断
if flag:                                          # 已是行中极小点
    for i in range(len(arr)):                     # 所在列中是极小吗?
        if i==row: continue                       # 所在位置无须判断
        if arr[i][col]<=arr[row][col]:            # 不是最小点
            flag=False                            # 默认错了,修正
            break                                 # 无须再判断
print("矩阵: ")                                   # 显示矩阵
for r in arr: print(r)
if flag:                                          # 显示极小点信息
    print("arr[%d][%d]=%d 是极小点。"%(row,col,arr[row][col]))
else:
    print("arr[%d][%d]=%d 不是极小点。"%(row,col,arr[row][col]))
```

运行结果:

输入行数和列数[row,col]: [2,3]↵(回车)
矩阵:
[6, 2, 3, 4]
[5, 1, 7, 8]
[12, 11, 10, 9]
arr[2][3]=9 不是极小点。
输入行数和列数[row,col]): [1,1]↵(回车)
矩阵:
[6, 2, 3, 4]
[5, 1, 7, 8]
[12, 11, 10, 9]
arr[1][1]=1 是极小点。

这个程序采用坐标定位实现，还可以采用更简洁的程序(只写出程序核心部分，其他部分相同)：

```
flag=False                              # 默认不是极值点
row_min=min(arr[row])                   # 行最小值
if row_min==arr[row][col]:              # 是行最小值时
    col_els=[x[col] for x in arr]       # 获得列
    col_min=min(col_els)                # 列最小值
    if col_min==arr[row][col]:          # 是列最小值时
        flag=True                       # 修正默认值
```

通过一题多解，要充分领会到程序设计实现目标唯一，但算法、程序不唯一，程序设计具有很强的灵活性。在目标可达的情况下，应追求时间、空间复杂度低的算法和可读性好的程序。

## 4.3.5 迭代工具与迭代推导式

聚合数据的数据模型为线性表或散列表，通过下标或键获取聚合数据的元素。以线性表为数据模型的聚合数据包括字符串、列表、元组，以散列表为数据模型的聚合数据包括集合、字典。离散数列生成函数 range 调用也具有顺序号(即下标)，通过顺序号也可以获取数值。下标、键统称为索引。通过索引可以定位、获取相应的元素。索引成为可迭代过程的基础，而聚合数据和 range 函数都成为可迭代对象(Iterable Object)。迭代是可迭代对象的特定循环，可遍历所有可能(for each)元素的机制，该机制依次变化索引(从小到大或从左到右)获取相应元素，直至索引越界，导致发生迭代异常 StopIteration。可迭代对象能够支持、拥有可迭代机制(也称可迭代协议)。

**1. 迭代工具**

可启动迭代过程的函数、表达式、语句等统称为迭代工具。只有通过迭代工具作用于可迭代对象，才能启动可迭代对象的迭代过程，并从可迭代对象获取系列元素。迭代工具在前面章节中都已经介绍过，在此进行总结。

collections 库含有 Iterable、Iterator、Gernerator 类型，即可迭代对象类型、迭代器类型、生成器类型。实例判别函数 isinstance 判断"运算对象"是否属于某一数据类型，该函数为内置函数，其函数原型为：

    bool isinstance(«运算对象»,«数据类型»)

该函数返回逻辑值 True 或 False。如果"运算对象"属于"数据类型"，则返回 True，否则返回 False，如：

  >>> from collections import Iterable↵(回车)   # 导入类型
  >>> st="你好！ ";lt=[1,2,3];tp=(1,2,3);se={1,2,3};dt={1: "语文",2: "数学"}↵(回车)
  >>> isinstance(st,Iterable),isinstance(lt,Iterable), isinstance(tp,Iterable),isinstance(se,Iterable), isinstance(dt,Iterable), isinstance(range(6),Iterable)↵(回车)
  (True, True, True, True, True, True)
  >>> isinstance(5,Iterable),isinstance(5.6,Iterable), isinstance(5+6j,Iterable)↵(回车)
  (False, False, False)

可见聚合数据和 range 都是可迭代对象，而整数、浮点数、复数都不是可迭代对象。

可启动迭代对象迭代过程的迭代工具包括 for 语句和 max、min、sum 和 list、tuple、set、dict

以及 functools 库的 reduce 等函数。对迭代过程获得的元素可进行处理，如：

```
>>> a=[1,2,3]; b=[10,20,30]↲(回车)              # 列表
>>> for x in a:                                  # 可迭代对象应用
        print(end="|")
        for y in b:                              # 可迭代对象应用
            print("%d+%d=%d"%(x,y,x+y),end="|")
        print()
|1+10=11|1+20=21|1+30=31|
|2+10=12|2+20=22|2+30=32|
|3+10=13|3+20=23|3+30=33|
```

列表 a、b 是可迭代对象，for 语句启动迭代过程，x、y 依次获取列表元素，并进行计算、输出。

```
>>> from functools import reduce↲(回车)          # 导入函数
>>> def add(x,y): return x+y↲(回车)              # 定义函数，两数值和
>>> s=0↲(回车)                                   # 变量、初始化
>>> for x in a: s+=x↲(回车)                      # 累加
>>> s,sum(a), sum(range(4)), reduce(add,a)↲(回车) # 迭代工具、可迭代对象
(6,6,6,6)
```

可见 a 为列表[1, 2, 3]，for 语句启动迭代过程依次获取元素 1、2、3（即 x）进行累加。求和函数 sum 启动迭代过程依次获取元素 0、1、2、3 进行累加。概括函数 reduce 启动迭代过程将函数 add 作用于列表 a，并依次获取元素 1、2、3 进行累加。

并发函数 map、元素组合函数 zip 作用于可迭代对象后生成新的可迭代对象，如：

```
>>> m=map(str,a)↲(回车)                          # 迭代工具生成可迭代对象
>>> m,isinstance(m,Iterable),tuple(m)↲(回车)
(<map object at 0x041CD8D0>, True, ('1', '2', '3'))
```

map 函数将整型函数 str 作用于列表 a，每个元素转换为字符串，但 m 是可迭代对象，可迭代对象 m 通过元组函数 tuple 启动迭代过程生成元组('1', '2', '3')。

```
>>> z=zip(a,b)↲(回车)                            # 迭代工具生成可迭代对象
>>> z,isinstance(z,Iterable),set(z)↲(回车)
(<zip object at 0x02D17CB0>, True, {(1, 10),(2, 20),(3, 30)})
```

zip 函数作用于列表 a、b 按序号形成元素元组。z 是可迭代对象，z 通过集合函数 set 启动迭代过程生成集合{(1, 10), (2, 20), (3, 30)}。

**2. 迭代推导式**

迭代工具还经常作用于 for 迭代推导式。迭代推导式形式为：

《可迭代对象元素变量表达式》 for 《可迭代对象元素变量》 in 《可迭代对象》

其中"可迭代对象"可以是聚合数据或 range 函数。"可迭代对象元素变量"表示在迭代过程中可以依次获取"可迭代对象"的元素。"可迭代对象元素变量表达式"为"可迭代对象元素变量"构成的表达式。for 推导式的含义是从"可迭代对象"中依次获取"可迭代对象元素变量"构成"可迭代对象元素表达式"，再通过迭代工具形成系列"可迭代对象元素表达式"的数据。对 for 迭代推导式必须注意：

(1) for 迭代推导式不同于 for 语句，不可单独使用。

(2) for 迭代推导式不是可迭代对象，但可以由迭代工具启动迭代过程，如：

&gt;&gt;&gt; list(x**2 for x in a),sum(x*x for x in range(1,6))↲(回车)

([1, 4, 9, 16, 25], 55)

(3) 当出现 for 推导式嵌套时，需要增加圆括号，如：

&gt;&gt;&gt; list(y+10 for y in (x**2 for x in a))↲(回车)　　　　　　# 迭代工具、推导式

[11, 14, 19]

(x**2 for x in a)必须有圆括号，表示 1、4、9 数列的可迭代对象，外层 for 迭代推导式表示迭代依次获取 1、4、9 后加 10，最后 list 函数构成列表[11, 14, 19]。又如：

&gt;&gt;&gt; for y in (x**2 for x in a): print(y+10,end="　")↲(回车)

11　14　19

for 语句中 for 迭代推导式(x**2 for x in a)必须有圆括号。通过圆括号作为分隔符，使 for 迭代推导式与其他分开，此时构成可迭代对象，如：

&gt;&gt;&gt; isinstance((x**2 for x in a),Iterable)↲(回车)

True

迭代工具都可以作用于 for 迭代推导式构成的可迭代对象，如：

&gt;&gt;&gt; list(x**2 for x in a),list((x**2 for x in a))↲(回车)

([1, 4, 9], [1, 4, 9])

也就是说，迭代工具可作用于 for 迭代推导式，也可以作用于 for 迭代推导式构成的可迭代对象，两者等价。但在有歧义时，要使用 for 迭代推导式构成的可迭代对象，如 for 迭代推导式嵌套或 for 语句嵌套 for 迭代推导式时，也要适当加圆括号。

当多个 for 迭代推导式不是嵌套关系、不存在歧义时，可以加圆括号区分，如：

&gt;&gt;&gt; list((x1,x2) for x1 in range(1,5) for x2 in range(5,8))↲(回车)

[(1, 5),(1, 6),(1, 7),(2, 5),(2, 6),(2, 7),(3, 5),(3, 6),(3, 7),(4, 5),(4, 6),(4, 7)]

这是两个迭代构成嵌套。前者 for 迭代推导式嵌套着后者 for 迭代推导式。

&gt;&gt;&gt; list(x1 for x1 in range(1,5) for x2 in range(5,8))↲(回车)

[1, 1, 1, 2, 2, 2, 3, 3, 3, 4, 4, 4]

&gt;&gt;&gt; list(x2 for x1 in range(1,5) for x2 in range(5,8))↲(回车)

[5, 6, 7, 5, 6, 7, 5, 6, 7, 5, 6, 7]

(4) for 迭代推导式的"可迭代对象元素变量表达式"可以是 if 条件运算表达式，如：

&gt;&gt;&gt; tuple(x if x%2==0 else 0 for x in range(10))↲(回车)

(0, 0, 2, 0, 4, 0, 6, 0, 8, 0)

(5) for 迭代推导式还可以加入 if 限定式，其形式为：

《可迭代对象元素变量表达式 1》for《可迭代对象元素变量》in《可迭代对象》if《可迭代对象元素变量表达式 2》

其中，"可迭代对象元素变量表达式 2"为"可迭代对象元素变量"构成的表达式，其值为"逻

辑真"或"逻辑假"。"可迭代对象元素变量表达式 2"为"逻辑真"时,可用于"可迭代对象元素变量"选取"可迭代对象"元素后再进行"可迭代对象元素变量表达式 1"计算处理,如:

>>> list(x**2 for x in range(10) if x%2!=0) ↵(回车)
[1, 9, 25, 49, 81]

通过 if 限定式,选取 1、3、5、7、9 元素,再平方计算,过滤了 0、2、4、6、8 元素。

>>> list((x1,x2) for x1 in range(1,5) for x2 in range(5,8) if x1+x2<8) ↵(回车)
[(1, 5), (1, 6), (2, 5)]

通过 if 限定式,x1 取得元素为 1 和 2,x2 取得元素 5 和 6,再组成二元组,过滤了其他元素。

除了聚合数据模型、可迭代对象、迭代机制(可迭代协议)、迭代工具概念外,可迭代对象并不局限于聚合数据和 range 函数,还可以设计可迭代对象,即迭代器和生成器。有关迭代器、生成器内容参见第 6 章、第 7 章。

## 4.3.6 结构化程序设计举例

【例 4.49】 学生一门课成绩分析。成绩分析包括从大到小排序、总成绩、最高成绩、最低成绩、平均成绩和成绩离散程度。

成绩离散度(均方差、标准差)表示所有学生成绩与平均成绩的偏离总体程度,即总体成绩偏差分数。计算公式为 $\sqrt{\dfrac{\Sigma(x_i - \overline{x})^2}{n-1}}$,其中 n 为成绩个数,$x_i$ 为一个成绩,$\overline{x}$ 为平均成绩。

```
from math import *                                  # 导入数学库
scores=input("输入学生成绩(逗号分开): ")              # 输入数据—字符串
scores=scores.split(",")                             # 数值字符串
scores=list(map(int,scores))                         # 数值列表
for i in range(len(scores)-1):                       # 选择排序,从大到小
    r=i                                              # 默认当前最大值位置
    for j in range(i+1,len(scores)):                 # 当前位置之后的其他位置
        if scores[r]<scores[j]:                      # 默认当前最大位置有误
            r=j                                      # 修改当前最大位置
    if r!=i:                                         # 不是最初默认最大位置
        scores[i],scores[r]=scores[r],scores[i]      # 修正最大值
s=0                                                  # 数值之和
for xi in scores: s+=xi                              # 每个成绩累加
avg=s/len(scores)                                    # 数值平均值
var=0                                                # 数值标准方差
for xi in scores: var+=(xi-avg)**2
var=sqrt(var/(len(scores)-1))
mx=mn=scores[0]                                      # 默认最大值最小值
for xi in scores:
    if xi>mx: mx=xi                                  # 修正最大值
    else xi<mn: mn=xi                                # 修正最小值
```

```
print("排序成绩: ",scores)                              # 输出各信息
print("总成绩单: ",s)
print("最大成绩: ",mx,"    最小成绩: ",mn)
print("平均成绩: ",avg,"    标准差: ",var)
```

运行结果:

```
输入学生成绩(逗号分开): 90,80,60,80,70,80,90↵(回车)
排序成绩: [90, 90, 80, 80, 80, 70, 60]
总成绩单: 550
最大成绩: 90      最小成绩: 60
平均成绩: 78.57142857142857      标准差: 10.690449676496975
```

从键盘输入字符串 "90,80,60,80,70,80,90", split 函数拆分为各个数值字符串列表 ["90","80","60","80","70","80","90"], 通过 map 函数把 int 函数作用于每个元素, 进一步 list 函数构成列表 [90,80,60,80,70,80,90] 形成成绩单 scores, 为后续计算奠定基础。这个程序有多项功能:

(1) 从大到小的选择排序: 默认当前位置 i 对应最大值(位置记为 r), 位置 j 从当前位置开始依次比较 scores[r]、scores[j]。如果默认最大值的位置有误, 修正当前最大值的位置 r=j。当 j 遍历结束后, 如果默认当前最大值位置变化了 i!=r, 则对换当前最大值 scores[i],scores[r]=scores[r],scores[i]。再次从当前最大值位置 i 开始, 直到遍历结束。

(2) 总成绩、平均成绩计算: 总成绩计算就是初始化 s(即 s=0) 后累加每个成绩 xi 过程, 平均成绩 avg 为总成绩 s 除以成绩个数 len(scores)。

(3) 均方差计算: 方差求解先进行初始化 var(即 var=0) 后累加每个成绩与平均值差的平方 (xi-avg)**2, 再进行后续除计算、开方计算。

(4) 最大成绩、最小成绩: 初始化最大值、最小值比例 mm、mn 为第 0 个元素, 默认既是最大也是最小。遍历其他成绩 xi 并进行比较: 如果 xi 大于默认值 mm, 修正默认最大值 mm; 否则, 如果 xi 小于默认值 mn, 修正默认最小值 mn。

实际上, 统计库 statistics 也提供上述计算功能, 程序如下:

```
from statistics import *                               # 导入统计库
scores=input("输入学生成绩(逗号分开): ")                  # 输入数据—字符串
scores=scores.split(",")                               # 数值字符串
scores=list(map(int,scores))                           # 数值列表
s=sum(scores)                                          # 数值之和
avg=mean(scores)                                       # 数值平均值
var=stdev(scores)                                      # 数值标准方差
mx=max(scores)                                         # 数值最大值
mn=min(scores)                                         # 数值最小值
scores.sort(reverse=True)                              # 数值从大到小排序
print("排序成绩: ",scores)                              # 输出各信息
print("总成绩单: ",s)
print("最大成绩: ",mx,"    最小成绩: ",mn)
print("平均成绩: ",avg,"    标准差: ",var)
```

程序导入 statistics 库。该库有统计学常用的函数，如求均值函数 mean、均方差函数 stdev，其参数要求为数值列表。Python 内置求和函数 sum、最大值函数 max、最小值函数 min，其参数为数值列表。排序成员函数 sort 直接对自身列表排序。前后两个程序：前者是问题求解算法设计和实现，后者是问题求解功能应用。

【例 4.50】 学生成绩管理。成绩单包括学号、姓名、班级、平时成绩、实验成绩、期末成绩、总成绩(图 4.20)。其中，总成绩=平时成绩*10%+实验成绩*30%+期末成绩*60%。要求对成绩单的管理：输入学生信息、求解总成绩、根据学号或总成绩排序、查找学生、删除学生信息、显示所有信息。

C 语言成绩单

| 序号 | 学号 | 姓名 | 班级 | 平时成绩 | 实验成绩 | 期末成绩 | 总成绩 |
|---|---|---|---|---|---|---|---|
| 1 | 2016015111 | 张三 | 化工16-1班 | 70 | 60 | 70 | |
| 2 | 2016015222 | 李四 | 软件16-1班 | 80 | 70 | 80 | |
| 3 | 201601333 | 王五 | 软件16-1班 | 90 | 90 | 90 | |
| 4 | 201601444 | 刘六 | 软件16-1班 | 50 | 60 | 50 | |

图 4.20 成绩单

通过数据管理例子，进一步熟悉聚合数据的一些应用。

(1) 存储设计。

学号是唯一的，以此为关键字(如 2016015111 等)建立字典，其值又为字典，关键字为"姓名""班级""平时成绩""实验成绩""期末成绩"和"总成绩"为键。设成绩单字典为 sc_table，如{'2016015111': {'姓名': '张三', '班级': '化工 16-1 班', '平时成绩': ' 70', '实验成绩': '60', '期末成绩': '70', '总成绩': '67.0'}, '2016015333': {'姓名': '王五', '班级': '软件 16-1 班', '平时成绩': ' 90', '实验成绩': '90', '期末成绩': '90', '总成绩': '90.0'}}。这过程为数据库设计。

(2) 功能设计。

① 数据录入：从键盘输入学号、姓名、班级、平时成绩、实验成绩、期末成绩，然后在 sc_table 上增加一个记录(字典元素)。由于采用字典管理数据，与加入元素顺序无关。这一过程是数据库记录增加。

② 总成绩计算：根据每个学生的平时成绩、实验成绩、期末成绩，计算总成绩(总成绩=平时成绩*10%+实验成绩*30%+期末成绩*60%)，并增加至学生信息中(字典元素)。这一过程是数据库记录更新。

③ 记录排序：根据学号或总成绩对学生记录信息进行排序。学号从小到大排序、总成绩从大到小排序。这一过程是数据库记录排序。

④ 查找记录：根据学号或姓名查找学生记录，并给出查找信息。这一过程是数据库记录查询。

⑤ 删除记录：根据学号或姓名删除学生信息，并给出删除信息。这一过程是数据库记录删除。

⑥ 显示记录：显示所有学生信息。这过程是数据库记录展示。

(3) 代码实现。

① 增加记录：

```
sc_table={}                                                # 成绩单
while True:
```

```
        record=input("输入记录(用逗号分开): ")              # 输入信息
        record=record.split(",")                          # 字符串分开每个信息,列表
        num=record.pop(0)                                 # 获取学号,并删除
        title=["姓名","班级","平时成绩","实验成绩","期末成绩"]    # 表头信息
        record=dict(zip(title,record))                    # 形成元组=>字典
        record={num: record}                              # 形成学生记录字典
        sc_table.update(record)                           # 加入成绩单(字典)
        yesno=input("还输入学生记录吗? (y 或 n)")           # 继续加入记录吗?
        if yesno.upper() not in ["Y","YES"]: break        # 不再加入记录
```

运行结果:

输入记录(用逗号分开): 2016015333,王五,软件 16-1 班,90,90,90↲(回车)
还输入学生记录吗?(y 或 n)y↲(回车)
输入记录(用逗号分开): 2016015111,张三,化工 16-1 班,70,60,70↲(回车)
还输入学生记录吗?(y 或 n)n↲(回车)

② 计算总成绩:

```
    for num in sc_table:                                  # 成绩单的每个学号
        record=sc_table[num]                              # 获取学号的记录信息,字典
        total=float(record["平时成绩"])*0.1+\
              float(record["实验成绩"])*0.3+\
              float(record["期末成绩"])*0.6                # 计算总成绩
        record.update({"总成绩": str(total)})              # 更新每个总成绩
```

运行结果:

>>> sc_table↲(回车)
{'2016015333': {'姓名': '王五', '班级': '软件 16-1 班', '平时成绩': ' 90', '实验成绩': '90', '期末成绩': '90', '总成绩': '90.0'}, '2016015111': {'姓名': '张三', '班级': '化工 16-1 班', '平时成绩': ' 70', '实验成绩': '60', '期末成绩': '70', '总成绩': '67.0'}}

③ 记录排序:

```
# 按学号排序
sorted_index=sorted(sc_table)                             # 获取学号(键)的排序列表
sc_table_sorted={}                                        # 临时排序成绩单
for num in sorted_index:                                  # 按学号顺序序加入排序的记录
    sc_table_sorted.update({num: sc_table[num]})          # 加入记录每个记录
sc_table=sc_table_sorted                                  # 更新原来的成绩单
```

运行结果:

>>> sc_table↲(回车)
{'2016015111': {'姓名': '张三', '班级': '化工 16-1 班', '平时成绩': ' 70', '实验成绩': '60', '期末成绩': '70', '总成绩': '67.0'}, '2016015333': {'姓名': '王五', '班级': '软件 16-1 班', '平时成绩': ' 90', '实验成绩': '90', '期末成绩': '90', '总成绩': '90.0'}}

                                                          # 按总成绩排序

```python
sorted_index=[(sc_table[num]["总成绩"],num) for num in sc_table]   # 总成绩、学号元组
sorted_index.sort(reverse=True)                                    # 对列表中元组排序
sc_table_sorted={}                                                 # 临时排序成绩单
for num in sorted_index:                                           # 按总成绩排序加入排序的记录
    sc_table_sorted.update({num[1]: sc_table[num[1]]})             # 加入记录每个记录
sc_table=sc_table_sorted                                           # 更新原来的成绩单
```

运行结果:

```
>>> sc_table↲(回车)
{'2016015333': {'姓名': '王五', '班级': '软件 16-1 班', '平时成绩': ' 90', '实验成绩': '90', '期末成绩': '90', '总成绩': '90.0'}, '2016015111': {'姓名': '张三', '班级': '化工 16-1 班', '平时成绩': ' 70', '实验成绩': '60', '期末成绩': '70', '总成绩': '67.0'}}
```

④ 查找学生:

```python
# 按学号查找
num=input("输入学号: ")                           # 输入学号
record=sc_table.get(num)                         # 查找学生
if record==None:                                 # 没找到学生
    print("没找到学号%s 的学生！"%num)             # 输出没找到信息
else:                                            # 找到学生
    print("%s"%num,end="")                       # 显示学号
    for value in record.values():                # 显示所有值
        print("|%s"%value,end="")
print("\n")
print("查找结束！")
```

运行结果:

```
输入学号: 201605222↲(回车)
没找到学号 201605222 的学生!
查找结束!
输入学号: 2016015333↲(回车)
2016015333|王五|软件 16-1 班| 90|90|90|90.0
查找结束!
```

```python
# 按姓名查找
name=input("输入姓名: ")                          # 输入姓名
found_records={}                                 # 同名所有记录, 字典
for num in sc_table:                             # 成绩单的每个学号
    record=sc_table[num]                         # 获取学号的记录信息, 字典
    if record["姓名"]==name:                      # 找到姓名
        found_records.update({num: record})      # 加入找到记录
if found_records!={}:                            # 没找到记录
    for num in found_records:                    # 学号(字典关键字)
        print("%s"%num,end="")                   # 显示学号
```

```
            for value in found_records[num].values():    # 获取学号对应的所有值的列表
                print("|%s"%value,end="")                # 显示每个值
            print("\n")
    else:
            print("没找到姓名%s 的学生!"%name)
    print("查找结束！")
```

运行结果:

输入姓名: 刘六↵(回车)
没找到刘六的学生!
查找结束!
输入姓名: 张三↵(回车)
2016015111|张三|化工 16-1 班| 70|60|70|67.0
查找结束!

在根据姓名查询中,考虑到可能重名,因此采用字典收集所有同名记录。

⑤ 删除记录:

```
# 按学号删除
num=input("输入学号: ")                              # 输入学号
try:                                                # 异常检测
    record=sc_table.pop(num)                         # 弹出记录, 并删除
except(KeyError):                                    # 没找到学生
    print("没找到学号%s 的学生！"%num)                # 输出没找到信息
else:                                                # 找到学生
    print("%s"%num,end="")                           # 显示学号
    for value in record.values():                    # 显示所有值
        print("|%s"%value,end="")
    print("删除成功!")
        finally:                                     # 删除结束
print("删除结束！")
```

程序用了异常捕获与检测。异常是在运行阶段发生的,不同于程序语法、算法错误。当学号 num 不存在(不在已有范围内)时,弹出成员元素函数 pop 无法定位记录、删除记录就抛出 KeyError 异常。通过 try 捕获异常和 except 检测异常,决定相应处理。这一过程类似于 if 语句。也可以采用类似"按学号查找"进行改进: 通过获取元素成员函数 get 获取信息,如果信息存在,再用 pop 函数删除记录就不会发生异常。

```
# 按姓名删除
name=input("输入姓名: ")                             # 输入姓名
found_records=[]                                    # 临时找到学生的记录
for num in sc_table:                                # 成绩单的每个学号
    record=sc_table[num]                            # 获取学号的记录信息, 字典
    if record["姓名"]==name:                         # 找到学生
        found_records.append(num)                    # 追加找到学生学号
```

```
            if found_records!=[]:
                for num in found_records:                      # 学号(字典关键字)
                    record=sc_table.pop(num)                   # 弹出记录,并删除
                    print("%s"%num,end="")                     # 显示学号
                    for value in record.values():              # 获取学号对应的所有值的列表
                        print("|%s"%value,end="")              # 显示每个值
                    print("删除成功!")
            else:
                    print("没找到姓名%s 的学生!\n"%name)
        print("删除结束！\n")
```

删除记录首先要定位,即先执行查询,再利用成员函数 pop 删除记录。考虑到删除记录时没必要收集原有记录信息,只采用列表保留学号,根据学号删除了 sc_table 中记录,即删除同名的所有记录。

⑥ 显示记录表:

```
    for num in sc_table:                                       # 学号(字典关键字)
        print("%s"%num,end="")                                 # 显示学号
        for value in sc_table[num].values():                   # 获取学号对应的所有值的列表
            print("|%s"%value,end="")                          # 显示每个值
        print("\n")
```

运行结果:

2016015111|张三|化工 16-1 班|70|60|70|67.0
2016015333|王五|软件 16-1 班|90|90|90|90.0

这个例子是模拟数据库应用开发,可进一步完善记录,实现更加丰富的增加、删除、修改、查询、统计等功能,如修改数据项、统计平均值和每个分数段的人数等。如果采用列表存储学生信息,列表的下标(次序)可以默认为"姓名""班级""平时成绩""实验成绩""期末成绩"和"总成绩",其数据管理流程与采用字典管理数据相同。

# 本章小结

程序结构是指语句的执行流程,也就是一个语句执行完毕后如何决定执行下一个语句,可分为顺序结构、分支结构(也称为选择结构)和循环结构。顺序结构是最简单的结构,一个语句执行完毕后不进行任何判断就"每行自上而下、同行自左到右"依次执行后续语句,而分支结构、循环结构进行条件判断后再决定下一语句的执行。三种结构的组合可以求解任何复杂问题。

Python 语言通过调用函数 input 和 print 实现以键盘、屏幕为输入和输出设备的输入输出。输入函数原型为: str input(〖«提示字符串»〗),其中〖〗表示可选项,在屏幕上显示"提示字符串",从键盘输入数据,返回字符串,即使输入数值也是数值字符串。输入数值后需要进行 int 或 float 等类型转换。输出函数原型为: NoneType print(〖«格式说明串»〗〖%(«运算对象系列»)〗〖,end=

«字符串»))或 print(«运算对象列表»),end=«结束字符串»),sep=«分割字符串»)),返回 None。"运算对象系列"可以是若干常量、变量、表达式、有返回值的函数。"格式说明串"包括原样输出的普通字符和格式控制串"%±0m.n«格式符»",其中"格式符"为与输出数据的数据类型对应,主要有 d、f、c 等;±表示在输出数据所占列数较大时数据靠右还是靠左对齐;"m"表示输出数据所占的列数(列数小时,数据原样输出,不失真);"n"表示数据的小数位(对浮点型数据而言)或从字符串头部所取的字符数(对字符串而言)。还要求输出数据与"格式控制串"一一对应,包括数据类型和数据个数。"end=«结束字符串»"指明输出数据时以"结束字符串"为结束标记,缺省时为回车换行(光标移到下一行左边)。"sep=«分割字符串»"指明输出数据时以"分割字符串"为各输出数据的分割标记。print 函数还可以不带"格式说明串",直接输出数据原样。在进行字符的输入输出时,经常用到内置函数 ord 和 chr。编码函数 ord 把字符转换为 Unicode 编码,而字符函数 chr 把 Unicode 编码转换为字符。Unicode 包含 ASCII,中文也是 Unicode 编码。

分支程序结构也称为选择程序结构,根据"选择条件"决定相应处理。"选择条件"作为分支程序结构的重要组成部分,主要采用关系运算(即比较运算)和逻辑运算的表达式。应用上,"选择条件"为"逻辑真"或"逻辑假",不单是 True 或 False。

条件表达式为:«表达式 1» if «选择条件» else «表达式 2»,"选择条件"为"逻辑真"时"表达式 1"为条件表达式的结果;"选择条件"为"逻辑假"时"表达式 2"为条件表达式的结果。条件表达式的数据类型为"表达式 1"或"表达式 2"的类型。"选择条件""表达式 1""表达式 2"可以为常量、变量或表达式(包括条件表达式)。条件运算符为左结合性运算符。条件表达式可以嵌套。条件表达式用到 if、else 关键字,但不同于 if 语句,即前者是表达式,后者是语句。

由 if 语句、if-elif-else 语句实现分支程序结构,其中 if 语句用于实现二选一的二分支结构,而 if-elif-else 语句用于实现多选一的多分支结构。if 语句形式为:

if «选择条件»:
    «语句块 1»
else:
    «语句块 2»

其中,"选择条件"可以是常量、变量、表达式(尤其是关系表达式或逻辑表达式),其值为"逻辑真"时,执行"语句块 1",否则,即值为"逻辑假"时,执行"语句块 2"。"语句块"可以是合法组织的若干语句。"语句块 1"和"语句块 2"均可含有 if 语句,从而实现 if 语句嵌套,具有多选一功能。if 语句的 else 子句是可选子句。在多分支的 if 语句嵌套中,else 子句只与对齐的 if 子句配对。

if-elif-else 语句形式为:

if «选择条件 1»:
    «语句块 1»
elif «选择条件 2»:
    «语句块 2»
else:
    «语句块 3»

实际上,if-elif-else 语句执行顺序: 如果"选择条件 i"(i=1,2,…)为"逻辑真",执行"语句块 i"。只有所有"选择条件"为"逻辑假"时，执行 else 子句的"语句块"，实现"多选一"的功能。在 if-elif-else 语句中，"语句块"还可包含分支选择 if 语句、if-elif-else 语句，从而构成更加复杂的分支嵌套。

　　循环程序结构实现具有相同变换规律的问题求解，体现在反复执行一段相同功能的程序段，即循环程序。为了确保循环程序在有限的步骤内完成问题求解，避免陷入死循环，循环程序通常包括四个要素：有关问题初始化、循环条件、循环求解目标和循环控制变量变化。有关问题初始化包括循环控制变量、累加或累乘、标记符号的初始化等。循环条件决定结束或继续循环，常为关系（比较）表达式或逻辑表达式。循环求解目标需要反复执行，体现有规律的问题求解，此外还包括循环控制变量的变化、标记符号的变化等。循环控制变量的变化很重要，随着循环执行的进行，其与循环条件联合，循环控制变量的变化一定朝着循环条件不能满足的方向逐渐逼近变化，使得循环能够在有限的步骤内终止。循环体还可嵌入顺序程序结构、分支程序结构和循环程序结构。在循环语句中嵌入循环语句构成了嵌套循环。外层循环进行一次，内层循环则进行一个完整循环，也就是外层循环变化慢，内层循环变化快。由 for 语句和 while 语句实现循环程序，统称循环语句。

　　for 语句形式为：

for «循环变量» in «可迭代对象»：
　　«语句块 1»
⌊else：
　　«语句块 2»⌋

其中，"可迭代对象"可以是聚合数据和 range 函数。"循环变量"依次尝试、遍历"可迭代对象"的每个元素，执行"语句块 1"。else 子句是 for 语句组成部分。for 语句正常结束时执行 else 子句的"语句块 2"。for 语句结构清晰，可读性好。

　　for 还是一种循环运算符，构成迭代推导式：

«表达式» for «循环变量» in «可迭代对象⌊迭代器»⌋⌊«for 运算»⌋⌊«条件运算»⌋

其中，"循环变量"遍历"可迭代对象"的每个元素，并形成"表达式"所有可能值，进一步可由迭代工具启动。

　　while 语句形式为：

while «循环条件»：
　　«语句块 1»
⌊else：
　　«语句块 2»⌋

其中，"循环条件"为"逻辑真"时执行"语句块 1"，否则执行 else 子句的"语句块 2"。for 语句和 while 语句的"语句块"均可以包含循环语句构成循环嵌套。

　　从实现功能角度看，循环语句是等价的，可以相互代替。但从编程风格看，针对不同问题，编程的简易性和可读性有所不同，需要注意以下事项：

　　(1) for 语句一般用于事先知道循环次数或等步长的情况，可读性好。

　　(2) while 语句一般用于不知道循环次数、步长可变或没有循环控制变量的情况。

　　(3) for 语句是迭代工具，可启动可迭代对象的迭代过程，而 while 语句的语句块应包含使循环趋于结束的语句，使"循环条件"趋于"逻辑假"。如果有循环控制变量，循环控制变量初始化应在 while 语句之前完成。

break 语句和 continue 语句只能用于 for 语句和 while 语句的"语句块"中,而且转向位置是缺省的、固定的,无须语句标号。break 语句跳转出当前循环语句,终止循环,即跳出循环外(包括 else 子句);而 continue 语句结束当前循环语句的当前次循环,提前进入下一次循环,并没有终止循环,还在循环内(回到循环的开头处)。在循环嵌套中,break 语句和 continue 语句涉及当前循环语句,与其他层次的循环语句无关。

基于线性表的字符串、列表、元组和基于散列表的集合、字典以及 range 函数调用都是可迭代对象,下标、键为索引,通过索引可以获取可迭代对象的元素。可迭代对象支持迭代协议,并在迭代工具作用下启动迭代过程逐一迭代获取元素,并进一步进行相关处理。

## 习题四

1. 顺序程序设计

(1) 将华氏温度转换为摄氏温度和热力学温度,其转换关系为:

$$c = \frac{5}{9}(f-32) \quad \text{(摄氏温度)}$$

$$k = 273.15 + c \quad \text{(热力学温度)}$$

(2) 把极坐标 $(r,\theta)$ ($\theta$ 单位为度) 转换为直角坐标 $(x,y)$,其转换关系为:

$$x = r * \cos\theta$$
$$y = r * \sin\theta$$

(3) 求任意多个实数的平均值、平方和、平方和开方。

(4) 身体指数(即体指): 体指=体重/身高$^2$,其中体重、身高单位为千克、米。输入身高、体重,输出身体指数。

2. 分支程序设计

(1) 程序实现如下函数,输入 x,输出 y。

$$y = \begin{cases} \dfrac{\sin(x)+\cos(x)}{2} & (x \geqslant 0) \\ \dfrac{\sin(x)-\cos(x)}{2} & (x<0) \end{cases}$$

(2) 字符判断、转换输出: 小写字母变为大写输出;大写字母变小写输出;数字字符不变输出;其他字符,输出"other"。

(3) 输入三角形的三条边长 a、b、c,判断是什么三角形(等边三角形、等腰三角形、一般三角形、不能构成三角形)。如果三条边构成三角形,计算并输出三角形面积 (s=(a+b+c)/2, area=sqrt((s-a)*(s-b)*(s-c)))。

(4) 出租车计价: 起步价 8 元 3 公里,3 公里以后每公里 1.8 元,并且不足 0.5 公里按 0.9 元计价,大于 0.5 公里不足 1 公里按 1.8 元计价。输入里程,输出打车价钱。

3. 循环程序设计

(1) 求两个整数的最大公约数和最小公倍数。

(2) 水仙花数是指一个三位数,其各位数字的立方之和等于该数本身,如水仙花数 $153=1^3+5^3+3^3$。求所有水仙花数。

(3) 求和 $s_n = \dfrac{1}{2} + \dfrac{1}{1+2} + \dfrac{1}{1+2+3} + \cdots + \dfrac{1}{1+2+3+\cdots+n}$。输入 n,输出 $s_n$ 以及公式。

(4) 进制数转换: 十进制正整数转换为 r 进制数,r 最大值为 36。

(5) 进制数转换: 十进制正小数(小于 1)转换为 r 进制数,r 最大值为 36。

(6) 设置奖品组合方案：购物中心为了促销，预设 1000 万元用于回馈顾客，奖品有轿车(30 万元)、全套家装(20 万元)、家具(5 万元)、卫浴(2 万元)、餐具(0.5 万元)。根据价格设置等级，一等奖轿车至少 1 辆最多 3 辆，二等奖全套家装至少 10 套最多 30 套，家具至少 50 套最多 100 套，卫浴至少 100 套、餐具至少 400 套。假设 5 种奖品总数 200 样(件)，奖品有几种组合？各样奖品分别多少样(件)？

(7) 用循环算法实现 2.(4) 题。

(8) 用二分法求解方程 $2x^2-19x+\sin(x)+24=0$ 的根，并已知根在 (5, 9) 之间。

(9) 求解圆周率：圆的直径为边做正方形。从 random 库中随机函数 random 返回 [0,1] 区间的随机数。

(10) 破解密码锁：密码锁有 3 个轮子，每个轮子由 0~9 数字构成。由"机器人"设置密码，"外人"不知。"外人"尝试多次，要么破解，要么放弃。程序模拟"机器人""外人"密码锁设置、密码破解过程。

(11) 荡秋千：荡秋千时最高与挂钩持平，最低处紧挨地面。每次秋千回荡的高度是前一次高度的 4/5。输入绳索长度 L，求回荡的第 n 次的高度是多少？近似荡过的路程是多少？

(12) 松鼠储备野果过冬：为了度过冰天雪地的冬季，松鼠总要在秋季提前储备野果过冬。大雪封山后，松鼠每天总要吃掉一半野果又一个。

① 冬季 N 天后还能剩 1 个野果，大雪封山时松鼠储备了多少个野果？

② 如果松鼠准备 Total 个野果，按这种吃法，松鼠开春(假设冬季 150 天)还剩至少 1 个野果吗？

(13) 输入数值方阵，输出：

① 对角线元素之和。

② 所有极小值点。极小值点是元素所在行、列中都是最小的。

③ 每行元素之和、每列元素之和。

④ 两个大小等同的矩阵，位置相同的元素乘积构成新矩阵。

(14) 将例 4.50 中的学生信息改用列表实现。

# 第5章 模块化程序设计(一)

结构化程序设计可以实现程序功能,但没有进行功能抽象。即使有相同功能,也必须有多段相同代码,无法实现代码重用,代码利用率低,也导致可维护性差等问题。模块是明确接口和功能的程序单元,具有独立性、可互换性和通用性等特点,确保模块设计和开发能够有效分工协作、代码高效重用、程序可读性好等。模块化是把复杂系统按一定组织方式(如自顶向下)分解若干子模块的过程,从而降低程序复杂度,使程序设计、调试和维护等简单化。对于模块接口和功能相同的不同模块,即使这些模块内部实现各不相同,在程序集成中也可以相互替代,如同不同厂商、工艺、材料的计算机网卡可以互换一样。有些通用性强的模块可以集成在同一或不同程序中,提高模块的复用性和开发效率。Python 语言既是结构化程序设计语言,又是模块化程序设计语言,其模块化思想体现在函数定义和函数调用。本章通过 Python 语言函数学习,掌握模块化程序设计概念和方法。

## 5.1 函数分类

### 5.1.1 问题提出

Python 语言不仅是结构化程序设计语言,而且是模块化程序设计语言。"结构(structure)"存在于"模块(module)"内部,实现问题求解,而"模块"是组成程序功能的基本单位。程序(软件系统)可以由若干具有一定独立性的模块组成,模块之间通过模块的接口发生联系,而与模块在源程序中位置无关。总之,结构化强调模块内部的功能实现(即问题求解过程),而模块化强调功能的封装和衔接。Python 语言以函数形式构成具有一定功能的程序模块,通过函数调用,确定程序模块之间的联系。Python 语言程序设计也就是利用结构化的程序设计方法编制模块(即函数定义)的过程,同时通过函数定义规范,制定函数的接口(即函数声明)和函数之间的联系(即函数调用)。函数之间的联系与函数在源程序中的位置无关。先看以下 Python 程序。

【例 5.1】 实现三角正弦、余弦函数之和。

```
from math import *                              # 导入数学库
x=float(input("x="))                            # 输入数据
y=float(input("y="))
z=sin(x*pi/180)+cos(y*pi/180)                   # 正余弦函数之和
for _ in range(22): print('*',end="")           # 显示星号
print()
print("The value is ",end="")                   # 显示信息
print("%5.3f"%z)                                # 显示数据
for _ in range(22): print('*',end="")           # 显示星号
print()
pass                                            # 空语句
```

运行结果：

x=2↵(回车)
y=4↵(回车)
**********************
The value is 1.032
**********************

这个程序是结构化程序，业务逻辑包括数据输入、三角函数及求和计算、星号显示、信息显示、数值显示和空语句，而且两个星号显示代码完全相同。一旦求解问题复杂，没有按业务逻辑(功能划分)组织程序，将使程序可读性差，导致程序可维护性和重用性差。

Python 程序可以由若干程序组成，而每个程序又由若干导入库和若干函数组成(图 5.1)。对上述程序以模块化设计进行改写，可更好理解 Python 程序的构成：

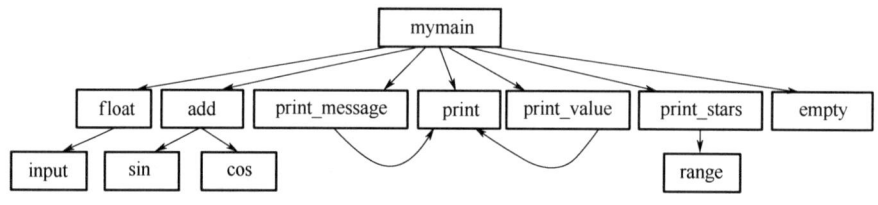

图 5.1　函数调用关系

【例 5.2】　实现三角正弦、余弦函数之和：函数定义与函数调用(设文件名为 example.py)。

```
from math import *                              # 导入数学库
def mymain():                                   # 函数定义，主控函数
    x=float(input("x="))                        # 函数调用、类型转换，输入数据
    y=float(input("y="))
    z=add(x,y)                                  # 函数调用
    print_stars()                               # 函数调用
    print_message()                             # 函数调用
    print_value(z)                              # 函数调用
    print_stars()                               # 函数调用
    empty()                                     # 函数调用
```

```
def add(x,y):                                    # 函数定义,正余弦函数之和
    c=sin(x*pi/180)+cos(y*pi/180)
    return c
def print_stars():                               # 函数定义,显示星号
    for _ in range(22): print('*',end="")
    print()
def print_message():                             # 函数定义,显示信息
    print("The value is ",end="")
def print_value(w):                              # 函数定义,显示数据
    print("%5.3f"%w) def empty():                # 函数定义,空函数
    pass
```

运行结果:

```
>>> mymain()↵(回车)                              # 函数调用
x=2↵(回车)
y=4↵(回车)
**********************
The value is 1.032
**********************
```

程序按业务逻辑(功能)分解为多个函数,从中可看出 Python 模块化程序构成:

(1) example.py 文件包括 mymain、add、print_stars、print_message、print_value、empty、sin、cos、print 和 input 相互独立的函数,还有 from math import *数学库导入。

(2) example.py 文件经过 Python 解释,所有函数驻留在当前 Python 解释环境中,可随时调用各个函数,如同库(math)导入后,库中所有函数(sin、cos、abs、sqrt 等)和常数(如 pi、e 等)都可用一样。

(3) 函数都是具有一定功能的程序模块,通过函数调用确定函数之间的联系,而与函数在文件中位置无关,即 example.py 中各函数位置任意调整,运行结果都一样。各函数之间的关系如图 5.1 所示。

## 5.1.2 函数种类

函数是 Python 语言程序功能的基本单位,有不同划分方法:

(1) 根据函数的来源,函数可分为系统函数和自定义函数。系统函数就是 Python 解释环境内置函数、第三方导入标准库函数等统称,如 print、input、sin、cos 函数。对这种函数,用户只要了解函数功能和函数原型就可以正确使用。自定义函数就是根据问题求解的需要由用户自己编制的函数,如 add、print_value 函数。

(2) 根据函数的参数,函数可分为有参函数(如 add 函数)、无参函数(如 print_stars 函数)和空函数(如 empty 函数)。

(3) 根据函数的关系,调用其他函数的称为主调函数(如 mymain),被其他函数调用的函数称为被调函数(如 sin、cos)。主调函数与被调函数是相对的,如相对于 sin, add 是主调函数; 相对于 mymain, add 是被调函数。

(4) 根据函数的位置,函数定义可以嵌套,在函数内定义的函数为内部函数,在函数外定义的函数为外部函数,如例中的函数都是外部函数。这是限定函数的有效范围。

(5) 根据函数的成分,对象组成部分的函数为成员函数,不是对象组成部分的函数为普通函数,如例中的函数都是普通函数。

从不同维度划分函数,看起来有些繁杂,但这是奠定函数复用性、安全性的基础。Python 语言模块化程序设计重点是用户自定义的普通函数,包括有参函数或/和无参函数并确定它们的调用关系,以及函数内外定义的函数。

## 5.2 函数定义与函数调用

根据 Python 约定规范,用户根据需求编制的具有独立功能的程序模块为自定义函数。

### 5.2.1 函数定义

函数是功能模块,函数体中至少要有一个语句,其一般形式为:

def«函数名»(«形式参数名 1», «形式参数名 2»):
  «语句块»

注意:Python 语言函数定义 def 是一个语句。在"语句块"中还可以进行函数定义,即函数定义可以嵌套。这与函数有效范围有关,参见后续内容。

自定义函数有三种定义形式。

**1. 有参函数定义**

def«函数名»(«形式参数名 1», «形式参数名 2»):
  «语句块»

其中,def 为定义函数的标识符(define 的前三个字母),构成函数定义复合语句。"函数名"为自定义标识符。"形式参数名"为参数标识符(简称"形参"),指明调用该函数所需参数。函数被调用时,形参是向函数传递数据的入口通道。"形参"如同数学函数的自变量,属于某数据类型的变量(包括基本数据类型、类类型和文件类型等的变量)。"语句块"构成函数主体(称为函数体),通过操作数据和控制流程,实现业务逻辑,即函数体采用结构化程序设计,如:

```
def add(x, y):           # 函数名、形参声明,形参数据类型取决于实参
    c=x+y                # 求解语句
    return c             # 返回语句,返回值及其所属数据类型
```

表明定义一个带两个形参的 add 函数,调用该函数后可得到值。函数体(语句块)由赋值语句和 return 返回语句构成。该函数没调用其他函数。

如果调用函数不需要得到函数值,return 语句没有返回值,如:

```
def print_value(w):      # 函数不返回值,函数名,参数列表
    print("%5.3f"%w)     # 语句
    return               # 语句,没有返回值
```

表示调用 print_value 函数时,只能得到一个缺省值 None(空值),属于 NoneType 类型,即等价于 return None。

如果 return 语句没有返回值,return 语句也可以省略,如:

```
def print_value(w)                              # 函数不返回值, 函数名、参数声明
    print("%5.3f"%w)                            # 语句
```

有了 None 值, 意味着任何函数都有返回值。尽管 None 没有实际作用, 但 Python 函数与数学函数一样, 都有"因变量"。

### 2. 无参函数定义

def《函数名》( ):
　　《语句块》

与有参函数相比, 无参函数少了"形参"。"语句块"采用结构化程序设计实现, 如:

```
def print_stars():                              # 显示星号
    for _ in range(22):                         # 循环, 用了无名变量, 不关心具体值
        print('*',end="")
    print()
```

表示定义了一个无参函数 print_stars()。调用该函数时返回 None。函数体由循环语句和输出函数调用语句。在 for 语句用到了_无名变量, 表明关注循环次数, 不关心循环变量具体值。

### 3. 空函数定义

def《函数名》( ):
　　pass

这是无参函数定义, 但函数体为空语句 pass, 如:

def empty( ):
　　pass

表示定义了一个空函数 empty。执行空语句 pass, 有延时作用。空函数更多表明此处以后需要扩充一定功能。这样做有利于增强程序的可读性。

## 5.2.2　函数地址与单元大小

除了在程序文件中定义函数, 也可在 Python 解释环境中直接定义函数和调用函数, 如:

```
>>> def myfun(x,y):                             # 函数定义
        z=x*y                                   # 执行语句
        return z                                # 函数返回值
```

函数如同变量, 有地址, 且占据一定内存单元, 如:

```
>>> myfun, type(myfun), id(myfun), myfun(2,3)↵(回车)    # 查看函数
(<function myfun at 0x01529078>, <class 'function'>, 22188152, 6)
```

可见, 函数也属于一种数据类型 function(函数类型)。通过 sys 库的 getsizeof 函数, 也可得知函数所占数据单元大小, 如图 5.2 所示。变量数据单元地址和大小、函数数据单元地址和大小在编程时与问题求解算法基本没有关系, 但这些概念对理解计算机工作原理很有帮助。还要注意:

(1) 函数定义是一个复合语句。执行函数定义语句后形成函

图 5.2　函数引用与存储单元

数对象(占据一定数据单元),并且把函数对象赋给函数名,即函数名引用函数对象,也可以把函数名赋给其他变量,如:

```
>>> yourfun=myfun↵(回车)                                    # 引用自定义函数
>>> yourfun,type(yourfun),id(yourfun),yourfun(3,4)↵(回车)   # 查看函数
(<function myfun at 0x01529078>,<class 'function'>,22188152,12)
```

变量名 yourfun 是函数类型(function),地址为 22188152,与 myfun 完全一致,都是函数的引用,即 yourfun 等价于 myfun,如图 5.2 所示。

(2)函数定义可以理解为函数对函数名的赋值(即隐式赋值,而赋值语句为显式赋值),实现函数名对函数的引用。可用赋值语句显式对函数名赋值,或删除语句 del 使函数名脱离函数对象,如:

```
>>> myfun=10↵(回车)        # 对函数名赋值
>>> myfun↵(回车)           # 查看
>>> 10
>>> myfun(2,3)↵(回车)      # 函数调用
TypeError: 'int' object is not callable
```

对 myfun 赋值 10,myfun 引用 10,不再引用函数,myfun(2,3)抛出类型异常 TypeError。

(3)进行两个同名的函数定义,等同对该函数名进行两次隐式赋值,后定义函数有效。

总之,函数名与变量名具有相同特性(即取值、赋值),但强调函数定义给函数名隐式赋值,函数名引用函数,属于 function 类型,函数名使用重点在于函数调用。

## 5.2.3 函数调用

函数是相互独立的功能模块,只有通过函数调用才能建立函数之间的联系,有效地组织整个软件系统,使各函数成为软件系统的有机组成部分。函数功能也是通过调用得到启动和执行,其调用形式介绍如下。

### 1. 有参函数调用

《函数名》(《实际参数名 1》↵,《实际参数名 2》↵)        # 有参函数直接调用

其中,"函数名"为函数的标识符。"实际参数"为有值的运算对象(简称实参),包括常量、变量、表达式,如 add(3,4)、add(2+2,4/2)。有关实参的使用参见 5.3 节。

### 2. 无参函数调用

《函数名》()        # 无参函数直接调用

其中,"函数名"是函数的标识符,如 print_stars()。

函数调用可构成语句或表达式两种方式:

(1)函数调用作为运算对象,如:

c=a*add(a,b)
c=add(add(a,b),b)

这类函数调用涉及函数返回值。函数返回值的数据类型取决于函数体内返回语句 return 返回运算对象的数据类型,可以是基本数据类型、文件类型、类类型等。

(2) 函数调用构成函数语句，如：

print_stars()

print("This is on example !")

这类函数调用涉及的函数主要返回 None，也可以有返回值的函数，如：

>>> sin(30/180*pi)↵(回车)          # 函数调用，弧度计算
0.49999999999999994

调试函数很方便，但在程序中没保留函数值进行后续处理，合法但不合理，即没有实际意义。

根据函数调用关系，函数还可以分为主调函数和被调函数。主调函数是对自身或其他函数调用的函数，而被调函数是被主调函数调用的函数。如例 5.2 的 example.py 文件中，相对 add 函数而言，mymain 函数为主调函数，即 mymain 函数调用 add 函数，而相对 mymain 函数而言，add 函数为 mymain 函数的被调函数，即 add 函数被 mymain 函数调用。主调函数与被调函数是相对的，如对 sin、cos 函数而言，add 函数又成为主调函数。为了组织程序，常常需要设计一个主控函数（如 mymain 函数）作为问题求解的起始。

函数调用是需要深刻认识和重点掌握，需要注意：

(1) Python 语言是动态类型语言，使用变量时无须预先定义，而变量所属数据类型是通过赋值语句或实参与形参结合（参数传递）确定的，因此在函数定义和函数调用中必须明确设计函数时默认的参数、返回值数据类型，否则函数中数据运算可能出现错误。如 add 函数默认形参类型是数值型（int 或 float 或 complex 型），而 add("abc", 2) 实参数据类型与默认形参数据类型不一致，字符串"abc"无法与 2 进行"+"运算，导致错误。

(2) 有些运算符本身具有多态性，如"+"可以是算术"加"，也可是字符串"拼接"。函数也具有多态性，根据参数数据类型的不同，有不同功能，如 add("Hello,", "world!") 的结果为 "Hello,world!"，也就是 add 函数具有数值运算和字符串运算的功能。

(3) 程序文件.py 导入或在 Python 解释环境中运行后，程序文件中自定义函数或导入库函数在 Python 解释环境中可以直接调用。如在 Python 解释环境中导入例 5.2 的 example.py 或运行该文件，example.py 文件中所有函数都可以在 Python 解释环境中直接运行：

>>> from example.py import*↵(回车)
>>> add(2,3)↵(回车)
5
>>> sin(30*pi/180)↵(回车)
0.49999999999999994
>>> print_stars()↵(回车)
********************

从命名空间可以解释和理解，参见第 6 章。

## 5.3 函数参数与函数返回

函数是独立的功能模块，完成对数据的加工处理。函数定义指明了函数参数和函数返回值，实现主调函数和被调函数之间的数据传递交互，即函数调用时，主调函数把数据传递给被调函数，而被调函数处理数据完毕后，把处理结果返回给主调函数。在模块化程序设计中，函数参数

与函数返回值是模块对接的重要组成部分。

## 5.3.1 函数参数

函数参数包括实际参数和形式参数，分别在函数调用和函数定义中使用。

**1. 实际参数**

实际参数（即实参）是在函数调用时紧跟函数名后、括号内所带的运算对象，可以是常量、变量或表达式，其特点是具有特定数据类型的值，如：

```
x=2; y=3                                          # 整型变量赋值
z=add(x, y)
```

其中，函数调用 add(x, y) 中已有值的变量 x、y 为实参。实参也可以是表达式（包括函数表达式、条件表达式等），该表达式有确定的值，如：

```
z=add(x+y,x*y);                                   # 等价于 z=add(5,6);
z=add(add(x,y), add(x,y));                        # 等价于 z=add(5,5);
z=add((1 if x>y else 2), y);                      # 等价于 z=add(2,3);
```

对含多个参数的函数调用，先对实参进行求值。对实参求值有的从左到右，有的从右到左。读者可以上机试一下自己的系统对实参的求值顺序。

任何数据类型的运算对象都可以做实参，但需要符合函数体内运算的要求，如 add("Xiao ", "Li") 返回 "Xiao Li"，add(2,4) 返回 6，add(2,"4") 抛出类型异常 TypeError。

**2. 形式参数**

形式参数（即形参）是定义函数时紧跟函数名后括号内的变量，表明函数调用时所需特定数据类型的实参和实参的个数。形参为动态变量，在函数调用前，形参不引用任何运算对象，而在函数调用后，形参与实参具有相同的引用，即实参隐式赋值给形参（赋值语句为显式赋值）。函数调用结束后，形参不再引用任何运算对象。

【例 5.3】 函数调用过程中，基本简单数据类型的形参与实参结合方式。

```
def yourmain():                                   # 主控函数定义
    x=50; y=100                                   # 变量赋值
    print("multi 调用前 x=%d, y=%d"%(x,y))         # 系统函数 print 调用
    print("multi 调用前 x,y 的地址: ",id(x),id(y)) # 系统函数 print、id 调用
    multi(x,y)                                    # 函数调用，实参 x、y
    print("multi 调用后 x,y 的地址: ",id(x),id(y)) 
    print("multi 调用后 x=%d, y=%d"%(x,y))
def multi(a,b):                                   # 函数定义
    print("a,b 改变前 a=%d, b=%d"%(a,b))           # 系统函数 print 调用
    print("a,b 改变前的地址: ",id(a),id(b))        # 系统函数 print、id 调用
    a=a+10                                        # 形参 a、b 更新
    b=b+10
    c=a*b                                         # 函数内变量 c
    print("%d*%d=%d"%(a,b,c))                     # 系统函数 print 调用
    print("a,b 改变后 a=%d, b=%d"%(a,b))           # 系统函数 print、id 调用
    print("a,b 改变后的地址: ",id(a),id(b))
```

运行结果:

```
>>> yourmain()↵(回车)
multi 调用前 x=50, y=100                          # yourmain 函数输出
multi 调用前 x,y 的地址: 2045376496 2045376576
a,b 改变前 a=50, b=100                            # multi 函数输出
a,b 改变前的地址: 2045376496 2045376576
60*110=6600
a,b 改变后 a=60, b=110
a,b 改变后的地址: 2045376512 2045376592
multi 调用后 x,y 的地址: 2045376496 2045376576
multi 调用后 x=50, y=100                          # yourmain 函数输出
```

函数调用中, 形参与实参结合很重要。变量是数据单元的一种抽象, 而数据单元由地址标识。在程序中, 变量由变量名表示, 变量名是数据单元的标识(称为引用), 也就是程序中通过变量名可以访问到数据单元。在不混淆的情况下, 常把变量名称为变量。一个数值对应一个数据单元。在程序中, 当把数值赋给变量时, 使变量名引用数值的数据单元。当对变量赋新数值后, 变量名重新引用新数值的数据单元。在上述程序中, 形参与实参的结合也符合变量的概念。从程序运行结果看, 最先两行和最后两行是 yourmain 函数输出, 数值和地址都没变; 第 3、4 行是 multi 函数输出, 数值和地址与 yourmain 函数的 x、y 相同, 即 a、b 分别与 x、y 有相同的引用; 第 5、6 行是 multi 函数中 a、b 值发生变化后输出, 数值和地址与 yourmain 函数的 x、y 不同, 即 a、b 分别引用新的数据单元; multi 函数结束返回后, yourmain 函数输出 x.y 的数值和地址, 显然调用 multi 函数前后是相同的。下面详细分析程序的运行过程, 以示意图形式表示形参和实参的关系。

(1) yourmain 函数执行前, 数据及其数据单元存在, 如图 5.3(a)所示, 即 Python 解释环境中其他变量可能引用它们, 但本程序的变量没有引用它们。

(2) yourmain 函数对 x 和 y 赋值后, x、y 分别引用 50、60 数据单元, 如图 5.3(b)所示, 输出 x 和 y 的值: x=50, y=100。

(3) 调用 multi 函数时, 实参隐式赋值形参, 形参 a、b 引用 50、100 数据单元, 如图 5.3(c)所示。

(4) multi 函数体内, 赋值语句修改形参, 形参 a、b 增加 10, 如图 5.3(d)所示。

(5) multi 函数体内, 输出形参 a、b 的值: a=60, b=110, a*b 的值 6600 赋给 c 引用 6600 数据单元, 如图 5.3(e)所示。输出 a、b、c 的值: 60*110=6600。

(6) 结束 multi 函数后, a、b 和 c 失去引用, 如图 5.3(f)所示。返回到 yourmain 函数, 输出 x 和 y 的值: x=50, y=100。

(7) 结束 yourmain 函数, 也撤销了 x 和 y 的引用, 如图 5.3(a)所示。

对于常数 50、100、60、110、6600 的数据单元, 如果 Python 解释环境中没有变量引用, 这些数据单元也由 Python 解释环境自动撤销、回收, 节省内存空间。调用 print 函数参数结合方式与此相同。

对函数的实参和形参必须强调以下几点:

(1) 形参为动态变量。函数调用时形参变量也引用实参的相同数据单元。实参可以是变量、常量(有数据单元)、表达式(先计算结果, 也有数据单元)。形参发生变化后, 重新引用新的数据单元, 即形参的变化与实参无关。此时即使形参与实参同名, 形参变化也与实参无关。

(2) 函数调用时, 实参对形参隐式赋值, 形参的数据类型取决于实参的数据类型, 即形参的

数据类型与实参的数据类型一致,但被调函数体内可以重新赋值形参,此时形参数据类型可能不同于实参数据类型。这个特性与变量 a(或常量、表达式)赋值变量 b,变量 a(或常量、表达式)与变量 b 之间的关系特性相同。

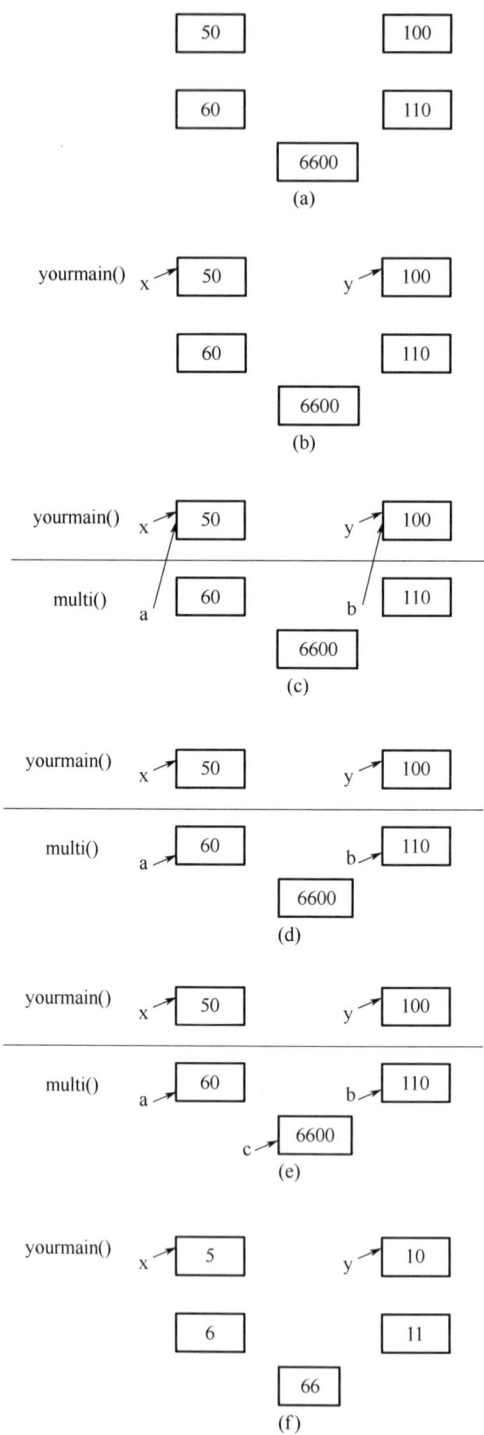

图 5.3　形参变量与实参变量结合

(3) 实参必须有值,可以是常量、变量、表达式,如 x=50; y=100; mulit(x,y)等同于 multi(50,100)或 multi(20+30,120-20)等。

(4) 实参与形参必须一一对应,即参数个数、位置、数据类型都一致。

上述例子是以简单类型变量作函数参数,可见形参变化不影响实参。但可变的聚合类型数据(如列表、集合、字典)做函数参数时形参的变化可以影响到实参。

**【例 5.4】** 函数调用过程中,列表为形参与实参的结合方式。

```
def hermain():                          # 主控函数定义
    x=[5]; y=[10]                       # 变量赋值
    print("add 调用前 x=",x,",y=",y)     # 函数调用
    add(x,y)                            # 列表实参
    print("add 调用后 x=",x,",y=",y)
def add(a,b):                           # 函数定义,列表形参
    a.append(a[0]+1); b.append(b[0]+1)  # 形参列表元素更新
    c=a+b                               # 列表拼接
    print(a,"+",b,"=",c)                # 内置函数调用
```

运行结果:

```
>>> hermain() ↲(回车)
add 调用前 x= [5], y= [10]
[5, 6] + [10, 11] = [5, 6, 10, 11]
add 调用后 x= [5, 6], y= [10, 11]
```

形参、实参为变量,都是同一列表(可变对象)的引用。在被调函数中,形参引用关系并没改变(即没有重新赋值),而是改变引用对象(列表)的元素,影响到实参。具体过程分析如图 5.4 所示。

(1) hermain 函数中变量 x、y 分别引用列表[5]、[10],即 x、y 的值为[5]、[10],如图 5.4(a)所示,输出 x、y 的值[5]、[10]。

(2) hermain 函数调用 add 函数,实参 x、y 隐式赋值形参 a、b,从而形参 a、b 分别引用列表[5]、[10],即 a、b 的值为[5]、[10],如图 5.4(b)所示。

(3) 在被调函数 add 内,对变量 a、b 引用的列表获取第 0 位元素 a[0]、b[0],并分别追加 a[0]+1、b[0]+1,即追加 6、11 元素,如图 5.4(c)所示。

(4) 在被调函数 add 内,变量 a、b 引用的列表拼接成[5,6,10,11]后赋给变量 c,即变量 c 引用列表[5,6,10,11],如图 5.4(c)所示,再输出变量 a、b、c 引用的列表,即[5,6]、[10,11]、[5,6,10,11]。

(5) add 函数执行完毕,撤销 a、b 引用,回收 c 引用的数据单元,撤销 c 引用,如图 5.4(d)所示。

(6) add 函数结束返回 hermain 函数,hermain 函数输出变量 x、y 的引用列表[5,6]、[10,11]。

(7) 结束 hermain 函数,撤销 x、y 的引用。Python 解释环境中,如果[5,6]、[10,11]没有被引用,也回收[5,6]、[10,11]数据单元,节省内存空间。

回想可变的聚合数据(列表、集合、字典)变量赋值的特性,如 a=[1,2,3];b=a;b.append(4); b[0]=10,a、b 的值都是([10, 2, 3, 4])。可变的聚合变量做函数参数就是实参隐式赋值给形参,形参元素的变化也是实参元素的变量。

上述程序中,形参 a、b 也可与实参 x、y 同名,同样具有上述特性:可变的聚合数据类型参数(如列表、集合、字典),形参元素变化可以影响到实参。这是在函数调用期间形参、实参始终

是同一可变聚合数据的引用。形参、实参的结合(隐式赋值)实现主调函数、被调函数之间的数据通道功能。如果想让可变聚合数据类型的形参不影响实参,只有让形参引用其他聚合数据,即引用不同数据单元,如:

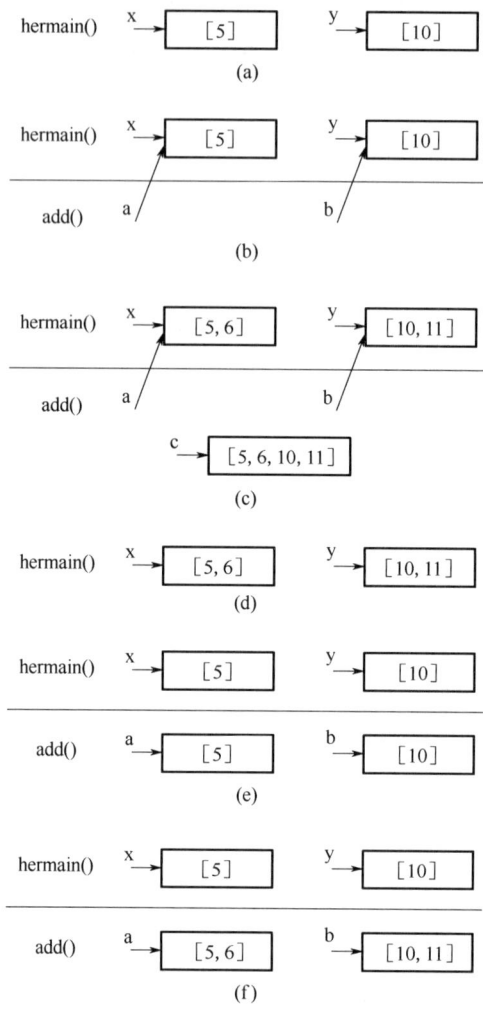

图 5.4　形参变量与实参变量结合

```
def add(a,b):                          # 函数定义
    a=a[: ]; b=b[: ]                   # 显式赋值, 等价于 a.copy(),b.copy()
    a.append(a[0]+1); b.append(b[0]+1) # 形参列表元素更新
    c=a+b                              # 函数内变量赋值
    print(a,"+",b,"=",c)               # 系统函数 print 调用
```

运行结果:

　　>>> hermain()↵(回车)
　　add 调用前 x= [5] ,y= [10]
　　[5, 6] + [10, 11] = [5, 6, 10, 11]
　　add 调用后 x= [5] ,y= [10]

函数 hermain 调用函数后,形参 a、b 与实参 x、y 具有相同引用[5]、[10],如图 5.4(b)所示。通过列表切片运算和赋值(即拷贝),形参 a、b 引用另外[5]、[6]列表,如图 5.4(e)所示,更新形参 a、b,如图 5.4(f)所示,因此形参 a、b 引用数据单元的变化与实参 x、y 引用的数据单元无关。函数 add 返回后,实参 x、y 的值还是[5]、[6]。由于不可变的聚合类型函数参数(如字符串、元组),其特性与简单基本数据类型做函数参数相同。

函数属于函数类型function,函数也是一种数据,函数名也是变量名,因此函数名也可以做函数参数,如:

```
from math import *              # 导入数学库
def fun2(fun1, x):              # 函数定义,fun1 函数名参数
    y=fun1(x*pi/180)            # fun1 函数调用
    return y                    # 返回值
def mymain():                   # 函数定义
    fun=eval(input("fun1="))    # 输入字符串,转换为函数名
    x=float(input("x="))        # 输入字符串,转换为浮点数
    y=fun2(fun, x)              # 函数调用
    print("y=", y)              # 输出结果
```

运行结果:

>>> mymain()↵(回车)
fun1=sin↵(回车)
x=30↵(回车)
y= 0.49999999999999994

后续有关章节介绍类类型、文件类型的数据做函数参数。上述函数的参数个数及每个参数位置(顺序)很重要的,形参数据类型取决于实参,即形参和实现一一对应。有关可变参数个数和位置的内容在第 6 章介绍。

## 5.3.2 函数返回

每个函数都有一定功能。主调函数和被调函数具有严格控制与被控制关系。主调函数调用被调函数后,主调函数处于等待状态(即中断挂起),转向执行被调函数。被调函数执行结束后,必须返回到主调函数,主调函数才能从等待处继续执行(即中断恢复)。

如图 5.5 所示: fun1、fun2、fun3 为函数,fun1 调用 fun2,fun2 调用 fun3,标号从小到大表示执行的先后次序,即串行执行。被调函数通过 return 语句返回主调函数,其形式为:

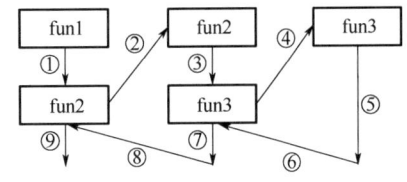

图 5.5 函数执行顺序(一)

return⌊《运算对象》⊥(《运算对象》)⌋

其中,"运算对象"可以是常量、变量或表达式,且必须有值。"运算对象"所属数据类型可以是基本数据类型、类类型、文件类型。被调函数执行 return 语句后结束执行,并返回到主调函数,主调函数继续执行。如果 return 语句还带有数据,则返回主调函数同时带回数值。总之,return 语句功能为: (1)结束被调函数执行,返回主调函数; (2)在结束被调函数时,可以返回值给主调函数。

【例 5.5】 求两个数的乘积。

```
def hismain():                  # 函数定义
    x=5;      y=10              # 变量赋值
    z=multi(x,y)                # 函数调用
    print("%d*%d=%d"%(x,y,z))
def multi(x,y):                 # 函数定义
    z=x*y                       # 计算、赋值
    return(z)                   # 函数返回值,也可以 return z
hismain()                       # Python 解释环境中函数调用
```

运行结果:

5*10=50

被调函数 multi 通过 return 语句返回到主调函数中。如果返回函数值,该值所属的数据类型也是函数返回值的数据类型。

有关函数返回值,需要注意以下几点:

(1)需要从被调函数中得到一个值,该被调函数至少有一个 return 语句。先遇到哪个 return 语句,就返回 return 语句后的值,并结束调用函数执行,如:

```
def max(x, y):                  # 函数定义
    if x>y : return x           # 函数返回值
    else: return y              # 函数返回值
```

max 函数根据实参值的大小,执行其中一个 return 语句,另一个 return 语句不执行。

(2)函数值的数据类型取决于 return 语句返回数值的数据类型,如:

```
def max(x, y):                  # 函数定义
    z=x if x>y else y
    return z                    # 数据类型待定
```

其中,变量 z 的数据类型取决于 x、y 的数据类型,如果 x=1, y=2.5,则函数值为 2.5,属于浮点型 float;如果 x=4, y=2.5,则函数值为 4,属于整型 int。

(3)如果函数中没有 return 语句,或 return 语句没有返回值,函数返回 None(空值),属于 NoneType,如:

```
def print_value(w):
    print("%5.3f\n" %w)
    return                      # 返回主调函数,但不返回值
```

这样函数定义也可以省略 return 语句,也就是即使没有 return,被调函数也是要返回主调函数,避免主调函数永远处于被挂起状态,可继续往下运行。

(4) return 语句可以返回多个值,其形式为:

return «运算对象 1»,«运算对象 2»⏎
return(«运算对象 1»,«运算对象 2»)

实质上返回一个元组,如:

```
def maxmin(a,b,c):              # 获取三个数中最大值、最小值
```

```
        if a>b : mx,mn=a,b
        if c>mx: mx=c
        elif c<mn: mn=c
        return mx,mn                    # 同时返回两个数
```

运行结果:

```
>>> maxmin(3,1,5)↵(回车)
(5, 1)
```

可见，Python 函数可以返回多值，但构成一个元组形式返回。

return 语句可以理解为函数间的无条件跳转语句，只是需要时，可以返回数据。

## 5.4 函数嵌套调用与递归调用

本章讨论了 Python 语言模块化程序设计的基本概念: 程序构成、函数定义和函数调用。在编程实践中，函数还可能多层调用，体现软件工程"自上而下，逐步细化"问题求解设计理念。这部分内容属于函数调用，包括函数嵌套调用和递归调用。

### 5.4.1 函数嵌套调用

主调函数与被调函数之间具有严格控制与被控制的关系。所谓函数嵌套调用，就是一个函数 fun1 调用另一个函数 fun2，另一个函数 fun2 又调用其他函数 fun3。这样函数调用逐层深入直到最底层。当最底层函数调用结束后，返回到上层函数继续执行，依此类推。当前函数只能等到被调函数结束返回后才可继续执行，如图 5.5 所示。

【例 5.6】 求函数 y=10*x+sin(x) 值。

```
from math import *                      # 导入数学库
def main_con():                         # 函数定义
    x=float(input("x="))
    y=fun(x)                            # 函数调用
    print("x=%f, y=%f"%(x,y))
def fun(x):                             # 函数定义
    y=10*x+sin(x)                       # 系统函数调用
    return y
main_con()                              # Python 解释环境中函数调用
```

运行结果:

```
x=5↵(回车)
x=5.000000, y=50.087156
```

程序包括 5 个函数: main_con、input、fun、sin、print。这些函数都是相互独立的，通过函数调用才建立它们之间的联系。以 main_con、fun、sin 函数为例说明函数的嵌套调用过程，如图 5.6 所示(图中标号从小到大表示程序

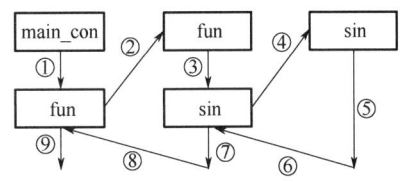

图 5.6 函数执行顺序（二）

执行的先后次序）：

(1) 从 main_con 函数开始执行，在执行 main_con 函数过程①中调用了 fun 函数，转向执行 fun 函数②，main_con 函数等待；

(2) 执行 fun 函数过程③中，调用了 sin 函数，转向执行 sin 函数④，fun 函数等待；

(3) 执行 sin 函数⑤，返回 sin 的函数值，转向⑥，结束 sin 函数执行，结束 fun 函数等待；

(4) 继续执行 fun 函数⑦，转向⑧，结束 fun 函数，结束 main_con 函数等待；

(5) 继续 main_con 函数执行⑨，直到执行结束。

可以看出，主调函数调用被调函数时，转向执行被调函数，主调函数只能等待，直到被调函数结束返回，主调函数才能继续执行。无论多少层函数嵌套调用，主调函数与被调函数之间的关系是严格控制与被控制"串行"关系。函数递归调用中函数间的关系也是严格"串行"关系。

现在回过头来看例 1.1 的程序，可以看到典型的功能细分、函数（模块）定义与嵌套调用，体现模块化程序设计"自上而下"方法。

## 5.4.2 函数递归调用

在 fun 函数定义中调用 fun 函数自身，该函数调用称为函数直接递归调用，其形式为：

```
def «函数名»(«形参 1»⌊,«形参 2»⌋ⁿ):        # 函数定义
    ⌊«语句块 1»⌋
    «函数名»(«实参 1»⌊,«实参 2»⌋ⁿ)          # 直接调用自身
    ⌊«语句块 2»⌋
```

在 fun1 函数定义中调用 fun2 函数，而在 fun2 函数定义中又调用 fun1 函数。fun1 和 fun2 函数都间接调用了自身，该函数调用称为函数间接递归调用，其形式为：

```
def «函数名 1»(«形参 11»⌊,«形参 12»⌋ⁿ)      # 函数定义
    ⌊«语句块 11»⌋
    «函数名 2»(«实参 11»⌊,«实参 12»⌋ⁿ)»     # 间接调用自身
    ⌊«语句块 12»⌋
def «函数名 2»(«形参 21»⌊,«形参 22»⌋ⁿ)      # 函数定义
    ⌊«语句块 21»⌋
    «函数名 1»(«实参 21»⌊,«实参 22»⌋ⁿ)»     # 间接调用自身
    ⌊«语句块 22»⌋
```

递归调用是特殊嵌套调用，直接或间接调用了自身。为了更好地理解函数递归调用的过程，以数学函数为例说明。

**【例 5.7】** 求 m 的 n 次幂（n 为包括 0 在内的正整数）。

分析：

$$m^n = \begin{cases} 1, & \text{当} n = 0 \\ m*m*\cdots*m, & \text{当} n > 0 \end{cases}$$

此式称为递推式，可用连续乘 m 循环 n 次，用循环程序实现：

```
def pow_m():                    # 函数定义
    m=int(input("m="))          # 输入数据
```

```
        n=int(input("n="))
        print("P(%d,%d)=%d"%(m,n,power(m,n)))    # 函数调用
    def power(m,n):                              # 函数定义
        p=1                                      # 变量初始化
        for _ in range(0,n):                     # 循环 n 次,用无名变量
            p*=m                                 # 连乘 n 次
        return p                                 # 返回求解结果
    pow_m()                                      # Python 解释环境中函数调用
```

运行结果:

  m=2↵(回车)
  n=3↵(回车)
  P(3,2)=8

$m^n$ 又可以表示为:

$$m^n = \begin{cases} 1, & \text{当} n = 0 \\ m * m^{n-1}, & \text{当} n > 0 \end{cases}$$

上式又可以表示函数形式:

$$p(m,n) = \begin{cases} 1, & \text{当} n = 0 \\ m * p(m,n-1), & \text{当} n > 0 \end{cases}$$

  此式称为递归式: p(m,0)=1,否则 p(m,n)=m*p(m,n-1),即如果求 $m^n$,首先求 $m^{n-1}$;如果求 $m^{n-1}$,首先求 $m^{n-2}$,依此类推,直到 $m^0=1$。再逐步返回,可得 $m^1=m*m^0$,$m^2=m*m^1$,…,$m^n=m*m^{n-1}$。该过程"逐层深入和逐层返回"。以 $2^3$ 为例,如图 5.7 所示,其中 ☐ 表示函数调用。从递归过程看,$2^3$ 的结果为 8。只是 Python 语言递归程序由系统借助于"堆栈"自动实现:深入过程为进栈(依次保留等待计算值,如 m),返回过程为出栈(依次弹出等待计算值,如 m,继续计算,如 $m*m^{i-1}$)。

  根据上式,可定义 power 函数如下:

```
    def power(m, n):                 # 直接递归函数定义
        if n==0:                     # n 为 0
            p=1                      # 结果为 1
        else:                        # 否则
            p=m*power(m,n-1)         # 直接递归调用
        return p
```

图 5.7 递归过程

上述两个 power 函数功能相同。利用递归调用还可进一步简化 power 函数:

```
    def power(m, n):                 # 直接递归函数定义
        p=1                          # 默认 n 为 0,结果为 1
        if n>0:                      # n 大于 1
            p=m*power(m,n-1)         # 直接递归调用
```

```
        return p
```
或:
```
def power(m, n):                          # 直接递归函数定义
    return 1 if n==0 else m*power(m,n-1)  # 直接递归调用
```

用递归定义函数时非常简洁明了。许多用循环处理问题可用递归方法实现。

程序循环需要避免死循环,在循环体内不断改变循环控制条件(如 while 语句)或启动迭代过程依次获取循环控制变量值,直至迭代越界(如 for 语句)。递归函数也要避免无限"深入"调用,陷入死递归。编写递归程序要注意两点:

(1) 必须有直接或间接调用自身函数(直接递归调用或间接递归调用),而且递归调用时,参数都有些变化。如 power 函数定义形参为 n,而递归调用实参为 n-1。

(2) 必须有递归调用的结束出口,即满足条件时递归调用结束。如 power 函数定义中,函数体内 if 语句的选择条件 n==0 就是递归的结束出口。

递归调用过程本质是把大问题(如 n)分解为小问题(如 n-1),而小问题与大问题具有相同的求解方法(如 power)。递归程序比较抽象,可把要求解的问题转换成数学上具有递归性的式子,再写出相应的递归调用函数,如分析 $m^n$ 的求解过程,直至写出 power 递归函数定义。Python 内置幂函数 pow 可实现 power 功能,也可采用指数运算**实现。

【例 5.8】 求 Fibonacci 求数列 1, 1, 2, 3, 5, 8, …直到第 n 项的值(n 为从 1 开始的整数)。

分析: 第 1 项为 1,第 2 项为 1,第 3 项为第 1 项与第 2 项的和,…,第 n 项为第 n-1 项与第 n-2 项之和,即:

$$Fib(n) = \begin{cases} 1 & ,当 n = 1 \\ 1 & ,当 n = 2 \\ Fib(n-1) + Fib(n-2), & 当 > 2 \end{cases}$$

用循环程序实现(如表 4.3):

```
def fib_main():                           # 函数定义
    n=int(input("n="))
    print("Fib(%d)=%d"%(n,fib(n)))        # 函数调用
def fib(n):                               # 函数定义
    f1,f2=1,1                             # 默认第 1 或 2 项
    if n!=1 and n!=2:                     # 不是第 1,2 项
        for i in range(3,n+1):            # 第 i 项
            f1,f2=f2,f1+f2                # 前两项之和,新前两项
    return f2
fib_main()                                # Python 解释环境中函数调用
```

运行结果:

```
n=6↙(回车)
Fib(6)=8
```

改用递归程序实现:

```
def fib(n):                               # 函数定义
    if n==1: f=1                          # 第 1 项
```

```
        elif n==2: f=1                              # 第 2 项
        else: f=fib(n-1)+fib(n-2)                   # 当前项为前两项之和
        return f
```

还可用下面三个更简洁递归程序实现:

```
    def fib(n):                                     # 函数定义
        f=1                                         # 第 1、2 项
        if n!=1 and n!=2:                           # 等价于 n not in {1,2}，或 n>2
            f=fib(n-1)+fib(n-2)                     # 当前项为前两项之和
        return f
    def fib(n):                                     # 函数定义
        return 1 if n==1 else 1 if n==2 else fib(n-1)+fib(n-2)
    def fib(n):
        return 1 if n in (1,2) else fib(n-1)+fib(n-2)
```

有些数列比较复杂,难以采用循环方法实现,但满足递归规律,可用递归方法实现。

【例 5.9】 计算 Ackermanm 函数 Ack(m,n)（其中 m≥0,n≥0）:

$$Ack(m,n)=\begin{cases} n+1, & \text{当} m=0 \\ Ack(m-1,1), & \text{当} n=0 \\ Ack(m-1,Ack(m,n-1)), & \text{当} m>0, n>0 \end{cases}$$

```
    def main_ctr():
        m=int(input("m="))                          # 输入数据
        n=int(input("n="))
        print("Ack(%d,%d)=%d"%(m,n,Ack(m,n)))       # 函数调用
    def Ack(m,n):                                   # 函数定义
        if m==0:    result=n+1
        elif n==0: result=Ack(m-1,1)                # 递归归调用
        else: result=Ack(m-1,Ack(m,n-1))            # 递归归调用
        return result
    main_ctr()                                      # Pyhton 环境中调用
```

运行结果:

2↵(回车)

n=3

Ack(2,3)=9

【例 5.10】 求列表深度: 列表深度为列表最多的层次, 如[1,[2,[3,[4]],5,[6]]]的深度为 4。

分析: 采用递归算法实现列表深度求解算法。

空列表,深度为 1;

否则,如果第 0 个元素为列表,则列表深度取决于第 0 个元素和表尾深度的最大值;

否则(即第 0 个元素不是列表)列表的深度为表尾的深度。

```
def depth(lt):                          # 递归定义函数
    d=1                                 # 深度初值为 1
    for x in lt:                        # 遍历每个元素
        if isinstance(x,list):          # 元素为列表？
            d=max(d,depth(x)+1)         # 原有深度和当前深度+1 比较
    return d
```

运行结果:

```
>>> depth([1,[2,[3,[4]],5,[6]]])↵(回车)
4
```

(1) 采用单一的递归设计:

```
def depth(lt):                              # 递归定义函数
    if lt==[]: d=1                          # 空列表深度为 1
    elif isinstance(lt[0],list):            # 第 0 个元素为列表？
        d=max(depth(lt[0])+1,depth(lt[1:])) # 第 0 个元素与表尾的深度最大
    else:                                   # 第 0 个元素不是列表
        d=depth(lt[1:])                     # 表尾的深度
    return d
```

(2) 采用 if-else 表达式实现:

```
def depth(lt):                              # 递归定义函数
    return 1 if lt==[] else max(depth(lt[0])+1,depth(lt[1:])) if isinstance(lt[0],list) else depth(lt[1:])
```

(3) 采用循环实现:

```
def depth(lt):                      # 循环定义函数
    d=0                             # 深度初值为 0
    templt=lt[:]                    # 拷贝列表, 等价于 lt.copy()
    while templt:                   # 列表不为空
        items=[]                    # 下一层所有元素
        while templt:               # 当前层每个元素
            x=templt.pop(0)         # 去头元素
            if isinstance(x,list):  # 元素为列表, 去掉非列表元素
                items.extend(x)     # 下一层所有元素
        d+=1                        # 深度累加
        templt=items                # 下一层为当前层
    return d
```

由于列表是可变对象, 函数对列表形参操作会影响到主调函数列表实参, 因此程序中拷贝了列表 templt。这个程序采用广度优先遍历算法: 列表为树内部节点, 而非列表(如数值)为叶节点, 列表 items 为队列。从当前层列表 templt 中删除所有非列表元素(如数值元素), 而把列表元素的元素(即去掉一层[])加入 items 中, 深度加 1, 同时把下一层列表 items 改为当前列表 templt, 直到当前列表 templt 为空列表。

【例 5.11】 求列表元素之和, 即任意深度数值列表中所有数值之和, 如[1,[2,[3,[4]],5,[6]]]

数值之和为 21。

这个求解算法与例 5.10 的算法一样,都是广度优先搜索算法,只是用于累加元素。

```
def mysum(lt):                      # 递归定义函数
    d=0                             # 初值为 0
    for x in lt:                    # 每个元素
        if isinstance(x,list):      # 元素为列表?
            d+=mysum(x)             # 深入列表继续求和累加
        else:                       # 元素是数值
            d+=x                    # 元素数值累加
    return d
```

运行结果:

>>> mysum([1,[2,[3,[4]],5,[6]]])↵(回车)
21

(1) 采用单一递归设计:

```
def mysum(lt):                      # 递归定义函数
    if lt==[]: d=0                  # 空列表值为 0
    elif isinstance(lt[0],list):    # 第 0 个元素为列表?
        d=mysum(lt[0])+mysum(lt[1:]) # 第 0 个元素数值与表尾数值之和
    else:                           # 第 0 个元素不是列表
        d=lt[0]+mysum(lt[1:])       # 第 0 个元素数值与表尾数值之和
    return d
```

(2) 采用 if-else 表达式实现:

```
def mysum(lt):                      # 递归定义函数
    return 0 if lt==[] else mysum(lt[0])+mysum(lt[1:]) if isinstance(lt[0],list) else lt[0]+mysum(lt[1:])
```

(3) 采用单一循环算法实现:

```
def mysum(lt):                      # 循环定义函数
    d=0                             # 初值为 0
    items=lt                        # 所有数值项集
    while items:                    # 数值项集为空?
        x=items.pop(0)              # 项集头元素
        if isinstance(x,list):      # 头元素为列表
            items.extend(x)         # 头元素(列表)所有元素加入项集
        else:                       # 头元素是数值
            d+=x                    # 头数值元素累加
    return d
```

实际上,这个程序采用广度优先遍历算法:把列表作为树的节点,非列表(如数值)为叶节点,以列表 items 为队列。每次取头元素 items.pop(0) 后并删除头元素。当 items 的头元素是数值时累加头元素,否则头元素的所有元素加入队尾中,直至队列 items 为空。如果 items.extend(x) 改为 items[:0]=x,即 items 为堆栈,则程序采用深度优先遍历算法。

例 5.10 和例 5.11 分别采用递归调用和递推(循环)程序设计方法。循环程序中需要借助线性表(队列或堆栈)实现问题求解。实际上,递归程序在 Python 解释环境中也借助堆栈实现问题求解,而这个堆栈的设立、使用都是自动、隐式的,在程序中没有体现。堆栈或队列在问题求解过程中不断有数据元素的进入和退出,构成问题求解的临时数据空间。为了避免该空间无限增长耗尽计算机内存资源,sys 标准库还提供了设置、获取递归最大深度的函数 setrecursionlimit()、getrecursionlimit(),如 setrecursionlimit(2000),从而限制了堆栈的扩展,但如果深度太浅时,问题得不到解。Python 解释环境缺省递归深度为 1000。

【例 5.12】 求数列 $\frac{1}{2}, \frac{2}{3}, \frac{3}{5}, \frac{5}{8}, \cdots$ 第 n 项的值(n 为大于 1 的整数)。

分析: 第 1 项分子为 1,分母为 2,其他项的分子为前一项的分母,分母是前一项的分子和分母之和。这样分析是一种间接递归: 求分子时需要调用求分母函数; 求分母时需要调用求分子函数,其数学表达式为:

$$\text{numerator}(n) = \begin{cases} 1, & \text{当 n=1 时} \\ \text{denominator}(n-1), & \text{当 n>1 时} \end{cases}$$

$$\text{denominator}(n) = \begin{cases} 2, & \text{当 n=1 时} \\ \text{numerator}(n-1) + \text{denominator}(n-1), & \text{当 n>1 时} \end{cases}$$

```
def main_con():
    n=int(input("输入项数: "))
    print("fraction(%d)=%d/%d."\
        %(n, numerator(n), denominator(n)))      # 求分子分母
def numerator(n):                                 # 求分子
    if n==1:
        z=1
    else:
        z= denominator(n-1)                       # 间接递归调用 denominator()
    return z
def denominator(n):                               # 求分母
    if n==1:
        m=2
    else:
        m= numerator(n-1)+ denominator(n-1)       # 间接递归调用 numerator()
    return m
main_con()                                        # Python 环境中调用
```

运行结果:

输入项数: 3.↲(回车)

fraction(3)=3/5.

如果将分数看整体,当前分数的分子是前一分数的分母,当前分数的分母是前一分数的分子、分母之和,也可以采用直接递归求解:

```
def main_con():
    n=int(input("输入项数: "))
```

```
        num,den=fraction(n)
        print("fraction(%d)=%d/%d."%(n, num, den))    # 求分子分母
    def fraction(n):                                   # 求分子
        if n==1:                                       # 只有 1 项
            num,den=1,2                                # 分子、分母
        else:
            num,den=fraction(n-1)                      # 直接递归调用
            num,den=den,num+den                        # 当前分数
        return num,den
```

递归程序设计是重要的问题求解方法,核心是递归算法:大问题的求解化解为小问题,而小问题与大问题具有相同的求解过程。循环程序可改写为递归程序。递归程序书写简洁,但比较抽象,实现机制属于函数调用,需要借助堆栈,涉及内存空间分配、回收,效率往往低于循环程序。

## 5.5 函数程序设计举例

【例 5.13】 出租车计价: 起步价 8 元(3 公里内),3 公里以后每公里 1.8 元,并且不足 0.5 公里按 0.9 元计价,不足 1 公里 1.8 元计价。输入打车里程,输出打车花销价钱。

```
    def main_ctl():                                    # 函数定义
        price=8                                        # 起步价
        dis=0                                          # 0.5 公里为单位
        count=0                                        # 0.5 公里的段数
        distance=float(input("打车里程: "))            # 输入里程
        print("Distance=%-5.1f"%distance,end="")       # 里程
        if distance>3:                                 # 大于 3 公里
            distance=distance-3                        # 去掉起步 3 公里
            while distance>dis:
                count+=1                               # 半公里数
                dis+=0.5                               # 累加半公里
            price+=count*0.9                           # 半公里数个数计价
        print("Price=%-5.1f"%price)                    # 价钱
    main_ctl()                                         # Python 解释环境中调用
```

运行结果:

打车里程: 2.3↵(回车)
Distance=2.3   Price=8.0
打车里程: 3.3↵(回车)
Distance=3.3   Price=8.9
打车里程: 3.7↵(回车)
Distance=3.7   Price=9.8

通过循环统计 0.5 公里数,再计算价钱。还可直接通过计算得到打车价钱,程序如下:

```
def main_ctl():
    price=8                                          # 起步价
    distance=float(input("打车里程: "))                # 输入里程
    print("Distance=%-5.1f"%distance,end="")          # 里程
    left=int(distance)                                # 左端点
    right=int(distance+0.5)                           # 右端点,四舍五入
    if distance>3:                                    # 大于 3 公里
        if left==right:                               # 不足 0.5 公里
            price+=(left-3)*1.8+0.9                   # 按 0.5 公里计价
        else:
            price+=(right-3)*1.8                      # 按 1 公里计价
    print("Price=%-5.1f"%price)                       # 价钱
```

统计 0.5 公里数也可以采用递归算法,程序如下:

```
def taxi_price(distance):
    price=8                                           # 3 公里内价格
    if distance>3:                                    # 大于 3 公里
        price=taxi_price(distance-0.5)+0.9            # 计数半公里数
    return price
```

这个函数只求解价格,再设计主调函数可实现出租车价格求解。

```
def main_ctl():                                       # 主控函数
    distance=float(input("输入里程: "))                # 输入里程
    price=taxi_price(distance)                        # 调用计价
    print("里程=%.1f, 价格=%.1f"%(distance,price))     # 输出
```

**【例 5.14】** 用二分法求解方程 $2x^2-19x+24=0$ 的根。

方程 $f(x)=0$ 的根 $x_0$ 是函数 $y=f(x)$ 与 x 轴相交的坐标值,如图 5.8 所示。假设 $x_0$ 已知在区间[a,b]内。曲线与 x 轴相交,$f(a)$ 和 $f(b)$ 必定异号,即 $f(a)*f(b)<0$。区间[a,b]的中点 $x_1=(a+b)/2$。

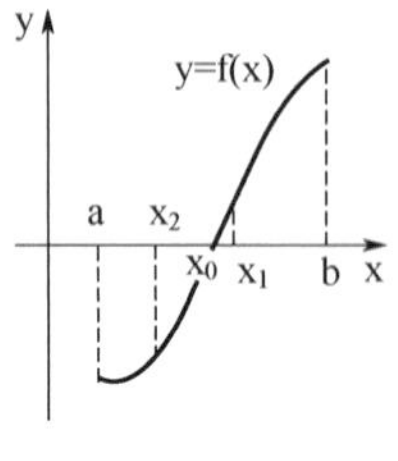

如果 $f(x_1)$ 还不够接近 0,那么,缩小包含 $x_0$ 的区间:

(1) 如果 $f(x_1)$ 与 $f(a)$ 同号($f(x_1)*f(a)>0$),说明 $x_0$ 所在区间肯定为 $[x_1,b]$。

(2) 如果 $f(x_1)$ 与 $f(b)$ 同号($f(x_1)*f(b)>0$),说明 $x_0$ 所在区间肯定为 $[a,x_1]$。

利用缩小的区间,可确定区间中点 $x_2$,如此反复,求得一系列值 $x_1, x_2, \cdots$,直到值 $x_n$,使得 $f(x_n)$ 足够接近 0(或说 $f(x_n)$ 的绝对值足够小)时,就用 $x_n$ 近似 $x_0$,如图 5.8 所示。程序如下:

图 5.8 求方程的根

```
from math import *
def main_ctl():
    while True:
        a=float(input("a="))                          # 输入区间端点
        b=float(input("b="))
```

```python
        ya=fun(a)                              # 函数值
        yb=fun(b)
        if not samesigne(ya,yb):               # 包含根的区间有效
            break
        print("输入无效,请再输入！")
    print("方程根是%f."%root(a,b))              # 求得方程根
def fun(x):                                    # 曲线方程函数 fun
    y=2*x*x-19*x+24                            # f(x)
    return y
def samesigne(y1,y2):                          # 判断区间端点的纵坐标是否异号
    result=1 if y1*y2>0  else 0                # 两个数同号？
    return result
def root(a,b):                                 # 求区间内的根的函数 root
    x=(a+b)/2                                  # 中点
    y=fun(x)                                   # 函数值
    while abs(y)>1e-10:                        # 函数值足够大吗？
        if samesigne(y,fun(a)): a=x            # 改变区间边界
        else: b=x
        x=(a+b)/2                              # 中点
        y=fun(x)                               # 函数值
    return x                                   # 方程的根
main_ctl()
```

运行结果:

```
a=90↵(回车)
b=80↵(回车)
输入无效,请再输入!
a=12↵(回车)
b=10↵(回车)
输入无效,请再输入!
a=1↵(回车)
b=2↵(回车)
方程根是 1.500000.
a=5↵(回车)
b=9↵(回车)
方程根是 8.000000.
```

上述求根函数也可以采用递归求解:

```python
def root(a,b):                                 # 二分法求根
    x=(a+b)/2                                  # 中点
    y=fun(x)                                   # 函数值
    if abs(y)>1e-10:                           # 函数值足够大吗？
        if samesigne(y,fun(a)): a=x            # 改变区间边界
```

```
        else: b=x
            root(a,b)                            # 递归调用
        else:
            return x
```

**【例 5.15】** 用弦截法求方程 $2x^2-19x+24=0$ 的根。

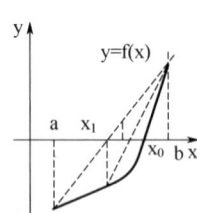

方程 $f(x)=0$ 的根 $x_0$ 是曲线 $y=f(x)$ 与 x 轴相交时的 x 值。在根 $x_0$ 的附近区间 $[a,b]$ 中, $f(a)$ 与 $f(b)$ 一定是异号（即 $f(a)*f(b)<0$）。过两点 $(a,f(b))$,$(b,f(b))$ 作直线: $y=\dfrac{f(b)-f(a)}{b-a}(x-a)+f(a)$，该直线必与 x 轴相交，交点 $x_1$ 为 $x_1=\dfrac{af(b)-bf(a)}{f(b)-f(a)}$。判断 $f(x_1)$ 是否足够接近 0（即 $|f(x_1)|$ 是否足够小）。如果 $f(x_1)$ 足够接近于 0，那么用 $x_1$ 近似 $x_0$。如果 $f(x_1)$ 不足够接近于 0，缩小 $x_0$ 所在区间: 如果 $f(a)$ 与 $f(x_1)$ 同号，则新区间为 $[x_1, b]$；如果 $f(b)$ 与 $f(x_1)$ 同号，则新区间为 $[a, x_1]$。利用新区间再作直线与 x 轴相交，可得 $x_2$，依次类推，可得 $x_1, x_2, \cdots$，直到有一值 $x_n$，使得 $f(x_n)$ 足够接近于 0，则用 $x_n$ 近似 $x_0$，如图 5.9 所示。

图 5.9 求方程的根

```
from math import *
def main_ctr():                                  # 主控函数定义
    while True:                                  # 反复输入
        a=float(input("a="))                     # 输入区间端点
        b=float(input("b="))
        ya=fun(a); yb=fun(b)                     # 函数值
        if not samesigne(ya,yb):                 # 包含根的区间有效, 输入有效
            break
        print("输入无效, 请再输入！")              # 输入无效提示信息
    root(a,b)                                    # 求得方程根
def fun(x):                                      # 曲线方程函数 fun
    y=2*x*x-19*x+24                              # f(x)=…
    return y
def xi(a,b):                                     # 求弦直线与 x 轴交点的函数 xi
    x1=(a*fun(b)-b*fun(a))/(fun(b)-fun(a))       # 交点
    return x1
def samesigne(y1,y2):                            # 判断区间端点的纵坐标是否异号
    result=True if y1*y2>0 else False            # 两个数同号
    return result
def root(a,b):                                   # 求区间内的根的函数 root
    yb=fun(b)
    while abs(yb)>1e-10:                         # 函数值足够大吗?
        x1=xi(a,b)                               # 交点
        y1=fun(x1)                               # 函数值
        if samesigne(y1,yb): a=x1                # 改变区间边界
        else: b=x1
```

```
            yb=y1                              # 更新函数值
        print("方程根是%f."%x1)                 # 方程的根
    main_ctr()                                 # Python 解释环境中调用
```

运行结果:

```
    a=90.↵(回车)
    b=80.↵(回车)
    输入无效,请再输入!
    a=12.↵(回车)
    b=10.↵(回车)
    输入无效,请再输入!
    a=1.↵(回车)
    b=2.↵(回车)
    方程根是 1.500000.
    a=5.↵(回车)
    b=9.↵(回车)
    方程根是 8.000000.
```

上述求根函数也可以采用递归求解:

```
    def root(a,b):
        yb=fun(b)
        if abs(yb)>1e-10:                      # 函数值足够大吗?
            x1=xi(a,b)                         # 交点
            y1=fun(x1)                         # 函数值
            if samesigne(y1,yb): a=x1          # 改变区间边界
            else: b=x1
            root(a,b)                          # 递归调用,小区间的根也是原来大区间的根
        else:
            print("方程根是%f."%b)              # 方程的根
```

# 本章小结

  Python 语言模块化程序设计体现在函数概念上。根据函数来源,函数可分系统函数和自定义函数。根据函数参数,函数可分有参函数和无参函数。还有其他函数分类方法。Python 语言模块化程序设计表现在自定义有参函数或无参函数。函数定义形式为:

    def «函数名»(〖«形式参数名 1»〖,«形式参数名 2»〗〗):
      «语句块»

  其中,"函数名""形式参数名"都是自定义标识符。"形式参数"简称形参。"语句块"为右缩进对齐的若干语句构成的函数体,其函数原型为:

      object «函数名»(〖«实际参数名 1»〖,«实际参数名 2»〗〗)

表示函数返回某种数据类型的值。返回值的数据类型往往与实参数据类型有关。"实际参数"简称实参。如果函数没有返回值,或省略 return 语句,则函数返回 None 值。这规范了函数都有返回值。

函数调用体现函数之间的联系,集中表现模块组织形式,涉及函数参数的结合形式,形成数据传输渠道。在函数调用时,实参和形参必须一一对应,包括参数位置、个数,形参数据类型取决于实参数据类型。

(1)如果参数为简单类型数据,那么函数调用时形参引用实参的数据单元(即与实参具有相同的引用),可以理解为实参隐式赋值给形参(赋值语句为显式赋值)。当形参发生变化(即重新赋值)后,形参重新引用新的数据单元。当函数调用结束后,形参失去引用,实参不受影响。实参可以是常量、有值的变量和表达式,形参变量都是这三种数据的引用。

(2)如果参数为可变元素的列表、字典、集合,形参、实参同时引用这些运算对象,形参的元素变化也是实参的变化。这也是形参与实参引用同一可变元素的列表、字典、集合的结果,功能上提供了主调函数和被调函数之间数据交流的通道。通过拷贝实参,使形参与实参不是引用同一数据单元,形参元素变化就与实参无关。当对形参赋值时,形参重新引用其他数据单元,形参的变化也与实参无关。

Python 语言程序串行运行,主调函数调用被调函数后转向被调函数的运行,主调函数处于等待状态,只有被调函数运行结束后返回,主调函数才可以接着运行。任何函数调用都要返回。return 语句不带数据,或缺省 return 语句,该函数返回 None 值(空值)。return 语句可以理解为函数间的无条件跳转语句。

函数调用可以嵌套调用,而且不受调用层次的限制。递归调用是特殊的嵌套调用,直接或间接调用自身。在递归调用时,递归参数变化确保递归可以结束。递归程序书写简洁,但比较抽象,实现机制涉及内存空间分配、回收,效率往往低于循环程序。

 习题五

1. 解释基本概念: 函数定义与函数调用、函数参数与函数返回、函数嵌套调用与函数递归调用。
2. 函数有哪些分类方式?
3. 主调函数和被调函数的关系在程序执行过程中如何体现控制与被控制的关系?
4. 函数调用关系中,函数参数可分为几种?各有什么特点?
5. 用梯形法求定积分 $\int_a^b f(x)dx$,其中 $f(x)=5x^2+6x-3$,上下限 a、b 从键盘输入。分别用递推(循环)和递归实现。
6. 用牛顿迭代方法求方程 $ax^3+bx^2+cx+d=0$ 的根,其中 a、b、c、d 和第一个根的近似值由键盘输入。分别用递推(循环)和递归实现。
7. 用递归实现自然数的最大公约数和最小公倍数。
8. 计算阶乘 n!。输入 n,输出阶乘。分别用递推(循环)和递归实现。
9. 进制数转换: 十进制正整数转换为 r 进制数,r 最大为 36。用递归实现。
10. 用二分法求解方程 $2x^2-19x+\sin(x)+24=0$ 的根,并已知根在 (5,9) 之间。用递归实现。
11. 判断朋友关系: 物以类聚,人以群分。朋友有较多共同爱好,也有可能一方对另一方有好感。判断成为朋友或一方对另一方好感的可能性。用递推(循环)、递归和集合运算实现。
12. 弹簧反弹: 弹簧从一定高度 h 垂直坠落,每次反弹高度与坠落高度的比例为 rate。第 n 次反弹的高度是多少?到第 n 次反弹最高点时弹簧所经历的路途多长?用递推和递归实现。

13. 任意列表嵌套元素存在性判断：输入一个元素，判断其是否存在于任意层次的列表中，如 3 存在于[1,[2,[4,3],6],[5],7]中，而 8 不存在于[1,[2,[4,3],6],[5],7]中。分别用递推(循环)和递归实现。

14. 输入一批数据，调用一个函数同时可得最大值和最小值以及平均值。分别用递推(循环)和递归实现。

15. 将第 4 章习题 3.14 中学生成绩管理独立实现各个功能模块(函数)。定义总控模块实现菜单选择和数据输入，如：

1. 增加记录
2. 计算总成绩
3. 排序记录
4. 查询记录
5. 删除记录
6. 显示记录
7. 退出

请选择功能？（输入数字：1、2、3、4、5、6、7）：

其中"排序记录""查询记录""删除记录"还有下一级菜单。

# 第6章 模块化程序设计(二)

模块封装了特定的功能。模块化程序设计通过结构化程序设计实现问题求解过程,并制定模块之间的接口,即模块名称、数据传递。模块间的对接必须通过模块的接口。Python 语言的模块化主要体现在函数上,包括函数定义、函数调用和函数返回,保障了函数(模块)的封装性、复用性。在此基础上,模块化程序设计作为软件开发的基本方法,还需要提供参数灵活应用、数据安全、内存高效管理等机制和手段,保障函数(模块)安全共享、便捷开发和高效应用。本章重点学习模块化程序设计中数据共享、安全和灵活应用。

## 6.1 默认参数与指明参数

### 6.1.1 默认参数

函数之间的关系体现在调用上。函数调用必须符合函数的接口,即函数名称、函数参数、函数返回值的要求,尤其形参和实参必须一一对应,即参数个数、参数类型、参数位置应相同,这样概念与数学上函数的概念一致。作为程序设计语言,Python 语言对函数参数可采用默认机制,使得没有实参时按默认实参,确保程序按默认参数形式执行,默认参数的函数定义形式:

def«函数名»([«形参名0»[,«形参名1»][,«形参名2»=«运算对象2»]]):
　　«语句块»

其中,"运算对象"可以是常量、变量和表达式。"="只表示"运算对象"为参数的默认值,不是赋值运算,即函数调用时以"运算对象"为缺省实参的实参值。这些形参为默认形参。参数默认"运算对象"只能从右到左逐一设置默认。

函数原型:

　　«数据类型»«函数名»([«实参0»[,«实参1»][,«实参2»]])

"函数"调用时,没有"实参2",就以默认形参的"运算对象2"为实参,即实参缺省时,以默认形参的"运算对象"为实参,如:

```
>>> def myfun(a,b=10,c=20):                    # 默认形参 b、c
        return a+b+c↵(回车)
>>> x=myfun(30); y=myfun(30,20); z=myfun(1,2,3)↵(回车)
>>> x, y, z↵(回车)
(60, 70, 6)
```

尽管实参目少了，但这也符合形参与实参一一对应的要求，只是缺少实参采用默认形参的参数值，也就是实参个数足够多时，形参默认值无效。采用形参默认机制，除了参数设置方便灵活外，更重要的是确保函数调用时形参、实参一一对应。此外需要注意：

(1) 默认参数设置一定靠右，且可连续设置，否则错误，如：

```
def myfun(a=100,b,c=20):                       # 不连续设置默认，出错
    return a+b+c
```

或

```
def myfun(a=100,b=200,c):                      # 左边设置默认，出错
    return a+b+c
```

(2) 默认参数为不可变类型(如数值、字面值等)，每次调用都重新采用默认值，如：

```
>>> myfun(10); myfun(20); myfun(30)↵(回车)     # 每次采用相同的默认值
(40, 50, 60)
```

(3) 默认参数为可变类型(如列表、集合、字典)时调用函数对形参的变更将影响到后续的默认值，如：

```
>>> def fun(lt=[0]):                           # 函数定义，默认参数
        lt.append(lt[len(lt)-1]+1)             # 变更列表元素
        print(lt)↵(回车)                       # 显示列表
>>> fun(),fun(),fun(),fun()↵(回车)             # 调用函数
[0, 1]
[0, 1, 2]
[0, 1, 2, 3]
[0, 1, 2, 3, 4]
(None, None, None, None)
```

综上可见函数多次调用，默认参数只首次为默认值，其后默认参数为前次调用后的结果，也就是默认参数为可变类型(如列表、集合、字典)时函数定义的默认值只用一次，默认参数的元素变更将带到下次函数调用中。这是不同于简单类型(如整型、浮点型、逻辑型等)的默认参数。函数 fun 没有 return 语句返回值，函数 fun 的返回值为 NoneType 类型的 None。

本质上，形参默认与实参缺省也是函数调用时形参与实参一一对应。

## 6.1.2 指明参数

函数调用时，实参位置与形参位置不一致可通过形参名指明实参向具体形参传值，即此时实参称为指明参数(也称为关键字参数)，函数原型：

《数据类型》《函数名》(《形参名 1》=《运算对象 1》|，《形参名 2》=《运算对象 2》|)

这样，函数调用时实参就不需要按位置顺序一一对应，而是按指明参数进行一一对应。"="不

是赋值语句,而是指明具体参数。这些形参名为指明参数。如:

```
>>> def yourfun(a,b=2,c=1+2):                    # 形参 a、b、c,默认形参 b、c
        print("a=",a); print("b=",b); print("c=",c)↵(回车)   # 一行多句
>>> yourfun(b=100,c=200,a=300)↵(回车)              # 实参 100、200、300,指明参数 a、b、c
a= 300
b= 100
c= 200
>>> yourfun(b=100,a=300)↵(回车)                    # 函数调用指明参数及值,利用默认参数
a= 300
b= 100
c= 3
```

尽管实参位置与形参位置不一致,但实参"«形参名»=«运算对象»"是以形参名指明实参向形参传值去向。本质上,函数调用时实参与形参还是一一对应,只是通过指明参数进行对应,而不是参数位置。

函数调用时形参与实参要求一一对应,而默认参数与指明参数并不违背形参与实参结合一一对应的要求。通过默认参数,实参个数减少了,但使用了默认参数为实参,形参实参还是一一对应。通过指明参数,实参位置变化了,但根据形参名把实参精确传递给相应的形参,实参与形参还是一一对应。默认参数与指明参数只是提供了方便、灵活给定实参(缺省、位置不定)的方式。

注意: 默认参数与指明参数形式一样,但前者在函数定义中,而后者在函数调用中。在函数调用中,前者提供缺省实参,而后者提供指明实参(形参、实参位置不一致)。但在客观上两者都是形参实参一一对应。

## 6.2 可变实参个数

函数定义与函数调用的参数要求一一对应,但在函数调用时,时常不知实参个数,如求若干数据之和或最大值或最小值等函数,这"若干"在不同应用中是不确定的。为使函数具有最大复用性,需要解决实参个数可变问题,可采用聚合数据作参数解决。

### 6.2.1 生成元组实参

利用元组为参数和 for 迭代推导式遍历算法可解决类似"若干"数据的问题。

【例 6.1】 求一组数据的最大值和最小值。

```
def get_max_min(tp):              # 函数定义,形参 1 个元组
    if tp==():                    # 元组为空
        return None,None          # 返回两个空值
    else:
        ma=mi=tp[0]               # 第 0 个元素默认为最大值、最小值
        for vb in tp:             # 遍历元组每个元素
            if vb>ma: ma=vb       # 元素比当前最大值大时更新
```

```
        else vb<mi: mi=vb                          # 元素比当前最小值小时更新
    return ma,mi                                   # 返回最大值、最小值
```

运行结果：

```
>>>ma,mi=get_max_min((2,4,1,5,8,7,6))↵(回车)      # 实参 1 个元组
>>>ma,mi↵(回车)
(8,1)
```

get_max_min 函数形参、实参只有一个参数（元组）符合参数一一对应要求。该函数同时返回两个值。Python 语言函数返回多值不同于数学函数返回单值。

为了更好地理解函数可接受可变个数实参，总结回顾数据打包、数据解包的概念（见 3.7 节），看例子：

```
>>> a,*b=1,2,3,4,5↵(回车)                         # 给两个变量 a、b 赋值
>>> print(a, ";", b,";", *b)↵(回车)               # 查看变量 a、b 和*b
1 ; [2, 3, 4, 5] ; 2 3 4 5
```

也就是 a 与 1、b 与[2,3,4,5]（即 b 打包）、*b 与 2,3,4,5（即 b 解包）对应。

形参也可以是打包变量，函数调用时可接受多个实参，也就是对实参打包后赋给形参，函数定义形式：

  def《函数名》（[《形参名 0》[,《形参名 1》]，《*形参名 2》]]）:
    《语句块》

其中，最后一个"形参名 2"加前缀"*"，表示该参数可接受多个实参（即数据打包），而"形参名 2"之前形参与实参一一对应，如：

```
>>> def herfun(a,*tp):                            # 函数定义，形参带 tp 可接受数据打包
      print("a=",a); print("tp=",tp);print("*tp=",*tp)↵(回车)
>>> herfun(1,2,3,4,5)↵(回车)
a= 1
tp= (2, 3, 4, 5)
*tp= 2 3 4 5
```

可见 1 与 a 对应，其余 2、3、4、5 构成元组（不是列表）与 tp 对应，即 tp 可随意接受任意个数的实参（即数据打包赋值）。在 print 函数调用中，*tp 是对 tp 的解包，还原为 2、3、4、5。

可以看到，函数定义时明确形参接受打包。该形参是一个变量，其对应的实参多个数据打包成一个元组后赋给形参（隐式赋值）。实际上，形参与实参也是一一对应，即左边形参与实参一一对应，其余实参构成一个元组与最后一个形参一一对应。

上述例 6.1 函数也可定义为：

```
def get_max_min(*tp):                             # 函数定义，1 个形参，接受打包
    if tp==():                                    # 元组为空
        return None,None                          # 返回两个空值
    else:
        ma=mi=tp[0]                               # 第 0 个元素默认为最大值、最小值
        for vb in tp:                             # 遍历元组每个元素
            if vb>ma: ma=vb                       # 元素比当前最大值大
```

```
        else vb<mi: mi=vb                      # 元素比当前最小值小
    return ma,mi                               # 返回最大值、最小值
```
运行结果:

```
>>> ma,mi=get_max_min(2,4,1,5,8,7,6)↵(回车)# 多个实参,不是元组
>>> ma,mi↵(回车)
(8,1)
```

函数调用时,形参接受任意个数的数值实参,本质上是构成元组后赋给形参。

注意: 带 "*形参名" 只能有一个, 而且在最后位置, 其他位置均不允许, 如:

```
>>> def herfun(*tp,a):                         # 函数定义,形参带 "*"
        print("a=",a); print("tp=",tp)↵(回车)
>>> herfun(1,2,3,4,5,6)↵(回车)
TypeError: herfun() missing 1 required keyword-only argument: 'a'
```

抛出数据类型异常 TypeError。实际上,(1,2,3,4,5,6)赋给 tp,而形参 a 没有实参相结合导致出错, 即形参与实参不一一对应。但可采用指明参数形式调用, 如:

```
>>> herfun(1,2,3,4,5,a=6)↵(回车)              # 指明参数
a=6
tp=(1, 2, 3, 4, 5)
```

这样也确保了形参实参一一对应, 即函数定义和函数调用的默认参数、指明参数仍可在可变参数个数中使用, 如:

```
>>> def herfun(*tp,a=10):↵(回车)              # 默认参数
        print("a=",a); print("tp=",tp)
>>> herfun(1,2,3,4,5,6)↵(回车)                # 缺省值
a=10
tp=(1, 2, 3, 4, 5, 6)
```

可见数据 1, 2, 3, 4, 5, 6 打包后赋给 tp, 而形参 a 的值为 10(即参数默认值)。

```
>>> herfun(1,2,3,4,5,a=6)↵(回车)              # 指明参数
a=6
tp=(1, 2, 3, 4, 5)
```

【例 6.2】 多数据集的交集。

```
def intersect(*args):
    result=set()                               # 交集
    for x in args[0]:                          # 第一个集合的所有元素
        flag=True                              # 默认是交集元素
        if x in result: continue               # 元素已在交集中
        else:
            for st in args[1: ]:               # 其他集合 st
                if x not in st:                # 元素不在其他集合 st
                    flag=False;  break         # 不是交集元素
            if flag: result.add(x)             # 是交集元素,收集交集元素
    return result
```

运行结果:

```
>>> intersect([1,3,2,3],[3,4,2,3,5],[5,2,3,2])    ↵(回车)
{3, 2}
```

函数定义采用可变个数实参,函数调用时可以接受任意个数的实参。数据集可用列表、元组、集合、字符串表示,自定义函数 intersect 可以求解这类数据的交集,并确保元素不重复,返回集合。也可采用递归算法实现:

```
def intersect(*args):
    result=set()                              # 没有或 1 个集合
    if len(args)==2:                          # 两个集合交集
        result=set(args[0])&set(args[1])      # 转换为集合,并交集
    else len(args)>2:                         # 3 个以上集合交集
        result=set(args[0])&intersect(*args[1:])  # 其他集合交集再与第 1 集合交集
    return result
```

或采用 reduce 函数实现:

```
from functools import reduce
def two_intersect(s1,s2):                     # 两个集合交集
    return set(s1) & set(s2)
def intersect(*args):                         # 多个集合交集
    result=reduce(two_intersect,args)
    return result
```

## 6.2.2 生成字典实参

函数定义时用"**"指定形参,函数定义形式:

def «函数名»(«形参名 0», «形参名 1», «**形参名 2»):
  «语句块»

其中,"形参名 2"前缀"**"表示该形参可以接受多个实参。函数调用时,实参必须采用指明参数形式,"形参名 2"接收到实参构成的字典,而"形参名 2"之前形参与实参一一对应,如:

```
>>> def ourfun(a,**dt):                       # 形参接受指明参数
    print("a=",a); print("dt=",dt); print("*dt=",*dt)    ↵(回车)
>>> ourfun(b=10,a=20,d=40,c=30)    ↵(回车)    # 指明参数,不是形参名
a= 20
dt= {'b': 10, 'd': 40, 'c': 30}
*dt= b d c
```

在 print 函数中,a 为形参,对应 20。dt 对应字典{'b': 10, 'd': 40, 'c': 30},字典的键 b、c、d 不是形参,*dt 是 dt 的解包,得到指明的键。

定义函数时也可以默认参数,如:

```
>>> def ourfun(a=100,**dt):    ↵(回车)        # 默认参数
    print("a=",a); print("dt=",dt); print("*dt=",*dt)    ↵(回车)
>>> ourfun(b=10,a=20,d=40,c=30)    ↵(回车)    # 指明参数,不是形参名
```

```
a=20
dt= {'b': 10, 'd': 40, 'c': 30}
*dt= b d c
>>> ourfun(b=10,d=40,c=30)↵(回车)          # 指明参数,不是形参名
a=100
dt={'b': 10, 'd': 40, 'c': 30}
*dt=b d c
```

函数调用时,通过指明参数,使得参数名成为字典的键,而且这些参数名(键)不是形参名。实际上,形参与实参也一一对应。

形参与实参要求一一对应,而默认参数、指明参数、可变实参个数提供灵活参数使用方式,但仍确保了实参形参一一对应。

## 6.3 函数引用与函数嵌套定义

### 6.3.1 函数引用

变量是抽象概念,其在程序中由变量名表示,对应到内存中占据一定大小的数据单元。通过变量名可以访问(包括赋值和取值)到数据单元的数据,即变量(变量名)引用数据单元。通过内置地址函数 id 可获取数据单元地址,sys 库函数 getsizeof 可获取数据单元大小和内置数据类型函数 type 可获知变量的数据类型。

函数与变量的概念很相似。函数是功能实现的抽象,程序中由函数名表示。内存中函数占据一定大小的存储单元,也有相应地址,因此函数也是对象(函数对象)。函数定义为函数名赋值函数对象。通过函数名可调用函数对象,即函数名引用函数。

Python 语言变量、函数都表示为对象。有关变量赋值、取值和地址的函数 id 及单元大小函数 getsizeof、数据类型函数 type 均可用,如:

```
>>> from sys import *                                    # 引入库
>>> def myfun(): print("Hello world!")↵(回车)            # 函数定义
>>> myfun()↵(回车)                                       # 函数调用
Hello world!
>>> id(myfun), type(myfun), getsizeof(myfun)↵(回车)      # 函数地址、类型、单元
(53635008,<class 'function'>,68)
>>> fun=myfun↵(回车)                                     # 函数类型变量赋值
>>> fun()↵(回车)                                         # 函数引用调用函数
Hell world!
>>> id(fun), type(fun), getsizeof(fun)↵(回车)            # 函数地址、类型、单元大小
(53635008,<class 'function'>,68)
```

通过函数 id、type、getsizeof 和函数名 myfun 可获取函数的地址、函数类型(function)、占据存储单元大小。函数名 myfun 赋给变量 fun,通过变量 fun 也可获取函数的地址、函数类型(function)、占据数据单元大小。myfun 和 fun 引用相同存储单元。函数名 myfun 和变量名 fun 具有相同的函数原型。函数名也可做函数参数,如:

```
>>> def yourfun(f):                          # 函数定义
        f()↵(回车)
>>> yourfun(myfun)↵(回车)                     # 函数名为实参
Hell world!
>>> yourfun(fun)↵(回车)                       # 函数类型变量为实参
Hell world!
```

从上述内容可知：函数类型 function 是数据类型之一。函数名也是一种变量名,通过函数定义 def,实现函数名隐式赋值为函数对象(代码段),也可以把函数名赋给其他变量从而引用函数对象。函数名为函数对象的引用(包括函数名、已引用函数对象的变量)可做函数参数。也可以用语句 del 使函数名脱离函数对象引用,如：

```
>>> del myfun↵(回车)
>>> myfun()↵(回车)
NameError: name 'intersect' is not defined
```

可见,函数名具有一般变量名的使用形式,其本质也是变量名,只是引用函数,属于函数类型 function。

### 6.3.2 函数嵌套定义

函数可以嵌套调用(包括递归调用),还可以嵌套定义。函数嵌套定义就是在定义函数内部又定义其他函数,其形式：

```
def«函数名1»(«形参名10»,«形参名11»):
        «语句块11»
        def«函数名2»(«形参名20»,«形参名21»):
                «语句块2»
        «语句块12»
```

可见"函数 1"定义内嵌入其他多个"函数 2"定义。把"函数 1"称为外函数,把"函数 2"称为内函数。如：

```
def fun_outter(a,b):                          # 外函数定义
    def fun_inner(c,d):                       # 内函数定义
        print("inner_function",c,d)           # 内函数执行
        return c+d                            # 内函数返回
    print("outter_function",a,b)              # 外函数执行
    return fun_inner(a,b)                     # 调用内函数,外函数返回
```

运行结果：

```
>>> res=fun_outter(1,2)↵(回车)
outter_function 1 2
inner_function 1 2
>>> res↵(回车)
3
```

fun_outter 函数定义中函数体实现四个功能：定义函数 fun_inner、执行语句 print

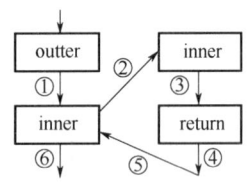

图 6.1 函数执行顺序

("outter_function")和语句 fun_inner()及返回语句 return。而内函数执行两个语句：语句 print("inner_function")和返回语句 return。内函数定义返回参数之和，外函数返回内函数调用结果。从调用关系看，outter_fun 函数调用 inner_fun 函数，转向 inner_fun 函数执行，inner_fun 函数执行完毕后返回 outter_fun 函数，outter_fun 继续执行（如图 6.1 所示，图中省略 print 函数执行）。这个过程就是一个嵌套调用过程。但在 Python 解释环境中直接无法调用 fun_inner 函数：

```
>>> fun_inner(5,6)↵(回车)
NameError: name 'fun_inner' is not defined。
```

显示函数没定义，也就是内函数只限于外函数直接调用，Python 解释环境不可直接调用，即内函数的有效范围为外函数，外函数及其内函数可以调用内函数。实际上，这也是为了函数安全的一种措施。这涉及函数有效范围和命名空间概念，参见后续内容。

### 6.3.3 函数闭包

在上述函数嵌套定义中，fun_outter 函数的返回值是 fun_inner 函数的调用 fun_inner(a,b)，即返回 fun_inner(a,b)的值。而函数名是函数对象的引用，属于函数类型(function)的一种数据，可做函数的参数，也可做函数的返回值，如把上述程序中 fun_outter 函数返回值改为 return fun_inner，即返回内函数名（返回函数的引用），程序如下：

```
def fun_outter(a,b):                    # 外函数定义
    def fun_inner(c,d):                 # 内函数定义
        print("inner_function",c,d)     # 内函数执行
        return c+d                      # 内函数返回
    print("outter_function",a,b)        # 外函数执行
    return fun_inner                    # 外函数返回内函数的引用
```

运行结果：

```
>>> res=fun_outter(1,3)↵(回车)           # 得到内函数引用
outter_function 1 3
>>> res(5,6)↵(回车)                      # 通过内函数引用调用内函数
inner_function 5 6
11
```

调用 fun_outter 函数后执行 fun_outter 函数体内的 print 语句、返回 fun_inner 函数引用（不是 fun_inner 函数调用），变量 res 得到 fun_inner 函数引用，通过 res(fun_inner 引用)调用 fun_inner 函数。这实现把内函数有效范围只限于外函数延伸到外函数外。

函数闭包就是外函数返回内函数的引用（函数名）。在 Python 解释环境中无法直接调用内函数。通过函数闭包，提供在 Python 解释环境使用内函数手段。

## 6.4 变量有效范围与变量存储类别

变量为程序的运算对象、程序的核心。从程序角度看，变量作为运算对象需要安全性，确

保程序中正确、可靠使用。从内存空间看,变量是数据单元在程序中的抽象,通过变量名访问内存空间,需要程序高效、有效利用内存数据单元,也就是有效期、访问权限问题。变量涉及数据类型、有效范围和生存周期。数据类型决定数据精度、运算特性等。变量操作实质是访问变量引用的数据单元。变量在程序中的位置决定着对其操作的有效性。变量引用的数据单元在程序运行期间存在时间决定变量的生存周期。Python 语言通过变量有效范围和存储类别表达运算对象安全性和高效性应用。通过变量有效范围和存储类别的学习可以加深对模块化程序设计思想的理解,提高程序设计技能。

## 6.4.1 函数内变量和函数外变量

变量有效范围就是在程序中变量能被正确访问到的权限,取决于变量的位置。根据变量与函数的相对位置,变量可分为函数内变量和函数外变量。

**1. 函数内变量**

在函数内(包括函数参数)的变量称为函数内变量。这种变量的有效范围只局限于函数内访问,如前面章节程序涉及的变量。从程序看,变量有效范围可看成一个区域。不同变量有不同的有效范围,也就有不同的区域。不同区域之间可能出现交叉或覆盖关系(图 6.2)。有关函数内变量的有效范围,注意以下几点:

(1)任何函数不能访问不在有效范围内的变量,如 x、y 为 fun0 函数内变量,fun1、fun2 等函数不能访问。

(2)形参是函数内变量(参见 5.2.2 节),其在函数内有效,即在函数可访问,函数外不可访问。

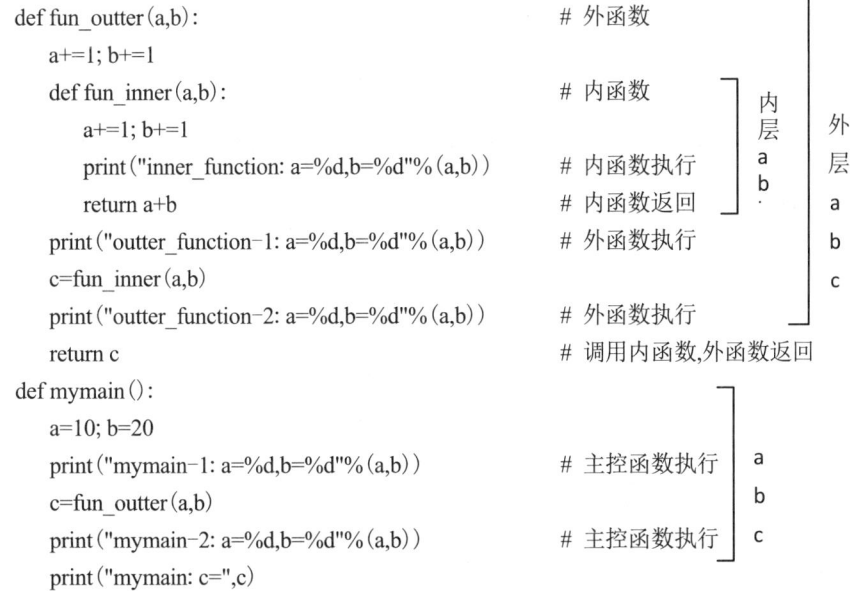

图 6.2　函数内变量

(3)在不同有效范围内的内变量可以同名,但这些变量赋值后都引用各自数据单元,变量之间没有关联,如形参、实参可以同名,不同函数内变量可以同名。它们一旦赋值,都各自有自己的引用对象。

(4)在同一有效区域内同名的变量只有一个有效。

**【例 6.3】** 函数内变量有效范围。

```
def fun_outter(a,b):                              # 外函数
    a+=1; b+=1
    def fun_inner(a,b):                           # 内函数
        a+=1; b+=1
        print("inner_function: a=%d,b=%d"%(a,b))  # 内函数执行
        return a+b                                # 内函数返回
    print("outter_function-1: a=%d,b=%d"%(a,b))   # 外函数执行
    c=fun_inner(a,b)
    print("outter_function-2: a=%d,b=%d"%(a,b))   # 外函数执行
    return c                                      # 调用内函数,外函数返回
def mymain():
    a=10; b=20
    print("mymain-1: a=%d,b=%d"%(a,b))            # 主控函数执行
    c=fun_outter(a,b)
    print("mymain-2: a=%d,b=%d"%(a,b))            # 主控函数执行
    print("mymain: c=",c)
```

运行结果：

```
>>> mymain()↵(回车)            # 函数调用
mymain-1: a=10,b=20
outter_function-1: a=11,b=21
inner_function: a=12,b=22
outter_function-2: a=11,b=21
mymain-2: a=10,b=20
mymain: c= 34
```

这个程序多处出现变量 a、b、c。根据函数调用的顺序，整个过程：

(1) 当 mymain 函数调用后，初始化 a、b 的值为 10、20，输出值 10、20；

(2) 变量 a、b 作为实参传给函数 outter_fun()；

(3) outter_fun 函数的形参 a、b 值为 10、20；

(4) 在 outter_fun 函数体内形参 a、b 增加 1，分别为 11、21；

(5) 定义 inner_fun 函数，形成一个函数引用；

(6) print 函数输出形参 a、b 的值为 11、21；

(7) 调用 inner_fun 函数，并把 outter_fun 函数形参 a、b 值 11、21 作为实参传给 inner_fun 函数的形参 a、b，得到引用值 11、21；

(8) inner_fun 函数形参 a、b 增加 1，分别为 12、22；

(9) print 函数输出 inner_fun 函数体内的形参 a、b 值为 12、22，return 语句返形参 a、b 之和 34，并赋给 c；

(10) outter_fun 函数输出自身形参 a、b 值为 11、21；

(11) 返回变量 c 的值；

(12) mymain 函数的变量 c 赋值；

(13) print 函数输出变量 a、b 值为 10、20；

(14) print 函数输出变量 c 值为 34。

这个程序出现变量同名，多处重新赋值，需要注意变量的有效范围。mymain 函数不可调用 inner_fun 函数，即 inner_fun 函数的有效范围只是 outter_fun 函数。

前面各章节函数中变量（包括形参）都是函数内变量。函数内变量的变化仅限于本函数内，即使与其他函数内变量同名也没有相互影响。除了查看内变量的变量值，也可通过地址函数 id 查看变量引用数据单元的地址变化进行证实。这种函数内变量访问权限机制增强模块的封装性，使得变量应用更加安全。由于函数内变量的有效范围仅局限于函数内部，其他函数不可访问，函数内变量也称为局部变量。函数内变量是从变量的位置和有效范围两个角度看待变量。

**2. 函数外变量**

程序设计还可利用函数外变量。所谓函数外变量就是在函数定义之外的变量。函数外变量形式与函数内变量形式一样（图 6.3）。有关函数外变量的有效范围，注意以下几点：

(1) 任何函数不能访问不在有效范围内的变量。函数内变量有效范围为该函数内，即局部变量。通过在函数内进行 global 全局声明，函数外变量的有效范围就覆盖到该函数，如：

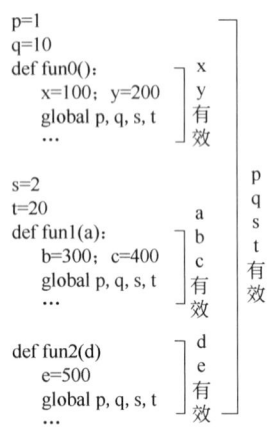

图 6.3 函数外变量

```
x=«运算对象»                                    # 函数外变量
def «函数名 1»([«形参名 10»[, «形参名 11»]]):
    «语句块 11»
    global x                                    # 函数外变量声明
    def «函数名 2»([«形参名 20»[, «形参名 21»]]):
        global x                                # 函数外变量声明
        «语句块 2»
    «语句块 12»
```

其中,"函数 1""函数 2"就共享了变量 x, 即只有唯一一个变量 x, 任何函数对其修改都影响到后续对 x 的使用。如图 6.3 所示, p、q、s、t 为函数外变量, 通过函数外变量的 global 全局声明, fun0、fun1、fun2 函数均可访问这些函数外变量, 也就是函数外变量进行 global 全局声明后, 函数均可访问该变量, 或者说这些函数共享了函数外变量。

**【例 6.4】** 函数外变量有效范围。

```
def fun_outer():                                # 外函数定义
    global a;    global b                       # 函数外变量声明
    print("outter_function-0: a=%d,b=%d"%(a,b)) # 外函数执行
    a+=1;  b+=1
    def fun_inner():                            # 内函数定义
        global a;    global b                   # 函数外变量声明
        print("inner_function-1: a=%d,b=%d"%(a,b)) # 内函数执行
        a+=1;  b+=1
        print("inner_function-2: a=%d,b=%d"%(a,b)) # 内函数执行
        return a+b                              # 内函数返回
    print("outter_function-1: a=%d,b=%d"%(a,b)) # 外函数执行
    c=fun_inner()
    print("outter_function-2: a=%d,b=%d"%(a,b)) # 外函数执行
    return c                                    # 调用内函数, 外函数返回
a=1;  b=2                                       # 函数外变量
def mymain():
    global a;    global b                       # 函数外变量声明
    print("mymain-0: a=%d,b=%d"%(a,b))          # 主控函数执行
    a=10;  b=20
    print("mymain-1: a=%d,b=%d"%(a,b))          # 主控函数执行
    c=fun_outer()
    print("mymain-2: a=%d,b=%d"%(a,b))          # 主控函数执行
    print("mymain: c=",c)                       # 主控函数执行
```

运行结果:

```
>>> mymain()↵(回车)                              # 函数调用
mymain-1: a=1,b=2
mymain-1: a=10,b=20
outter_function-0: a=10,b=20
```

```
outter_function-1: a=11,b=21
inner_function-1: a=11,b=21
inner_function-2: a=12,b=22
outter_function-2: a=12,b=22
mymain-2: a=12,b=22
mymain: c= 34
```

程序各函数中都对函数外变量 a、b 进行 global 全局声明。①mymain 函数访问到函数外变量 a、b，并重新赋值 10、20；②调用 outter_fun 函数后，输出函数外变量 a、b 的值 10、20，增加 1 后值为 11、21；③调用 inner_fun 函数，输出函数外变量 a、b 的值 11、21，增加 1 后值为 12、22；④inner_fun 函数返回 outter_fun 函数后，函数外变量 a、b 值为 12、22，函数返回值 34；⑤outter_fun 函数返回 mymain 函数后，函数外变量 a、b 值为 12、22。

可见，函数体内进行函数外变量的 global 全局声明，使得函数可访问函数外变量，而且可以产生后续影响，也就是有函数外变量 global 全局声明的函数可以共享函数外变量，即所有函数共用了唯一的函数外变量引用，此时函数外变量也称为全局变量。

(2) 当函数内变量和函数外变量在程序中同时混合应用时，对于同名的函数内变量与函数外变量，函数内变量访问优先权大于同名的函数外变量，即函数只能访问到函数内变量，而函数外变量被屏蔽了。实际上，同名的函数内变量和函数外变量对应着不同引用。

【例 6.5】 函数内变量和函数外变量有效范围重叠时变量的有效性。

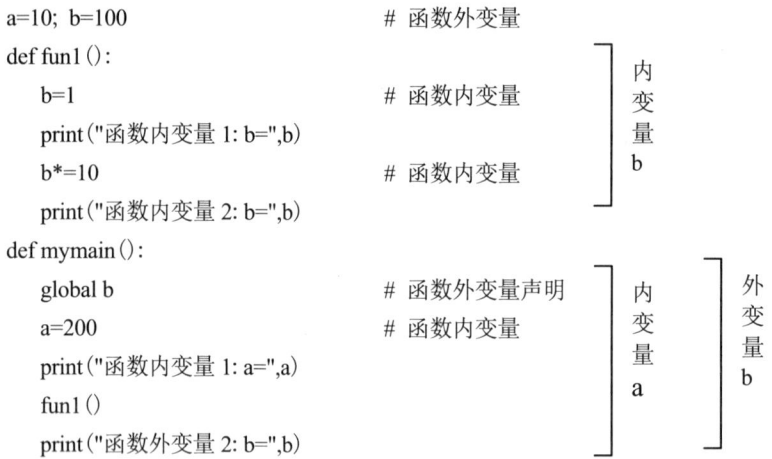

运行结果：
```
>>> mymain()↵(回车)            # 函数调用
函数内变量 1: a= 200
函数内变量 1: b= 1
函数内变量 2: b= 10
函数外变量 2: b= 100
```

一旦在函数内部进行函数外变量 global 全局声明，该变量就成为全局变量，出现的变量名均为函数外的变量名，不可能出现同名的函数内变量，这有利于数据安全。也就是函数外的变量通过 global 全局声明，使得函数外变量成为唯一的变量引用，扩大了函数外变量的有效范围，其共享特性可实现各函数之间数据传递。

除了通过函数外变量 global 全局声明后，函数可以访问函数外变量外，函数还可以通过命名空间访问函数外变量。程序中所有标识符(如变量名、函数名、类名等)构成命名空间,由 Python 解释环境维护、管理。该命名空间按目录树结构组织。Python 解释环境是命名空间的根节点,往往也是当前目录。在函数中也可以导入__main__模块(目录结构),通过成员运算符"."访问到函数外变量,如:

```
>>> x=90↵(回车)                    # 外变量
>>> def fun():                     # 函数定义
    import __main__                # 导入命名空间模块
    print("x=",__main__.x)         # 访问函数外变量,并没有 global 声明
    __main__.x=80↵(回车)           # 访问函数外变量
>>> fun()↵(回车)                   # 函数调用
x= 90
>>> x↵(回车)                       # 外变量
80
```

可见函数调用后,通过命名空间__main__模块成员运算函数访问到了函数外变量 x,而对该变量并没有 global 声明。可以这样理解: Python 解释环境是命名空间的根目录,也是当前目录,而__main__是子目录,这样__main__.x 就构成当前目到 x 的路径。有关命名空间见 6.4.2 节。

【例 6.6】 输入两个数,同时得到它们的和与积。

```
add=100                            # 函数外变量
def add_multi(x,y):                # 返回乘积
    global add                     # 函数外变量声明
    multi=x*y
    add=x+y                        # 全局变量赋值
    return multi
def mymain():
    global add                     # 函数外变量声明
    x=int(input("x="))             # 输入数据
    y=int(input("y="))
    print("add=%d"%add)            # 全局变量取值
    multi=add_multi(x,y)
    print("add=%d multi=%d"%(add,multi))  # 全局变量取值
```

运行结果:

```
>>> mymain()↵(回车)                # 函数调用
x=10↵(回车)
y=20↵(回车)
add=100
add=30 multi=200
```

在 mymain 函数和 add_multi 函数中对 add 进行全局变量声明,两个函数共享了函数外变量 add。函数外变量 add=100 是 mymain 函数第一个 print 函数输出的。mymain 函数在调用 add_multi 函数之前,add 初始化的值为 100。调用 add_multi 函数后,重新对 add 赋值,因此

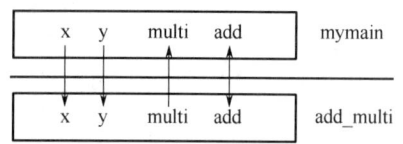

图 6.4 局部变量与全局变量

mymain 函数的第二个 print 函数输出 add 的值发生了变化。可见，add 变量可被 mymain 函数和 add_multi 函数所访问（图6.4），函数外变量成为全局变量，两个函数均可共享。

注意函数外变量（尤其全局变量）有以下特点：

（1）通过函数外变量 global 全局声明，函数外变量成为全局变量，可被程序中函数访问，增加了函数间数据传输的通道。这是采用函数外变量（尤其全局变量）进行程序设计的优点。

（2）通过函数外变量 global 全局声明，函数外变量成为全局变量，影响了函数的独立性，破坏了程序的模块化。函数都要受函数外变量当前值的影响，必须跟踪函数外变量的变化，降低了程序的可读性。这是采用函数外变量进行程序设计的缺点。

如例 6.6 改用参数传递和返回实现：

```
def add_multi(x,y):                   # 返回乘积
    multi=x*y                         # 函数内变量, 同名
    add=x+y
    return add,multi                  # 返回两个值, 元组
def mymain():
    x=int(input("x="))                # 输入数据
    y=int(input("y="))
    add,multi=add_multi(x,y)          # 得到两个值
    print("add=%d multi=%d"%(add,multi))  # 函数内变量, 同名
```

程序中两个函数参数、函数内变量同名，但都是局部变量，互不影响，除了调用接口没有其他串通联系，函数的模块化程度高。

（3）如果只是从函数外变量获取数值，而不是更新数值，可以不进行函数外变量 global 全局声明，如：

```
c=1000                                # 函数外变量
def fun():
    print("fun 函数外变量: c=",c)      # 函数外变量引用
def mymain():
    fun()
    print("mymain 函数外变量: c=",c)   # 函数外变量引用
```

运行结果：

```
>>> mymain()↵(回车)
fun 函数外变量: c= 1000
mymain 函数外变量: c= 1000
```

（4）上述函数外变量为基本简单类型。对列表、集合、字典类型（即可变元素的聚合类型）的函数外变量在函数内引用时，改变元素也无须函数外变量 global 全局声明，如：

```
a=[10]; b=[100]                       # 函数外变量
def fun():
    b.append(200)                     # 函数外变量元素更新
```

```
        print("fun 函数外变量: b=",b)
        print("fun 函数外变量: a=",a)
    def mymain():
        a.append(20)                                    # 函数外变量元素更新
        print("mymain 函数外变量: a=",a)
        fun()
```

运行结果:

```
>>> mymain() ↵(回车)
mymain 函数外变量: a= [10, 20]
fun 函数外变量: b= [100, 200]
fun 函数外变量: a= [10, 20]
```

(5) 函数内变量和函数外变量是相对函数所在位置划分的,而局部变量与全局变量是从函数可访问性划分的(变量有效范围划分)。全局变量一定是函数外变量,但函数外变量不一定都是全局变量。局部变量一定是函数内变量,而且函数内变量也一定是局部变量(nonlocal 声明只是把外函数的内变量的局部访问权限扩大到内函数,对外函数而言,还是局部变量)。

### 3. 嵌套定义函数外变量

在函数嵌套定义中,内函数访问外函数的函数内变量时,内函数需要对该变量进行 nonlocal 非局部声明, 其形式:

```
def «函数名 1»(«形参名 10», «形参名 11»):        # 外函数定义
    «语句块 11»
    x= «运算对象»                                  # 外函数内变量,相对"函数 1"局部变量
    def «函数名 2»(«形参名 20», «形参名 21»):      # 内函数定义
        nonlocal x                                  # 内函数的外函数内变量声明
        «语句块 2»
    «语句块 12»
```

对于"函数 1", x 是函数内变量。对于"函数 2", x 是函数外变量。通过 nonlocal 非局部声明,"函数 1""函数 2"就共享了变量 x。

**【例 6.7】** 函数嵌套定义的变量有效范围。

```
def fun_outter():                                   # 外函数定义
    a=100;  b=200                                   # 外函数的内变量
    print("outter_function-0: a=%d,b=%d"%(a,b))     # 外函数执行
    a+=1;    b+=1                                   # 外函数的内变量
    def fun_inner():                                # 内函数定义
        nonlocal a                                  # 内函数的外变量非局部声明
        nonlocal b
        print("inner_function-1: a=%d,b=%d"%(a,b))  # 内函数执行
        a+=1; b+=1
        print("inner_function-2: a=%d,b=%d"%(a,b))  # 内函数执行
        return a+b                                  # 内函数返回
    print("outter_function-1: a=%d,b=%d"%(a,b))     # 外函数执行
```

```
        c=fun_inner()                                # 调用内函数
        print("outter_function-2: a=%d,b=%d"%(a,b))  # 外函数执行
        return c                                     # 外函数返回值(内函数值)
a=1; b=2                                             # 外变量
def mymain():
    global a
    global b
    print("mymain-1: a=%d,b=%d"%(a,b))               # 主控函数执行
    a=10; b=20
    print("mymain-1: a=%d,b=%d"%(a,b))               # 主控函数执行
    c=fun_outer()
    print("mymain-2: a=%d,b=%d"%(a,b))               # 主控函数执行
    print("mymain: c=",c)                            # 主控函数执行
```

运行结果:

```
>>> mymain()↵(回车)                                  # 函数调用
mymain-1: a=1,b=2
mymain-1: a=10,b=20
outter_function-0: a=100,b=200
outter_function-1: a=101,b=201
inner_function-1: a=101,b=201
inner_function-2: a=102,b=202
outter_function-2: a=102,b=202
mymain-2: a=10,b=20
mymain: c= 304
```

对于 outter_fun 函数而言,变量 a、b 是函数内变量,属于局部变量。而 inner_fun 函数嵌套定义在 outter_fun 函数内,通过 nonlocal 非局部声明,使得内、外函数共享了外函数的局部变量(函数内变量),扩大了该变量的有效范围,成为内、外函数的数据通道。如果没有内函数 nonlocal 声明,则内、外函数同名变量无关。这是变量有效范围所决定的。

**4. 变量访问顺序性**

从变量的有效范围看,除了函数内局部变量、内嵌函数非局部变量和全局变量外,在 Python 解释环境中还有内置的一些变量名(包括函数名,类名等)和异常名,通过目录函数 dir 可以查看内置常量'_builtins_',如:

```
>>> dir(__builtins__)↵(回车)
['ArithmeticError', 'AssertionError', 'AttributeError', 'BaseException', 'BlockingIOError', ...., 'sum', 'super', 'tuple', 'type', 'vars', 'zip']
```

变量作用域(即变量有效范围)决定函数对变量访问时查找变量的先后顺序,根据 LEGB 规则: 函数内的局部作用域(Local)、向外一层的 def 或 lambda 的作用域(Extended Local, 即 nonlocal)、函数外的全局作用域(Global)和函数外的解释环境内置作用域(Builtin)。

函数是独立功能模块,变量的作用域(即有效范围)很重要。在不同作用域中变量同名时,根据 LEGB 规则决定其访问的具体变量,而屏蔽外层的同名变量。根据 LEGB 规则进行顺序

访问,只要首次访问到变量,以后作用域的同名变量不再访问。类定义也是独立功能模块,也同样具有变量作用域问题。类内的变量作用域也是局部的,可参见"面向对象程序设计"。

## 6.4.2 命名空间

Python 解释环境是基于面向对象实现的,一切均为对象,意味着两个核心部分:对象名及其引用数据单元,如赋值语句实现变量名对数据单元的引用,通过变量名可实现对数据单元的访问(即取值或赋值),属于某种数据类型;函数定义实现函数名对函数代码段的引用,可理解为对函数名的隐式赋值,通过函数名可启动函数调用,函数属于函数类型(function);后续还有类定义与类名等。Python 解释环境需要管理各种标识符(尤其是变量名、函数名、类名等)及其引用,并使各标识符(名称)相互区别,避免引用冲突。这种维护、管理的标识符(名称)及其引用构成命名空间,确保在命名空间中所有标识符(名称)是唯一的,而且引用一个当前存储单元(包括数据单元、函数单元、类单元等),即标识符(名称)与存储单元是一对多的关系。命名空间类似文件系统的文件夹,确保通过文件名有效管理文件。

【例 6.8】 Python 解释环境命名空间。

```
>>> a=10↵(回车)              # 赋值建立引用,如图 6.5(a)所示
>>> a↵(回车)                  # 引用值
10
>>> def b(a):print(a)↵(回车)  # 函数定义建立引用,如图 6.5(b)所示
>>> b↵(回车)                  # 引用值
<function b at 0x038CA780>
>>> b(a)↵(回车)               # 函数调用
10
>>> a=b↵(回车)                # 赋值建立新引用,如图 6.5(c)所示
>>> a↵(回车)                  # 函数调用
<function b at 0x038CA780>
>>> a(100)↵(回车)             # 函数调用
100
>>> b=200↵(回车)              # 赋值建立新引用,如图 6.5(d)所示
>>> b↵(回车)                  # 函数调用
200
>>> b(300)↵(回车)             # 不是函数,出错
TypeError: 'int' object is not callable
>>> a(b)↵(回车)               # 函数调用
200
>>> del a↵(回车)              # 取消引用
>>> a↵(回车)                  # a 不存在引用,如图 6.5(e)所示
NameError: name 'a' is not defined
```

从上述运行结果,可见:

(1) 尽管同名 a,但形参 a 不是解释环境的变量 a。形参 a 的有效范围在函数内部(函数内变量),不在解释环境中。

(2) 变量动态特性,图 6.5(a)中 a 的引用和图 6.5(d)中 a 的引用不同,即地址不同、数据单元不同。

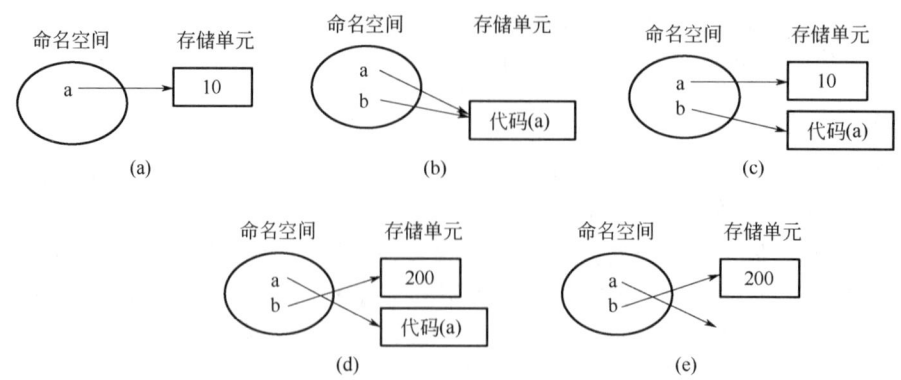

图 6.5　命名空间与存储单元

(3) Python 解释环境中变量名必须唯一，其引用数据单元(数据、代码)。变量具有动态类型特性，Python 解释环境中变量赋值是建立新的引用，程序设计时需要时刻关注变量的当前引用。

命名空间与变量、函数等有效范围密切相关。变量、函数的有效范围在程序中表现，而命名空间表现在内存对标识符(名称)引用数据单元的管理、维护。Python 采用字典管理、维护命名空间。变量、函数等有效范围对应着各自的命名空间(类似不同层级的文件夹)。为了更好理解命名空间，Python 解释环境提供了内置函数 dir、globals 和 locals，其中 dir 函数返回当前命名空间的所有标识符(名称)的列表。globals 函数以"键:运算对象"字典元素形式返回全局(即 Python 解释环境)标识符(名称)与数据单元的字典，如标识符为函数外变量名、外函数名等。locals 函数以"键:运算对象"字典元素形式返回局部标识符(名称)与数据单元的字典，如标识符为函数内变量名、嵌套定义的内函数名等。

【例 6.9】　命名空间 globals 和 locals 函数。

```
a=10; b=20                                    # 外变量
def fun1():                                   # 外函数
    global a                                  # 全局变量声明
    c=100; d=200                              # 内变量
    def fun2(x):                              # 内函数
        nonlocal d                            # 非局部变量声明
        e=3000                                # 内变量
        print("fun2: dir=",dir())             # 查看局部名称
        print("fun2: locals=",locals())       # 查看局部名称与引用
        print("fun2: globals=",globals())     # 查看全局名称与引用
    print("fun1: dir=",dir())                 # 查看局部名称
    print("fun1: locals=",locals())           # 查看局部名称与引用
    print("fun1: globals=",globals())         # 查看全局名称与引用
    fun2(c)
fun1()                                        # 函数调用
print("Python: dir=",dir())                   # 查看局部名称
print("Python: locals=",locals())             # 查看局部名称与引用
```

```
        print("Python: globals=",globals())              # 查看全局名称与引用
```

运行结果:

  fun1: dir= ['c', 'd', 'fun2']

  fun1: locals= {'c': 100, 'fun2': <function fun1.<locals>.fun2 at 0x03417858>, 'd': 200}

  fun1: globals= {…. , '__file__': 'D: /python3/Python_Ex/ex_6_9.py', 'a': 10, 'b': 20, 'fun1': <function fun1 at 0x03D6B780>}

  fun2: dir= ['d', 'e', 'x']

  fun2: locals= {'x': 100, 'e': 3000, 'd': 200}

  fun2: globals= {….,'__file__': 'D: /python3/Python_Ex/ex_6_9.py', 'a': 10, 'b': 20, 'fun1': <function fun1 at 0x03 D6B780>}

  Python: dir= [….,'__file__', 'a', 'b', 'fun1']

  Python: locals= {….,'__file__': 'D: /python3/Python_Ex/ex_6_9.py', 'a': 10, 'b': 20, 'fun1': <function fun1 at 0x03 D6B780>}

  Python: globals= {….,'__file__': 'D: /python3/Python_Ex/ex_6_9.py', 'a': 10, 'b': 20, 'fun1': <function fun1 at 0x03 D6B780>}

  可以看到, fun1 函数的命名空间只有'c'、'd'、'fun2'名称, 分别引用 100、200 和 fun2 函数定义。fun2 的命名空间只有'd'、'e'、'x', 分别引用 200、3000 和 100, 其中 d 是 fun、fun2 共享的。Python 解释环境的命名空间除了系统名称(双下画线开头和结尾)外, 还包括'a'、'b'、'fun1', 分别引用 10、20 和 fun1 函数定义, 系统变量名 "__file__" 引用本例 Python 文件'D: /python3/Python_Ex/ex_9.py'。可见命名空间与有效范围有密切关系。相对于函数范围, 函数内变量和嵌套定义的函数构成局部命名空间(不含 global、nonlocal 声明的变量)。相对于文件范围, 函数外变量和所定义函数(顶层函数定义)构成全局命名空间。全局命名空间也是 Python 解释环境的命名空间。程序中三处 globals 函数返回值相同(其中….是 Python 解释环境的标识符和引用, 相同部分省略)。对于 Python 解释环境, locals 和 globals 函数返回值是一样的, 既是局部也是全局, 但在不同的有效范围(即不同函数), locals 和 globals 函数的返回值是不同的。

  通过 locals 和 globals 函数返回值也可以更新引用, 如在上述程序运行后对 a、b 的修改(引用更新):

```
        >>> a, b↵(回车)                    # 查看引用
        (10,20)
        >>> globals()["a"]=1000↵(回车)     # 更新引用,修改字典值
        >>> globals()["b"]=2000↵(回车)     # 更新引用,修改字典值
        >>> globals()["c"]=3000↵(回车)     # 更新引用,增加字典值
        >>> a,b,c↵(回车)                   # 查看引用
        (1000, 2000,3000)
        >>> globals()↵(回车)               # 查看引用
        {…., 'c': 3000}                   # 相同部分省略
```

  可以理解为: 程序中标识符(名称)不同作用域(有效范围)构成各自命名空间, 各命名空间相互独立, 而命名空间中标识符(名称)的唯一性确保了命名不冲突。不同命名空间中变量可以同名, 但没有关联。当程序中进行 global、local、nonlocal 声明后, 同名变量可以出现在不同命名空间中, 但引用同一数据单元。命名空间采用字典形式管理, 通过更新字典, 可

更新Python解释环境的标识符(名称)及其引用。命名空间除了与有效范围密切相关外,还与文件导入有关,构成具有层次结构的命名空间。这部分内容在文件导入部分介绍。

### 6.4.3 变量存储类别

根据变量在程序中所在位置,变量可分为函数内变量和函数外变量。根据变量的有效范围,变量可分为局部变量local、全局变量global及非局部变量nonlocal。根据变量生存期,变量可分为静态存储变量和动态存储变量(简称静态变量、动态变量)。变量动态存储和静态存储统称为变量存储类别。

静态变量是程序中变量名的引用始终有效,即使在程序运行期间数据单元内容发生变化,也会重新分配引用关系,如函数外变量就是静态存储的变量。

动态变量就是程序运行期间动态地分配数据单元,并为变量名建立引用。当程序结束时撤销、回收数据单元,变量名脱离引用,如形参和函数内变量都是动态变量。

【例6.10】 静态变量和动态变量的差异。

```
b=10                              # 外变量为静态变量
def fun():
    global b                      # 全局变量声明,静态变量
    a=10                          # 内变量为动态变量
    a+=1; b+=1                    # 变量增1
    print("a=%d    b=%d"%(a,b))
def main():
    for i in range(1,4):          # 循环3次
        print("No: ",i,end="   ")
        fun()                     # 函数调用
```

运行结果:

```
>>> main()↵(回车)                  # 函数调用
No: 1    a=11    b=11
No: 2    a=11    b=12
No: 3    a=11    b=13
```

fun函数中,a为动态函数内变量,并初始化为10。b为静态函数外变量,并初始化为10。两个变量都增加1,最后输出a、b的值。在main函数中调用3次fun函数,运行结果看到a的值不变,b的值递增,其原因为:a为动态变量,每次调用fun函数都分配数据单元并初始化,并建立a对其引用,函数结束后数据单元撤销,a引用不存在;而b为静态变量,分配数据单元只初始化一次,建立b对其引用,每次调用fun函数都不再进行初始化,并确保b引用变更后数据单元(图6.6)。

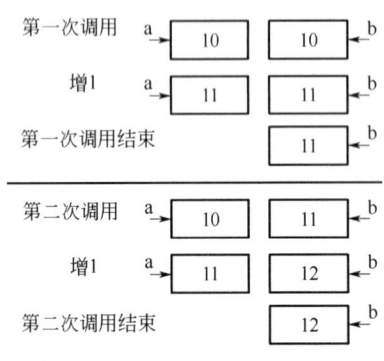

图6.6 动态变量与静态变量

【例6.11】 求n的阶乘(采用静态变量和动态变量)。

$$n! = \begin{cases} 1, & \text{当}n=0\text{时} \\ 1\times 2\times \cdots \times n, & \text{当}n>0\text{时} \end{cases}$$

```
f=1                                        # 外变量,静态变量
def factorial(n):                          # 形参为动态变量
    global f                               # 全局变量声明,静态变量
    if n!=0:
        f*=n                               # 静态变量访问
    return f
def main():
    for i in range(5):                     # 第一次调用 5 次
        print("%d!=%-6d"%(i,factorial(i)),end=" ")
    print("\n")
    for i in range(5):                     # 第二次调用 5 次
        print("%d!=%-6d"%(i,factorial(i)),end=" ")
```

运行结果:

>>> main()↲(回车)                          # 函数调用
0!=1        1!=1        2!=2        3!=6        4!=24
0!=24       1!=24       2!=48       3!=144      4!=576

显然不能在任何情况下调用 factorial 函数求阶乘。虽然静态函数外变量破坏函数的模块性,但在程序运行期间不释放数据单元,每次调用函数还要了解当前值,降低了程序的可读性。

表 6.1 为变量有效范围与存储类别的小结。迄今,在程序设计时对变量的使用必须了解变量三个方面的内涵: 数据类型、有效范围和存储类别。数据类型关系到运算和数据精度,有效范围关系到变量的安全、共享,存储类别关系到变量的数据单元有效利用。

表 6.1  变量有效范围与存储类别

| 变量 | 有效范围 | | 存储类别 | |
| --- | --- | --- | --- | --- |
| | 函数内 | 函数外 | 静态 | 动态 |
| 函数内 | √ | × | × | √ |
| 函数外 | √ | √ | √ | × |

通过函数定义、变量的有效范围和存储类别,可看到函数的内聚性、函数之间的耦合性。函数都是功能模块,设计时需要函数定义尽量小、功能单一,使用局部变量,且参数为函数输入,return 语句为函数输出。这样函数具有高的内聚性,而且不用全局变量、聚合数据做参数,降低函数之间的耦合性。通过函数的高内聚性和低耦合性,可最大限度提高函数的可理解性、可重用性和可维护性。

## 6.5 文件模块导入

各章节都是围绕 Python 语言在一个文件开展程序设计,其过程也类似文章写作: 根据 Unicode 字符集(相当于字符集),形成各种标识符(相当于单词),通过造句规则有效利用标识

符编写语句(相当于句子),形成有特定功能的函数(相当于段落),最后由若干函数构成程序文件(相当于作文),进一步由若干文件构成软件系统。随着软件规模的扩大,需要软件开发团队成员开展分工协作,共同完成软件研发。每个团队成员都独立完成自己的程序文件,而每个文件又包含多个函数、函数外变量,需要解决多文件的集成、不同文件中函数和外变量共享及其访问安全保护等问题。

本书中,习惯把"模块化程序设计"中独立功能模块称为函数,而 Python 语言中每个程序文件.py 也具有特定功能,即文件.py 也是模块,或称为文件模块,后续文件模块简称为模块。

## 6.5.1 查找路径

在介绍文件模块导入前需要先掌握 Python 解释环境的查找路径。文件系统中文件路径由盘符和一系列有序的文件夹(目录)组成,如 D:\Python3\Python_Ex。Python 解释环境的目录可分为 Python 程序主目录、PYTHONPATH 环境变量设置目录、标准库文件目录、任何路径文件.pth 设置目录和第三方扩展 site-packages 目录五种。Python 程序中涉及文件操作时,自动依次判断文件是否存在五种目录中,即程序操作的文件需要预先放置在这五种目录的某个文件夹中,而程序无须指明文件模块所在路径的代码。这可理解为 Python 解释环境默认的工作目录及访问工作目录的顺序性,即查找路径是 Python 解释环境查找文件的默认工作路径。

Python 解释环境中进行了查找路径的设置,导入的语句中只有文件模块名,并没有路径、文件夹(目录),如 from math import sin,cos,从 math 库中导入 sin、cos 函数,首先需要查到 math 文件,但是此处只给出 math 文件名,并没给出 math 所在路径、文件夹(目录)。

一个文件夹可以容纳多个文件,如在 Python_Ex 文件夹中存放本书的例题 ex_1_1.py、ex_1_2.py、ex_1_3.py 等。sys 库 path 全局变量为收集 Python 所有当前查找路径的列表。

【例 6.12】 查看 Python 解释环境当前所有查找路径。

```
>>> from sys import path↲(回车)      # 导入查找路径
>>> for pt in path: print(pt)↲(回车)  # 遍历所有路径,并显示
D:\Python3\Lib\idlelib
D:\Python3\python38.zip
D:\Python3\DLLs
D:\Python3\lib
D:\Python3
D:\Python3\lib\site-packages
```

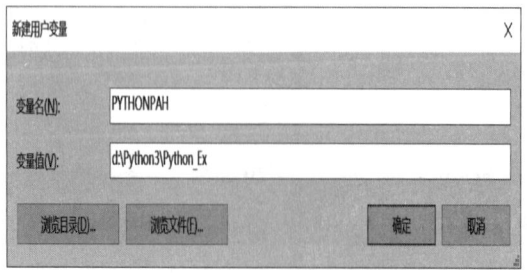

图 6.7 文件夹与文件

这是本书在 d:\Python3 文件夹中安装 Python 解释环境时自动生成的查找路径(即主目

录)。从 Python 查找路径中查找 sys 标准库,并导入查找变量 path,该变量收集当前所有查找路径集的路径列表。for 语句显示每个路径。空路径(空字符串)表示当前路径。有三种方法修改查找路径:

(1) 在操作系统中增加环境变量 PYTHONPATH,并设置路径为环境变量值,如 D:\Python3\Python_Ex(图 6.7),设置流程为:控制面板→系统和安全→系统→高级系统设置→系统属性(高级)→环境变量→新建(用户变量)。

(2) 在查找路径的某个文件夹(如 D:\Python3\lib\site-packages)中建立一个文本文件(称路径文件),其扩展名必须是.pth(如 MyPath.pth),该文件内容为多条路径,每条路径一行(如 D:\Python3\Python_Ex)。

(3) 对 sys 的路径变量 path 追加、移除路径,即列表元素操作完成查找路径设置,如:

```
path.append("D:\\Python3\\Python_Ex")          # 追加路径
path.remove("D:\\Python3\\Python_Ex")          # 删除路径
```

在 Python 解释环境中,字符串中"\\"是转义字符,表示"\"。(1)、(2)不是在 Python 解释环境中设置查找路径,路径无须用转义字符。

**【例 6.13】** 增加 Python 解释环境查找路径集。

```
>>> from sys import path↵(回车)                     # 导入查找路径
>>> path.append("D:\\Python3\\Python_Ex")↵(回车)    # 追加路径
>>> for pt in path: print(pt)↵(回车)                 # 遍历所有路径,并显示
D:\Python3\Lib\idlelib
D:\Python3\python38.zip
D:\Python3\DLLs
D:\Python3\lib
D:\Python3
D:\Python3\lib\site-packages
D:\Python3\Python_Ex
```

在上述三种方法中,第三种方法在退出 Python 解释环境后查找路径恢复到默认路径集。第二种方法在每次启动 Python 解释环境时自动查找路径文件,并加载路径文件中所有路径追加到查找路径中。第一种方法是在操作系统中编辑系统环境变量,启动 Python 解释环境时自动加载路径到查找路径中。

为了方便,本书的 Python 解释环境安装在 D:\Python3 中,并在其下创建本书所有例子的文件夹 Python_Ex,即 D:\Python3\Python_Ex

再次强调: Python 解释环境的查找路径是为导入文件奠定基础的,其构成 Python 解释环境的默认工作路径(目录),需要导入文件时 Python 解释环境直接在查找路径中查找,不在其他路径、目录查找。

## 6.5.2 导入语句

导入文件模块包括 Python 标准库、Python 第三方库和自己编写的程序。程序中导入时自动查找顺序为: 如果导入的程序是内置程序(built-in),即在 Python 解释环境中编写运行,则直接导入,否则根据查找路径 path 依次查找,首次找到文件即导入,其他路径、文件夹不再查找

(即使其他文件夹存在同名的文件模块也不导入)。在导入语句 import 中导入文件不可有文件夹构成的路径,也就是根据 Python 查找路径,自动依次查找文件,要么找到多个中的第一个文件并导入,其他路径、目录不找,要么一个也没有找到,文件导入失败。需要导入的文件模块已在查找路径中,就可用导入语句导入,主要有以下两种导入语句。

### 1. 标识符导入语句 from-import

Python 文件由一些列标识符(如变量名、函数名、类名等)和执行语句构成。采用 from-import 语句可导入标识符(名称):

from《文件名》[.py] import [ * ] [《标识符1》,《标识符2》]

其中,"文件"在 Python 查找路径中。如果"文件"是 Python 程序文件,其扩展名 .py 可以省略。"*"表示导入文件中所有顶层的标识符(即全局标识符,如变量名、函数名、类名等)更新命名空间。"标识符"表示导入指定若干标识符更新命名空间。

再次强调: 要使得 from-import 语句生效,"文件"必须在查找路径的某个文件夹中。from-import 语句逐一遍历路径集查找"文件名",直至找到。如果没查找到, from-import 语句出错。本书的例子都放在 d:\Python3\Python_Ex 中。

【例 6.14】 把例 6.6 拆成三个文件 ex_6_14_1.py、ex_6_14_2.py、ex_6_14_3.py。

```
# ex_6_14_1.py
def add_multi(x,b):                    # 返回乘积
    multi=x*b
    add=x+b                            # 局部变量赋值
    return add,multi
# ex_6_14_2.py
from ex_6_14_1 import *                # 导入文件
def mymain():
    x=int(input("x="))                 # 输入数据,局部变量
    y=int(input("y="))
    add,multi=add_multi(x,y)           # 局部变量赋值
    print("add=%d, multi=%d"%(add,multi))  # 局部变量取值
# ex_6_14_3.py
from ex_6_14_2 import *                # 导入文件
mymain()                               # 函数调用
```

三个文件在 Python3\Python_Ex 文件夹中(图 6.8),即在 Python 解释环境的查找路径中。运行结果:

>>> from ex_6_14_3 import *↵(回车)
x=10↵(回车)
y=20↵(回车)
add=30,multi=200

文件 ex_6_14_3.py 导入文件 ex_6_14_2.py, 文件 ex_6_14_2.py 导入文件 ex_14_1.py。在 Python 解释环境中导入 ex_6_14_3.py,调用执行函数 mymain。

图 6.8 文件夹与文件

通过函数 locals 函数和 globals 函数可查看 Python 解释环境当前命名空间的变量、函数的引用,如:

>>> globals()↵(回车)

{....,'plus_time': <function plus_time at 0x040ED970>, 'mymain': <function main at 0x040ED928>}

从字典中可看到文件定义的 plus_time、main 函数。由于两个函数已在 Python 解释环境的命名空间中,可直接调用函数,如:

>>> mymain()↵(回车)

a=30↵(回车)

b=40↵(回车)

plus=70,time=1200

>>> plus_time(50,60)↵(回车)

(110,3000)

从这个例子可看到文件导入可以分工协作开展软件研发。有关文件导入需要注意以下问题。

(1) 文件导入的本质是在 Python 解释环境中建立变量名、函数名等标识符及其引用关系,形成命名空间,文件导入先后与顺序无关。为了更好与业务逻辑相一致,最好还是采用有先后顺序的导入(图 6.9),file3.py 是主控(顶层)程序文件模块,file2.py、file1.py 是支持程序文件模块。

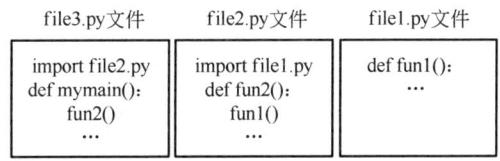

图 6.9　文件导入

(2) "from «文件名» import *" 导入文件中所有顶层标识符(名称)及其引用,如函数定义与函数名、类定义与类名、变量赋值与变量名等,也可以:

from «文件名»⌴.py⌴import «标识符1»,«标识符2»↵

导入文件中指定的"标识符"及其引用到 Python 解释环境中,并更新命名空间,其他标识符(名称)及其引用不导入,如:

>>> from math import sin,cos↵(回车)　# 导入文件中的标识符及其引用

导入数学库的 sin、cos 函数到 Python 解释环境中,即当前 Python 解释环境命名空间增加了 sin、cos 函数及其引用{....,'sin': <built-in function sin>, 'cos': <built-in function cos>},函数可用,而其他函数(如 sqrt 函数等)和常量(如 pi、e 等)不在命名空间中均不可用。

导入文件也可以对"标识符"另取"别名"("别名"为合法标识符),其他函数、类等不导入,其形式:

from «文件名»⌴.py⌴import «标识符» as «别名»

当前命名空间中新增了"别名"及其引用,如:

>>> from math import sin as s↵(回车)　　　　# 创建别名及其引用,加入命名空间

>>> from math import cos as c↵(回车)　　　　# 创建别名及其引用,加入命名空间

当前命名空间中增加了 s、c 函数及其 sin、cos 函数的引用 {….,'s': <built-in function sin>, 'c': <built-in function cos>}，s(30)、c(30)等价于 sin(30)、cos(30)。s、c 函数分别与 sin、cos 函数有相同引用。

(3) 由 from-import 导入标识符(名称)与当前命名空间中标识符(名称)同名时，可以理解为导入标识符(名称)对当前命名空间标识符(名称)的隐式赋值，如文件 var_example.py，其内容为 x=10;y=[1,2,3]：

```
>>> x=100; y=[10,20,30]↙(回车)              # 赋值,更新命名空间
>>> x,y↙(回车)                              # 查看变量
(100, [10, 20, 30])
>>> from var_example import x,y↙(回车)       # 导入变量,更新命名空间(引用)
>>> x,y↙(回车)                              # 查看变量,引用变化
(10, [1, 2, 3])
>>> x=1000; y[0]=100↙(回车)                 # 查看变量,引用变化
>>> x,y↙(回车)                              # 查看变量,引用变化
(1000, [100, 2, 3])
>>> from var_example import x,y↙(回车)       # 导入变量,更新命名空间(引用)
>>> x,y↙(回车)                              # 查看变量,引用变化
(10, [100, 2, 3])
```

从命名空间、赋值、可变对象角度理解：导入 x、y 后更新了原有的命名空间，重新建立 x、y 及其引用 10、[1,2,3]。对当前命名空间中 x 赋值 1000 建立新的引用关系，而变更 y 的元素 [100, 2, 3]，并没有建立新的引用关系。再次导入 x、y 后，更新 x 的引用 10，而 y 还是引用 [100, 2, 3]，引用关系并没变。也可用 id 函数查看数据单元地址。

(4) 函数外变量随文件导入 Python 解释环境中，但其有效范围仅限于自身文件内正确使用，跨文件使用函数外变量常出现不可预知结果，如：

```
# 文件 ex_6_141.py
from ex_6_140 import *                      # 导入文件
def main():
    global plus                             # 全局变量声明
    a=int(input("a="))                      # 输入数据
    b=int(input("b="))
    print("plus=%d"%plus)                   # 全局变量取值
    time=plus_time(a,b)
print("plus=%d, time=%d"%(plus,time))       # 全局变量取值
# 文件 ex_6_140.py
plus=100                                    # 外变量
def plus_time(a,b):                         # 返回乘积
    global plus                             # 全局变量声明
    time=a*b                                # 局部变量
    plus=a+b                                # 全局变量赋值
```

return time

运行结果:

>>> from ex_6_141 import *↵(回车)　　　　　　# 解释环境中导入文件
>>> main()↵(回车)
a=10↵(回车)
b=20↵(回车)
plus=1000
plus=1000,time=200

Python 解释环境命名空间{ ....,'plus': 100, 'plus_time': <function plus_time at 0x033BEE88>, 'main': <function main at 0x033BEDF8>},但 plus 引用值不是 30。这主要是由于 plus 变量不在同一文件中。可见在进行联合开发软件时,涉及多文件的联合,还是尽量避免使用全局变量,即使语法无误,也容易导致业务逻辑错误,背离问题求解目标。建议尽量使用局部变量,确保业务逻辑正确,达到问题求解目标。

(5) 对同一文件的标识符(名称)多次导入,首次导入更新命名空间,后续导入无效,可用更新字典 globals 函数更新外变量、函数等及其引用,如 globals()[plus]=1000,由原来 100 更新为 1000。

(6) from-import 语句也可在函数内,所导入的标识符(名称)的命名空间是局部的,如:

>>> def herfun():
　　　from math import sin,pi　　　　　　# 导入函数和常数
　　　print("Sin(30)=",sin(30*pi/180))　　# 函数调用
　　　print("局部命名空间: ",locals())↵(回车)
>>> herfun()↵(回车)　　　　　　　　　　# 函数调用
Sin(30)= 0.49999999999999994

局部命名空间{'sin': <built-in function sin>, 'pi': 3.141592653589793}。

>>> globals()↵(回车)　　　　　　　　　　# 函数调用
{...., 'herfun': <function herfun at 0x03752D20>}

在命名空间中的标识符(名称)才可访问。

**2. 文件导入语句 import**

from-import 语句直接把文件中顶层的标识符(变量名、函数名、类名等)及其引用更新当前的命名空间(即变量名、函数名、类名等命名空间),而 import 语句首先创建一个与文件同名或另起别名(统称模块名)的模块对象,进一步把模块名及其模块对象引用更新命名空间(即模块名命名空间)。将文件中顶层的函数外变量、函数定义、类定义等作为模块对象的成员,并采用成员运算符.表示模块对象与成员的关系。import 语句形式:

import «文件名»⌊.py⌋⌊as «别名»⌋

如:

>>> import math↵(回车)
>>> math.sin(30*3.14159/180)↵(回车)　　　　# 弧度
0.4999996169872557
>>> globals()↵(回车)

{...., 'math': <module 'math' (built-in)>}
>>> sin(30*3.14159/180)↵(回车)

NameError: name 'sin' is not defined

抛出命名异常 NameError。可见命名空间中只有 math，没有 sin 等数学函数。math 文件名也成为模块名（模块对象引用）。函数名 sin 成为 math 的属性，用成员运算符表示。使用 sin 函数时，需要用 math.sin，即模块对象的成员运算（相当于创建 1 个文件夹 math）。采用模块的成员运算，math 库中所有函数（如 cos、abs、sqrt 函数等）和常量（如 pi、e 等）都可用。也可对文件模块另取"别名"，如：

```
>>> import math as mt↵(回车)
>>> mt.sin(30*3.14159/180)↵(回车)          # 弧度
0.4999996169872557
```

其命名空间{ ....,'mt': <module 'math'(built-in)>}，即 mt 模块可用。

**【例 6.15】** 求 m 的 n 次幂。要求：定义两个函数分别在两个文件中。

```
# ex_6_15_2.py
def power(m,n):                              # 函数定义
    return 1 if n==0 else m*power(m,n-1)     # 函数定递归
# ex_6_15_1.py
import ex_6_15_2 as pw                       # 文件导入
def main():                                  # 函数定义
    m=int(input("m="))                       # 输入数据
    n=int(input("n="))
    p=pw.power(m, n)                         # 函数调用
    print("P(%d,%d)=%d"%(m,n,p))
```

运行结果：

```
>>>import ex_6_15_1 as ex↵(回车)             # 导入文件
>>> ex.main()↵(回车)                          # 函数调用
m=2↵(回车)                                    # 输入数据
n=3↵(回车)
P(2,3)=8
```

前面介绍的文件导入语句都是在文件起始处，这样文件顶层的标识符及其引用就更新 Python 解释环境的命名空间，即在 Python 解释环境中直接可访问运行。import 导入语句也可在函数体内，但所导入模块仅限于该函数有效，其他函数不可用。这从函数的作用域与函数的命名空间可以理解。

**【例 6.16】** 文件导入语句在函数体内（程序文件 ex_6_16.py）。

```
def myfun():                                 # 函数定义
    import math as mt                        # 函数内导入文件
    print("myfun 命名空间",locals())         # 局部命名空间
    print("mySin(30)=",mt.sin(30*mt.pi/180)) # sin 函数调用
def yourfun():                               # 函数定义
```

```
        print("yourfun 命名空间",locals())         # 局部命名空间
        print("yourSin(30)=",mt.sin(30*mt.pi/180))  # sin 函数调用
```

运行结果:

```
>>> import ex_6_16 as ex↵(回车)              # 导入文件
>>> globals()↵(回车)                          # 查看名字空间
{...., 'ex': <module 'ex_6_16' from 'D: \\Python3\\Python_Ex\\ex_6_16.py'>}
```

Python 解释环境的命名空间中即可运行:

```
>>> ex.myfun()↵(回车)                         # 函数调用
myfun 命名空间  {'mt': <module 'math'(built-in)>}
mySin(30)= 0.49999999999999994
>>> ex.yourfun()↵(回车)                       # 函数调用
yourfun 命名空间  {}
NameError: name 'sin' is not defined
```

在 myfun 函数中导入 math 库命名为 mt, 并局限于 myfun 函数体内可用, 即 mt 在 myfun 局部命名空间中, 而 yourfun 函数并不可用 mt, 即 mt 不在 yourfun 局部命名空间中。实际上, 这也是函数有效范围, 类似于嵌套函数定义的内函数和调用。

关于 import 导入语句, 注意以下几个方面。

(1) 用 import 语句对同一文件可以多次导入, 但首次导入有效, 后续文件变化导入也无效 (实际上, 首次文件导入时建立文件模块对象, 文件模块对象存在后, 后续不再创建, 即不再执行 import 语句), 但可用 importlib.reload 函数强制更新模块对象, 使后续导入文件生效, 函数原型:

    NoneType importlib.reload(«模块名»)

如文件 var_example.py, 其内容为 x=10;y=[1,2,3]:

```
>>> import var_example as ve↵(回车)           # 首次导入文件,建立模块 ve
>>> ve.x,ve.y↵(回车)                          # 查看变量,命名空间含 x、y
(10, [1, 2, 3])
```

var_example.py 的内容更新为 x=100;y=[10,20,30];z=1000。

```
>>> import var_example as ve↵(回车)           # 更新文件后再次导入文件
>>> ve.x,ve.y↵(回车)                          # 查看变量,命名空间含 x、y,没更新引用
(10, [1, 2, 3])
>>> ve.z↵(回车)                               # 查看变量,命名空间不含 z
AttributeError: module 'var_example' has no attribute 'z'
```

抛出属性异常 AttributeError, 即没有导入更新后 var_example.py, 因此 x、y 的值没更新, 而且没有函数外变量 z, 即 ve 模块对象没有 z 属性。

```
>>> import importlib↵(回车)                   # 导入 importlib 导入库
>>> importlib.reload(ve)↵(回车)               # 强制更新模块
>>> ve.x,ve.y,ve.z↵(回车)                     # 查看变量,命名空间含 x、y、z,更新引用
```

(100, [10, 20, 30], 1000)

(2) 导入语句采用 as 子句的"别名"重命名可避免导入标识符(名称)冲突,确保命名空间标识符(名称)的唯一性。如果对同一文件或同一文件同一标识符(名称)的导入分别取不同别名,不同别名具有相同的引用,类似同一运算对象赋给不同变量一样。

(3) 当导入两个以上路径内的同名变量、函数等时,不能使用 from-import 导入模块,但可使用 import 导入模块,或使用 from-import-as 语句使别名具有唯一性,或使用包模块方法。可以用模块包解决(参见相关资料)。

(4) 文件命名遵循操作系统的命名规则,如 if.py、while.py、for.py 等是合法的,但是这些文件导入后模块对象名与文件同名,如 if、while、for, 从而与 Python 语言的关键字冲突。文件命名时最好避免采用 Python 语言关键字。

(5) 变量、函数等有效范围与命名空间密切相关,属于不同概念。有效范围是针对程序文件中变量、函数位置,而且通过声明可以共享变量、函数,而命名空间是针对 Python 解释环境中标识符(名称)及其引用关系,Python 解释环境、文件、函数、类等都表示一定业务逻辑,只关注自己涉及的标识符及其引用并形成各自命名空间。

## 6.6 匿名函数

函数是具有独立功能和结构的代码段。除了 def 语句函数定义之外,Python 语言还提供了 lambda 函数定义,得到函数引用。lambda 函数定义形式:

lambda⌴«形参 1»⌴,«形参 2»⌴: «表达式»

可见,没有函数名,可以无参数或有多个参数。这些参数的使用与函数参数的使用相同,即形参与实参一一对应,也可以采用默认参数、指明参数及可变参数个数;冒号为分隔符,"表达式"是表示问题求解的单一的表达式,而不是一个代码块,也不是语句。lambda 定义函数时,没有函数名,所以称为匿名函数。

【例 6.17】 实现 $z=2x^3+5\sin(y)$ 计算。

```
from math import sin                        # 导入文件
z=lambda x=0,y=0: 2*x**3+5*sin(y*3.14519/180)   # lambda 表达式
z1=z()                                      # 0.0, 默认参数
z2=z(2,30)                                  # 18.502595711655502, 实参 2,30
z3=z(2)                                     # 16.0, 默认形参 y
z4=z(y=30,x=2)                              # 18.502595711655502, 指明参数
z5=z(y=30)                                  # 2.5025957116555024, 指明、默认参数
print([z1,z2,z3,z4,z5])
```

运行结果:

[0.0, 18.502595711655502, 16.0, 18.502595711655502, 2.5025957116555024]

变量 z 引用 lambda 表达式,其参数与函数参数一样,也如同函数调用。

【例 6.18】 大写字母变小写,小写字母变大写,其他不变。

```
c=lambda c: chr(ord(c)+32 if 'A'<=c<='Z' else ord(c)-32 if 'a'<=c<='z' else ord(c))
print(c('a'),c('B'),c('? '))
```

运行结果:

A b ?

lambda 表达式中利用大小写字母的编码相差 32 的特点, 判断字符是字母范畴后把字符转换为编码, 对编码进行+/-32 运算, 最后再转换为字符。

【例 6.19】 Fibonacci 数列 1, 1, 2, 3, 5, …, 其计算公式:

$$fib(n)=\frac{1}{\sqrt{5}}\times\left[\left(\frac{1+\sqrt{5}}{2}\right)^n-\left(\frac{1-\sqrt{5}}{2}\right)^n\right]$$

```
f=lambda n: (5**0.5/5)*(((1+5**0.5)/2)**n-((1-5**0.5)/2)**n)
print([int(f(n)) for n in range(1,11)])
```

运行结果:

[1, 1, 2, 3, 5, 8, 13, 21, 34, 55]

采用递归也可以定义 lambda 表达式:

```
f=lambda n: 1 if n==1 or n==2 else f(n-1)+f(n-2)
```

【例 6.20】 求 $m^n$: $m^n = \begin{cases} 1 & \text{当} n=0 \\ m*m^{n-1} & \text{当} n>0 \end{cases}$

```
p=lambda m,n=0: 1 if n==0 else m*p(m,n-1)
print("p(2)=",p(2),",p(2,3)=",p(2,3))                    # 默认参数
```

运行结果:

p(2)= 1 ,p(2,3)= 8

【例 6.21】 阿姆斯特朗数: 一个 n 位正整数等于其各位数字的 n 次方之和, 如 1^3 + 5^3 + 3^3 = 153, 还有 1, 2, 3, 4, 5, 6, 7, 8, 9, 153, 370, 371, 407 都是阿姆斯特朗数。判断一个数 m 是否是阿姆斯特朗数。

```
length=lambda d: 1 if d//10==0 else 1+length(d//10)          # 求整数长度
sum=lambda d,n: d**n if d//10==0 else sum(d//10,n)+(d%10)**n # 各位 n 次方之和
yn=lambda d: True if d==sum(d,length(d)) else False          # 判断是否是阿姆斯特朗数
def myfun(d):
    print(d,"是否是阿姆斯特朗数？: ",yn(d))
```

运行结果:

```
>>> myfun(153) ↵(回车)
153 是否是阿姆斯特朗数?: True
>>> myfun(24) ↵(回车)
24 是否是阿姆斯特朗数?: False
```

length、sum 变量分别利用 lambda 表达式及递归算法求解整数长度和各位数字 n 次方之

和。sum 赋值后建立新引用,不再是函数求和。请读者采用递推(循环)和递归实现。

上述例子表明 lambda 表达式有以下特点:
(1) 计算结果有返回值。
(2) 省去定义函数过程,代码更加精简。
(3) 无须考虑命名(即匿名),避免命名空间冲突。
(4) 某些应用让代码更容易理解。
(5) 执行上不占用栈内存,提升运行效率。

但 lambda 表达式不可完全代替函数功能。

## 6.7 迭代器与生成器

前面已介绍了两种代表性程序实现算法: 递推(循环)和递归。递推算法采用循环语句,反复执行,逐渐逼近目标(即每循环一次,更新数据,接近目标)。递归算法主要通过函数定义,把大问题分解为具有相同求解过程的小问题(即每一次更新数据,递归调用,接近目标)。有一类问题求解算法: 产生—测试(generate-test),也就是产生所有可能数据,然后通过"选择条件"逐一挑选出满足条件的数据,如判断一个数是否是素数(例 4.38)。这类问题就很适合采用迭代器实现。

迭代是一种可遍历所有可能(for each)的程序设计方法,通过 next 方法返回下一个元素,直至发生迭代异常 StopIteration,这就构成迭代协议。Python 语言中可迭代对象、迭代器和生成器都支持迭代协议。通过迭代工具(如 for 语句、list 函数、tuple 函数等)可以启动可迭代对象的迭代过程,依次获取迭代对象中元素。

Python 解释环境提供了 collections 库,其中定义了三种数据类型 Iterable、Iterator、Generator 分别为可迭代对象类型、迭代器类型、生成器类型。通过内置属于函数 isinstance 可以判断运算对象是否属于某一数据类型。

### 6.7.1 可迭代对象

在第 3 章、第 4 章中初步认识了可迭代对象(Iterable Object),其能够支持迭代协议的对象。聚合数据和 range 函数调用都是可迭代对象,但不是迭代器、生成器,如:

```
>>> from collections import Iterable,iterator,generator↙(回车)    # 导入
>>> lt=[1,2]↙(回车)
>>> isinstance(lt,Iterable),isinstance(lt,iterator), isinstance(lt,generator)↙(回车)
(True, False, False)
```

可见列表是可迭代对象,不是迭代器、生成器。再次验证:

```
>>> next(lt)↙(回车)
TypeError: 'list' object is not an iterator
```

next 函数获取下一个元素,但列表不支持。列表也没有 \_\_next\_\_ 成员函数。其他聚合数据和 range 函数与列表具有相同结论。

可迭代对象支持迭代协议(即支持 next 方法),必须通过迭代工具(如 list、tuple、set、for 语

句等)启用迭代协议的 next 方法实现迭代过程。如:

```
>>> list(range(5)),tuple(range(5)),set(range(5))↵(回车)    # 迭代工具应用
([0, 1, 2, 3, 4],(0, 1, 2, 3, 4), {0, 1, 2, 3, 4})
>>> for x in range(5): print(x**2,end=" ")↵(回车)    # 迭代工具应用
0 1 4 9 16
>>> [x**2 for x in range(5)]↵(回车)    # 迭代工具应用
[0, 1, 4, 9, 16]
```

把上述可迭代对象 range(5)改为可迭代对象[0, 1, 2, 3, 4]、(0, 1, 2, 3, 4)、{0, 1, 2, 3, 4}、{0: "张三", 1: "李四", 2: "王五", 3: "刘六", 4: "袁七"}具有相同结果。在迭代工具作用下,根据可迭代对象的顺序或键(统称索引)依次获取相应的元素,直至结束。可见数据模型为线性表或散列表的运算对象支持迭代协议(即支持 next 方法),该模型的运算对象称为可迭代对象。迭代工具具有异常检测、捕获和处理机制,避免了索引(下标、键)越界的迭代异常 StopIteration 发生。迭代对象不是迭代器,其支持 next 方法,但不支持 next 函数,使用该函数时必然抛出异常 StopIteration。

【例 6.22】 若干自然数的两两相乘。

```
rg=range(4)                                    # 可迭代对象
for x in rg:                                   # 迭代工具启用可迭代对象进行迭代
    print(end="|")
    for y in rg:                               # 迭代工具启用可迭代对象进行迭代
        print("%d*%d=%d"%(x,y,x*y),end="|")    # 输出乘积
    print()                                    # 换行
```

运行结果:

```
0*0=0|0*1=0|0*2=0|0*3=0|
1*0=0|1*1=1|1*2=2|1*3=3|
2*0=0|2*1=2|2*2=4|2*3=6|
3*0=0|3*1=3|3*2=6|3*3=9|
```

rg 为可迭代对象,对于迭代工具(for 语句)多次使用可迭代对象 rg,迭代过程都是从起始位置 0 开始。这是在不同的迭代工具中创建了各自暂时的迭代器,并启用各自的 next 方法进行迭代。

## 6.7.2 迭代器

迭代器(iterator)也是可迭代对象,其不仅支持迭代协议(即 next 方法),而且拥有__next__成员函数,也支持 next 函数,实现获取下一个元素,直到索引(下标、键)越界抛出迭代异常 StopIteration,但不是生成器。可以通过内置函数 iter 把可迭代对象转换为迭代器,如:

```
>>> iterator=iter(range(4))↵(回车)             # 可迭代对象转换为迭代器
>>> isinstance(itertor,Iterable),isinstance(iterator,Iterator),
isinstance(iterator,Generator)↵(回车)          # 查看类型
(True, True, False)
```

即 iterator 是可迭代对象,也是迭代器,但不是生成器。迭代器可用 next 函数或成员函数__next__进行迭代,可不用迭代工具,如:

```
>>> next(iterator),next(iterator),iterator.__next__(), iterator.__next__()↵(回车)    # 迭代
(0, 1, 2, 3)
>>> next(iterator)↵(回车)                                                            # 迭代过程越界
StopIteration
```

上述过程反复执行 next(iterator) 或 iterator.__next__()，称为手工迭代，而不是迭代工具启动迭代过程。可改用程序：

```
iterator=iter(range(4))              # 迭代器,可生成 0~3 整数
i=0                                  # 循环计数
while i<4:                           # 循环(迭代)4 次
    print(next(iterator))            # 输出整数,并隐式生成下一整数
    i+=1                             # 循环计数
```

迭代器也是可迭代对象，也可用迭代工具启用迭代器，如：

```
>>> [x**2 for x in iter(range(5))]↵(回车)              # 可迭代对象转迭代器
[0, 1, 4, 9, 16]
>>> for x in iter(range(5)): print(x**2,end=" ")↵(回车)  # range 转迭代器
0 1 4 9 16
```

上述两个 iter(range(5)) 形成两个独立的迭代器，互不影响，但采用同一迭代器将相互影响，如例 6.22 程序改写为：

```
iterator=iter(range(4))              # 可迭代对象转迭代器
for x in iterator:                   # 迭代器应用
    print(end="|")
    for y in iterator:               # 迭代器应用
        print("%d*%d=%d"%(x,y,x*y),end="|")  # 输出
    print()                          # 换行
```

运行结果：

|0*1=0|0*2=0|0*3=0|

在两个迭代工具(for 语句)中使用同一个迭代器，启用同一个 next 方法(即同一个迭代器、同一迭代过程 next 方法)，因此 x 获得 0，而 y 依次获得 1、2、3，同一迭代器已到迭代边界，由迭代工具自动检测、捕获和处理迭代异常 StopIteration，两个迭代工具(for 语句)自动终止迭代。但在迭代工具(如 for 语句)中采用 for x in iter(range(4)) 和 for y in iter(range(4))，两个 iter(range(4)) 分别获得两个独立的迭代器，因此 next 方法也是独立的。

与可迭代对象 range(4) 可以通过 iter 函数转换为迭代器相同，列表、元组、集合、for 表示式也可转换为迭代器，如：

```
>>> l_iter=iter([10,20,30])↵(回车)                                                    # 可迭代对象转迭代器
>>> isinstance(l_iter,Iterable),isinstance(l_iter,iterator), isinstance(l_iter,generator)↵(回车)
(True, True, False)
>>> i=0↵(回车)                                                                         # 迭代次数
>>> while i<10:                                                                        # 循环次数大于3,将出现异常
    print(next(l_iter),end="|")                                                        # 迭代过程
```

```
        i+=1↵(回车)
10|20|30|
StopIteration
```

可迭代对象(如[10,20,30])转换为迭代器(如 l_iter),可采用 next 函数或__next__成员函数对迭代器(如 l_iter)实现迭代过程,依次获取每个值。由于次数大于可迭代对象元素个数,也就是 next 方法执行过程下标越界,导致迭代异常 StopIteration 发生。不同于采用迭代工具应用于迭代器、可迭代对象,这个循环程序(while 语句)不能自动检测、捕获和异常处理,即 while 语句不是迭代工具。

注意:迭代器的用法与可迭代对象相同(本来迭代器也是可迭代对象),迭代器还可以直接支持 next 函数或__next__成员函数进行手动方式迭代。聚合数据在迭代工具中使用时整个聚合数据都驻扎内存,一旦聚合数据非常庞大时将占据大量空间,但迭代器是一段代码(不是所有元素),只是在迭代过程根据索引(下标、键)不断产生相应的元素,如 for x in [10,20,30,40]与 for x in iter(range(10,50,10))功能相同,但是前者列表占据较大存储空间,后者迭代器(代码段)占据存储空间较小。

迭代器主要由可迭代对象通过转换迭代器函数 iter 转换得到,但也可以通过函数定义实现迭代器功能,即生成器,或者说生成器是自定义的迭代器。

## 6.7.3 生成器

生成器(generator)也是迭代器,其不仅支持迭代协议,而且拥有__next()__成员函数,也支持 next 函数,如 for 推导式可构建生成器:

```
>>> generator=(x**2 for x in [10,20,30])↵(回车)        # 构建生成器
>>> isinstance(generator,Iterable),isinstance(generator,iterator),isinstance(generator,generator)↵(回车)
(True, True, True)
>>> next(generator),next(generator),next(generator)↵(回车)        # 生成器迭代
(100, 400, 900)
>>> next(generator)↵(回车)                              # 生成器迭代越界
StopIteration
```

生成器 generator 迭代过程产生 3 个平方数。for 迭代推导式可构成生成器,但其他可迭代对象、迭代器加圆括号不可创建生成器。生成器是为了迭代产生每个数据,而可迭代对象、迭代器已能达到迭代目的,无须转换为生成器。生成器也支持 next 方法迭代协议。除了 for 迭代推导式构建生成器外,生成器的构建方法主要采用函数定义。该函数满足迭代协议,即具备 next 方法,其函数定义与普通函数定义形式相同,但不能采用 return 语句返回值,而是由 yield 语句返回值。此函数称为生成器函数,而调用生成器函数后可获取生成器。如:

**【例 6.23】** 生成器函数与生成器。

```
def myfun():                                    # 生成器函数定义
    yield 10                                    # 每次返回一个值,挂起等待
    yield 20
    yield 30
    yield 40
```

运行结果:

```
>>> isinstance(myfun,Iterable),isinstance(myfun,iterator), isinstance(myfun,generator)↲(回车)
(False, False, False)
>>> myfun↲(回车)                                          # 生成器函数
<function myfun at 0x0346ECD8>
```

即 myfun 是生成器函数,不是可迭代对象、迭代器、生成器。

```
>>> mygen=myfun()↲(回车)                                  # 创建生成器'generator'
>>> isinstance(mygen,Iterable),isinstance(mygen,Iterator), isinstance(mygen,generator)↲(回车)
(True, True, True)
>>> mygen↲(回车)                                          # 生成器'generator'
<generator object myfun at 0x0346DF70>
```

即 myfun 函数调用赋值 mygen 变量,mygen 是可迭代对象、迭代器、生成器。

```
>>> next(mygen),next(mygen),next(mygen),next(mygen)↲(回车)   # 迭代过程
(10, 20, 30, 40)
>>> mygen.__next__()↲(回车)                               # 生成器越界,异常发生
StopIteration
```

生成器 mygen 通过 next 函数,或__next__成员函数手动执行执行迭代过程,直至越界抛出迭代异常 StopIteration。

生成器函数 myfun 中 yield 语句返回值,确保每次迭代返回一个值。myfun 调用函数创建一个生成器 mygen。生成器也是可迭代对象,支持 next 方法迭代协议。生成器也是迭代器,支持 next 函数和__next__成员函数迭代。生成器 mygen 每次迭代获取数据,依次为 10、20、30、40,再迭代就越界出现迭代异常 StopIteration。

注意 yield 语句与 return 语句的不同: 采用 yield 语句时生成器迭代一次返回一个值,然后挂起等待。当生成器再次迭代时重新唤醒执行下一个 yield 语句再返回一个值,依次类推直至没有 yield 语句(越界)。而 return 语句也可返回一个值,但执行 return 语句后函数也就执行完毕,而不是挂起等待唤醒。

生成器既是迭代器又是可迭代对象,可用迭代工具启用生成器,如:

```
>>> for x in mygen: print(x,end="|")↲(回车)               # 迭代工具启动生成器迭代过程
10|20|30|40|
>>> list(myfun()),[x*2 for x in myfun()]↲(回车)
([10, 20, 30, 40], [20, 40, 60, 80])
```

myfun 函数还可以改为循环实现:

```
>>> def myfun():                                         # 生成器函数定义
        i=1
        while i<=4:                                      # 执行 4 次
            yield i*10                                   # 每次返回一个值
            i+=1↲(回车)
```

**【例 6.24】** 定义生成器函数 myrange,其原型为 myrange(start,end,step): 从 start 开始,到 end 截止(不到 end,但最接近于 end),其变化步长为 step,即 start, start+step, start+2step, start+3step, …

```
def myrange(*parameters):                                    # 生成器函数定义,可变参数个数
    if len(parameters)>=3:                                   # 3 个以上参数情况,前 3 个有效
        start=parameters[0]; end=parameters[1]; step=parameters[2]
    elif len(parameters)==2:                                 # 2 个参数情况
        start=parameters[0]; end=parameters[1]; step=1
    elif len(parameters)==1:                                 # 1 个参数情况
        start=0; end=parameters[0]; step=1
    else:                                                    # 没有参数情况,发生异常
        raise ValueError("参数异常")
    a=start                                                  # 初始化
    while a<end:                                             # 循环次数
        yield a                                              # 返回当前值
        a+=step                                              # 迭代下次位置
```

运行结果:

```
>>> list(myrange(5)),[x*x for x in myrange(5)]↙(回车)        # 工具启动生成器
([0, 1, 2, 3, 4], [0, 1, 4, 9, 16])
>>> m_r=myrange(1,2,0.25)↙(回车)                             # 生成器函数创建生成器
>>> next(m_r),next(m_r),next(m_r),next(m_r)↙(回车)           # 生成器迭代过程
(1, 1.25, 1.5, 1.75)
>>> next(m_r)↙(回车)                                         # 生成器迭代越界
StopIteration
```

myrange 函数采用可变参数个数和默认参数值定义,通过 if 语句判断参数具体含义。myrange 函数的功能比 range 强,主要表现:(1)myrange 函数参数可以是浮点数,而 range 函数参数为整数;(2)myrange 调用生成生成器(也是可迭代对象、迭代器),可直接迭代,而 range 调用生成可迭代对象,借助迭代工具迭代;(3)对 myrange 函数返回值的修改,可实现多样的数值生成器,如 a*a 平方数生成器等。

**【例 6.25】** 正整数 n 项之和的生成器。

```
def sum_n(n):                                                # 生成器函数定义
    i=0; s=0                                                 # 初始化
    while i<=n:                                              # 迭代次数
        yield s                                              # 返回一个值
        i+=1; s+=i                                           # 下一个值
```

运行结果:

```
>>> s=sum_n(10)↙(回车)
>>> next(s),next(s),next(s)↙(回车)
(0, 1, 3)
>>> list(s)↙(回车)
[6, 10, 15, 21, 28, 36, 45, 55]
```

由生成器函数 sum_n 创建一个 10 以内的求和生成器 s。迭代三次生成数据 0、1、3,接着迭代工具 list 生成列表[6, 10, 15, 21, 28, 36, 45, 55]。返回值也可计算取得,但每次迭代只返回

一个值,最多迭代 n+1 次。

```
def sum_n(n):                    # 生成器函数定义
    i=0                          # 初始化
    while i<=n:                  # 迭代次数
        yield i*(i+1)//2         # 返回一个值
        i+=1                     # 下一次
```

【例 6.26】 Fibonacci 数列 1,1,2,3,5,8,⋯,其递推公式:

$$F(n) = \begin{cases} 1 & 当n=1或n=2 \\ F(n-1)+F(n-2) & 当n \geqslant 3 \end{cases}$$

求 Fibonacci 数列的前 30 项,并每行输出 5 个数,求前 30 项之和(用生成器实现)。

```
def fib(n):                      # 生成器函数 – 斐波那契
    f1,f2,counter=1,1,0          # 初始化前两项、循环次数
    while counter<n:
        yield f1                 # 得到系列元素
        f1,f2=f2,f1+f2           # 前移
        counter+=1               # 统计项数
def display(n):                  # 显示函数定义
    sum=0
    for f in fib(n):             # 生成器,迭代生成数列
        sum+=f
        print("%9d"%f,end=" ")   # 显示斐波那契元素
        n+=1                     # 统计项数
        if n%5==0:               # 显示换行
            print()
    print("sum=",sum)            # 显示总和
def mymain():                    # 主控函数定义
    n=int(input("n="))           # 输入项数
    display(n)                   # 显示数列
mymain()                         # 函数调用
```

运行结果:

n=10↵(回车)
```
        1        1        2        3        5
        8       13       21       34       55
sum= 143
```

【例 6.27】 弹簧反弹:弹簧从一定高度 h 垂直坠落,每次反弹高度与坠落高度 rate 成比例。设计高度、路程和(高度、路程)生成器,并由生成器系列产生高度、路程和(高度、路程)。

```
def height(h,n,rate):            # 反弹高度
    for i in range(0,n+1):       # 第 i 次
        h=h*rate                 # 前一高度变化
```

```
            yield h                              # 第 i 次反弹高度
        def distance(h,n,rate):                  # 第 i 反弹后达到高度后的路程
            dis=0; h1=h                          # 路程,开始高度
            for i in range(0,n+1):               # 第 i 次
                dis+=h1                          # 前一高度
                h1=h1*rate                       # 前一高度变化
                dis+=h1                          # 反弹高度
                yield dis                        # 路程
        def height_distance(h,n,rate):           # 高度和路程
            dis=0; h1=h                          # 路程,开始高度
            for i in range(0,n+1):               # 第 i 次
                dis+=h1                          # 前一高度
                h1=h1*rate                       # 前一高度变化
                dis+=h1                          # 反弹高度
                yield h1,dis                     # 高度、路程
        def mymain(h,n,rate):                    # 起始高度,反弹总次数,反弹系数
            print("起始高度%.2f, 共%d 次反弹."%(h,n))
            h_generator=height(h,n,rate)         # 高度生成器
            hs=list(h_generator)                 # 生成每次高度
            print("每次高度: ",hs)
            d_generator=distance(h,n,rate)       # 路程生成器
            ds=list(d_generator)                 # 生成每次路程
            print("每次路程: ",ds)
            h_d_generator=height_distance(h,n,rate)  # 高度、路程生成器
            hds=list(h_d_generator)              # 生成每次高度和路程
            print("每次高度、路程: ",hds)
```

运行结果:

>>> mymain(100,4,0.5)↵(回车)
起始高度 100.00,共 4 次反弹。
每次高度: [50.0, 25.0, 12.5, 6.25, 3.125]
每次路程: [150.0, 225.0, 262.5, 281.25, 290.625]
每次高度、路程: [(50.0, 150.0),(25.0, 225.0),(12.5, 262.5),(6.25, 281.25),(3.125, 290.625)]

可迭代对象、迭代器、生成器和迭代工具概念较为抽象,总结如下:

(1)迭代协议为通过索引(下标或关键字)支持 next 方法(下一个)迭代依次获取相应元素的协议。可迭代对象具有索引,而且支持迭代协议。

(2)基于线性表和散列表的聚合数据、range 函数都是可迭代对象。可迭代对象在迭代工具作用下,依次迭代获取可迭代对象元素进行相应处理。迭代工具自动进行异常检测和处理,不会导致迭代索引越界异常发生。可迭代对象通过 iter 函数可转换为迭代器。

(3)迭代器也是可迭代对象(即支持迭代协议),而且是一段代码,能够支持 next 函数和__next__成员函数实现迭代。不仅迭代工具作用于迭代器,还可以利用 next 函数和__next__成员函数获取元素,因此可在 while 循环语句(不是迭代工具)中使用,但需要进行迭代索引异常

StopIteration 检测、捕获和处理。

(4) 生成器是特殊的迭代器。通过生成器函数定义(函数自定义),函数体中用 yield 语句返回值,而不是 return 语句。调用生成器函数创建生成器。生成器支持迭代协议,支持 next 函数和 __next__ 成员函数,迭代一次遇到 yield 就返回值,下一次迭代时从上一次迭代遇到 yield 后面的代码继续执行,即迭代一次获取一个元素,然后挂起等待唤醒,next 可以唤醒迭代器继续执行,直至索引越界发生异常 StopIteration。

(5) 可迭代对象、迭代器、生成器主要用于通过迭代依次获取一些列元素,尤其是生成器可通过定义生成函数再调用生成,具有更大实用性。

(6) 聚合数据在迭代工具中使用时,其整个数据对象驻扎到内存中,常占据存储单元大,而迭代器、生成器是代码段,常占据存储单元小。当需要遍历大批量元素时,生成器设计就更有意义。

可迭代对象、迭代器、生成器特性如表 6.2 所示。有关内置函数 iter、next 的理解可参见"运算重载"章节。采用类定义也可以实现生成器定义和异常处理,可参见"面向对象程序设计"章节。

表 6.2 支持性

| 对象 | 迭代协议 | iter 函数 | next 函数 |
| --- | --- | --- | --- |
| 可迭代对象 | √ | √ | × |
| 迭代器 | √ | √ | √ |
| 生成器 | √ | √ | √ |
| 生成函数 | × | × | × |

# 本章小结

Python 语言模块化程序设计体现在函数定义和函数调用上。函数定义主要是有参自定义函数和无参自定义函数。对于有参函数,形参和实参必须一一对应。Python 语言提供函数定义时给定默认参数机制,当函数调用时,实参个数可以少于形参个数,缺省的实参用形参默认的运算对象,也就是有实参时用实参,没实参时用形参默认值。默认形参中"="是默认形参的标识符,不是赋值语句。通过形参名为标识,指明具体的参数,这样形参与实参的顺序可以不一致。实际上,通过形参名实现一一对应,而不是参数的位置。总之,默认参数与指明参数并不违背形参与实参结合一一对应要求。通过默认参数,实参个数减少了,但使用了默认形参值为实参,形参实参还是一一对应。通过指明参数,实参的位置发生变化了,但根据参数名把实参精确传递给相应的形参,形参实参还是一一对应。默认参数与指明参数只是提供给了一种方便、灵活给定实参的方式。特别说明:默认参数与指明参数形式一样,但是默认参数在函数定义中,而指明参数在函数调用中。前者是为了在函数调用时,可以缺省实参,而后者是为了在函数调用时形参、实参位置可以不一致。

Python 语言中一切皆对象。函数是功能实现的代码段,也占据一定数据单元,程序中由函数名引用。这与变量的概念相同,或说通过函数定义 def 实现对函数名的赋值(隐式赋值)。通过内置函数 type、id、sys 的 getsizeof 函数可知函数函数、数据单元的地址和大小。函数名也可赋给变量或做函数参数。函数作为函数参数，增加了函数之间的联系通道。可用语句 del 删除函数名，使函数名不再引用函数。

在函数定义内部再进行函数定义，即函数嵌套定义，因此函数可分为内函数和外函数。外函数规定了有效范围，外函数及其内函数可以调用内函数。在 Python 解释环境中不可直接调用内函数，但外函数可以返回内函数名（即内函数名是外函数的返回值），可以通过调用外函数获取内函数名（即内函数的引用）后调用内函数，即函数闭包机制利用内函数。

根据变量的位置，变量可分函数内变量和函数外变量。根据变量的可访问性，变量可分为全局变量、局部变量及非局部变量。函数内变量的有效范围只局限于函数内访问，其他函数无法访问，该变量称为局部变量。局部变量（内变量）增强函数模块化程度，确保变量安全。函数内通过 global 对外变量声明，函数共享（访问）相同函数外变量，此时函数外变量称为全局变量。全局变量成为各函数之间的数据通道。程序设计时，需要时刻跟踪全局变量（外变量）的当前值，这破坏了函数模块化程度。在函数嵌套定义中，内函数通过 nonlocal 声明外层函数的内变量，使内层函数可以访问外层函数的内变量，该变量称为非局部变量，即内函数可以共享外函数内变量。此外，Python 解释环境还有内置变量（包括函数名、异常名等）。多种类型变量共存，程序中函数访问变量的顺序为变量作用域（也称为变量的有效范围）决定函数对变量访问时查找变量的先后顺序，其根据为 LEGB 规则：函数内的局部作用域（Local）、向外一层的 def 或 lambda 的作用域（Extended Local，即 nonlocal）、函数外的全局作用域（Global）和函数外的解释环境内置作用域（Builtin）。变量的作用域很重要，其在不同作用域中变量同名时，根据 LEGB 规则决定其访问的具体变量，而屏蔽外层的同名变量。

根据变量引用的数据单元生存周期，变量可分为动态变量和静态变量。函数内变量都是动态变量，即函数调用时分配数据单元，变量名建立引用关系。函数调用结束时撤销、回收数据单元（没有其他引用时），变量名的引用失效。函数再次调用也再次分配数据单元、建立引用关系。函数外变量都是静态变量，即程序启动后，分配数据单元，变量名建立引用关系，即使函数反复调用，也不再分配数据单元，始终维护引用关系。

程序中变量名、函数名、类名等都是数据单元、代码数据单元、类定义单元的引用，也就是程序通过这些"标识符"访问相应的数据单元，实现存取数据、启动函数等。Python 解释环境中管理这些标识符，构成命名空间。命名空间中所有"标识符"都是唯一的。标识符在程序中表现为有效范围，在内存中表现为命名空间。通过函数 dir、globals 和 locals 可以看到命名空间。dir 函数返回局部（有效范围内）所有标识符的字典，globals 函数返回 Python 解释环境中标识符、引用单元为字典元素的字典，即 Python 解释环境的命名空间。locals 函数返回局部（有效范围内）的标识符、引用单元为字典元素的字典，即局部的命名空间。在 Python 解释环境中 locals 与 globals 是等效的。通过字典的更新，可更新 globals 或 locals 函数返回元素，即更新了命名空间。

为了便于组织管理文件，Python 解释环境中存在工作所需的查找路径。在文件导入等语句中，Python 解释环境自动在查找路径中查找文件。Python 解释环境中 sys 库的 path 变量收集所有可自动查找的路径。通过 PYTHONPATH 系统变量设置、site_packages 文件夹放置 .pth 路径文件或 path.append(«路径»)等可添加自动查找路径。

程序设计涉及语言部分：字符集=>标识符=>语句=>函数、类=>文件。软件开发需要分工协作，意味着不同程序文件需要进行整合。Python 解释环境提供程序文件整合手段，即随着标识符（名称）、文件、文件夹的导入，命名空间不断更新，也就是不断增加新的标识符、文件模块、文件模块包。标识符（名称）导入语句：

from «文件名»⌴.py⌴import⌴*⌴|⌴«标识符 1»⌴,«标识符 2»⌵

from «文件名»⌴.py⌴import «标识符» as «别名»

这种导入方式可直接使用标识符(名称),或别名,也就是标识符,或别名构成命名空间。文件导入语句:

import «文件名»⌴.py⌴|as «别名»⌴

这种方式导入文件,更新命名空间,使用函数、外变量等时需要"文件名.标识符"或"别名.标识符",通过"文件名"或"别名"加以限定,也就是标识符(名称)称为文件模块的属性。

文件导入顺序为:先在标准库查找,在标准库没找到,再根据查找路径查找。如果存在同名的多个文件,则按首次找到的文件导入,后续其他文件无须导入。函数外变量导入时可能不可预见结果,导致语法正确而逻辑错误,从而达不到求解目标,因此程序设计时最好不使用函数外变量。可以使用路径的方式导入,也就是在可自动查找到的路径之后再续后续路径和文件方式导入文件或标识符(名称)。为了使再次导入的文件生效,可使用 importlib.reload 实现。

有关文件导入,总的来说:文件导入是解决软件开发分工协作与集成组装、代码重用共享的有效手段,其主要根据命名空间导入其他文件的标识符(包括变量名、函数名、类名等名称)、文件(模块)或文件夹(模块包)到当前命名空间中。由于命名空间的标识符(名称)及其引用,可以在当前命名空间中启用相应的引用实现通过标识符(名称)的访问。导入形式分为两种:导入标识符(名称)和导入文件(模块),也就是导入标识符(名称)可通过标识符(名称)直接访问对象;导入文件(模块)可通过模块名、成员运算符访问、标识符(名称)访问对象。

函数是具有独立功能和结构的代码段。lambda 表达式实现函数功能,该表达式获取一个引用,其表达式:

lambda⌴«形参 1»⌴|,«形参 2»⌵|⌴:«表达式»

lambda 表达式的形参、实参使用与函数相同,包括使用默认参数和指明参数,具有计算结果有返回值、代码精简、匿名和执行高效的优点。

迭代协议为通过索引支持 next 方法(下一个)迭代依次获取相应元素的协议。可迭代对象具有索引(下标或键),而且支持迭代协议。基于线性表和哈希表的聚合数据、range 函数都是可迭代对象。可迭代对象在迭代工具作用下,依次迭代获取可迭代对象元素进行相应处理。迭代工具自动进行异常检测和处理,不会导致迭代索引越界异常发生。可迭代对象通过 iter 函数可转换为迭代器。迭代器也是可迭代对象(即支持迭代协议),而且是一段代码,能够支持 next 函数和 __next__ 成员函数实现迭代。不仅迭代工具作用于迭代器,还可以利用 next 函数和 __next__ 成员函数获取元素,因此可在 while 循环语句(不是迭代工具)中使用,但需要进行迭代索引异常 StopIteration 检测、捕获和处理。生成器是特殊的迭代器。通过生成器函数定义(自函数定义),函数体中用 yield 语句返回值,而不是 return 语句。调用生成器函数创建生成器。生成器支持迭代协议,支持 next 函数和 __next__ 成员函数,迭代一次遇到 yield 就返回值,下一次迭代时从上一次迭代遇到 yield 后面代码继续执行,即迭代一次获取一个元素,然后挂起等待唤醒,next 可以唤醒迭代器继续执行,直至索引越界发生异常 StopIteration。可迭代对象、迭代器、生成器主要用于通过迭代依次获取一些列元素,尤其生成器可通过定义生成函数再调用生成,具有更大实用性。

可迭代对象、迭代器、生成器支持迭代协议。map(映射函数)、filter(过滤函数)、sum(元素累加)函数和 functools 库函数 reduce(汇集函数)以及 zip(元素成对组合)、max(元素最大值)、min(元素最小值)函数都是迭代工具,有效利用迭代工具作用于可迭代对象可提高问题求解效率。

1. 从程序、数据安全角度解释理解命名空间、变量有效范围。
2. 从数据单元说明,什么是变量的存储类别?变量存储类别可分为哪两大类?
3. 在程序设计中,需要关注变量的哪些特性?其内涵各是什么?
4. 叙述文件导入作用和导入形式。
5. 解释匿名函数及其局限性。
6. 求集合的幂集,如{1,2}的幂集{{},{1},{2},{1,2}}。分别采用循环算法和递归算法求解。
7. 数列: $\frac{1}{2},\frac{2}{3},\frac{3}{5},\frac{5}{8},\frac{8}{13},\cdots$ 把分数看成一个整体,采用循环算法和递归算法实现:(1)第 n 项的分数;(2)前 n 项分数数列。
8. 数列: $\frac{1}{2},\frac{2}{3},\frac{3}{5},\frac{5}{8},\frac{8}{13},\cdots$ 把分数看成一个整体,采用匿名函数实现:(1)第 n 项的分数;(2)前 n 项分数数列。
9. 数列: $\frac{1}{2},\frac{2}{3},\frac{3}{5},\frac{5}{8},\frac{8}{13},\cdots$ 采用生成器实现前 n 项分数数列。
10. 求和 $s_n = \frac{1}{1} + \frac{1}{1+2} + \frac{1}{1+2+3} + \cdots + \frac{1}{1+2+3+\cdots+n}$。输入 n,输出 $s_n$。

要求:(1)采用生成器设计分数生成;(2)采用 sum 函数求和。

# 第7章 面向对象程序设计

　　计算机语言描述问题的便捷性和处理能力的有效性主要体现在数据类型和数据运算及业务逻辑(功能)组织上。在数据类型方面，Python 语言提供了基本数据类型(包括简单数据类型和聚合数据类型)，可以方便表示相对简单的问题。在数据处理方面，Python 语言提供各种数据类型相应的运算符和更强功能的内置函数。在业务逻辑(功能)方面，Python 语言提供结构化程序设计、模块化程序设计规范，可实现明晰算法流程、规范程序组织，提高代码可读性、可维护性、可复用性。但对数据及其处理而言，数据与运算处理是隔开的，对应问题的描述与处理是分离的，而客观世界中的对象是信息与行为的统一体，在计算机世界中也应是数据与处理的统一体，因此催生了面向对象的思想、技术。面向对象程序设计是程序设计方法的重要组成部分和主要体现。Python 程序设计具有结构化程序设计、模块化程序设计和面向对象程序设计的范式编程。面向对象程序设计的核心概念主要有对象、类、继承、封装、多态、运算重载等。不同于基本数据类型，类是构造数据类型，综合体现数据及其处理。本章介绍面向对象及其程序设计，重点在问题描述、代码集成、共享重用。

## 7.1 问题提出

　　学生信息和课程成绩登记表有多个数据项(表 7.1)，"出生日期"还可继续细化为"年""月""日"，"课程成绩"也可细化为"学期""课程名称""成绩""备注"。整个数据表可看成数据，可抽象为一个数据类型。由该数据类型可以表示"张三""王五"等学生信息和课程成绩。除了可采用聚合数据进行表示和存储外，还可以采用更为直观的构造数据类型——类(class)进行表示，进一步生成实例(运算对象)。在确定数据表示和存储以后，还需要确定数据之间的组织形式，可采用聚合类型数据(如列表)存储一系列学生信息和课程成绩，奠定数据管理、处理的基础，如成绩单查询、计算平均成绩等，而更好的数据组织形式为类、实例。

表 7.1 学生信息与课程成绩

| 学　号 | 2019111001 | 姓　名 | 李神仙 | 出生日期 | 1998.10.1 | |
|---|---|---|---|---|---|---|
| 籍　贯 | 福建厦门 | 何时何地奖励 | 2019 年全国计算机大赛一等奖。2020 年三好生。 | | | |
| 学　期 | 课程名称 | 成绩 | 备注 | 学　期 | 课程名称 | 成绩 | 备注 |
| 2019—2020.1 | C 语言程序设计 | 90 | 优,正常 | 2019—2020.1 | 计算思维导论 | 86 | 良 |
| 2019—2020.2 | 离散数学 | 88 | 良,补考 | 2019—2020.2 | 数据结构与算法 | 78 | 中,重修 |

## 7.2　类与实例

在介绍类、实例之前,先直观对比说明:数据类型对应房子户型。基本简单数据类型变量引用的数据单元如同没有分割的单间(属于单间户型),如 int 型变量引用数据单元只保留整数。基本聚合数据类型变量引用的数据单元如同没有分割的筒子楼(即没有分割的若干单间,每个单间有门牌号可以索引——下标或键,属于单间聚合),如整型列表保留若干整数(元素)。构造数据类型(即类)变量引用的数据单元如同有分割的套间(属于套间户型),分割为客厅、主卧室、次卧室、厨房、卫生间等,甚至主卧室自带卫生间,其中每个空间不再分割、大小不一、也有自己的名称。可见,构造数据类型可表示复杂结构,便捷描述客观世界复杂关联关系。这也看出数据类型的重要性,体会到不同于数学数据类型之处。

类是在已有数据类型(Type)基础上,根据问题表示、管理、处理需要,用户自定义数据类型,即构造数据类型。类具有高度抽象性,包含数据属性(变量成员)和处理属性(成员函数),两者统称为类的属性或成员。对面向对象而言,"数据类型""变量""变量名""变量值"对应"类""对象(Object)""对象名""实例(Instance)"。类是个体的抽象表示,如"学生",而个体是类的实例化对象(简称实例,具体化的对象),如"张三""李四",即"实例"有具体内容信息的"对象",如同"变量"有具体"变量值"。"变量名"引用"变量值"数据单元,"对象名"也引用"实例"数据单元。实例与类的关系就是数学中元素与集合的关系,如"张三""李四"与"学生"的关系,如同整数(如 10)与整型(如 int)的关系。

### 7.2.1　类与类对象

类为构造数据类型,包括若干变量成员和若干成员函数。Python 语言用户自定义的类形式:

class «类名»:
　　«变量名»=«值»
　　«def 函数定义»

其中, class 为关键字。"类名"为自定义标识符。"变量名"和"def 函数定义"为类的变量成员和成员函数(统称为类的属性或成员)。"="表示变量成员的初始化。如:

```
class c_score:                          # 类定义, 类名
    term="2019-2020.1"                  # 学期, 类变量成员
    course="C 语言程序设计"              # 课程名称, 类变量成员
    score=90                            # 成绩, 类变量成员
```

```
    state=["优"]                          # 备注,类变量成员
    def display():                         # 成员函数定义
        print(c_score.term,c_score.course,c_score.score,c_score.state)
    def set_score(sc):
        c_score.score=sc
```

类 c_score 包含 term、course、score、state 变量成员,并有相应的初值,还包含 display、set_score 成员函数用于显示课程信息、设置成绩。由类型函数 type(c_score) 可看到类 c_score 属于类型 type。在 class c_score 类定义后形成一个类(即类对象),而类名 c_score 是类的引用(图 7.1),如同函数名是函数过程的引用。通过成员运算符"."可访问属性,如:

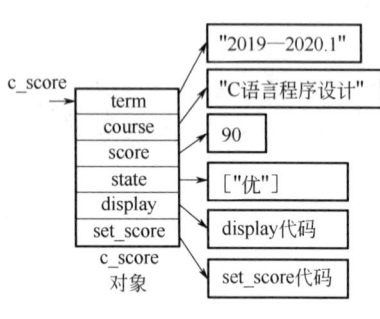

图 7.1 类结构

```
>>> c_score.term, c_score.course, c_score.score, c_score.state↵(回车)
('2019-2020.1', 'C 语言程序设计', 90, ['优'])
>>> c_score.display()↵(回车)                    # 调用成员函数
2019-2020.1 C 语言程序设计 90 ['优']
>>> c_score.score=98↵(回车)                     # 变量成员赋值
>>> c_score.display()↵(回车)                    # 显示类变量成员
2019-2020.1 C 语言程序设计 98 ['优']
>>> c_score.set_score(100)↵(回车)               # 设置类变量成员
>>> c_score.display()↵(回车)
2019-2020.1 C 语言程序设计 100 ['优']
```

可以看出,类的变量成员访问形式、成员函数调用形式与变量访问形式、函数调用形式相同,只是通过"类名"和成员运算符明确所属的类:

```
《类名》.《变量成员名》                              # 变量成员访问形式
object  《类名》.《成员函数名》([《实参 1》[,《实参 2》]])   # 成员函数原型
```

注意: Python 解释环境是基于面向对象构建的,内存中数据单元对应程序中的对象,如函数定义、类定义、变量,分别属于 function、class、某一数据类型(取决于赋值)。类名为类的引用,也是变量名,可以对其赋值、做函数参数或赋给其他变量,如同函数名使用,如 a_cls=c_score; b_cls=a_cls, a_cls、b_cls、c_score 为同一类的引用。可用地址函数 id 进行查验。

## 7.2.2 实例创建与成员访问

**1. 类变量成员与实例变量成员**

为了好理解,int、float 等沿用了数学概念,称为整型、浮点型等。实际上,在 Python 里 int、float 等也是类,即 int、float 等就是类名,10、12.8 等就是类 int、float 等的实例。a=10;b=12.8 后,实例名 a、b 引用实例 10、12.8。可见,类、实例并不陌生。以前介绍了 int、float 等强制数据类型转换,实际上也是类创建实例,如 a=int(1.6) 或 b=float(10),结果 a 的值为 1,b 的值 10.0。类 int、float 创建了实例 1、10.0 后赋给变量 a、b。通过类型函数 type 可知,int、float、c_score 都属于 type 数据类型。由类可创建实例形式:

```
《实例名》=《类名》([《实参 1》[,《实参 2》]])
```

其中,"实例名"为自定义标识符,也是变量名。"类名"为标识符。根据类定义,确定"实参"个数、位置等。实际上,《类名》(《实参1》,《实参2》)是类构造函数调用(类名和构造函数同名),如:

>>> a_ins=c_score(); b_ins=c_score() (回车)    # 创建实例 a_ins、b_ins

在 c_score 类定义中,c_score 为类的构造函数(与类同名),缺省参数。构造函数在类中没有显式定义,其在 Python 解释环境中用于创建实例,即准备、开辟、维护实例的数据单元,如图 7.2 所示,实例 b_ins 与实例 a_ins 结构相同。这个例子中,构造函数不带参数。

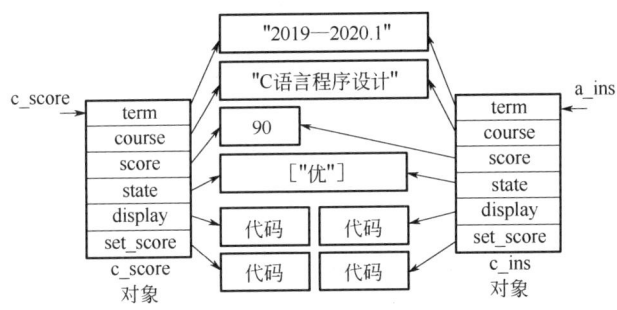

图 7.2  类结构与实例结构

有关构造函数后续介绍,此处重点介绍类变量成员和实例变量成员。

通过类型函数 type 可知,类 c_score 属于 type(类型),实例 a_ins、b_ins 属于 c_score(类)。实例与类具有同名的成员,通过成员运算符"."可以访问实例的成员,如实例 a_ins、b_ins 也有与类 c_score 同名的变量成员:

>>> c_score.term, c_score.course, c_score.score, c_score.state (回车)    # 类成员
('2019-2020.1', 'C 语言程序设计', 90, ['优'])
>>> a_ins.term, a_ins.course, a_ins.score,a_ins.state (回车)    # 实例成员
('2019-2020.1', 'C 语言程序设计', 90, ['优'])
>>> b_ins.term, b_ins.course, b_ins.score,b_ins.state (回车)    # 实例成员
('2019-2020.1', 'C 语言程序设计', 90, ['优'])

也就是类和实例具有相同的变量成员值(图 7.2)。对类变量成员和实例变量成员进行更新,如:

>>> c_score.score=100;a_ins.score=80;b_ins.score=96; a_ins.state.append("正常") (回车)
                                                    # 类变量成员、实例变量成员
>>> c_score.term, c_score.course, c_score.score, c_score.state (回车)    # 类变量成员
('2019-2020.1', 'C 语言程序设计', 100, ['优', '正常'])
>>> a_ins.term, a_ins.course, a_ins.score,a_ins.state (回车)    # 实例成员
('2019-2020.1', 'C 语言程序设计', 80, ['优', '正常'])
>>> b_ins.term, b_ins.course, b_ins.score,b_ins.state (回车)    # 实例成员
('2019-2020.1', 'C 语言程序设计', 96, ['优', '正常'])

可以看到,对类或实例的变量成员赋值,类、实例互不影响,但对可变聚合类型的变量成员的元素修改却相互影响(图 7.3)。这种特点与函数形参、实参的结合方式相同,即由类创建实例时进行隐式赋值:类变量成员与实例变量成员具有相同引用,但类变量成员、实例变量成员

重新赋值后,变量成员建立新引用,结果互不相同;如果类变量成员为可变聚合数据类型,类变量成员与实例变量成员具有相同引用,改变可变聚合数据的元素时,没有改变两种变量成员的引用关系,结果相同,即类变量成员与实例变量成员共享同一数据单元。通过地址函数 id 查看相应变量成员的地址信息便可知。类成员变量与实例成员变量的关系如同函数实参与形参的关系。

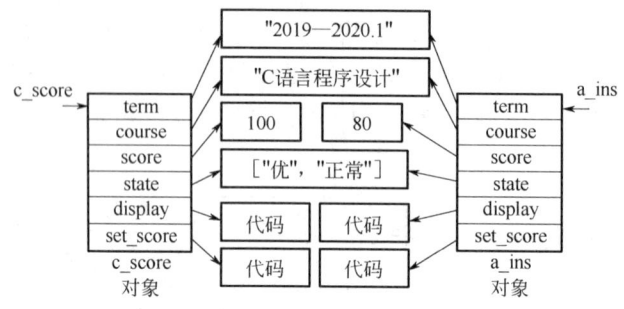

图 7.3　类结构与实例结构

这部分主要是实例获取类变量成员,实例自身也可以定义属于自己特有的变量成员。参见 7.2.4 节。

**2. 类成员函数与实例成员函数**

类可以直接调用类成员函数,如 c_score.display()。实例不可直接调用类的成员函数,如:

```
>>> a_ins.display()↵(回车)                        # 实例成员函数
TypeError: display() takes 0 positional arguments but 1 was given
>>> a_ins.set_score(100)↵(回车)                    # 实例成员函数
TypeError: set_score() takes 1 positional argument but 2 were given
```

出现类型错误异常 TypeError,表明:对实例 a_ins 而言,display 成员函数不带参数,但需要 1 个参数; set_score 成员函数只带 1 个参数,但需要 2 个参数,即实例不可直接调用类成员函数,参数个数有误所致。需要对类成员函数进行特别约定类成员函数的首位参数(第 1 位置),其形式:

《类名》.《成员函数名》(《形参 1》[,《形参 2》])

该类成员函数至少需要一个形参,表示属于类的实例(其他名称也可以,但习惯用 self),也就是类成员函数的第 1 个参数为类的实例做实参。如果成员函数有多个形参,第 1 个形参 self 也必须对应类的实例,这个最左位置具有特别含义。如 c_score 类成员函数重新定义:

```
def display(self):                                                   # 成员函数定义
    print(c_score.term, c_score.course, c_score.score, c_score.state)  # 类变量成员
    print(self.term, self.course, self.score, self.state)  # 实例变量成员
def set_score(self,sc):                                              # 成员函数定义
    c_score.score=sc                                                 # 类变量成员
    self.score=sc                                                    # 实例变量成员
```

函数调用时,形参与实参一一对应。运行结果如下:

```
>>> a_ins=c_score();b_ins=c_score()↵(回车)                  # 创建实例
>>> c_score.set_score(c_score,100);c_score.set_score(a_ins,80)↵(回车)
>>> a_ins.state.append("正常");b_ins.score=70↵(回车)         # 修改实例变量成员
```

```
>>> c_score.display(c_score)↵(回车)                    # 类成员函数调用,实参类
2019-2020.1 C 语言程序设计  80 ['优', '正常']
2019-2020.1 C 语言程序设计  80 ['优', '正常']
>>> c_score.display(a_ins)↵(回车)                      # 类成员函数调用,实参实例
2019-2020.1 C 语言程序设计  80 ['优', '正常']
2019-2020.1 C 语言程序设计  80 ['优', '正常']
>>> c_score.display(b_ins)↵(回车)                      # 成员函数调用,实参实例
2019-2020.1 C 语言程序设计  80 ['优', '正常']
2019-2020.1 C 语言程序设计  70 ['优', '正常']
```

可以看到,通过"类名"调用类成员函数,成员函数第 1 个参数 self 是实例 a_ins 或 b_ins,也就是通过类操作实例(参数)。在成员函数 display、set_score 中可见访问类变量成员 c_score.score 等和实例变量成员 self.score 等(同名,但分别属于类、实例)。由于实例属于类,为了便捷起见,通过类操作实例改为通过实例调用:

《实例名》.《成员函数名》(《其他实参 1》,《其他实参 2》)

即形参与实参一一对应的变通形式,"实例"是"成员函数"的缺省参数,如:

```
>>> b_ins.display()↵(回车)                             # 实例成员函数调用,无参
2019-2020.1 C 语言程序设计  80 ['优', '正常']
2019-2020.1 C 语言程序设计  70 ['优', '正常']
```

也就是类成员函数第 1 个参数 self 是类的实例。也可以理解为实例与类具有相同的成员函数。类成员函数操作对象是实例,或说实例成员函数。还可看到:类变量成员对实例变量成员隐式赋值(变量成员同名),实例变量成员重新赋值与类、其他实例变量成员无关。对于可变聚合数据类型变量成员的元素改变时,没有改变引用关系,元素的改变相互影响。

在成员函数(如 display 和 set_score)中,类变量成员与实例变量成员同名,需要通过类名或实例 self 和成员运算"."进行限定。实例成员函数都是类成员函数的拷贝,功能相同,但类和实例成员函数引用不同(即代码对象不同),通过地址函数 id 可看到。

上述例子说明由类创建实例过程与函数参数结合方式(隐式赋值)相似,但也有不同,体现在以下方面:

(1) 实例变量成员与类变量成员同名,而且隐式赋值。对变量成员重新赋值后变量成员引用不同数据单元。变量成员是可变对象(如列表)时,对其元素的改变,也是其他类、实例变量成员的改变(因引用关系没变)。类变量成员这种共享特性可成为类、实例数据交互通道,如统计类创建实例个数、平均成绩等。

(2) 为了在成员函数中明确变量成员是类变量成员还是实例变量成员,变量成员需要通过类名或实例 self 和成员运算"."进行限定。各实例变量成员同名,但数据单元各不相同。

(3) 实例成员函数是类成员函数拷贝,即功能相同,但函数不同(占据不同数据单元)。

(4) 构造函数是隐式过程,与类同名,Python 解释环境用于创建实例,建立实例名对实例(数据单元)引用。当实例没有引用时(del 删除实例的引用),Python 解释环境自动启动析构函数,即撤销实例,并回收数据单元。析构函数的调用也是隐式调用过程。

### 7.2.3 初始化成员函数

初始化成员函数 __init__ 是类成员函数,其在创建实例时由构造函数隐式调用启动,可用于对实例变量成员进行初始化,其定义形式:

```
def __init__(self[,«形参»]):
    [«语句块»]
```

其中,函数名__init__是固定的(init 前后为双下划线)。self 为形参,必须在第 1 位置(最左边),表示实例自身,可设置若干其他形参。创建实例时,构造函数的实参隐式赋值给形参。初始化函数返回值 None,如:

```
class c_score:                                              # 类定义
    term="2019-2020.1"                                      # 学期,类变量成员
    course="C 语言程序设计"                                  # 课程名称,类变量成员
    score=90                                                # 成绩,类变量成员
    state=["优"]                                            # 备注,类变量成员
    def __init__(self,tm,co,sc,st):                         # 初始化函数定义,多个形参
        self.term=tm                                        # 学期赋值,实例变量成员
        self.course=co                                      # 课程名称赋值,实例变量成员
        self.score=sc                                       # 成绩赋值,实例变量成员
        self.state=st                                       # 备注赋值,实例变量成员
    def display(self):                                      # 成员函数定义
        print(c_score.term, c_score.course, c_score.score, c_score.state)   # 类变量成员
        print(self.term, self.course, self.score, self.state)               # 实例变量成员
>>> a_ins=c_score("2019-2020.3","数据结构课程实践",66,["及格",'补考'])↵(回车)  # 创建实例,并初始化
>>> c_score.display(c_score)↵(回车)                         # 显示类变量成员,self 是 c_score
2019-2020.1 C 语言程序设计 90 ['优']
2019-2020.1 C 语言程序设计 90 ['优']
>>> a_ins.display()↵(回车)                                  # 显示类变量成员、实例变量成员
2019-2020.1 C 语言程序设计 90 ['优']
2019-2020.3 数据结构课程实践 66 ['及格', '补考']
>>> c_score.score,c_score.course,a_ins.score,a_ins.course↵(回车)
(90, 'C 语言程序设计', 66, '数据结构课程实践')
```

构造函数 c_score(与类同名)中含有实参,同时隐式调用初始化函数__init__,并把参数一一赋值给形参,在__init__函数内赋值给实例变量成员。由于采用赋值语句,而且值各不相同,因此类 c_score、实例 a_ins 的变量成员引用各不相同。此外,成员函数中除了 self 形参具有特殊性外,其他形参还可以用默认值,调用时实参也可以指明参数以及可变个数参数,成员函数也可以返回值。有关成员函数的参数可参见"模块化程序设计"中相关内容。

## 7.2.4 实例变量成员

实际上,上述类 c_score 和实例 a_ins 中涉及类变量成员和实例变量成员(同名),且在创建实例时这两种成员是隐式赋值关系,就如同函数的实参与形参的关系。实例可以有自己的变量成员,并可以对实例变量成员进行变更。由于类提供了__init__初始化函数,可直接对实例变量成员进行建立和初始化,而无须来自类变量成员,如:

```
>>> class c_score:                                          # 类定义
        def __init__(self,tm,co,sc,st):                     # 初始化函数定义
            self.term=tm                                    # 学期赋值,实例变量成员
            self.course=co                                  # 课程名称赋值,实例变量成员
```

```
            self.score=sc                                  # 成绩赋值,实例变量成员
            self.state=st                                  # 备注赋值,实例变量成员
        def display(self):                                 # 函数定义
            print(self.term, self.course, self.score,self.state)↵(回车)
```

由于类 c_score 没有类变量成员, c_score.display(c_score) 显示类对象 c_score(实参)变量成员出错,抛出属性异常 AttributeError: type object 'c_score' has no attribute 'term'。

如果在初始化函数 __init__ 定义中采用默认参数, 构造函数调用也无须参数, 如 def __init__(self,tm="2019-2020.2",co="离散数学",sc=88,st=["良"]): …, 那么 a_ins=c_score(), b_ins=c_score(), 构造函数利用了默认形参值,创建了实例, 如图 7.4 所示, 注意对比图 7.2, 类 c_score 没有变量成员。有个很重要的现象: 实例的独立性,即实例各变量成员的引用是独立、没有关联的,如:

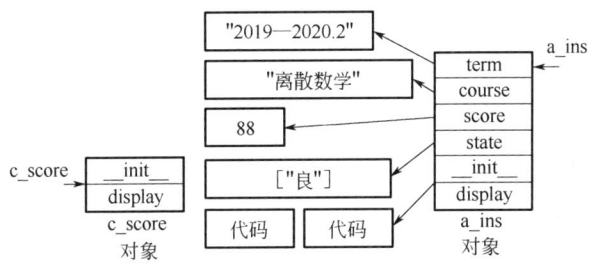

图 7.4  类结构与实例结构

```
>>> a_ins=c_score(st=['良']); b_sin=c_score(st=['良'])        # 创建实例
>>> a_ins.display()↵(回车)                                     # 显示实例变量成员
2019-2020.2  离散数学  88 ['良']
>>> b_ins.display()↵(回车)                                     # 显示实例变量成员
2019-2020.2  离散数学  88 ['良']
```

这两个实例的变量成员值相同,但地址各不相同,如:

```
>>> id(a_ins.term),id(b_ins.term),id(a_ins.state),id(b_ins.state)↵(回车)   # 查看地址
(67463032, 67462632, 67401096, 67400872)
```

可以看到,即使 state 变量成员是可变类型也是不同的引用,因此 state 变量成员的变化互不影响,如:

```
>>> a_ins.state.append("正常")↵(回车)
>>> a_ins.display()↵(回车)
2019-2020.2  离散数学  88 ['良', '正常']
>>> b_ins.display()↵(回车)
2019-2020.2  离散数学  88 ['良']
```

不同机器、不同时段, id(a_ins.term)、id(b_ins.term) 值可能不同, 但 a_ins.term、a_ins.term 相同。不同于类的变量成员, 实例可变类型的变量成员(如 a_ins.state、a_ins.state)各不相同, 增强了实例的独立性。可以理解为由类创建实例时, 各个可变类型的变量成员是拷贝(即不同数据、代码的引用), 不是隐式赋值(即相同对象引用)(图 7.5), 其他类型变量成员是隐式赋值。如果 a_ins=c_score(), b_ins=c_score() 创建实例, 那么 state 属性是相互影响, 即共享默认参数 st。

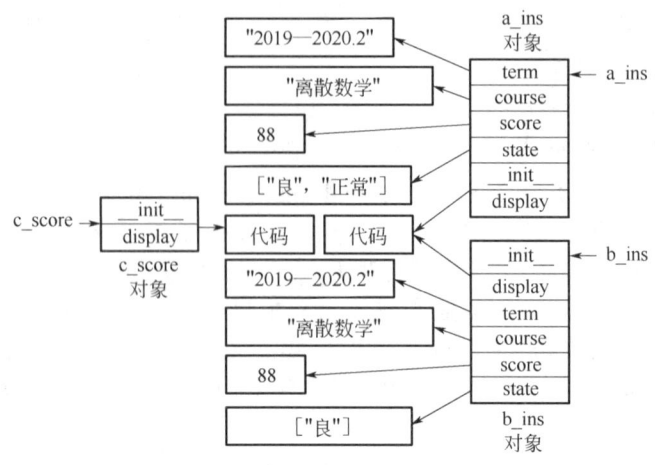

图 7.5 类结构与实例结构

从命名空间也可以理解上述内容。类变量成员的命名空间为类有效范围,而实例 self.«变量成员»为实例变量成员命名空间,即实例变量成员有效范围为实例。如果要求实例独立性强,实例间无须数据共享交互,在类设计中只要设计实例变量成员。如果实例间有数据关联性,在类设计中设计类变量成员作为实例之间数据通道。如果创建实例时,实参使用了可变类型的默认参数,所有实例也共享了该默认参数。

### 7.2.5 实例做函数参数与返回值

类是构造类型,用户可以自定义,而实例是类实例化的对象,也是一种数据,因此可作为函数参数和函数的返回值。

```
>>> def myfun(ins,term,course,score,state):           # 函数定义,实例形参
        ins.display()                                  # 实例显示
        temp_ins=c_score(term,course,score,state)     # 创建实例
        return temp_ins                                # 返回实例
>>> c_ins=myfun(a_ins,"2020-2021.2","操作系统",88,["良"])↵(回车)    # 实例实参
2019-2020.1 C 语言程序设计  66 ['及格', '补考']
>>> c_ins.display()↵(回车)                              # 实例显示
2020-2021.2 操作系统 88 ['良']
```

myfun 函数形参包含实例和基本类型变量,函数体内调用实例成员函数 ins.display,并创建实例 temp_ins,且初始化,最后返回实例 temp_ins。c_ins 实例引用函数 myfun 返回值,也可调用实例成员函数 c_ins.display。

Python 语言是多范式编程语言,常进行模块化程序设计和面向对象程序设计,而在函数体内采用结构化程序设计。

## 7.3 类组合与类继承

类与实例是共性与个性、集体与个体的关系。实例复用、共享了类的成员(变量成员、成员

函数), 又有自己的特性(变量成员、成员函数)。不同于类与实例关系, 类的组合、继承是类与类之间的整合、派生关系, 即整体与部分的组合(has-a)关系(如人与手脚、手脚与手指脚趾)、上级与下级的继承(is-a)关系(如人与学生、学生与大学生的)的关系。

## 7.3.1 类组合

类是一种数据类型, 其实例可成为其他类的变量成员, 构成类的组合定义:

```
class «类名»:
    «变量名»=«其他类实例»                           # 变量成员, 其他类的实例
    «def 函数定义 2»                               # 其他类的变量成员形参
```

其中,"类"变量成员含有"其他类实例", 即"类"由其他类实例组合而成, 如:

```
class stu_birthday:                              # 类定义, 出生日期
    def __init__(self,yyyy,mm,dd):               # 初始化函数, 年、月、日
        self.year=yyyy                           # 实例变量成员
        self.month=mm
        self.day=dd
    def display(self):                           # 成员函数, 显示年、月、日
        print(self.year,self.month,self.day)
class stu_info:                                  # 类定义, 学生信息
    def __init__(self,num,name,bday):            # 初始化函数, 学号、姓名、生日
        self.number=num                          # 实例变量成员
        self.name=name
        self.birthday=bday                       # 实例变量成员是实例
    def display(self):                           # 成员函数, 显示学号、姓名、生日
        print(self.number,self.name,end=" ")
        self.birthday.display()
```

创建学生实例, 而出生日期也是实例, 如:

```
>>> s_day=stu_birthday(1998,10,20) ↵(回车)        # 创建实例
>>> a_ins=stu_info(201905102,"Xiao Li",s_day) ↵(回车)  # 创建实例
>>> a_ins.display() ↵(回车)                       # 实例成员, 显示实例信息
201905102 Xiao Li 1998 10 20
```

实例 a_ins 包含 number、name、birthday 变量成员, 而 birthday 是实例, 又包含 year、month、day 变量成员(图 7.6), 也就是实例 a_ins 又嵌套实例 birthday, 对 year、month、day、display 成员运算时需要两级成员运算, 如:

```
>>> a_ins.birthday.display() ↵(回车)              # 实例成员的实例信息
1998 10 20
>>> a_ins.birthday.year,a_ins.birthday.month,a_ins.birthday.day ↵(回车)  # 实例成员
(1998, 10, 20)
```

从实例看, 实例 a_ins 内包含一个实例 birthday, 即实例 birthday 是实例 a_ins 的变量成员。这种类的组合层次没有限制。由于采用 __init__ 初始化实例, 因此由 stu_info 类创建的实例成

员将各自独立，实例之间没有耦合性，也就是各个实例都有自己的命名空间。

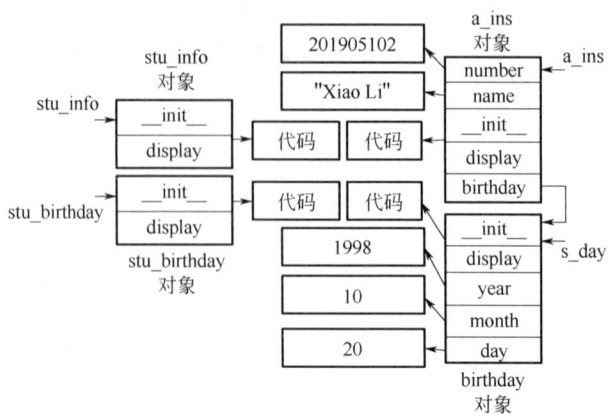

图 7.6 类结构与实例结构

Python 解释环境是基于面向对象实现的，基本数据类型也是类，其变量都是实例。7.2 节中基本数据类型的变量成员都是实例成员，实质上所定义的类 c_score 也是类组合定义。

## 7.3.2 类继承

由类创建实例，各实例拥有类的变量成员和成员函数。通过初始化，变量成员可以有不同的值，体现实例的个性化，而各实例的成员函数共享同一类过程的拷贝，因此实例复用了类结构和类成员函数。类还可以继承实现成员的复用。被继承的类为父类，继承的类为子类。子类定义形式：

  class «子类类名»(«父类类名»):     # 子类定义，单重继承
    ┖«变量名»=«运算对象»↵
    ┖«def 函数定义»↵

其中，"类名"为用户自定义标识符，表示"子类"继承了"父类"，或"父类"派生了"子类"，如：

  class stu_all_info(stu_info):     # 子类定义，单重继承
    def __init__(self, num,name,birthday,nativeplc,rewards):  # 初始化函数
      self.nativeplc=nativeplc
      self.rewards=rewards
      super().__init__(num,name,birthday)   # 调用父类成员函数
    def sub_display(self):     # 子类显示成员函数
      super().display()     # 调用父类成员函数
      print(self.nativeplc,self.rewards)

表示类 stu_all_info 继承类 stu_info。其中，super 函数表示父类的实例，super().__init__(num, name,birthday)、super().display() 也可采用父类标识符，等价于 stu_info.__init__(self, num,name,birthday)、stu_info.display(self)。子类可以创建实例，如：

  >>> a_ins=stu_all_info(201905102,"Xiao Li", stu_birthday(1998,10,20),"福建厦门","2020 年计算机大赛一等奖")↵(回车)     # 创建子类实例

```
>>> a_ins.sub_display()↵(回车)                    # 显示子类实例
201905102 Xiao Li 1998 10 20
福建厦门 2020 年计算机大赛一等奖
```

子类继承父类,子类拥有父类的所有变量成员和成员函数,如:

```
>>> a_ins.display()↵(回车)                        # 显示子类实例
201905102 Xiao Li 1998 10 20
```

由于子类自身没有 display 成员函数, 其自动继承父类的 display、__init__ 成员函数, 即该函数也是子类的成员函数。同理, 父类的变量成员 number、name、birthday 也成为子类的变量成员, 如:

```
>>>   a_ins.number,a_ins.name,a_ins.birthday.year,a_ins.birthday.month,a_ins.birthday.day,a_ins.nativeplc,a_ins.rewards↵(回车)# 子类实例的变量成员
(201905102,'Xiao Li',1998,10,20,'福建厦门','2020 年计算机大赛一等奖')
```

注意: 类的继承关系(is-a)不同于类的组合关系(has-a), 父类的变量成员和成员函数也成为子类的变量成员及成员函数, 如图 7.7 所示, 与类的组合关系的不同。从实例看, 实例 a_ins 的所有成员, 包括自身定义和从父类继承的成员, 都是实例 a_ins 的直接成员, 没有父类 stu_info 的实例, 即从成员形式看, 子类直接拥有父类的所有成员。从实现角度看, 父类 stu_info 和子类 stu_all_info 中变量成员没有重名, 子类实例 a_ins 中变量成员 number、name、birthday 和成员函数 display 进行运算时首先在子类实例中查找, 没找到时继续到父类中查找。如果子类的变量成员或成员函数与父类的变量成员或成员函数同名时, 即子类重现了父类的变量成员与成员函数(称为重载), 在子类实例中子类自身的变量成员和成员函数屏蔽了父类同名的变量成员及成员函数, 即子类重载的变量成员及成员函数具有优先权, 或称子类重载的变量成员和成员函数覆盖了父类的变量成员及成员函数。从命名空间看, 子类命名空间包含了父类命名空间, 可屏蔽父类同名成员。

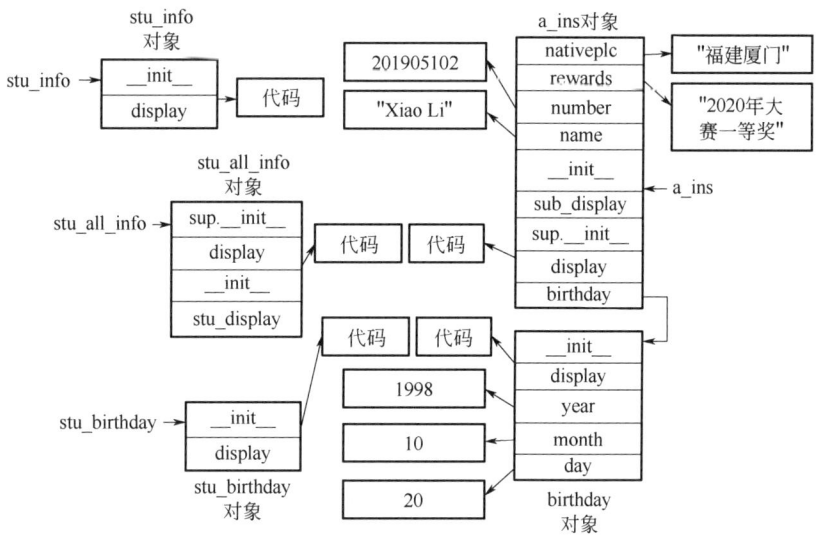

图 7.7 类结构与实例结构

子类 stu_all_info 只有一个父类 stu_info, 称为单重继承。Python 还支持多重继承, 子类定

义形式:

```
class «子类类名»(«父类类名 1»[,«父类类名 2»]):        # 子类定义,多重继承
    [«变量名»=«运算对象»]
    [«def 函数定义»]
```

类的多重继承与单重继承一样。形式上,子类拥有所有父类的所有成员(包括变量成员和成员函数)。实现上,如果子类的成员重载了父类的成员,子类自身的成员具有优先权,屏蔽父类同名成员。如果多个父类中出现成员重载(即多个父类中出现成员同名)时,按父类的继承顺序"父类 1""父类 2"……依次查找,继承首次遇到成员,其他成员无效(被屏蔽)。无论子类自身拥有或单重继承或多重继承都只能确保子类中成员的唯一性,即子类命名空间中命名不重复。可见单重继承是多重继承的特例。

为了增加学生性别信息,定义类 person,类 stu_all_info 改用多重继承:

```
class person:                                          # 定义父类
    def __init__(self,name,sex):                       # 初始化函数
        self.name=name                                 # 变量成员
        self.sex=sex
    def display(self):                                 # 显示成员函数
        print(self.name,self.sex)
class stu_all_info(person,stu_info):                   # 定义子类,依次多重继承
    def __init__(self,num,name,sex,birthday,nativeplc,rewards):   # 初始化
        self.nativeplc=nativeplc                       # 子类变量成员
        self.rewards=rewards
        stu_info.__init__(self,num,name,birthday)      # 调用父类成员函数
        person.__init__(self,name,sex)                 # 调用父类成员函数
    def sub_display(self):                             # 子类显示成员函数
        person.display(self)                           # 调用父类成员函数
        stu_info.display(self)
        print(self.nativeplc,self.rewards)
```

在父类 person、stu_info 中重载了变量成员 name 和成员函数 display。

```
>>> a_ins=stu_all_info(201905102,"Xiao Li","男", stu_birthday(1998,10,20),"福建厦门","2020 年计算机大赛一等奖")↵(回车)                                      # 创建
>>> a_ins.sub_display()↵(回车)                         # 子类成员函数
Xiao Li 男
201905102 Xiao Li 1998 10 20
福建厦门 2020 年计算机大赛一等奖
>>> a_ins.display()↵(回车)                             # 子类继承成员函数
Xiao Li 男
>>> a_ins.number,a_ins.name,a_ins.sex,a_ins.nativeplc,a_ins.rewards↵(回车)
(201905102,'Xiao Li','男','福建厦门','2020 年计算机大赛一等奖')
>>> a_ins.birthday.year,a_ins.birthday.month,a_ins.birthday.day↵(回车)
(1998,10,20)
```

可以看到,对于重载的成员函数 display,按继承顺序子类继承了父类 person 的成员函数 display,并屏蔽了父类 stu_info 的成员函数 display。同理,变量成员 name 也是继承父类 person 的变量成员 name,忽视了父类 stu_info 的变量成员 name。子类自身拥有成员函数__init__,屏蔽了父类 person、stu_info 的成员函数__init__。两个父类的其他成员不重载,均被子类 stu_all_info 继承。类 stu_all_info 的成员函数中采用"父类名.成员"的形式启用父类的方法,而不是用"super().成员"形式,主要原因在于 super 函数多重继承中难于确定具体所需的父类,而单重继承时父类是唯一的,用 super 函数就没问题。多重继承中父类所有不重载的成员成为子类的成员。通过继承中成员优先权机制,确保了子类中成员的唯一性。

【例 7.1】 根据表 7.1 要求,输入一个学生和若干门课程信息,统计课程平均成绩,并输出。

```
# 以下程序基于上述类 person、stu_birthday、stu_info、stu_all_info、c_score 编写
class stu_table:                                          # 学生信息表
    def __init__(self,stu_all_info,all_c_scores=[]):      # 若干课程初始化
        self.stu_all_info=stu_all_info                    # 学生基本信息
        self.all_c_scores=all_c_scores                    # 若干课程信息
    def add_c_score(self,c_score):                        # 增加一门课程信息
        self.all_c_scores.append(c_score)                 # 课程信息在列表中
    def del_c_score(self,c_name): pass                    # 以后扩展删除、查询
    def find_c_score(self,c_name): pass
    def cal_c_score_avg(self):                            # 计算课程成绩平均值
        avg=0                                             # 平均值
        for c in self.all_c_scores: avg+=c.score          # 所有课程累加成绩
        avg/=len(self.all_c_scores)                       # 求平均
        return avg                                        # 返回平均值
    def display(self):                                    # 显示信息
        print("======学生信息======")
        print(self.stu_all_info.number,self.stu_all_info.name,
              self.stu_all_info.sex)
        self.stu_all_info.birthday.display()              # 出生日期
        print(self.stu_all_info.nativeplc,self.stu_all_info.rewards)
        for c in self.all_c_scores:   c.display()         # 显示每一门课程信息
def main():
    num=int(input("学号: "))                              # 输入学生信息
    name=input("姓名: ")
    sex=input("性别: ")
    birthday=input("出生日期(yyyy.mm.dd): ").split(".")    # 日期格式转换
    birthday=stu_birthday(int(birthday[0]),int(birthday[1]),int(birthday[2]))
    s_info=stu_info(num,name,birthday)                    # 创建学生基本信息
    nativeplc=input("籍贯: ")
    rewards=input("何时何地获得奖励或处罚: ")
    s_all_info=stu_all_info(num,name,sex,birthday,nativeplc,rewards) # 信息
```

```python
        s_table=stu_table(s_all_info)                      # 创建学生信息表(课程还是空)
        yesno=input("输入课程及成绩吗(y/n)?")                  # 交互增加课程
        while yesno.upper()=="Y":                           # 大小写均可
            term=input("输入学期: ")                          # 输入课程信息
            couse=input("课程名称: ")
            score=float(input("课程成绩: "))
            state=input("备注: ")
            co_score=c_score(term,couse,score,state)        # 创建课程信息
            s_table.add_c_score(co_score)                   # 课程信息加入学生信息表
            yesno=input("输入课程及成绩吗(y/n)?")
        co_avg=0                                            # 平均成绩
        if s_table.all_c_scores:                            # 学生信息表中有课程
            co_avg=s_table.cal_c_score_avg()
        s_table.display()                                   # 显示学生信息表信息
        print("平均成绩: ",co_avg)                            # 显示学生信息表信息
```

运行结果:

```
>>> main()↵(回车)
学号: 201905102↵(回车)
姓名: 李三↵(回车)
性别: 男↵(回车)
出生日期(yyyy.mm.dd): 1998.12.24↵(回车)
籍贯: 福建厦门↵(回车)
何时何地获得奖励或处罚: 2020 大赛一等奖↵(回车)
输入课程及成绩吗(y/n)?y↵(回车)
输入学期: 2019-2020-1↵(回车)
课程名称: C 语言程序设计↵(回车)
课程成绩: 90↵(回车)
备注: 正常↵(回车)
输入课程及成绩吗(y/n)?y↵(回车)
输入学期: 2019-2020-2↵(回车)
课程名称: 离散数学↵(回车)
课程成绩: 80↵(回车)
备注: 正常↵(回车)
输入课程及成绩吗(y/n)?n↵(回车)
======学生信息======
201905102 李三  男
1998 12 24
福建厦门 2020 大赛一等奖
2019-2020-1 C 语言程序设计 90.0 正常
2019-2020-2 离散数学 80.0 正常
平均成绩: 85.0
```

这个例子体现了面向对象程序设计的重用性、可扩展性。在类 stu_all_info、c_score 的基础上,以组合方式定义类 stu_table,并利用列表收集课程信息,列表每个元素为 c_score 类的实例,这也是组合方式扩展。就类 stu_table 而言,更基础性的类 person、stu_birthday、stu_info 已封装,无须深入了解,体现面向对象的封装性、重用性。尽管出现了多个同名的 display 函数,但不能全面显示学生信息,因此在 stu_table 类中重载定义了 display 函数,扩展了显示功能,体现面向对象的可扩展性。类 stu_table 是针对一个学生、多门课的情况,也可在 stu_table 类基础上重用扩展到所有学生的信息表。

## 7.4 对象封装与多态

实例是具体化对象。对象是信息与行为的统一体,对应变量成员和成员函数,两者统称属性或成员。对象名是对象的引用,通过对象名与成员运算符"."可访问对象的变量成员和成员函数,形成规范化的对象访问形式,构成访问对象的接口。除了对象接口,对象之间没有更多的交互和共享数据,使得对象之间具有低耦合、高内聚,奠定软件复用基础。

### 7.4.1 对象封装性

通过实例名和成员运算符都可以访问到成员,对成员的封闭不足,还可以指定成员只限于成员函数访问,即使使用成员运算,成员对外也不可访问,以加强实例的封装性,提高成员安全性。Python 语言可通过成员的命名体现这种访问权限。在类定义中,实例成员以__(双下划线)开头命名,实现实例成员只限于实例成员函数访问,但通过实例和成员运算符不可访问,如:

```
class c_score:                                          # 类定义
    def __init__(self,tm,co,sc,st):                     # 初始化函数定义
        self.__term=tm                                  # 学期赋值
        self.__course=co                                # 课程名称赋值
        self.__score=sc                                 # 成绩赋值
        self.__state=st                                 # 备注赋值
    def display(self):                                  # 显示变量成员
        print(self.__term,self.__course,self.__score,self.__state)
    def getter_score(self):                             # 获取成绩
        return self.__score                             # 成绩返回
    def setter_score(self,sc):                          # 设置成绩
        self.__score=sc                                 # 成绩赋值
```

运行结果:

```
>>> a_ins=c_score("2019-2020.2","离散数学",88,["良"])↲(回车)    # 创建实例
>>> a_ins.__score=a_ins.__score+10↲(回车)                       # 变量成员取值、赋值,出错
AttributeError: 'c_score' object has no attribute '__score'
```

抛出属性异常 AttributeError,显示没有__score 成员,可见变量成员__score 对外不可访问。

```
>>> a_ins.setter_score(90)↲(回车)                               # 成员函数访问变量成员,赋值
```

```
>>> a_ins.getter_score()↵(回车)                    # 成员函数访问变量成员,取值
90
>>> a_ins.display()↵(回车)                          # 成员函数访问变量成员,取值
2019-2020.2 离散数学 90 ['良']
```

三个成员函数都访问了变量成员__score。这样实例的成员封装性更高。如果所有成员(包括成员函数)以__(双下划线)开头,那么实例被完全封装,也就不可用。把以__开头命名的成员称为私有成员(即对外不可访问),而以字母开头的成员称为公有成员(即成员对外可访问)。私有成员在类组合、继承中不受影响,其主要是提高对象(实例)的封装性,增强对象(实例)成员(变量成员和成员函数)的安全性。

实际上,Python 语言对象封装性是有限的,并没有达到完全面向对象的规范,如:

```
>>> a_ins._c_score__score=a_ins._c_score__score+10↵(回车)    # 私有成员访问
>>> a_ins._c_score__score↵(回车)                              # 私有成员访问
100
```

在私有成员再加"_《类名》"前缀后,私有成员的"私密性"已不存在。

### 7.4.2 成员函数多态性

类继承(is-a)关系中子类成员函数重载了父类成员函数(即子类成员函数名与成员函数同名),由子类创建实例时子类的成员函数覆盖了父类的成员函数。由各类创建的实例调用同名的成员函数时,实例能够正确调用各自类的成员函数,即同名的成员函数可根据实例选择相应过程(参见 7.3.1 节、7.3.2 节),类定义:

class stu_info: ...
class person: ...
class stu_info: ...
class stu_all_info(person,stu_info): ...

把类 stu_all_info 的成员函数 sub_display 也改为 display,也就是三个类均有同名成员函数 display。从类继承关系看,类 stu_all_info 的 display 覆盖了两个父类的 display。现各类创建实例如下:

```
>>> per=person("小李","男")↵(回车)                              # 创建 person 实例
>>> bday=stu_birthday(1998,10,12)↵(回车)                        # 创建 stu_birthday 实例
>>> st_if=stu_info(201905202,"小张",bday)↵(回车)                # 创建 stu_info 实例
>>> st_all_if=stu_all_info(201905123,"小王","女",bday,"浙江杭州","2020 年市三好生")↵(回车)
                                                                # 创建 stu_all_info 实例
>>> per.display()↵(回车)                                        # person 实例的 display
小李 男
>>> bday.display()↵(回车)                                       # stu_birthday 实例的 display
1998 10 12
>>> st_if.display()↵(回车)                                      # stu_info 实例的 display
201905202 小张 1998 10 12
>>> st_all_if.display()↵(回车)                                  # stu_all_birthday 实例的 display
小王 女
```

201905123  小王  1998 10 12
浙江杭州  2020 年市三好生

可以看到,无论类是组合(has-a)关系,还是继承(is-a)关系,各自类创建实例都能正确调用成员函数 display,也就是成员函数的具体过程调用取决于实例,使得在对象接口机制的基础上通过成员函数的同一命名形式,增强程序的可读性,如上述所有实例的 display 成员函数都是"显示实例信息"的意思。

注意: 类继承(is-a)关系中父类所有成员都已被子类继承,而且同名的成员已被覆盖,子类的实例中不存在父类的实例。而类组合(has-a)关系中被组合类的实例是组合类的实例成员(变量成员),即被组合类的实例是存在的,其成员函数也是存在、可调用的,如 stu_birthday 类(被组合类)的实例是 stu_info 类(组合类)的实例的组成部分:

```
>>> st_all_if.birthday.display()↲(回车)          # stu_info 实例 birthday 实例 display
1998 10 12
```

## 7.5 成员函数

从类定义和实例创建中已了解到,类的变量成员与实例的变量成员可以不同。当类没有类变量成员时,实例需要由初始化函数 __init__ 进行实例变量成员赋初值,不同实例的实例变量成员各自独立,互不影响(各自不同数据单元、数据的拷贝,即各实例的变量成员同名但引用不同,属于不同命名空间)。当类有类变量成员,并没有初始化函数 __init__ 时,不同实例的实例变量成员都是类的变量成员的引用(类的变量成员与实例的变量成员同名的情况下),如同函数的实参与形参的结合关系。当类有类变量成员且不是实例的实例变量成员时,实例如何利用这样的变量?

### 7.5.1 实例成员函数

在类定义中,成员函数第 1 个(即最左边)参数为实例 self,该成员函数为实例成员函数,如课程和成绩类定义:

```
class c_score:                                    # 类定义
    numInstance=0                                 # 类变量成员
    def __init__(self,co,sc):                     # 实例初始化函数
        self.__course=co; self.__score=sc         # 实例变量成员
        c_score.numInstance+=1                    # 类变量成员,增 1
    def display(self):                            # 实例成员函数,显示实例变量成员
        print(self.__course, self.__score, end=", ")  # 实例变量成员
    def numIns_display(self):                     # 实例成员函数,显示类的变量成员
        print(c_score.numInstance, end=", ")      # 类变量成员
```

类变量成员 numInstance 表示计数,初始化为 0。每次创建实例时实例初始化成员函数 __init__ 对 numInstance 进行累加,如:

```
>>> a_ins=c_score("高等数学",90)↲(回车)           # 创建实例
```

```
>>> b_ins=c_score("线性代数",88)↵(回车)                    # 创建实例
>>> c_score.numInstance,a_ins.numInstance,b_ins.numInstance↵(回车)   # 查看类变量成员
(2, 2, 2)
```

可见类变量成员 numInstance 只初始化一次,多次创建实例不再重新初始化。创建 a_ins、b_ins 两个实例,类变量成员 numInstance 累加值为 2,不再是 0,而且看到类变量成员 numInstance 不仅属于类,还属于实例 a_ins、b_ins。

类中定义了两个实例变量成员 __course、__score,实例成员函数 display 可以显示实例的变量成员,如:

```
>>> a_ins.display();b_ins.display()↵(回车)                # 查看实例的变量成员
高等数学 90,线性代数 88,
```

但对类 c_score 而言,并没有变量成员 __course、__score,因此类 c_score 与对象实例 c_score 同名,该类有 display 成员函数,但显示 __course、__score 出错,如:

```
>>> c_score.display(c_score)↵(回车)                       # 查看类对象的变量成员
AttributeError: type object 'c_score' has no attribute '_c_score__course'
```

成员运算符前 c_score 为类,实参 c_score 为实例(类定义也有数据单元,类名也是类的引用)。类变量成员 numInstance 不仅属于类,还属于实例 a_ins、b_ins,因此通过成员函数 numIns_display 也可以显示,如:

```
>>> c_score.numIns_display(c_score);a_ins.numIns_display();b_ins.numIns_display()↵(回车)
2, 2, 2,
```

上述 numIns_display 成员函数,对类和实例是不同的,看一下地址:

```
>>> id(a_ins.numIns_display),id(b_ins.numIns_display),id(c_score.numIns_display)↵(回车)
(53842888, 53842888, 60272120)
```

这也是该函数对类调用需要加 c_score(实例对象)为实参,而 a_ins、b_ins 不需要参数的原因。

通过实例 a_ins 或 b_ins 不能改变类变量成员 numInstance,如:

```
>>> a_ins.numInstance+=10↵(回车)                          # 变量成员赋值
>>> c_score.numIns_display(c_score);a_ins.numIns_display();b_ins.numIns_display()
2, 2, 2,
```

可见类和实例的 numInstance 并没改变,但通过类对象是可以改变的,如:

```
>>> c_score.numInstance+=20↵(回车)                        # 变量成员赋值
>>> c_score.numIns_display(c_score);a_ins.numIns_display();b_ins.numIns_display()↵(回车)
22, 22, 22,
```

这个例子说明,实例可以对类变量成员取值,其改变需要通过类(对象)。从实例成员函数 __init__、display、numIns_display 函数体中也可看到这一特点。这一特性使得类变量成员成为类及其各实例通信的渠道。含有类变量成员的类的继承关系中,子类对该变量成员同样有重载的解决方案。注意:在上述成员函数中,如果对类变量成员忽略了前缀 c_score.,那么 numInstance 不是类和实例的变量成员,而是函数内变量,numInstance+=1 运算将出现 NameError: name 'numInstance' is not defined 错误。

回归 7.2.2 节内容，可加深理解实例成员函数概念。

## 7.5.2 类成员函数

在类定义中，成员函数的第 1 个（即最左边）参数为类对象（实例）cls，并且通过内置函数 classmethod 类方法成员函数对该函数进行声明，其形式：

《成员函数名》=classmethod(《成员函数名》)

类方法成员函数 classmethod 函数为函数的装饰器（有关修饰器参见相关资料），其调用后返回值再赋给原来成员函数名，如课程和成绩类定义：

```
class c_score:                                  # 类定义
    numInstance=0                               # 类变量成员
    def __init__(self,co,sc):                   # 实例初始化函数
        self.__course=co; self.__score=sc       # 实例变量成员
        c_score.numInstance+=1                  # 类变量成员,增 1
    def display(self):                          # 实例成员函数,显示实例变量成员
        print(self.__course, self.__score, end=", ")
    def numIns_display(cls):                    # 类成员函数,显示类变量成员
        print(cls.numInstance, end=", ")
    numIns_display=classmethod(numIns_display)  # 类成员函数声明
    def getter_score(self):                     # "私有"成员取值
        return self.__score
    def setter_score(self,sc):                  # "私有"成员赋值
        self.__score=sc 运行结果:
```

运行结果：

```
>>> a_ins=c_score("高等数学",90)↵(回车)      # 创建实例
>>> b_ins=c_score("线性代数",88)↵(回车)      # 创建实例
>>> c_score.numIns_display(); a_ins.numIns_display(); b_ins.numIns_display()↵(回车)
2, 2, 2,
```

对比实例成员函数和类成员函数，可以看到：类成员函数把类作为对象，也就是类成员函数的第 1 个参数是类，如同实例成员函数第 1 参数是实例一样。类成员函数也是实例的成员函数，因此 a_ins.numIns_display、b_ins.numIns_display 也能正确运行。实际上，类和实例都调用同一过程，所在地址可以看出：

```
>>> id(a_ins.numIns_display),id(b_ins.numIns_display), id(c_score.numIns_display)↵(回车)
(54869008, 54869008, 54869008)
```

再看以下继承关系：

```
class tc_score(c_score):                        # 子类定义
    def __init__(self,tm,co,sc):                # 实例初始化成员函数
        self.__c_score=c_score(co,sc)           # 父类的实例成员
        self.__term=tm                          # 子类的实例成员
    def display(self):                          # 实例成员函数,显示实例变量成员
```

```
            print(self.__term,end=", ")                    # 子类的变量成员
            self.__c_score.display()                       # 父类的实例成员显示
```

子类 tc_score 继承了父类 c_score,因此继承了类变量成员 numInstance 和类成员函数 numIns_display(),重载了__init__、display 成员函数,如:

```
>>> c_ins=tc_score("2019-2020-1","大学物理",80)↵(回车)            # 创建实例
>>> d_ins=tc_score("2019-2020-2","大学化学",86)↵(回车)            # 创建实例
>>> c_ins.display(); d_ins.display()↵(回车)                      # 实例成员函数
2019-2020-1, 大学物理 80, 2019-2020-2, 大学化学 86,
>>> tc_score.numIns_display(); c_ins.numIns_display(); d_ins.numIns_display()↵(回车)
4, 4, 4,
>>> tc_score.numInstance, c_ins.numInstance, d_ins.numInstance↵(回车)
(4, 4, 4)
>>> c_score.numInstance, a_ins.numInstance, b_ins.numInstance↵(回车)
(4, 4, 4)
```

可以看到,类变量成员 numInstance 值为 4。这是由于父类创建了 a_ins、b_ins 实例和子类创建 c_ins、d_ins 实例,也就是父类、子类共享父类的类变量成员。实际上,这个例子是类继承和类组合综合应用。如果类 tc_score 重载了 numInstance,结果将不同:

```
class tc_score(c_score):                    # 子类定义
    numInstance=0                           # 重载类变量成员
    def __init__(self,tm,co,sc):            # 实例初始化成员函数
        self.__c_score=c_score(co,sc)       # 父类的实例成员
        self.__term=tm                      # 子类的实例成员
        tc_score.numInstance+=1             # 子类变量成员,增 1
    def display(self):                      # 实例成员函数,显示实例变量成员
        print(self.__term,end=", ")         # 子类的变量成员
        self.__c_score.display()            # 父类的实例成员显示
```

运行结果:

```
>>> e_ins=tc_score("2019-2020-2","数据结构",70)↵(回车)            # 创建实例
>>> f_ins=tc_score("2019-2020-3","课程实践",86)↵(回车)            # 创建实例
>>> c_score.numInstance, a_ins.numInstance, b_ins.numInstance↵(回车)
(6, 6, 6)
```

子类 tc_score 的变量成员 __c_scor 是父类 c_score 的实例,子类创建实例时也会增加父类的 numInstance 数值,一共创建了父类 c_score 的 6 个实例。但子类 tc_score 中重载了类变量成员 numInstance,对子类而言,一共 2 个实例,如:

```
>>> tc_score.numInstance, e_ins.numInstance, f_ins.numInstance↵(回车)
(2, 2, 2)
>>> tc_score.numIns_display(); e_ins.numIns_display();
f_ins.numIns_display()↵(回车)
2, 2, 2,
```

也可以在子类中重载类函数,如 tc_score 类中增加:

```
def numIns_display(cls):                              # 类成员函数,显示类的变量成员
    print(cls.numInstance, end=", ")
    print("类方法重载!")
numIns_display=classmethod(numIns_display)            # 类成员函数声明
```

运行结果:

>>> tc_score.numIns_display(); e_ins.numIns_display()↵(回车)    # 显示
2,类方法重载!
2,类方法重载!

### 7.5.3 静态成员函数

在类定义中,如果成员函数有形参,那么第 1 个(即最左边)也是一般参数,既不是实例 self,也不是类 cls,因此成员函数可以没有参数。通过内置函数 staticmethod 静态方法成员函数对该函数进行声明,其形式:

《成员函数名》=staticmethod(《成员函数名》)

静态方法成员函数 staticmethod 为函数的装饰器(有关修饰器参见有关资料),其使用形式与类成员函数相同,类的继承、组合也相同。可以简单理解为把文件模块中的函数(称为普通函数)移到类内部,成为类的成员函数,从而改变了函数作用域(有效范围),如在类 tc_score 中增加:

```
def num_s_display():                                  # 静态成员函数,显示类的变量成员
    print(tc_score.numInstance, end=", ")
    print("静态方法!")
numIns_s_display=staticmethod(numIns_s_display)
```

运行结果:

>>> e_ins.num_s_display()↵(回车)                        # 显示
2,静态方法!

上述三种成员函数:实例成员函数是实例调用的,或实例是实例函数的参数(self);类成员函数和静态成员函数是类调用的(实例也可以调用),或类(也可以是实例)是这两种函数的参数(cls)。

## 7.6 运算重载

前面章节介绍了基本数据类型及其数据(包括常量、变量)涉及的运算操作。在 Python 语言中,运算符、内置函数等表示运算功能,而数据(常量、变量)为运算对象。由运算符、内置函数名和运算对象构成符合语法规范的表达式表示对数据进行加工处理。表达式也可成为运算对象,表示进一步深化加工和处理,也可构成表达式语句表示执行。表达式中属于某种数据类型的运算对象,并拥有特殊命名的成员函数(称为特殊成员函数),其对应着运算符、内置函数。当执行表达式中运算、处理功能时,特殊成员函数自动拦截并执行,也就是说这些特殊成员函

数才是运算处理的具体实现,而运算符、内置函数名可理解为特殊成员函数的别名,如数值加、减运算符+、-,其对应的特殊成员函数为__add__、__sub__。重新定义特殊成员函数也就是重新定义运算符、内置函数的功能(即函数名隐式赋值),从而实现运算重载,就如同变量最新赋值后,原有数值不再存在一样。

## 7.6.1 简单例子

类继承关系中子类成员函数可以覆盖父类中同名的类成员函数。实际上,子类重定义了父类同名的类成员函数就是类成员函数的重载,使得父类成员函数在子类中失效。

Python 解释环境把占据数据单元的均称为对象(如变量、函数、类、实例等),并通过标识符(如变量名、函数名、类名等)引用该对象,即标识符(名称)与数据单元之间都有引用关系。所有对象都有内置相应的成员函数(即特殊成员函数),其以双下划线开头和双下划线结尾命名(即特殊成员函数名),如__init__成员函数是所有类预先定义的成员函数,其在创建实例时实现实例的初始化,但在自定义类中需要重载该函数以完成所需特定功能。再看下面两个成员函数__add__、__sub__,对于应运算符+(加)、-(减),也可以重载:

```
class myNum:                              # 定义类
    def __init__(self,data):              # 初始化成员函数
        self.mydata=data                  # 实例成员 mydata
    def __add__(self,data):               # 成员函数__add__
        return myNum(self.mydata+data)    # 返回新实例
    def __sub__(self,data):               # 成员函数__add__
        return myNum(self.mydata-data)    # 返回新实例
```

在 myNum 类中重载了__init__成员函数,实现实例变量成员 mydata 的初始化。成员函数__add__、__sub__预先定义成员函数(特殊成员函数),重新定义(即重载)了针对类 myNum 的功能,即返回类 myNum 的新实例,其变量成员 mydata 是两个值之和与差。运行结果如下:

```
>>> a=myNum(20)↵(回车)                    # 创建实例
>>> b=a.__add__(10); c=a.__sub__(5)↵(回车) # a 的成员函数调用,创建实例 b、c
>>> a.mydata,b.mydata,c.mydata↵(回车)     # 实例变量成员
(20, 30, 15)
```

尽管__add__、__sub__特殊命名,但其本质是实例成员函数(注意:不是私有成员函数,私有成员函数名只有双下划线开头),采用"成员运算符.成员函数"形式实现成员函数调用。变量 a、b 引用了两个属于 myNum 类的新实例,其变量成员 mydata 的值分别为 30、15,正好是 20+10、20-5 的结果。实际上,__add__、__sub__成员函数是运算符+(加)、-(减)的实现,或说是运算符+(加)、-(减)是__add__、__sub__成员函数的别名。本例中重载(即重新定义)了针对 myNum 类的加、减运算,如:

```
>>> B=a+10↵(回车)                         # 创建新实例
>>> C=a-5↵(回车)                          # 创建新实例
>>> a.mydata,B.mydata,C.mydata↵(回车)     # 实例变量成员
(20, 30, 15)
```

类 myNum 的实例运算加+、减-与熟知的形式相同,即具有相同的对象接口形式。可

以看到:

(1) 在 Python 解释环境中运算与实例成员函数一一对应。这些成员函数采用双下划线开头和双下划线结尾的特殊命名(即特殊成员函数)。特殊成员函数是实例预先定义的,而运算符、内置函数是特殊函数的别名。如同古代中国"人""名""字"分别对应"过程实现""特殊函数名""运算符"的关系。

(2) 针对用户自定义类可以重载(重定义)特殊成员函数,完成特殊功能,从而实现运算、内置函数的重载。如同古代中国"人""名""字"关系中,有人冒名顶替,"人"变了,"名""字"没变。

(3) 程序运行时运算、内置函数处理就会被特殊成员函数拦截,并运行特殊成员函数。如同古代中国"人""名""字"关系中,有人叫"字",实际找到"名",接着"人"就有所行动。

(4) 通过运算重载,实现自定义类的实例特殊运算,但这些具有原来的使用形式,即对象接口不变。如同古代中国"人""名""字"关系中,即使有人冒名顶替,"人"变了,"名""字"没变,而且还是通过叫"字"去找"名",再调动顶替的"人"。

## 7.6.2 常见运算符与特殊成员函数

Python 解释环境拥有一个所有类的超类 object(图 2.8),预先定义了一些特殊成员函数,而且映射到运算符、内置函数。基本数据类型也都是由其派生而来,并且进行了特殊成员函数的重载,如数值类型、聚合类型(限于 str、list、tuple)的__add__特殊成员函数,对应的运算符+,但实现的功能不同。前者为数值相加,后者为对象拼接。用户自定义类也以隐式方式继承了 object 类,也拥有特殊成员函数,自然也拥有相应的运算符,只是往往不适应用户自定义类的实例运算,因此需要进行运算符重载。基本数据类型的实例(如数值、列表、元组、字符串)的运算操作都有相应的运算符、内置函数,也有相应的特殊成员函数(表 7.2)。

(1) __getitem__ 和 __setitem__: 索引与切片运算[]。

以线性表为数据模型的运算对象,如字符串、列表、元组,都有索引和切片运算[],可针对自定义类运算要求,对其重载设计。

```
class myList:                                              # 定义列表类
    def __init__(self,*args):                              # 初始化列表
        self.alist=list(args)                              # 实例变量成员
    def __getitem__(self,index):                           # 取元素或子列表
        if isinstance(index,int):                          # 是整数吗?
            print("Index: ",index)                         # 是整数
        else:                                              # 是切片
            print("Slice: ",index.start,index.stop,index.step)
        return self.alist[index]                           # 返回元素或子列表
    def __setitem__(self,index,value):                     # 变更元素或子列表
        if isinstance(index,int):                          # 是整数吗?
            print("Index: ",index)                         # 是整数
        else:                                              # 是切片
            print("Slice: ",index.start,index.stop,index.step)
        self.alist[index]=value                            # 变更元素或子列表
```

表 7.2 特殊成员函数与运算符、内置函数

| 序号 | 特殊成员函数 | 运算符或内置函数 | 功能 |
|---|---|---|---|
| 1 | \_\_init\_\_ | 类名(参数) | 创建实例并初始化 |
| 2 | \_\_add\_\_ 、\_\_radd\_\_ 、\_\_iadd\_\_ | +、+、+= | 加运算(实例在左边、右边)、复合加运算 |
| 3 | \_\_sub\_\_ 、\_\_isub\_\_ | -、-= | 减运算、复合减运算 |
| 4 | \_\_and\_\_ 、\_\_or\_\_ | and、or | 与运算、或运算 |
| 5 | \_\_call\_\_ | 函数名() | 函数调用 |
| 6 | \_\_getattr\_\_ | . | 成员运算, 获取成员信息 |
| 7 | \_\_setattr\_\_ | . | 成员运算, 赋值成员信息 |
| 8 | \_\_getitem\_\_ | [] | 下标或切片运算, 获取信息 |
| 9 | \_\_setitem\_\_ | [] | 下标或切片运算, 赋值信息 |
| 10 | \_\_lt\_\_ 、\_\_gt\_\_ 、\_\_le\_\_ 、\_\_ge\_\_ 、\_\_eq\_\_ 、\_\_ne\_\_ | <,>,<=,>=,=,!= | 小于、大于、小于等于、大于等于、相等、不等 |
| 11 | \_\_iter\_\_ 、\_\_next\_\_ | iter、next | 转换为迭代器、手动迭代 |
| 12 | \_\_contain\_\_ | in | 是否为元素判断 |

运行结果:

```
>>> a=myList(10,20,30,40,50)↲(回车)          # 创建实例
>>> b=a[1]↲(回车)                              # 取元素
Index: 1
>>> c=a[2: 4]↲(回车)                           # 取子列表
Slice: 2 4 None
>>> a.alist,b,c↲(回车)                         # 结果
([10, 20, 30, 40, 50], 20, [30, 40])
>>> a[1]=100↲(回车)                            # 变更元素
Index: 1
>>> a[3: 5]=[400,500,600]↲(回车)               # 变更若干元素
Slice: 3 5 None
>>> a.list↲(回车)                              # 结果
[10, 100, 30, 400, 500, 600]
>>> for x in a: print(x,end="|")↲(回车)        # 迭代依次执行获取元素
Index: 0
10|Index: 1
100|Index: 2
30|Index: 3
400|Index: 4
500|Index: 5
600|Index: 6
```

(2) \_\_getattr\_\_ 和 \_\_setattr\_\_: 变量成员运算。

类变量成员采用字典形式管理。定义类时对类变量成员形成一个字典\_\_dict\_\_。在定义类(如 myList)时，指定实例变量成员(如 mylist)，同时指定对应的别名(如 alist)。在

实例中别名为实例字典成员__dict__的键(即索引)，但不是"真实"的变量成员。实际上，对变量成员的访问(取值或赋值)是访问实例字典元素，但形式上是访问实例变量成员。

```
class myList:                                      # 定义列表类
    def __init__(self,*args):                      # 初始化列表
        self.mylist=list(args)                     # 变量成员 mylist
    def __getattr__(self,attrname):                # 变量成员
        if attrname=="mylist":                     # 变量成员 mylist
            print("Get Value: ")
            return self.__dict__["alist"]          # 字典的 alist 元素值
        else:                                      # 抛出错误
            raise AttributeError(attrname)
    def __setattr__(self,attrname,value):          # 变量成员
        if attrname=="mylist":                     # 变量成员 mylist
            print("Set Value: ")
            self.__dict__["alist"]=value           # 字典的 alist 元素值
        else:                                      # 抛出成员异常
            raise AttributeError(attrname)
```

运行结果:
```
>>> a=myList(1,2,3,4,5)↵(回车)                    # 创建实例,也执行.运算,变量成员
Set Value:
>>> a.__dict__↵(回车)                              # 形成字典
{'alist': [1, 2, 3, 4, 5]}
>>> a.mylist↵(回车)                                # 执行.运算,变量成员
Get Value:
[1, 2, 3, 4, 5]
>>> a.mylist=[10,20]↵(回车)                        # 执行.运算,变量成员
Set Value:
>>> a.mylist↵(回车)                                # 执行.运算,变量成员
Get Value:
[10, 20]
>>> a.alist↵(回车)                                 # 执行.运算,变量成员
[10, 20]
>>> a.alist=[100,200]↵(回车)                       # 执行.运算,非变量成员
AttributeError: yourlist
>>> a.yourlist↵(回车)                              # 执行.运算,非变量成员
AttributeError: yourlist
```

可见创建 myList 实例时执行__init__也自动调用__setattr__成员函数，形成字典__dict__。对实例的变量成员 mylist 的成员运算自动调用__getattr__、__setattr__成员函数。alist 执行成员运算时，没有执行__getattr__成员函数，对其赋值时抛出成员异常，即 alist 不是变量成员，只是字典的键。通过字典也可以操作数据，如: a.__dict__["alist"]= [100, 200]也修改了 mylist 值，即变量成员 mylist 和字典元素相同，实例变量成员采用字典进行管理。如果没有 alist, mylist 为__dict__字典的键。

(3) __iter__ 和 __next__：生成器与迭代器运算 iter、next。

迭代上下文(基于线性表的实例)是通过将一个可迭代对象传入内置函数 iter,并尝试调用 __iter__ 成员函数实现的,并返回迭代器(实例)。迭代器调用 __next__ 成员函数产生每个元素,直至发生越界异常 StopIteration。对于手动迭代,采用内置函数 next 也可实现与成员函数 __next__ 相同功能,即对于迭代器 It, next(It) 与 It.__next__() 相同。对可迭代对象,Python 在没找到 __iter__ 时,才会启用 __getitem__,直到发生 IndexError 异常。

```
class mySquares:                                 # 定义平方类
    def __init__(self,start=0,stop=10,step=1):   # 初始化迭代器实例
        self.value=start                         # 迭代器初始值
        self.stop=stop
        self.step=step
    def __iter__(self):                          # 迭代器成员函数
        print("Iter: ")
        return self
    def __next__(self):                          # 迭代一次,下一个数据
        if self.value>=self.stop:                # 越界
            raise StopIteration                  # 越界抛出异常
        else:                                    # 下一个数值
            tempvalue=self.value                 # 局部变量
            self.value+=self.step                # 数值变化
            print("next: ")
            return tempvalue*tempvalue
```

运行结果:

```
>>> a=mySquares(1,7,2)↵(回车)                    # 创建迭代器实例
>>> a.value,a.__next__(),next(a),next(a)↵(回车)  # 数值,手动迭代 3 次
next:
next:
next:
(1, 1, 9, 25)
>>> next(a)↵(回车)                               # 手动迭代,越界异常
StopIteration
```

类中 __iter__ 实例成员函数重载定义,因此 mySquares 类为可迭代类,具备创建可迭代对象(实例),在迭代工具启用下,依次自动调用 __next__ 成员函数,并获取元素,如:

```
>>> for x in mySquares(1,7,2): print(x)↵(回车)   # 可迭代对象表达式
Iter:
next:
1
next:
9
next:
25
```

```
>>> list(mySquares(1,7,2))↵(回车)              # 可迭代对象表达式
Iter:
next:
next:
next:
[1,9, 25]
```
生成器和迭代器可以更清晰地表达迭代概念：
```
class mySquares:                                # 定义平方类: 生成器类
    def __init__(self,start=0,stop=10,step=1):  # 初始化生成器实例
        self.start=start                        # 生成器初始值
        self.stop=stop
        self.step=step
    def __iter__(self):                         # 生成器转换迭代器
        print("Iter: ")
        return mySquareIter(self.start,self.stop,self.step)  # 迭代器实例
class mySquareIter:                             # 定义平方类: 迭代器类
    def __init__(self,start=0,stop=10,step=1):  # 初始化迭代器实例
        self.value=start                        # 迭代器初始值
        self.stop=stop
        self.step=step
    def __next__(self):                         # 下一个
        if self.value>=self.stop:               # 越界
            raise StopIteration                 # 越界异常
        else:                                   # 下一个数值
            tempvalue=self.value                # 局部变量
            self.value+=self.step               # 数值变化
            print("next: ")
            return tempvalue*tempvalue
```
运行结果：
```
>>> a=mySquares(1,7,2)↵(回车)                  # 创建实例: 生成器
>>> a=iter(a)↵(回车)                           # 生成器转化为迭代器
Iter:
>>> next(a),next(a),next(a)↵(回车)             # 手动迭代
next:
next:
next:
(1,9, 25)
>>> next(a)↵(回车)                             # 手动迭代,越界异常
StopIteration
```
生成器类 mySquares 创建实例（即生成器）。该生成器 __iter__ 成员函数实现将生成器转换为迭代器（即实例）。通过内置函数 iter 调用，由生成器 __iter__ 成员函数自动拦截并启动执行

创建迭代器(即实例)。内置函数 next 调用时,由迭代器 __next__ 成员函数自动拦截并启动执行产生数值,返回当前值。__iter__、__next__ 是内置函数 iter、next 的重载。通过这个例子,可清晰看到生成器和迭代器的概念:生成器没有 __next__ 成员函数,因此不可迭代;迭代器自动启用 __next__ 成员函数,因此可迭代。

```
>>> list(mySquares(1,7,2))↵(回车)          # 可迭代对象表达式
Iter:
next:
next:
next:
[1, 9, 25]
```

mySquares 实例(生成器)含有 __iter__ 成员函数,迭代工具可自动将生成器转换成可迭代对象,进一步自动实现迭代过程,因此在迭代工具中生成器也是可迭代的。在功能上,也可定义生成器函数,再进一步转换为迭代器实现相应功能。

(4) __contain__:成员判断运算 in。

在生成器或迭代器中增加 __contain__ 成员函数,该函数为运算符 in 的实现,用于判断数据是否为可迭代对象的元素,如在 mySquares 类中重载 __contain__ 成员函数:

```
def __contains__(self,data):                # 元素属于判断
    flag=False                              # 默认不是成员
    tempvalue=self.__next__()               # 获取第一个值
    print("is member?",data,tempvalue)      # 显示信息
    while self.value<self.stop:             # 反复取值
        if data == tempvalue:               # 是成员
            flag=True
            break
        else:                               # 不是成员
            tempvalue=self.__next__()       # 下一个值
            print("is member?",data,tempvalue)
    if data == tempvalue: flag=True         # 是边界值
    return flag
```

运行结果:

```
>>> 9 in mySquares(1,7,2)↵(回车)            # 可迭代对象表达式
Iter:
next:
next:
True
>>> 19 in mySquares(1,7,2)↵(回车)           # 可迭代对象表达式
Iter:
next:
next:
next:
False
```

在表达式中，mySquares 实例自动转换为迭代器，然后手动执行__next__成员函数。

(5) __call__：实例调用运算。

在函数嵌套设计中，可进行函数闭包设计，即外层定义函数调用的返回是内层定义的函数，因此外层函数的返回可以理解为可继续运行，即一个过程(业务逻辑)的输出(数据)还可继续运行另一个过程(或说另一个业务逻辑)，如：

```
def extFunc(data):                              # 外层逻辑
    def intFunc(idata):                         # 内层逻辑
        print("In interior lay: ",data*idata)   # 显示内层逻辑数据
    print("In exterior lay: ",data)             # 显示外层逻辑数据
    return intFunc                              # 返回内层逻辑
```

运行结果：

```
>>> f=extFunc(20)↵(回车)                        # 执行外层逻辑
In exterior lay: 20
>>> f↵(回车)                                    # 得到内层逻辑
<function extFunc.<locals>.intFunc at 0x035DFD60>
>>> f(3)↵(回车)                                 # 执行内层逻辑
In interior lay: 60
```

上述过程可通过定义类和重载__call__成员函数实现，如：

```
class extFunc:                                  # 外层逻辑
    def __init__(self,data):                    # 内层逻辑
        self.data=data
        print("In interior lay: ",data)         # 显示内层逻辑数据
    def __call__(self,idata):
        print("In exterior lay: ",self.data*idata)  # 显示外层逻辑数据
```

运行结果：

```
>>> f=extFunc(20)↵(回车)                        # 创建实例，__init__执行外层逻辑
In interior lay: 20
>>> f↵(回车)                                    # 实例
<__main__.extFunc object at 0x039D8E50>
>>> f(3)↵(回车)                                 # 调用__call__执行内层逻辑
In exterior lay: 60
```

以变量名 f 为函数名自动调用__call__成员函数这个例子也可以按两层业务逻辑理解。

(6) __str__和__repr__：字符串转化运算 str、repr。

在字符串类型和 print 函数章节中，涉及字符串模板生成字符串，如 data1=10，data2=20，字符串模板"result: %d+%d=%d"%(data1,data2,data1+data2)，生成字符串实例'result: 10+20=30'，即格式控制符%d 与数据 data1、data2 匹配替换和普通字符原样所生成的字符串。内置函数 str 和 repr 可用于字符串转换，其可由特殊成员函数__str__、__repr__进行重载，如：

```
class myCls:                                    # 相加
    def __init__(self,data):                    # 初始化
```

```
            self.data=data
        def __add__(self,idata):          # 重载__add__,但没有返回
            self.data+=idata
```
运行结果:
```
>>> x=myCls(10)↵(回车)                 # 创建实例
>>> x+20↵(回车)                         # 实例运算 x.__add__(20),改变变量成员
>>> x↵(回车)                            # 查看实例属于 myCls 的对象
<__main__.myCls object at 0x038E8E50>
>>> print(x)↵(回车)                     # 显示实例属于 myCls 的对象
<__main__.myCls object at 0x038E8E50>
>>> x.data↵(回车)                       # 查看实例变量成员
30
```

当重载__str__成员函数后,在 print 输出 x 时,自动执行__str__,即先自动执行 str(x)返回字符串,如:

```
class myStr(myCls):                      # 继承 myCls
    def __str__(self):                   # 重定义
        return "str_Value=%d"%self.data  # 返回字符串
```

运行结果:
```
>>> x=myStr(10)↵(回车)                  # 创建实例
>>> x+20↵(回车)                         # 实例运算 x.__add__(20),改变变量成员
>>> x↵(回车)                            # 查看实例属于 myStr 的对象
<__main__.myStr object at 0x03B875C8>
>>> str(x)↵(回车)                       # 字符串强制转换
'str_Value=30'
>>> print(x)↵(回车)                     # 显示实例属于 myStr 的对象
str_Value=30
```

在 Python 解释环境中,x 仍然为实例(属于 myStr 类)。str(x)字符串强制转换时,由特殊成员函数__str__进行拦截并执行,返回字符串'str_Value=30'。在 print 函数中,x 自动调用__str__函数进行强制类型转换,并返回字符串'str_Value=30'进行显示,可见,print 函数只输出字符串(文本)。

当重载__repr__成员函数后,在 print 输出 x 时,自动执行__repr__,即先自动执行 repr(x)返回字符串,如:

```
class myRepr(myCls):                     # 继承 myCls
    def __repr__(self):                  # 重定义
        return "repr_Value=%d"%self.data # 返回字符串
```

运行结果:
```
>>> x=myRepr(10)↵(回车)                 # 创建实例
>>> x+20↵(回车)                         # 实例运算 x.__add__(20),改变变量成员
>>> x↵(回车)                            # 查看 myRepr 的实例
```

```
repr_Value=30
>>>repr(x)↵(回车)                    # 字符串强制转换
'repr_Value=30'
>>> print(x)↵(回车)                  # 显示 myRepr 的实例
repr_Value=30
```

在 Python 解释环境中，x 仍然为实例（属于 myRepr 类）。repr(x)字符串强制转换时，由特殊成员函数\_\_repr\_\_进行拦截并执行，返回字符串'repr_Value=30'。不同于 str 函数，在缺省状态下，Python 解释环境中直接输入 x 也会由\_\_repr\_\_函数自动拦截并执行，直接显示字符串内容。在 print 函数中，x 自动调用\_\_repr\_\_函数进行强制类型转换，并返回字符串'repr_Value=30'后进行字符串显示。

同时重载\_\_str\_\_、\_\_repr\_\_成员函数后，print 函数输出 x 时，自动执行\_\_str\_\_成员函数，即执行 str(x)返回字符串，如：

```
class myStrRepr(myCls):                  # 继承 myCls
    def __str__(self):                   # 重定义
        return "str_Value=%d"%self.data  # 返回字符串
    def __repr__(self):                  # 重定义
        return "repr_Value=%d"%self.data # 返回字符串
```

运行结果：

```
>>> x=myStrRepr(10)↵(回车)            # 创建实例
>>> x↵(回车)                          # 查看 myStrRepr 的实例
repr_Value=10
>>> print(x)↵(回车)                   # 显示 myStrRepr 的实例
str_Value=10
```

可见在 Python 解释环境中，\_\_repr\_\_成员函数自动拦截 x 进行强制类型转换，而在 print 函数中，\_\_str\_\_成员函数自动拦截 x 并强制转换字符串后再显示。

运算处理数据是计算机的基本功能。Python 语言是面向对象语言，同时 Python 解释环境也是基于面向对象构建的，任何数据都是对象。为了增强程序的可读性，Python 提供传统直观的运算符、内置函数表示数据运算处理。实际上，这些运算处理都是对象的特殊成员函数的别名，也就是在程序中用运算符、内置函数时，相应的对象特殊成员函数自动拦截并运行处理。为了完成特定逻辑业务，可以对着特殊成员函数进行重新定义，放弃原有功能，但还保留原有的运算符、内置函数使用形式，即实现运算符、内置函数的重载。

由于 Python 语言的运算符、内置函数较多，更多运算符、内置函数重载可参见有关资料，在此不再赘述。

## 7.1 类与成员作用域

如同普通函数拥有代码段，类也拥有代码段，包括成员函数、变量成员，甚至生成实例，其作用域同样遵守 LEGB 规则。Python 语言编码灵活，不仅函数定义可以嵌套，甚至函数定义中出现普通函数相关的闭包，尤其在函数定义中进行类的定义，如：

```
    def func():                              # 定义普通函数
        class myCls:                         # 在函数内定义类
            num=0                            # 在类内定义变量
            def mem_func(self):              # 在类内定义函数(实例成员函数)
                print("Num: ",myCls.num)     # 引用类变量成员
                myCls.num+=1                 # 类变量成员变化
        return myCls()                       # 返回同结构的不同实例
```

运行结果:

```
>>> a=myCls()↵(回车)                         # 创建实例,出错
NameError: name 'myCls' is not defined
>>> a=func()↵(回车)                          # 函数调用,创建 myCls 实例
>>> a.num↵(回车)                             # 函数调用,变量成员
0
>>> a.mem_func()↵(回车)                      # 实例成员函数调用
Num: 0
>>> a.num↵(回车)                             # 类变量成员
1
>>> a.mem_func()↵(回车)                      # 实例成员函数调用
Num: 1
>>> b=func()↵(回车)                          # 函数调用,创建 myCls 实例
>>> b.num↵(回车)                             # 函数调用,变量成员
0
>>> b.mem_func()↵(回车)                      # 实例成员函数调用
Num: 0
>>> b.num↵(回车)                             # 类变量成员
1
>>> b.mem_func()↵(回车)                      # 实例成员函数调用
Num: 1
```

在函数 func 定义中定义了类 myCls，myCls 作用域局限于 func 函数内部，因此在 Python 解释环境中不能创建实例，即 Python 解释环境中 myCls 不可见，但是调用函数 func 可以创建类 myCls 的实例。类 myCls 中有类变量成员 num 和成员函数 mem_func。变量成员 num 作用域局限于 myCls，而成员函数 mem_func 可由实例调用(self)。由于函数 func 调用时，创建类 myCls，再由 myCls 创建实例，也就是实例 a、b 是由两个完全相同的类创建的。尽管 num 是类变量成员，但是属于不同类，其值各自独立，也就是类不同、实例也不同。如果将函数 func 的返回 return myCls() 改为 return myCls，运行结果为:

```
>>> cls_1=func()↵(回车)                      # 函数调用创建类
>>> a=cls_1()↵(回车)                         # 类构造函数创建实例
>>> a.num↵(回车)                             # 类变量成员
0
>>> a.mem_func()↵(回车)                      # 实例成员函数
Num: 0
>>> a.num↵(回车)                             # 类变量成员
```

```
1
>>> a.mem_func()↵(回车)                    # 实例成员函数
Num: 1
>>> b=cls_1()↵(回车)                       # 类构造函数创建实例
>>> b.num↵(回车)                           # 类变量成员
2
>>> b.mem_func()↵(回车)                    # 实例成员函数
Num: 2
```

可见函数 func() 返回类,实例 a、b 都属于同一类,因此类变量成员 num 是实例 a、b 共享的。

```
>>> cls_2=func()↵(回车)                    # 函数调用创建类
>>> c=cls_2()↵(回车)                       # 类构造函数创建实例
>>> c.num↵(回车)                           # 类变量成员
0
>>> c.mem_func()↵(回车)                    # 实例成员函数
Num: 0
>>> c.num↵(回车)                           # 类变量成员
1
>>> c.mem_func()↵(回车)                    # 实例成员函数
Num: 1
```

函数 func 返回类,实例 c 与实例 a、b 不属于同一类,即类变量成员 num 不是共享的,即类 cls_1 和 cls_2 具有相同结构(num、mem_func),但它们属于不同类。

可见,普通函数返回值可以是函数内定义的类,可用于创建具有相同结构的不同类。上述函数 func 和类 myCls 采用嵌套定义,最好还是采用分别定义形式:

```
def func():                                # 定义一般函数
    return myCls()                         # 返回同类的不同实例
class myCls:                               # 在函数内定义类
    num=0                                  # 在类内定义变量
    def mem_func(self):                    # 在类内定义函数(实例成员函数)
        print("Num: ",myCls.num)           # 引用类变量成员
        myCls.num+=1                       # 类变量成员变化
```

这样可读性更好,而且 myCls 还在 Python 解释环境中可访问。myCls 在内存中是唯一的,func 函数体为 return myCls,返回同一类,而不是同结构的不同类。这不同于类在函数内定义,函数返回同结构的不同类。

在软件工程领域,作用域是为了数据安全,其在 Python 中体现对象的安全访问。函数、类都是为了以模块化方式组织、管理数据和过程,提高代码重用性、数据安全共享性等。

## 7.8 异常类与异常处理

软件稳定性是软件质量的基本要求之一,程序错误的检测和处理对软件质量至关重要。

## 7.8.1 三种程序错误

程序可能出现三种错误:语言错误、逻辑错误和运行错误。

**1. 语言错误**

Python 语言包括词法(标识符编写规则)和语法(表达式、语句构造规则)以及访问规则(变量访问、变量有效范围等),Pyhthon 解释环境根据相应规则对程序的每一成分(常量、变量、表达式、语句等)进行一一检查。一旦发现错误,Python 解释环境就终止对程序的解释,反馈出错位置和出错信息,无法进入运行阶段,需要再次编辑修正错误。这种基于词法语法规则的判断如同老师评阅学生作文时发现字、词、造句的错误。

**2. 逻辑错误**

在进行程序设计时,问题求解过程(算法)出错,尽管程序可以运行,但是问题不能得解。如循环程序设计中控制变量没变化导致"死循环",或问题求解方法计算式用错运算符,计算结果错误等。这种逻辑错误的判断就如同老师评阅学生作文时发现字、词、造句都正确,但文不对题、或胡乱瞎编。

**3. 运行错误**

```
BaseException
 +—SystemExit
 +—KeyboardInterrupt
 +—GeneratorExit
 +—Exception
      +—StopIteration
      +—ArithmeticError
      |    +—FloatingPointError
      |    +—OverflowError
      |    +—ZeroDivisionError
      +—AssertionError
      +—AttributeError
      +—BufferError
      +—EOFError
      +—ImportError
      |    +—ModuleNotFoundError
      +—NameError
      +—OSError
      |    +—TimeoutError
      +—RuntimeError
      |    +—NotImplementedError
      |    +—RecursionError
      +—SyntaxError
      |    +—IndentationError
      |         +—TabError
      +—SystemError
      +—TypeError
      +—ValueError
           +—UnicodeError
                +—UnicodeDecodeError
                +—UnicodeEncodeError
                +—UnicodeTranslateError
```

图 7.8　部分异常类继承关系

程序在运行阶段发生意外导致的错误,如程序在运行时需要输入数据,而程序中需要计算 x/y,由于意外输入 y 值为 0 而导致的错误。又如程序计算 x+y,但 x 为字符串"2",而 y 为整数 2,导致"2"+2 无法计算。程序在运行阶段出现的错误也称为程序异常。这种计算机运行错误具有很大的不确定性、偶然性。运行错误没法用老师评阅作文进行对比说明,因为作文不具有交互、验证特性。

对于语言错误,Python 解释环境可自动识别,发现错误及其位置很简单。对于逻辑错误,没有任何工具可进行识别,难于发现错误及其位置。计算机接收任何程序只要没有语言错误都默认为合理逻辑,逻辑错误只能由人进行判断识别。对于运行错误,程序运行出错时程序往往已中断终止运行,发现出错简单,但确定出错位置较难。运行错误(异常)更具有较大随机性、偶然性,因此需要采取一定"异常监听—异常捕获—异常处理"机制,在程序中可能出错之处做到"预先防范,精确处置",从而避免程序运行可能的中断终止,提高软件的稳定性、安全性。

## 7.8.2 异常捕获与处理

**1. 异常类**

Python 预先设计了异常类,汇总了程序运行中可能出现的异常(部分预定义异常类如图 7.8 所示)。常用的异常类如表 7.3 所示。常见异常如下:

```
>>> i=iter(range(1))↵(回车)        # 迭代器,迭代 1 次
>>> next(i)↵(回车)                 # 第 1 次迭代
0
```

```
>>> next(i)(回车)                              # 第 2 次迭代越界
StopIteration
>>> i.myattr(回车)                             # 迭代器没有变量成员
AttributeError: 'range_iterator' object has no attribute 'myattr'
>>> 2/0(回车)                                  # 除数 0
ZeroDivisionError: division by zero
>>> li=[1,2,3](回车)                           # 列表
>>> li[4](回车)                                # 索引越界
IndexError: list index out of range
>>> a=10+b(回车)                               # 变量未赋值
NameError: name 'b' is not defined
>>> s=1+"2"(回车)                              # 字符串、数值不能相加
TypeError: unsupported operand type(s) for +: 'int' and 'str'
>>> s=1+int("one")(回车)                       # 不是数字字符串
ValueError: invalid literal for int() with base 10: 'one'
>>> a=10—20(回车)                              # 运算符错
SyntaxError: invalid character in identifier
```

为了避免异常导致程序崩溃,在程序中设计异常的监听、捕获和处理。

表 7.3  常用异常类

| 异常类名 | 描述 |
| --- | --- |
| BaseException | 所有异常的基类 |
| Exception | 常见异常的基类 |
| StopIteration | 迭代器越界 |
| ZeroDivisionError | 除数为 0 |
| AssertionError | 断言语句失败 |
| AttributeError | 对象没有属性 |
| IndexError | 聚合中没有索引 |
| NameError | 变量无预先赋值 |
| SyntaxError | 语法错误 |
| TypeError | 数据类型错误 |
| ValueError | 变量值有误 |

**2. 异常"监听—捕获—处理"**

异常发生具有较大随机性、偶然性,需要一种异常"监听—捕获—处理"实现机制:

(1)异常监听就是对处理业务逻辑代码块进行监测,实时判断该代码段是否异常发生。代码块中某一语句一旦异常发生,抛出异常类型(由类名标识,图 7.8、表 7.3),其余其他语句将不再执行。

(2)异常捕获就是在监听阶段异常发生并抛出异常类型后对异常进行识别,判断是哪种特定异常,以便后续进行相应异常处理。

(3)异常处理就是在异常捕获、识别特定异常类型后启用相应的异常处理过程。

异常"监听—捕获—处理"由 try 语句表达和实现,其形式:

try:
　　《被监听代码块》
except(《异常类名 11》⌊,《异常类名 12》⌋)⌊as《异常实例名 11》⌋:
　　《异常处理代码块 1》
⌊except(《异常类名 21》⌊,《异常类名 22》⌋)⌊as《异常实例名 21》⌋:
　　《异常处理代码块 2》⌋
⌊except⌊《异常基类名》⌋⌊as《异常实例名》⌋:
　　《其他异常处理代码块》⌋
⌊else:
　　《无异常处理代码块》⌋
⌊finally:
　　《有无异常均要处理代码块》⌋

(1) try 子句中"被监听代码块"是需要处理的业务逻辑,其被实时监听,一旦执行语句异常发生就抛出异常信息(异常类名)。

(2) except 子句捕获异常,只要异常类名在"异常类名 1,异常类名 2,…"中(依次比对判断)就启动"异常处理代码块"。可以设计多个 except 子句捕获不同异常,并进行相应的异常处理。

(3) 如果 except 子句中没有"异常类型名",表示只要异常发生就可以捕获异常,无须明确哪种具体异常,即捕获所有异常。

(4) else 子句执行没有异常的处理,也就是对"被监听代码块"无异常业务的补充。

(5) finally 子句执行监听的后处理,即无论"被监听代码块"是否有异常,都要执行"有无异常均要处理代码块"。

(6) as 子句是当前异常类的一个实例,"异常处理代码"中可利用该"异常实例名"获取更多信息。该实例是异常与"异常类名 1,异常类名 2,…"依次比对首次成功比对的类的实例。

【例 7.2】 计算无异常处理。

```
from math import *                    # 导入数学库
from random import *                  # 导入随机数库
def cal_func(w,x,y):                  # 计算函数定义
    z=x/y*sin(x*pi/180)+w             # 计算
    return z
def cal_sum(lt,n):                    # 计算函数定义
    s=0
    for i in range(n): s+=lt[i]       # 计算
    return s
def mymain():                         # 主控函数定义
    w=float(input("w="))              # 输入数据、类型转换
    x=float(input("x="))
    y=float(input("y="))
    z=cal_func(w,x,y)                 # 函数调用
    print("f(%f,%f,%f)=%f"%(w,x,y,z)) # 输出数据
```

```
        lt=[random() for i in range(5)]         # 列表生产
        n=int(input("n="))                      # 输入数据、类型转换
        s=cal_sum(lt,n)                         # 函数调用
        print("Random sum=%f"%s)                # 输出数据
```

运行结果:

```
>>> mymain()↵(回车)                              # 函数调用
w=2↵(回车)                                       # 输入数据
x=3↵(回车)
y=4↵(回车)
f(2.000000,3.000000,4.000000)=2.039252
n=5↵(回车)                                       # 输入数据
Random sum=2.092341
```

这个程序很简单,也没有词法、语法等错误,可以正常运行。但是这个程序设计时没考虑输入数据时可能潜在错误,程序有可能异常发生,如上述程序运行如下:

```
>>> mymain()↵(回车)                              # 函数调用
w=2↵(回车)                                       # 输入数据
x=3↵(回车)
y=0↵(回车)
ZeroDivisionError: float division by zero
>>> mymain()↵(回车)                              # 函数调用
w=one                                           # 输入数据
ValueError: could not convert string to float: 'one'
>>> mymain()↵(回车)                              # 函数调用
w=2↵(回车)                                       # 输入数据
x=3↵(回车)
y=4↵(回车)
f(2.000000,3.000000,4.000000)=2.039252
n=10↵(回车)                                      # 输入数据
IndexError: list index out of range
```

异常发生后,程序就终止运行。可以在程序中预先设计异常"监听—捕获—处理",使得在异常发生时进行异常处理,避免程序中断。

**【例7.3】** 计算异常处理。

```
try:                                            # 1、监听异常
    from math import *                          # 导入数学库
    from random import *                        # 导入随机数库
except ImportError as imp_err:                  # 捕获导入异常
    print("导入异常,",*imp_err.args)              # 导入异常参数信息
    exit()                                      # 退出程序
def cal_func(w,x,y):                            # 计算函数定义
    try:                                        # 2、监听异常
```

```python
        z=x/y*sin(x*pi/180)+w                          # 计算
    except ZeroDivisionError as zr_err:                 # 捕获除数 0
        print("除数为 0,",*zr_err.args)                 # 除数异常参数信息
    else:                                               # 无除运算异常
        return z
def cal_sum(lt,n):                                      # 计算函数定义
    s=0
    try:                                                # 3、监听异常
        for i in range(n): s+=lt[i]                     # 计算
    except IndexError as in_err:                        # 捕获索引异常
        print("列表索引有误,",*in_err.args)             # 索引异常参数信息
    else:                                               # 索引异常
        return s
def mymain():                                           # 主控函数定义
    try:                                                # 4、监听异常
        w=float(input("w="))                            # 输入数据、类型转换
        x=float(input("x="))
        y=float(input("y="))
    except (TypeError,ValueError):                      # 数据类型或数值异常
        print("数据类型 flaot 转换或数值 w,x,y 出错!")
    else:                                               # 没有异常
        try:                                            # 5、监听异常
            z=cal_func(w,x,y)                           # 函数调用
            print("f(%f,%f,%f)=%f"%(w,x,y,z))           # 输出数据
        except:                                         # 捕获任何异常
            print("函数 cal_func 调用或参数 w,x,y,z 有误!")
        finally:                                        # 无论有无异常
            print("结束 cal_func 计算。")
        try:                                            # 6、监听异常
            lt=[random() for i in range(5)]             # 列表生产
            n=int(input("n="))                          # 输入、类型转换
        except Exception:                               # 捕获常见异常
            print("列表 lt 生成或数据类型 int 转换有误!")
        else:                                           # 没有异常
            try:                                        # 7、监听异常
                s=cal_sum(lt,n)                         # 函数调用
                print("Random sum=%f"%s)                # 输出数据
            except:                                     # 捕获任何异常
                print("函数 cal_sum 调用或参数 s 有误!")
            finally:                                    # 无论有无异常
                print("结束 cal_sum 计算。")
```

运行结果:

```
>>> mymain()↵(回车)                    # 函数调用
w=2↵(回车)                             # 输入数据
x=3↵(回车)
y=4↵(回车)
f(2.000000,3.000000,4.000000)=2.039252
结束 cal_func 函数调用。
n=5↵(回车)                             # 输入数据
Random sum=2.566421
结束 cal_sum 计算。
```

尽管程序中增加了各种异常"监听—捕获—处理",但输入数据后都能正常运行,没有异常发生。随机生成列表元素,随机求和结果不同,过程无误。尽管没有异常发生,最后也执行 finally 子句。如果输入数据不合适,将导致异常发生,如:

```
>>> mymain()↵(回车)                    # 函数调用
w=2↵(回车)                             # 输入数据
x=3↵(回车)
y=0↵(回车)                             # 除数为 0
除数为 0, float division by zero
函数 cal_func 调用或参数 w,x,y,z 有误!
结束 cal_func 函数调用。
n=one↵(回车)                           # 输入数据,数据类型无法转换
列表 lt 生成或数据类型 int 转换有误!
结束 cal_sum 计算。
>>> mymain()↵(回车)                    # 函数调用
w=two↵(回车)                           # 输入数据,无法进行类型转换
数据类型 flaot 转换或数值 w,x,y 出错!
结束 cal_func 函数调用。
n=10↵(回车)                            # 输入数据,索引越界
列表索引有误, list index out of range
函数 cal_sum 调用或参数 s 有误!
结束 cal_sum 调用。
```

下面对上述程序中的异常进行如下说明:

(1)异常监听 1 监听 import 语句。如果 Python 路径设置有误,没能找到 math、random 库文件将产生 IomportError 异常,exit 函数将程序退出 Python 解释环境。

(2)异常监听 2 监听赋值语句的计算式,其只捕获 ZeroDivisionError 异常,即除数为 0 的异常。对变量 w、x、y,常量 pi 和 sin 函数有异常将捕获不到。如果没有异常,返回计算结果 z;如果有异常,没有执行 return 语句。

(3)异常监听 3 监听 for 循环语句,只捕获 IndexError 异常,即索引异常,其他变量等异常将捕获不到。如果没有异常,返回计算结果 s;如果有异常,没有执行 return 语句。

(4)异常监听 4 监听输入数据及其类型转换,捕获 TypeError 或 ValueError 异常,即数据类型异常或数值异常。但无论有或没有异常发生都执行 finally 子句,显示"结束 cal_func 计算"。

(5) 异常监听 5 嵌套在异常监听 4，其监听函数调用 cal_func 等任何异常，也捕获任何异常，如由于 cal_func 函数内异常导致没有返回具体值，或参数 w、x、y、z 没有赋值等异常。

(6) 异常监听 6 监听列表生成、输入数值、数据类型转换等异常，其捕获 Exception 常见异常（即系统等异常以外的异常）。无论是否捕获到异常都执行 finally 子句，显示"结束 cal_sum 计算。"

(7) 异常监听 7 嵌套在异常监听 6，其监听函数调用 cal_sum 等任何异常，也捕获任何异常，如由于 cal_sum 函数内异常导致没有返回具体值等异常。

(8) 在捕获具体异常时可通过 as 子句生成具体的异常实例，如 imp_err、zr_err、in_err，并显示参数 args 有关异常信息。

通过上述程序有以下几点体会：

(1) 通过异常类名判别具体异常类型。异常"监听—捕获—处理"体现在"try-except-else-finally"各子句中，并可嵌套设置，而且 except 可以有多个子句，或一个子句可以有多个异常，实现对多种异常的捕获。

(2) 程序设计时需要对可能出现的异常进行预测，并设计相应的处理程序。这是确保程序不被终止执行的手段。

(3) 异常发生后，通过异常处理，并没有终止程序，如 mymain 函数启动后，输入 w 不能转换为 float 数据发生异常，处理异常输出相关信息，接着启动进入后续 cal_sum 计算的相关程序。

为了获取更多异常信息，Python 解释环境还提供 sys 模块的 exc_info 成员函数以获取更详细的异常信息，如在异常捕获 except 句子中加入语句 print(sys.exc_info())。异常捕获与处理是确保程序运行异常发生时程序不被中断终止的有效机制，可提高软件的稳定性、可靠性，从而提高软件质量。

# 本章小结

Python 语言是结构化、模块化、面向对象三种范式的程序设计语言。数据类型是程序设计语言的重要概念，其表示语言描述问题、数据组织和管理的便捷性、有效性。基本数据类型表示简单数据单元（如同单间）或简单数据单元的聚合（如同若干单间）。类是一种多成员组合的数据类型，由各个成员构成（如同套间，可细分各单间）。属于类的变量为对象，对象各成员有具体值，该对象称为实例，即实例是具体化后的对象。对象是数据与方法的统一体，体现为变量成员和成员函数，两者统称为属性或成员。对象（实例）的共性为类。

类定义 class «类名»：⌊«变量名»=«值»⌉⌊«def 函数定义»⌉为自定义构造数据类型，包含变量成员和成员函数。成员函数的第 1 个参数 self 为实例。通过成员运算符"."可访问变量成员和成员函数。类也是对象，属于 type（数据类型）。当调用类的成员函数时，类名也是成员函数的参数，即类也是实例。非成员函数的函数称为普通函数。

不同于基本数据类型的变量创建，即直接赋字面值或聚合数据，类的实例是通过与类同名的构造函数调用创建、赋值实现的。实例可以理解为类的隐式赋值，如同函数形参与实参结合方式，即对基本简单数据类型的变量成员是引用，对基本聚合数据类型的变量成员是共享，对成员函数是拷贝。这一特性使得类、实例的基本简单数据类型变量成员各自独立、互无关联，而聚合基本数据类型变量成员的元素变化则进行统一变化，即相互关联。对成员函数调用有两种形式: «类名».«成员函数»(«实例名»[,«其他参数1»[,«其他参数2»]]),«实例名».«成员函数»([«其他参数1»[,«其他参数2»]])。前者"成员函数"是类的成员函数,后者"成员函数"可理解为实例的成员函数。当实例名不再引用实例时,Python 隐式执行析构函数,撤销并回收实例的数据单元。

为了增强实例的独立性,类定义时没有类变量成员,只有实例变量成员。由此类创建的实例将相互独立,各变量成员引用各自独立数据单元,即使是可变变量成员也互不影响。

实例与类是个性与共性、个体与集体的"属于"关系。类组合是类与类的"构成"关系(has-a),类继承是类与类的"继承""派生"关系(is-a)。类组合中,类中含有其他类的变量成员。由组合类创建实例时,该实例拥有被组合类的实例存在,其通过多级成员运算可以访问。类继承中,子类拥有父类的所有成员,而且允许成员重载,确保子类的命名空间中成员命名的唯一性。由子类创建实例时,没有父类实例存在。

为了增加对象的安全性,采用"私有成员"和"公有成员"。对"公有成员",其以字母开头的标识符,通过成员运算符可以直接访问。对"私有成员",其以__(双下划线)开头的标识符,不可用成员运算符访问,只能由对象的成员函数访问,以增加成员安全,这种机制称为对象封装。对于同名的不同成员函数(不同过程),对象可以自己选取相应的过程(函数)执行。这可提供统一接口形式,增加程序可读性。

类和实例的成员函数可分为3种。实例成员函数定义时含有一个实例参数 self, 而且为第1个参数。实例成员函数可以访问类变量成员和实例变量成员。类变量成员是类创建的所有实例和类(也是对象,属于 Type)共享,而且初始化1次,实例成员函数可以更新类变量成员,但实例的成员运算不可更新该成员,而类(也是对象)则可以通过成员运算更新该成员。此时,类方法成员函数与实例成员函数不是同一个成员函数(函数地址不同)。类方法成员函数需要进行 classmethod 声明,此后类方法成员函数也是实例的成员函数(地址相同),对类变量成员可进行相同的访问,类及其实例都是类方法成员函数的实例。静态方法成员函数定义形式是在类定义中没有类和实例参数的函数(与普通函数相同形式),其需要 staticmethod 声明,可对类变量成员进行访问,其性质与类方法成员函数相同。

运算处理数据是计算机的基本功能。Python 语言是面向对象语言,同时 Python 解释环境也是基于面向对象构建的,任何数据都是对象。为了增强程序的可读性,Python 提供传统直观的运算符、内置函数表示数据运算处理。实际上,这些运算处理都是对象的特殊成员函数的别名,也就是在程序中用运算符、内置函数时,这些运算符、内置函数都会被实例对象中相应的特殊成员函数所拦截并自动运行。为了完成特定逻辑业务,可以对着特殊成员函数进行重新定义,放弃原有功能,但还保留原有的运算符、内置函数使用形式,即实现运算符、内置函数的重载。

程序可能发生的错误有三种: 语言错误、逻辑错误和运行错误。运行错误具有很大随机性、偶然性,也称为运行异常(简称异常)。Python 解释环境中有一套异常"监听—捕获—处理"机制,即 try-except-else-finally,确保程序不被中断,提高软件稳定性、可靠性和软件质量。

## 习题七

1. 从数据组织和存储形式,简述类的特点。
2. 简要说明类、对象、实例的关系。
3. 实例是如何创建的?
4. 类变量成员和实例变量成员的特点是什么?
5. 类组合与类继承有什么不同?
6. 类继承中,子类是如何确定成员的?
7. 什么是对象封装?什么是对象多态?
8. 简述成员函数的特点。
9. 解释运算符、内置函数的重载。
10. 内置函数 str、repr 的重载有什么不同?
11. 简述异常捕获和处理。
12. 同学通讯录管理。通讯录内容包括单位、姓名、职务、办公电话、手机、电子邮箱、单位地址、邮政编码。实现同学信息的录入、查询、删除、显示。

# 第8章 数据文件

计算机存储设备包括内存和外存,用于存储和管理数据。大批量的数据以文件形式存储于外存中,而内存只能存储正在处理的数据,由变量引用,因此计算机内存和外存的数据需要进行交互(即输入、输出,或称读入、写出)。数据文件是操作系统进行文件管理的基本单位,通过文件路径和文件名可以访问到文件。计算机语言提供内存和外存的数据交互功能(如语句、函数),在操作系统支持下,完成内存和外存之间的数据交互。数据文件与组织形式、交互方法的使用规范和语句有关。通过数据文件的学习,掌握文件概念、文件分类、文件访问,实现程序对数据文件的正确输入、输出(即读写)。

## 8.1 文件概述

计算机文件(简称文件)指存储在外部介质上数据的有序集合。操作系统以文件名作为文件标识,并以文件为单位进行管理。

### 8.1.1 文件分类

从不同的角度(如文件格式、应用背景等)可对文件进行分类。根据文件内容,文件可分两种:

(1) 程序文件: 程序代码文件,如源程序文件(后缀为.py)、可执行程序文件(后缀为.exe)等。

(2) 数据文件: 程序运行时读/写的文件,如程序输入输出的学生成绩数据、图书馆藏信息数据等。

根据文件编码形式,文件可分为两种:

(1) 文本文件: 按 Unicode 编码(字符)的文件,如编辑器建立的源程序文件(如后缀为.py)、记事本等编辑器建立的文件(如后缀为.txt)等。

(2) 二进制文件: 按二进制编码的文件,如可执行文件(后缀为.exe)、bytes 类型数据建立的数据文件等。

本章主要介绍根据数据编码的文本数据文件和二进制数据文件。数据在内存中按一定编码以二进制形式存储,可直接进行处理。如果内存中数据不做任何转换直接输出(写出)到外存建立文件,该文件就是二进制文件。二进制文件是在内存中数据的镜像,也称为镜像文件。如整数 32767 在内存中二进制编码为 01111111 11111111,在数据文件中也是 01111111 11111111。Python 字符采用 Unicode 编码,一个字符可以有多个字节,一个英文字符和数字字符对应一个字节。文本文件中每一个字节内容对应一个字符的 ASCII 码,如整数 32767 在内存中二进制编码为 01111111 11111111(两个字节),在外存中为字符'3','2','7','6','7'对应的编码,即 00110011 00110010 00110111 00110110 00110111(5 个字节,十进制编码为 51、50、55、54、55)。程序读入文本文件数据后需要转换为二进制数据,才能对其进行处理;反之,内存二进制数据也需要转换成字符编码形式才能建立文本文件,如整数 32767 的编码:内存 01111111 11111111 和外存 00110011 00110010 00110111 00110110 00110111,因此文件文件读写需要进行转换。可以简单理解,二进制文件方便计算机处理,但不方便人的交流;反之,文本文件方便人交流,计算机只能进行转换才能处理。总之,内存数据在外存上的存储有两种形式:数据以文本形式存储,数据的每个数字字符对应字节,用于存放每个数字字符对应的字符编码,所占存储空间较大,并且文本文件读写过程中需要进行二进制数和文本字符编码之间的转换,有时间开销,但可直接显示,方便人阅读;二进制文件中数据与内存中数据编码形式一致,对二进制文件读写过程不需要数据转换,读写效率高,并且占用存储空间较少,但不能直接显示,不方便人阅读。

### 8.1.2 文件名

文件需要唯一的文件标识,以便识别。文件标识包括文件路径、文件主干名、文件后缀名,如 c:\Windows\temp\myfile.dat,其中"c:\Windows\temp\"为文件路径(由盘符、各级文件夹构成,c: 为盘符,Windows、temp 为两级文件夹名,或称目录名),"myfile"为文件主干名,".dat"为文件后缀名(即文件扩展名)。

文件标识通常被称为文件名,但其内涵也包括三部分,而不仅仅是文件主干名。在盘符、目录路径、文件扩展名明确下,文件主干名也经常被简称为文件名,其命名遵循标识符的命名规则。

文件后缀名用于表明文件的类别,如 doc 为 word 建立的文件、txt 记事本建立的文件、dat 为数据文件、py 为 Python 语言源程序文件、exe 为可执行文件等。

文件路径表示文件在外存的位置,由盘符和有序系列文件夹(也称为目录)构成,在 Windows 操作系统中文件夹由"\"隔开,如 c:\Windows\temp\myfile.dat 表示 myfile.dat 文件存放在 c 盘中 Windows 目录下 temp 子目录中。其他操作系统有别的表示形式。

### 8.1.3 文件缓冲区

程序进行数据文件的读写借助文件缓冲机制实现。缓冲机制在内存为每一个正在访问的文件开辟文件缓冲区(图 8.1)。从内存向外存输出数据必须先把数据送到输出缓冲区,数据装满输出缓冲区后才自动把数据从输出缓冲区一次性写出到外存中。如果从外存读入数据,先把数据从外存文件一次性将一批数据输入到输入缓冲区(充满缓冲区),然后程序再自动从输入缓冲区逐个数据读入到程序赋予变量。采用缓冲文件机制在一定程度上克服内存和外存读写速度不匹配的问题。对于文件读写,Python 允许采用缺省、用户自设定或不设定缓冲区。

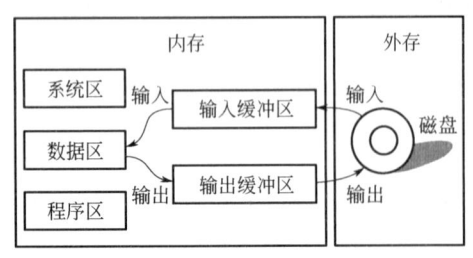

图 8.1 缓冲系统文件读写过程

## 8.2 文件打开与关闭

### 8.2.1 文件对象

每个被访问的文件都在内存中开辟相应的文件信息区存放文件的有关信息(如文件号、文件状态及文件当前位置等)。根据文件编码(即文本文件、二进制文件)和访问方式(即读入、写出),由不同文件类型(如 TextIOWrapper 文本文件读写类、BufferedReader 二进制文件读入类、BufferedWriter 二进制文件写出类)表示正在访问的文件信息,并由文件对象统一维护管理。open 函数创建文件对象(实例),通过该文件对象进行文件读写。

### 8.2.2 文件打开

在进行文件读写操作之前先打开(open)文件。打开文件为文件建立相应的文件信息区(用于存放有关文件的信息)和文件缓冲区(用于暂时存放输入输出的数据),并创建文件对象维护管理文件信息和缓冲区信息,也就是建立文件对象与文件之间的联系,以便通过文件对象对文件进行读写操作。文件对象由文件打开函数 open 创建,其函数原型:

《文件类型》 open(《文件标识》,《文件访问方式》[,《文件缓冲区大小》])

该函数返回"文件类型"的对象(即文件对象)。有关说明如下:

(1) "文件类型"为 TextIOWrapper(文本文件读写)、BufferedReader(二进制文件读)和 BufferedWriter(二进制文件写)之一。open 函数只能返回三种文件类型之一的文件对象(实例)的引用,这取决于"文件读写方式"。

(2) "文件标识"包含盘符、目录路径和文件名及其扩展名构成的字符串。如果在当前盘符、目录路径情况下,"文件标识"只需文件名及其扩展名。

(3) "文件访问方式"包含文件类型(文本文件或二进制文件)和访问方式(读写或追加)信息的字符串。

如:

fp1=open("file1.dat","r")

表示打开当前目录下 file1.dat 文件,而且以文本文件和只允许读方式打开,即以文本文件、只读方式打开文件 file1.dat。open 函数返回与文件 file1.dat 相关的文件对象引用,fp1 属于 TextIOWrapper 类型的变量。

又如:

fp2=open("c:\\test\\file2.dat","wb")

表示打开 C 盘 test 目录下 file2.dat 文件,而且以二进制文件和只允许写方式打开,即以二进制文件、只写方式打开文件 file2.dat。两个反斜杠"\\"中表示转义字符"\",等价于 fp2=open(r"c:\test\file2.dat","wb")。fp2 是与文件 file2.dat 相关的文件对象引用,其属于 BufferedWriter 类型的变量。

文件访问是程序对文件的读写操作(包括读写或追加),或称程序对数据文件的输入和输出,由"文件访问方式"指明具体操作。通常"文件访问方式"有 12 种(表 8.1),几点说明如下:

表 8.1 文件访问方式

| 使用方法 | | 含 义 | 如果文件不存在 |
| --- | --- | --- | --- |
| x | 只写 | 为输出打开一个文本文件 | 建立一个新文件<br>文件存在时出错 |
| r | 只读 | 为输入打开一个文本文件 | 出错 |
| w | 只写 | 为输出打开一个文本文件 | 建立一个新文件<br>文件存在时不出错 |
| a | 追加 | 向文本文件末尾增加数据 | 出错 |
| rb | 只读 | 为输入打开一个二进制文件 | 出错 |
| wb | 只写 | 为输出打开一个二进制文件 | 建立一个新文件 |
| ab | 追加 | 向二进制文件末尾增加数据 | 出错 |
| r+ | 读写 | 为读写打开一个文本文件 | 出错 |
| w+ | 读写 | 为读写建立一个新的文本文件 | 建立一个新文件 |
| a+ | 读写 | 为读写打开一个文本文件 | 出错 |
| rb+ | 读写 | 为读写打开一个二进制文件 | 出错 |
| wb+ | 读写 | 为读写建立一个新的二进制文件 | 建立一个新文件 |
| ab+ | 读写 | 为读写打开一个二进制文件 | 出错 |

① 用 x 打开文本文件时，只能向该文件写出数据。如果该文件不存在，则以指定的文件名建立新文件；如果该文件已经存在，则抛出文件存在异常 FileExistsError，即只能建立新文本文件。

② 用 r(read 只读)打开文本文件时，该文件必须已经存在，且只能从该文件读入数据，而不可向该文件写出数据。如果文件不存在，则抛出文件不存在异常 FileNotFoundError，即只能从已存在的文本文件读入数据。

③ 用 w(write 只写)打开文本文件时，只能向该文件写出数据。如果该文件不存在，则以指定的文件名建立新文件；如果该文件已经存在，则删除该文件后重建一个新文件，即无论文件是否存在，均建立新文本文件。

④ 用 a(append 追加)打开文本文件时，如果该文件存在，保留原有数据，并向文件尾部追加新的数据。如果该文件不存在，则新建立文件，并只能向该文件写出数据，即旧文件追加新文本数据，或建立新文本文件。

⑤ 用 r+、w+、a+(+表示可读可写)方式打开文本文件既可以用于读入文本数据，也可以用于写出文本数据。用 r+打开文件时，文件必须已经存在，可对文件进行读或写文本数据。用 w+打开文件时，新建立一个文件，先向文件写出文本数据，然后可读入此文件的文本数据。用 a+打开文件时，可向文件追加新文本数据，也可从文件读入文本数据。

⑥ t 表示文本(text)，"访问文件方式"中可省略，即 rt、wt、at 等与 r、w、a 等等价。

⑦ b 表示二进制(banary)，用 rb、wb、ab、rb+、wb+、ab+方式打开二进制文件，用法分别与 r、w、a、r+、w+、a+相同。

⑧ 如果试图打开系统保护的文件(如系统文件)，则抛出不许可异常 PermissionError。

⑨ 从文本文件读入字符时，遇到回车符和换行符，把它们转换为一个换行符"\n"；在输

出时把换行符"\n"转换成为回车符和换行符。对二进制文件读写,内存的数据形式与文件的数据形式一一对应,内存外存数据不进行转换。

(4)文件缓冲区大小 buffsize:当 buffsize 小于 0 或缺省时,缓冲大小为系统默认值;当 size 为 0 时,没有缓冲区;当 buffsize 为 1 时,只可缓冲一行;当 buffsize 大于 0 时,缓冲区大小为 buffsize 字节。一般情况下,可使用缺省缓冲区大小。

文件对象有变量成员,其内涵如表 8.2 所示,如:

表 8.2 文件对象变量成员

| 属性 | 描述 |
| --- | --- |
| closed | 如果文件已关闭,返回 True,否则返回 False |
| mode | 返回文件访问方式 |
| name | 返回文件名 |

```
>>> fp3=open(r"c: \test\file2.dat","w") ↵(回车)
>>> fp3.name,fp3.closed,fp3.mode↵(回车)
('d: \\file3.dat', False, 'w')
```

可见文件的文件标识、文件关闭状态、文件访问方式。

(5)一个文件对象只能对应文件标识、文件访问方式的一种组合,如程序涉及 n 个文件访问,需由 open 函数创建 n 个文件对象。

## 8.2.3 文件关闭

文件打开是开辟文件信息区和输入输出缓冲区(可理解为程序动态分配内存数据单元,并初始化,其内容由文件系统自动维护),并创建文件对象并关联文件,而文件关闭是撤销文件信息区和文件缓冲区(可理解为动态分配数据单元需要程序进行撤销回收),并撤销文件对象与文件的联系。文件访问完毕,需要用文件对象的成员函数 close 完成文件关闭,其函数原型:

NoneType «文件对象» close()

该函数返回值 None。

对于新建立或追加数据的文件,关闭文件时自动加入文件结束标记 EOF(End of File),如文本文件 EOF 值为-1。

由于文件缓冲区与外存的交互是在输出缓冲区满或输入缓冲区空时进行的。当程序写出数据结束,但缓冲区并未满时,通过文件关闭,把不满的输出缓冲区数据强制性输出,可避免数据丢失。

## 8.2.4 文件开关

采用 Python 上下文管理器机制可以打开文件,并在文件访问结束后自动关闭文件,其形式:

with open(«文件标识», «文件访问方式»[, «文件缓冲区大小»]) as «文件对象名»:
　　«文件读写语句»

通过"文件对象"访问文件结束后自动关闭文件,无须使用 close 关闭文件。

## 8.3 文件顺序访问

### 8.3.1 文件访问位置

文件访问包括文件读入和文件写出。文件读写过程涉及文件"访问位置",该"访问位置"如同编辑软件(如 word 等)光标位置。每次文件读写,当前"访问位置"都自动向后移位。根据"访问位置"的定位特点,文件访问分为文件顺序访问和文件随机访问。对于文件顺序访问,顺序写时先写出的数据存放在前,后写出的数据存放在后;顺序读时先读入文件前面数据,后读文件后面数据,即对文件读写数据的顺序与数据在文件中的顺序一致。在 Python 语言中提供了文件读写函数,包括面向文本的字符串读写函数、面向二进制数据的数据块读写函数。

### 8.3.2 文本文件访问

顺序文本文件访问是以 r、w、a、+ "文件访问方式"打开的文件,并按顺序读写。

**1. 文本文件字符串读写**

(1) 向文本文件写出字符串函数 print。

NoneType print(«字符串 1»⌊,«字符串 2»⌋,file=«文件对象»⌊,sep=«分割字符串»⌋⌊,end=«结束字符串»⌋)

该函数返回 None,其把"字符串 1"、"字符串 2"、…依次写出到"文件对象"所关联的文本文件中,而且每个字符串之间插入"分割字符串",字符串结尾插入"结束字符串"。缺省 sep 或(和)end 指明参数时,没有插入"分割字符串"或(和)"结束字符串"。如果省略 file 指明参数,则在屏幕上显示。这是结构化程序设计中输出函数。

【例 8.1】 建立乘法口诀表文件。

```
tablefile=open("d: \\python3\\python_ex\\multitable.txt","w")   # 打开文本文件
for i in range(1,10):                                            # 行的变化范围,外循环
    for j in range(1,i+1):                                       # 每行中列的变化范围,内循环
        print("%d×%d=%-4d"%(j,i,i*j),file=tablefile,end="")      # 输出每一行
    print(file=tablefile)                                        # 换行,等价于 print(file=tablefile,end="\n")
tablefile.close()                                                # 关闭文件
```

运行后在"d: \\python3\\python_ex\\"下建立新文本文件 multitable.txt。可用记事本等编辑器打开浏览(图 8.2)。程序中只有一个"字符串"参数,没有用到 sep 指明参数。写出一个字符串,以 end=""空字符串为结束串。print(file=tablefile)输出换车换行符"\n"。文件访问方式为文本只写(w)。如果首次建立文件,也可以用"x"访问方式。每写出一个字符串后,当前文件"访问位置"自动后移。建立文件后需要文件对象 close 成员函数关闭。如果省略 file 指明参数,则在屏幕上显示乘法口诀表。

【例 8.2】 从键盘输入个人简介,并写出到文本文件中。

```
myInfofile=open("d: \\python3\\python_ex\\introduction.txt","w")   # 打开写出文本文件
line1=input("Title: ")                                              # 键盘输入字符串
line2=input("Name: ")
```

```
line3=input("Department: ")
line4=input("College: ")
line5=input("University: ")
print(line1,line2,line3,line4,line5,file=myInfofile,sep="\n")    # 写出到文件
myInfofile.close()                                                # 关闭文件
```

multitable - 记事本

文件(F) 编辑(E) 格式(O) 查看(V) 帮助(H)

```
1×1=1
1×2=2  2×2=4
1×3=3  2×3=6  3×3=9
1×4=4  2×4=8  3×4=12 4×4=16
1×5=5  2×5=10 3×5=15 4×5=20 5×5=25
1×6=6  2×6=12 3×6=18 4×6=24 5×6=30 6×6=36
1×7=7  2×7=14 3×7=21 4×7=28 5×7=35 6×7=42 7×7=49
1×8=8  2×8=16 3×8=24 4×8=32 5×8=40 6×8=48 7×8=56 8×8=64
1×9=9  2×9=18 3×9=27 4×9=36 5×9=45 6×9=54 7×9=63 8×9=72 9×9=81
```

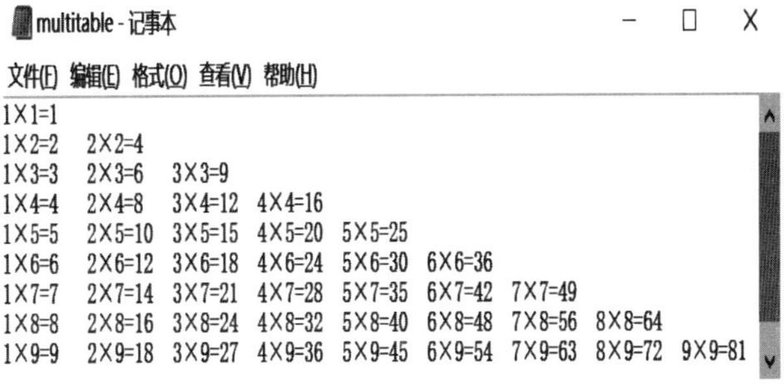

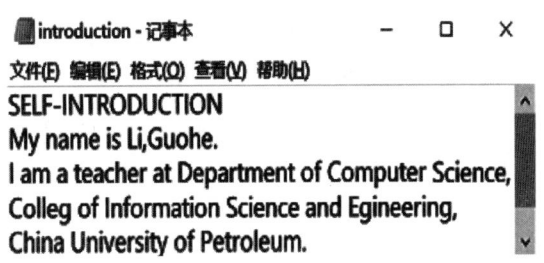

图 8.2　文本文件

运行结果:

Title: SELF-INTRODUCTION↵(回车)

Name: My name is Li,Guohe.↵(回车)

Department: I am a teacher at Department of Computer Science,↵(回车)

College: Colleg of Information Science and Egineering,↵(回车)

University: China University of Petroleum.↵(回车)

在"d: \\python3\\python_ex\\"下建立了文本文件 introduction.txt。文件内容为个人简介，可用记事本等编辑器进行浏览(图 8.3)。以文本文件只写方式(w)打开文件，然后从键盘读入 5 个字符串。从键盘读入一个字符串时，打回车键，输入结束，但字符串并没有"\n"。在 print 函数中，file 指明参数表示写出字符串到文件中，sep 指明参数为"\n"，表示每个字符串后加入"\n"(回车换行)。每写出一个字符串，文件"访问位置"向后移下一行开始处。最后使用文件对象 close 成员函数关闭文件。

introduction - 记事本

文件(F) 编辑(E) 格式(O) 查看(V) 帮助(H)

SELF-INTRODUCTION
My name is Li,Guohe.
I am a teacher at Department of Computer Science,
Colleg of Information Science and Egineering,
China University of Petroleum.

图 8.3　文本文件

(2) 从文本文件中读入一行字符串函数 readline。

str «文件对象».readline()

该函数返回字符串，其从"文件对象"所关联文件的当前"访问位置"读入一行(含回车换行符"\n")字符串。如果读入成功，返回读入的字符串，当前"访问位置"自动向后移一行起始位置。如果读入不成功，返回空串。

(3) 从文本文件中读入多行字符串函数 readlines。

list «文件对象».readlines()

该函数返回列表, 其从"文件对象"所关联文件的当前"访问位置"读入所有字符串(含回车换行符"\n")。如果读入成功, 返回所有字符串构成的列表。如果读入不成功, 返回空列表。

(4) 从文本文件中读入所有字符函数 read。

str «文件对象».read()

该函数返回字符串, 其从"文件对象"所关联文件的当前"访问位置"读入后续所有字符构成的字符串。如果读入成功, 返回字符串。如果读入不成功, 返回空字符串。

【例 8.3】 从文本文件读入字符, 并在屏幕上显示(文件如图 8.3 所示)。

```
myInfofile=open("d: \\python3\\python_ex\\introduction.txt","r")    # 打开文件
myInfo=""                                                            # 字符串
while True:
    strSentance=myInfofile.readline()                                # 读入一行字符串
    if strSentance=="":                                              # 是否空串
        break                                                        # 空串时, 结束读入
    print(strSentance,end="")                                        # 显示字符串, 输出不换行
    myInfo+=strSentance                                              # 合并每个串
myInfofile.close()                                                   # 关闭文件
```

运行结果:

SELF-INTRODUCTION

My name is Li,Guohe.

I am a teacher at Department of Computer Science,

Colleg of Informatio Science and Egineering,

China University of Petroleum.

\>>> myInfo↵(回车)

'SELF-INTRODUCTION\nMy name is Li,Guohe.\nI am a teacher at Department of Computer Science,\nColleg of Informatio Science and Egineering,\nChina University of Petroleum.\n'

文件对象的成员函数 readline 读取文本文件中每一行及回车换行符"\n"构成一个字符串。每读入一行后, 当前"访问位置"自动后移到下一行的起始位置, 直至文件结束。上述可以改用 readlines 成员函数:

```
myInfofile=open("d: \\python3\\python_ex\\introduction.txt","r")    # 打开文件
myInfo=myInfofile.readlines()                                        # 读入所有行形成字符串列表
for strSentance in myInfo:                                           # 列表每一元素
    print(strSentance,end="")                                        # 显示字符串
myInfofile.close()                                                   # 关闭文件
```

其中, myInfo 是字符串列表, 每个元素是一行字符及回车换行符"\n"的字符串:

```
>>> myInfo↵(回车)
['SELF-INTRODUCTION\n', 'My name is Li,Guohe.\n', 'I am a teacher at Department of Computer Science,\n', 'Colleg of Informatio Science and Egineering,\n', 'China University of Petroleum.\n']
```

上述程序可改用 read() 成员函数，读取所有字符形成一个字符串：

```
myInfofile=open("d: \\python3\\python_ex\\introduction.txt","r")   # 打开文件
myInfo=myInfofile.read()                                            # 读入一行字符串
print(myInfo,end="")                                                # 显示字符串
myInfofile.close()                                                  # 关闭文件
```

其中，myInfo 是整个文件所有字符构成一个字符串：

```
>>> myInfo↵(回车)
'SELF-INTRODUCTION\nMy name is Li,Guohe.\nI am a teacher at Department of Computer Science, \nColleg of Informatio Science and Egineering,\nChina University of Petroleum.\n'
```

**【例 8.4】** 将一个文件中信息进行加密后保存到另一个文件中。如将例 8.2 建立 introduction.txt 文件加密为 introductioncryp.txt 文件。

```
def crypto(line, key):                                              # 加密/解密字符串
    newline=""                                                      # 新字符串
    for c in line:                                                  # 每个字符
        newline=newline+chr(ord(c)^key)                             # 每个字符加密/解密
    return(newline)                                                 # 得到新字符串
def mymain():
    key=0xf;
    infile=open("d: \\python3\\python_ex\\introduction.txt","r")   # 打开文件
    outfile=open("d: \\python3\\python_ex\\introductioncryp.txt","w")
    sourcefile=infile.read()                                        # 读入原文本文件到字符串
    crypfile=crypto(sourcefile,key)                                 # 字符串加密为新字符串
    print(crypfile,file=outfile,end="")                             # 加密字符串写出到加密文本文件
    infile.close()                                                  # 关闭文件
    outfile.close()
```

运行结果：

```
>>> mymain()↵(回车)
```

运行结果如图 8.4 所示。crypto 函数将字符串的每个字符进行异或位运算^转换为加密后形成新的字符串。在该函数中，通过字符编码函数 ord、编码字符函数 chr 将字符与编码进行互换。从文件 introduction.txt 中读入字符串，加密后写出到文件 introductioncryp.txt 中形成加密文件。由于 crypto 函数是采用异或加密法，同一过程就是解密。加解密密钥为 0xf。也可设计自己的加密、解密规则。

(5) 在文本文件中追加新内容。

以追加文件访问方式打开文件，采用 print 输出函数，可以在文件末尾追加新文本内容，如：

```
>>> appfile=open("d: \\python3\\python_ex\\introduction.txt","a")↵(回车)
>>> print("I teach Python.",file=appfile,sep="\n",end="")↵(回车)
```

```
>>> appfile.close()↵(回车)
```

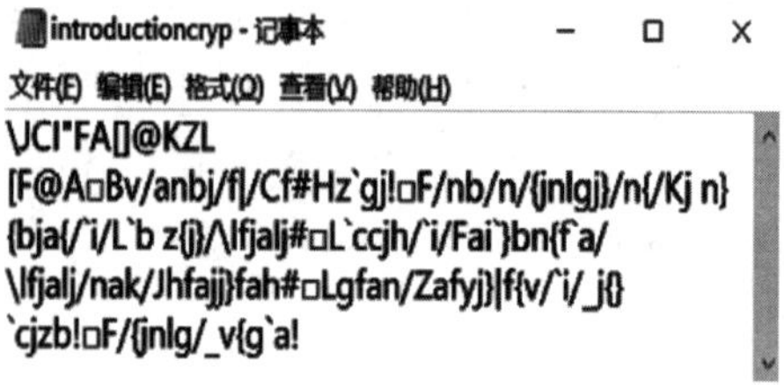

图 8.4 加密后文本文件

运行结果如图 8.5 所示：在文件尾部追加了一行 I teach Python.。

图 8.5 解密后文本文件

(6) 文本文件中读写数据。

以可读可写的文件访问方式打开文件，采用 print 输出函数写出文本数据，readline 集成员函数和 read 成员函数读入文本数据。

例 8.4 中生成了文本文件，以可读可写方式打开文件，不需要生成新加密文件。

【例 8.5】 对磁盘文件进行加密，不生成新文件。加密函数继续使用 crypto。

```
def mymain():
    key=0xf;
    file=open("d: \\python3\\python_ex\\introduction.txt","r+")   # 打开文件
    sourcefile=file.read()                                         # 读入原文本文件到字符串
    crypfile=crypto(sourcefile,key)                                # 字符串加密为新字符串
    file.seek(0)                                                   # 访问位置回到文件起始位置
    print(crypfile,file=outfile)                                   # 加密字符串写出到加密文本文件
    file.close()                                                   # 关闭文件
```

可见文件既用于读入，也用于写出。用到文件对象 seek 成员函数重新定位文件"访问位置"。seek(0) 使得文件"访问位置"回到文件起始位置。有关 seek 成员函数参见随机文件访问。

【例 8.6】 学生成绩登记表如 7.1 表所示，在实现学生信息进行存储、读取。

在 7.3.1 节中定义类 stu_birthday、stu_info 基础上，定义类：

```
class stu_info_read_write:                                         # 读写类定义
    def __init__(self,filename):                                   # 初始化函数,文件对象
        self.filename=filename
    def mywrite(self,stuinfo):                                     # 成员函数写出所有信息(格式化数据)
        print(stuinfo.number,stuinfo.name,file=self.filename,\
```

```
            sep="|",end=" ")
        print("|",file=self.filename,end="")
        print(stuinfo.birthday.year,stuinfo.birthday.month,\
            stuinfo.birthday.day,file=self.filename,sep="|",end="\n")
    def myread(self):                                        # 成员函数读入所有信息(格式化数据)
        all_info=self.filename.read()
        all_info=all_info.split("|")                         # 格式化数据,分割符"|"
        num=int(all_info[0]);name=all_info[1];year=int(all_info[2])
        month=int(all_info[3]);day=int(all_info[4])
        a_ins=stu_info(num,name,stu_birthday(year,month,day)) # 形成信息对象
        return(a_ins)                                        # 返回学生信息对象
```

运行结果:

```
>>> filename="d: \\python3\\python_ex\\stu_info.txt"↵(回车)   # 文件标识
>>> filename=open(filename,"w")↵(回车)                         # 文件对象
>>> a_ins=stu_info(201905102,"Xiao Li",stu_birthday(1998,10,20))↵(回车)
>>> a_ins_r_w=stu_info_read_write(filename)↵(回车)             # 读写对象
>>> a_ins_r_w.mywrite(a_ins)↵(回车)                            # 写出信息
>>> filename.close()↵(回车)                                    # 关闭文件
```

建立文件如图 8.6 所示。还可以通过类 stu_info_read_write 读取学生数据:

```
>>> filename="d: \\python3\\python_ex\\stu_info.txt"↵(回车)   # 文件标识
>>> filename=open(filename,"r")↵(回车)                         # 文件对象
>>> a_ins_r_w=stu_info_read_write(filename)↵(回车)             # 读写对象
>>> a_ins=a_ins_r_w.myread()↵(回车)                            # 学生对象
>>> a_ins.display()↵(回车)                                     # 显示学生信息
201905102 Xiao Li   1998 10 20
```

这个例子中,学生的学号、出生日期是整型 int 的整数,但在文件中是文本数据,即 print 函数写出的是文本数据(数值转换为字符串)。在写出数据时,各个数据以"|"为分割符。每行一个学生信息,具有格式化特点。读入数据是一行文本数据,需要 split 函数分解各个成员构成列表,对每个列表元素进行字符串到整数的强制转换。

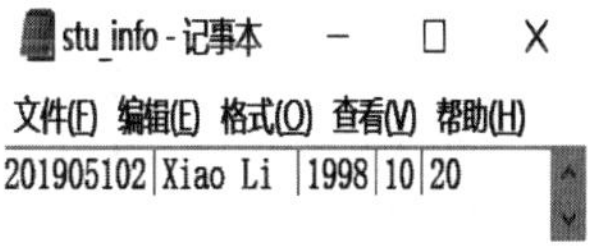

图 8.6  文本文件

**2. 文本文件字符流读写**

(1)向文本文件写出字符串函数 write。

int «文件对象».write(«字符串»)

该函数返回字符串长度,其把"字符串"写出到"文件对象"所关联文件的当前"访问位置",并且"访问位置"自动后移到"字符串"长度的新位置。

(2)向文本文件写出字符串列表函数 writelines。

NoneType «文件对象».writelines(«列表»)

该函数返回为 None,其把"列表"中每个"字符串"(元素)依次写出到"文件对象"所

关联文件的当前"访问位置",且"访问位置"自动后移到的新位置。

【例 8.7】 采用 write、writelines 函数对例 8.1、例 8.2 进行改写。

```
tablefile=open("d: \\python3\\python_ex\\multitable.txt","w")   # 打开文件
for i in range(1,10):                                            # 行的变化范围,外循环
    for j in range(1,i+1):                                       # 每行中列的变化范围,内循环
        item="%d×%d=%-4d"%(j,i,i*j)                              # 形成输出数据项,字符串
        tablefile.write(item)                                    # 输出数据项,字符串
    tablefile.write("\n")                                        # 换行
tablefile.close()                                                # 关闭文件
tablefile=open("d: \\python3\\python_ex\\multitable.txt","w")   # 打开文件
for i in range(1,10):                                            # 行的变化范围,外循环
    row=[]
    for j in range(1,i+1):                                       # 每行中列的变化范围,内循环
        item="%d×%d=%-4d"%(j,i,i*j)                              # 形成输出数据项,字符串
        row.append(item)                                         # 追加数据项,字符串
    row.append("\n")                                             # 换行
    tablefile.writelines(row)                                    # 输出数据项
tablefile.close()                                                # 关闭文件
myInfofile=open("d: \\python3\\python_ex\\introduction.txt","w") # 打开文件
line1=input("Title: ");       myInfofile.write(line1);
myInfofile.write("\n");                                          # 键盘输入字符串,并写出到文件
line2=input("Name: ");        myInfofile.write(line2);
myInfofile.write("\n");
line3=input("Department: ");  myInfofile.write(line3);
myInfofile.write("\n");
line4=input("College: ");     myInfofile.write(line4);
myInfofile.write("\n");
line5=input("University: ");  myInfofile.write(line5);
myInfofile.write("\n");
myInfofile.close()                                               # 关闭文件
myInfofile=open("d: \\python3\\python_ex\\introduction.txt","w") # 打开文件
row=[]
line1=input("Title: ");       row.append(line1); row.append("\n"); # 键盘输入
line2=input("Name: ");        row.append(line2); row.append("\n");
line3=input("Department: ");  row.append(line3); row.append("\n");
line4=input("College: ");     row.append(line4); row.append("\n");
line5=input("University: ");  row.append(line5); row.append("\n");
myInfofile.writelines(row)                                       # 写出每一行
myInfofile.close()                                               # 关闭文件
```

对比可知,print、write、writelines 函数都是将字符串写出到文本文件,这些函数可以相互替换使用,其实质都是写出数据按字符流顺序依次输出每个字符。对于 print 函数,其可使用 sep、 end 指明参数,使得在输出数据时,自动输出 sep 参数为多个数据的分割符、输出 end 参数为输出所有数据的最后字符(可理解为行分隔符,缺省时为"\n"),还可以使用格式化字符串模板生成"字符串"参数。write 函数只写出一个字符串。当需要写出回车换行时 write 函数需要明确输出字符串"\n"。writelines 函数写出列表的每个元素(字符串)。当需要回车换行时,形成列表的元素需要加入字符串"\n"。

(3) 从文件中读入字符串函数 read。

str«文件对象».read(«字符串长度»)

该函数返回字符串,其从"文件对象"关联文件的当前"访问位置"起读取"字符串长度"的字节构成字符串,并返回该字符串。"字符串长度"为正整数。如果读取字符串小于"字符串长度",即提前遇到文件结束,则返回实际长度的字符串。

【例 8.8】 按一定大小从文本文件中读取字符串,并形成字符串列表。如从 introduction.txt (图 8.5)中按 10 个字节读取形成字符串列表。

```
txtfile=open("d:\\python3\\python_ex\\introduction.txt","r")   # 打开文件
li=[]                                                           # 空列表
while True:                                                     # 反复读取
    astring=txtfile.read(10)                                    # 依次读取 10 个字节
    if astring=="": break                                       # 没能读取数据
    li.append(astring)                                          # 追加字符串
print(li)                                                       # 显示字符串列表
txtfile.close()                                                 # 关闭文件
```

运行结果:

['SELF-INTRO', 'DUCTION\nMy', ' name is L', 'i,Guohe.\nI', ' am a teac', 'her at Dep', 'artment of', ' Computer ', 'Science,\nC', 'olleg of I', 'nformation', ' Science a', 'nd Egineer', 'ing,\nChina', ' Universit', 'y of Petro', 'leum.\nI te', 'ach Python', '.']

对于读入文本文件,可把输入文本文件理解为"字符流",即从头到尾的字符系列,而且回车换行"\n"也是其中的一个字符。这一特性从例 8.3 中 read 函数看得更清楚:一个文件就像一个字符串。除了 readline、readlines 函数,这个例子可以更清楚看到文件"访问位置"的内涵,即进行一次读入后,当前文件"访问位置"自动后移"数据块大小"字符,重新定位新的当前"访问位置"。这一特性程序中并没有显式体现,而需要深刻领会。此外,read 函数适合应用于数据在文件中排列整齐(如矩阵、行列式)。

【例 8.9】 统计文本文件中单词个数、段落数,并在屏幕上输出结果。如 introduction.txt (图 8.5)的单词个数和段落数。

```
def line_to_list(strline):                # 字符串转换为单词列表
    wordlist=strline.split(" ")           # 单词列表中更可能含有空白字符
    words=[]                              # 纯单词列表
    for word in wordlist:                 # 每个单词
        if word!='':                      # 单词不为空格,即真正单词
            words.append(word)            # 真正单词列表
    return words                          # 返回单词列表
def count_words(linelist):                # 计算单词个数
```

```
        count=0                                                     # 单词个数
        for strline in linelist:                                    # 每一行
            words=line_to_list(strline)                             # 不含空格的单词列表
            count+=len(words)                                       # 单词个数累加
        return count                                                # 单词总数
    def mymain():
        txtfile=open("d: \\python3\\python_ex\\introduction.txt","r")   # 打开文件
        linelist=txtfile.readlines()                                # 所有行,每行是一个段落
        count=count_words(linelist)                                 # 单词总数
        print("The count of all words: ",count)                     # 显示单词总数
        print("The count of all paragraphs: ",len(linelist))        # 显示段落总数
        txtfile.close                                               # 关闭文件
```

运行结果:

>>> mymain()↵(回车)

The count of all words: 27

The count of all paragraphs: 6

考虑到单词之间、段落先后可能出现多个空格,在 line_to_list 函数中排除了空格,形成只含有单词的列表。在定义 count_words 函数中,readlines 函数以文件中回车换行符 "\n" 为段落标记,也就是文件"字节流"中段落分割符是"\n",可直接统计 linelist 中字符串个数,即段落数。

C语言成绩单

| 序号 | 学号 | 姓名 | 班级 | 平时成绩 | 实验成绩 | 期末成绩 | 总成绩 |
|---|---|---|---|---|---|---|---|
| 1 | 2016015111 | 张三 | 化工16-1班 | 90 | 90 | 90 | |
| 2 | 2016015222 | 李四 | 软件16-1班 | 80 | 70 | 80 | |
| 3 | 201601333 | 王五 | 软件16-1班 | 70 | 60 | 70 | |
| 4 | 201601444 | 刘六 | 软件16-1班 | 50 | 60 | 50 | |

图 8.7 成绩单

【例 8.10】 把 C 语言成绩单保存到文本文件中,原始成绩单如图 8.7 所示。

```
    scoretable=[[1,2016015111,"张三","化工 16-1 班",90,90,90],      # 成绩单
        [2,2016015222,"李四","软件 16-1 班",80,70,80],
        [3,2016015333,"王五","软件 16-1 班",70,60,70],
        [4,2016015444,"刘六","软件 16-1 班",50,60,50]]
    title="===== C 语言成绩单  =====\n"                              # 成绩单标题
    def display(scoretable):                                        # 显示成绩单
        print(title)                                                # 显示标题
        for record in scoretable:                                   # 每个人信息
            print(end="|")                                          # 数据项分割符号
            for item in record:                                     # 每个数据项及分割符号
                print(item,end="|")
```

```
            print()                                       # 回车换行
        def save_scoretable(title,scoretable,file):       # 成绩单存盘
            file.write(title)                             # 标题
            for record in scoretable:                     # 每个人信息
                file.write("|")                           # 数据项分割符号
                for item in record:                       # 每个人信息
                    file.write(str(item));file.write("|") # 数据项及分隔符
                file.write("\n")                          # 回车换行
        def mymain():
            filename="d:\\python3\\python_ex\\scoretable.txt"  # 文件标识
            file=open(filename,"w")                       # 打开文件
            display(scoretable)                           # 显示成绩单
            save_scoretable(title,scoretable,file)        # 成绩单存盘
            file.close()                                  # 关闭文件
```

运行结果：

```
>>> mymain()↵(回车)
════C 语言成绩单 ════
|1|2016015111|张三|化工 16-1 班|90|90|90|
|2|2016015222|李四|软件 16-1 班|80|70|80|
|3|2016015333|王五|软件 16-1 班|70|60|70|
|4|2016015444|刘六|软件 16-1 班|50|60|50|
```

程序设置了两个外部变量 scoretable、title 变量分别保留成绩信息和标题。用 write 函数建立文件，需要明确加入分隔符"|"和回车换行符"\n"。成绩单采用列表 scoretable 存储，每个人信息也是采用列表 record 存储。成绩单文件为文本文件，写出数据 save_scoretable 函数中，write 函数需要把数值转换为字符串 str。建立的成绩单文件如图 8.8 所示。

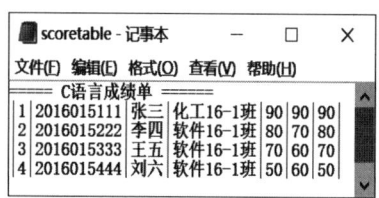

图 8.8 成绩单文件

【例 8.11】 从成绩单文本文件中读取 C 语言成绩，根据平时成绩、实验成绩和期末成绩，计算学生的总成绩（总成绩=平时成绩×30%+实验成绩×20%+期末成绩×50%）、学生平均成绩。下面程序利用了例 8.10 中的 save_scoretable 函数。

```
        parameters=[0.3,0.2,0.5]                          # 成绩系数
        def cal_score(ps,sy,qm,record):                   # 根据系数计算一个人总成绩
            total=ps*float(record[4])+sy*float(record[5])+qm*float(record[6])
            record.append(total)                          # 加入总成绩
        def total_score(parameters,scoretable):           # 计算所有人总成绩
```

```
    for record in scoretable:                           # 每个人
        cal_score(parameters[0],parameters[1],parameters[2],record)
def cal_average(scoretable):                            # 计算所有人的平均成绩
    count=len(scoretable)                               # 人数
    avg=0                                               # 所有成绩
    for record in scoretable: avg+=record[7]            # 成绩累加
    avg=avg/count                                       # 平均成绩
    return avg
def open_scoretable(file):                              # 成绩单读盘(输入)
    scoretable=[]                                       # 成绩单
    title=file.readline()                               # 标题
    while True:                                         # 反复读盘
        line=file.readline()                            # 读入一行
        if line=="": break                              # 没能读入数据,结束
        record=line.split("|")                          # 形成列表
        record.pop(0); record.pop(7)                    # 去掉首尾空字符串
        scoretable.append(record)                       # 加入成绩单记录
    return title,scoretable
def mymain():
    filename="d:\\python3\\python_ex\\scoretable.txt"   # 文件标识
    file=open(filename,"r")                             # 以只读打开文件
    title,scoretable=open_scoretable(file)              # 读入成绩单
    file.close()                                        # 关闭文件
    total_score(parameters,scoretable)                  # 计算总成绩
    avg=cal_average(scoretable)                         # 计算平均成绩
    file=open(filename,"w")                             # 打开文件
    save_scoretable(title,scoretable,file)              # 成绩单存盘
    file.write("平均成绩: %d\n"%avg)                    # 写出平均成绩
    file.write(" 注 总 成 绩 =%.1f 平 时 +%.1f 实 验 +%.1f 期 末 .\n"%(parameters[0], parameters[1], parameters[2]))
    file.close                                          # 关闭文件
```

图 8.9 成绩单文件

运行 mymain 函数建立成绩单文件如图 8.9 所示。读入数据 open_scoretable 函数中,readline 函数读入一行。split 函数将字符串转换为字符串列表,即每个元素都是字符串,每个人的信息保留在 record 列表中,所有人的信息保留在 scoretable 列表中。在 record 列表的成绩也是字符串,因此在总成绩计算中需要转换为 float 型数值,并将其加入 record 列表中。除了功能实现,还需要深刻领会文件读写过程文件"访问位置"的变化。这个程序采用模块化程序设计方法实现,也可采用面向对象程序设计方法,同时程序中用到了 write、readline 函数,也可改用 print、read 函数实现,读者可以自行改写。

## 8.3.3 二进制文件访问

上节涉及的 print 函数、write 系列函数和 read 系列函数都是文本文件的写出及读入。print 函数参数可以是数值(即整型、浮点型数据),但是在写出时通过格式字符串,或数值参数都自动类型转换为数字字符串再写出,而 write 函数的参数需要通过字符串格式转换为字符串,或强制类型转换数值为数字字符串再写出。read 系列函数读入数据为字符串,如果需要数值,则需要进行数字字符串强制转换为数值。总之,read 系列函数、write 系列函数、print 函数读写的是字符串。"hi,我爱中国!"为 str 型数据,其字符数为 8(长度),字符串可理解为字符流,对应文本文件。Python 采用 Unicode 编码,即使一个汉字也是一个字符,但一个字符不一定对应一个字节。

Python 还提供 bytes 类型,对应数据是字节串,bytes 型数据可以理解为字节流,如 "hi,我爱中国!"采用 encode 成员函数可转换为对应的字节串,即以"b"开头的十六进制转义字符串,每个转义字符一个字节:

```
>>> utf8="hi,我爱中国!".encode()↵(回车)           # 字符串转字节串
>>> utf8↵(回车)                                    # 查看字节串
b'hi\xef\xbc\x8c\xe6\x88\x91\xe7\x88\xb1\xe4\xb8\xad\xe5\x9b\xbd\xef\xbc\x81'
>>> utf16="hi,我爱中国!".encode("utf-16")↵(回车)   # 字符串转字节串
>>> utf16↵(回车)                                   # 查看字节串
b'\xff\xfeh\x00i\x00\x0c\xff\x11b1r~N\xfdV\x01\xff'
>>> len(utf8),len(utf16)↵(回车)                    # 字节串长度
(20,18)
```

上述相同字符串,采用 Unicode UTF-8(缺省)和 UTF-16 编码分别生成不同的字节串,长度也不一样。对于字节串,可采用 decode 成员函数解码:

```
>>> utf8.decode(),utf16.decode("utf-16")↵(回车)   # 字节串转字符串
('hi,我爱中国!','hi,我爱中国!')
```

字节串中每个元素是一个字节,与内存最小存储单位一致。保留字节串的文件为二进制文件。

**1. 向二进制文件写出字节串函数 write**

int «文件对象».write(«字节串»)

该函数返回字节串长度,其把"字节串"写出到"文件对象"所关联文件的当前"访问位置"。成功写出后,"访问位置"自动后移到字符串程度后的位置。

【例 8.12】 文本信息写出到二进制文件。

```
myInfofile=open("d: \\python3\\python_ex\\introduction_bytes.dat","wb")
line1=input("Title: ").encode("utf-16")          # 键盘输入字符串,并转换为字节串
line2=input("Name: ").encode("utf-16")
line3=input("Department: ").encode("utf-16")
line4=input("College: ").encode("utf-16")
line5=input("University: ").encode("utf-16")
len1=myInfofile.write(line1)                      # 写出字节串,返回字节串长度
len2=myInfofile.write(line2)
```

```
len3=myInfofile.write(line3)
len4=myInfofile.write(line4)
len5=myInfofile.write(line5)
myInfofile.close()                                    # 关闭文件
print("各行长度: ",len1,len2,len3,len4,len5)          # 各行长度
```

运行结果:

Title: SELF-INTRODUCTION↵(回车)

Name: My name is Li,Guohe↵(回车)

Department: I am a teacher at Department of Computer Science,↵(回车)

College: College of Information Science an Engineering,↵(回车)

University: China University of Petroleum.↵(回车)

各行长度: 36 40 100 94 62

每一行字符串长度为 17、19、49、46、30, 实际存储各字符串中字符对应的 UTF-16 编码构成的字节串, 字节串以字节为单位。

**2. 从二进制文件读入字节串函数 read**

bytes «文件对象».read(«字节串长度»)

该函数返回字节串, 其从"文件对象"关联文件的当前"访问位置"起读入"字节串长度"的字节。"字节串长度"为正整数。如果读取文件的字节串小于"字节串长度", 提前遇到文件结束, 则返回实际长度的字节串。

**【例 8.13】** 从二进制文件读入信息并在屏幕上显示。

```
myInfofile=open("d:\\python3\\python_ex\\introduction_bytes.dat","rb")   # 打开读入文件
line1=myInfofile.read(36).decode("utf-16")            # 读入字节串,并解码为字符串
line2=myInfofile.read(40).decode("utf-16")
line3=myInfofile.read(100).decode("utf-16")
line4=myInfofile.read(94).decode("utf-16")
line5=myInfofile.read(62).decode("utf-16")
myInfofile.close()                                    # 关闭文件
print(line1);print(line2);print(line3)                # 输出每一行
print(line4);print(line5)
print("各行长度: ",len(line1),len(line2),len(line3),len(line4),len(line5))
```

运行结果:

SELF-INTRODUCTION

My name is Li,Guohe

I am a teacher at Department of Computer Science,

College of Information Science an Engineering,

China University of Petroleum.

各行长度: 17 19 49 46 30

从二进制文件中按顺序依次读入指定的字节数(数据块)形成字节串, 并按原来的 Unicode 编码(UTF-16)把字符串解码为字符串, 再通过 print 函数显示在屏幕上。对比例 8.12, 从各行长度也可看出字符串与字节串的长度不同。

迄今见到的文件读写主要还是字符串、字节串的读写。当读写涉及数值数据时，需要按"数值⇔字符串⇔文本文件"相互转换，或按"数值⇔字符串⇔字节串⇔二进制文件"相互转换。

【例 8.14】 把 C 语言成绩单保存到二进制文件中，原始成绩单如图 8.7 所示。

有关数据与和 display 函数例 8.10 相同，只是修改了 save_scoretable 和 mymain 函数：

```
def save_scoretable(title,scoretable,file):              # 成绩单存盘
    titlelen=file.write(title.encode())                  # 标题
    for record in scoretable:                            # 每个人信息
        numlen=file.write(str(record[0]).encode())       # 数值转换字符串,再编码写出
        idlen=file.write(str(record[1]).encode())
        namelen=file.write(record[2].encode())           # 字符串编码写出
        classlen=file.write(record[3].encode())
        sco1len=file.write(str(record[4]).encode())      # 数值转换字符串,再编码写出
        sco2len=file.write(str(record[4]).encode())
        sco3len=file.write(str(record[4]).encode())
    return titlelen,numlen,idlen,namelen,classlen,sco1len,sco2len,sco3len
def mymain():
    filename="d:\\python3\\python_ex\\scoretable_bin.dat"  # 文件标识
    file=open(filename,"wb")                             # 打开文件
    display(scoretable)                                  # 显示成绩单
    titlelen,numlen,idlen,namelen,classlen,sco1len,sco2len,sco3len=\
    save_scoretable(title,scoretable,file)               # 成绩单存盘
    file.close()                                         # 关闭文件
    print("各项的长度: ",titlelen,numlen,idlen,namelen,classlen,sco1len, sco2len,sco3len)
```

运行结果：

```
>>> mymain()↵(回车)
===== C 语言成绩单 =====
|1|2016015111|张三|化工 16-1 班|90|90|90|
|2|2016015222|李四|软件 16-1 班|80|70|80|
|3|2016015333|王五|软件 16-1 班|70|60|70|
|4|2016015444|刘六|软件 16-1 班|50|60|50|
各项的长度: 29 1 10 6 13 2 2 2
```

序号、学号、成绩都是数值，在写出时需要转变为字符串，并进行 Unicode 编码（缺省 Unicode UTF-8 编码）。从纵向看，每个数据项大小不变，对各项长度循环赋值也不变。

【例 8.15】从成绩单二进制文件中读取 C 语言成绩，根据平时成绩、实验成绩和期末成绩，计算学生的总成绩（总成绩=平时成绩×30% +实验成绩×20% +期末成绩×50%)、学生平均成绩。下面程序利用了例 8.14 中的 save_scoretable 函数，还用到例 8.11 成绩计算函数中，只对 open_scoretable 和 mymain 函数进行改进：

```
def open_scoretable(file,titlelen,numlen,idlen,namelen,classlen,sco1len,sco2len,sco3len):
    scoretable=[]                                        # 成绩单
```

```
            title=file.read(titlelen).decode()              # 标题
            while True:                                     # 反复读盘
                record=[]                                   # 形成列表
                num=file.read(numlen).decode()              # 读入字节串解码为字符串
                if num=="": break                           # 没能读入数据,结束
                num=int(num);record.append(num)             # 转换为数值
                idnum=int(file.read(idlen).decode());record.append(idnum)
                name=file.read(namelen).decode();record.append(name)
                classname=file.read(classlen).decode();record.append(classname)
                sco1=int(file.read(sco1len).decode());record.append(sco1)
                sco2=int(file.read(sco2len).decode());record.append(sco2)
                sco3=int(file.read(sco3len).decode());record.append(sco3)
                scoretable.append(record)                   # 加入成绩单记录
            return title,scoretable
        def mymain():
            titlelen=29;numlen=1;idlen=10;namelen=6
            classlen=13;sco1len=2;sco2len=2;sco3len=2
            filename="d:\\python3\\python_ex\\scoretable_bin.dat"   # 文件标识
            file=open(filename,"rb")                        # 打开文件
            title,scoretable= open_scoretable(file,titlelen,numlen, # 读入成绩单
            \idlen,namelen,classlen,sco1len,sco2len,sco3len)
            file.close()                                    # 关闭文件
            total_score(parameters,scoretable)              # 计算总成绩
            avg=cal_average(scoretable)                     # 计算平均成绩
            file=open(filename,"wb")                        # 打开文件
            save_scoretable(title,scoretable,file)          # 成绩单存盘
            file.close()                                    # 关闭文件
            display(title+"\n",scoretable)                  # 显示成绩单
            print("平均成绩: %d"%avg)                        # 显示平均成绩
            print("注: 总成绩=%.1f 平时+%.1f 实验+%.1f 期末."\ %
            (parameters[0],parameters[1],parameters[2]))
```

运行结果:

```
>>> mymain()↵(回车)
======= C 语言成绩单 =======
|1|2016015111|张三|化工 16-1 班|90|90|90|90.0|
|2|2016015222|李四|软件 16-1 班|80|70|80|78.0|
|3|2016015333|王五|软件 16-1 班|70|60|70|68.0|
|4|2016015444|刘六|软件 16-1 班|50|60|50|52.0|
平均成绩: 72
注: 总成绩=0.3 平时+0.2 实验+0.5 期末.
```

程序中,read 函数是以字节串长度读取字节串(即数据块),因此需要确定每个数据项大小(字节数)为参数,并且读入字节串解码为字符串,对序号、学号、成绩还要进一步转换为数值才

能进行计算。

**3. 结构化二进制文件读写**

在学生成绩单中,每一行为一个记录,包括序号、学号、姓名、三个成绩(平时、实验、期末),这些数据项的类型不完成相同。尽管例 8.14、例 8.15 可实现数据读写,但需要进行"字符串⇔字节串⇔二进制文件"转换,或"数值⇔字符串⇔字节串⇔二进制文件"转换,有些繁琐。可采用数据结构化 struct 进行"记录⇔字节串⇔二进制文件"多类型、多数据项综合读写。

数据结构化两个环节:把记录按格式生成字节串(即 pack 函数打包)和字节串还原为原有记录(即 unpack 函数解包)。calcsize 函数可计算数据结构化打包的字节串的长度。三个函数属于 struct 库(文件模块),其函数原型:

bytes pack(«打包格式字符串»,«待打包数据 1»↲,«待打包数据 2»↲)

NoneType unpack(«解包格式字符串»,«打包二进制字节串 1»↲,«打包二进制字节串 2»↲)

int calcsize(«打包格式字符串»⊥«解包格式字符串»)

(1)pack 函数:根据"打包格式字符串"把"待打包数据"系列打包成一个字节串,并返回该字节串。如果"待打包数据"为字符串,需要先将对其编码为字节串。由格式符、整数构成"打包格式字符串",其中格式符(表 8.3)与待打包数据系列一一对应,要求包括个数、类型,如对 10、20、"你好"、3.14159、2.8 进行打包:

mypack=struct.pack("ii6sff",10,20, "你好".encode(),3.14159,2.8)

表 8.3 部分格式符及含义

| 格式符 | 含义 | 分配字节数 |
| --- | --- | --- |
| b | 整数 | 1 |
| ? | 逻辑值 | 1 |
| h | 整数 | 2 |
| i | 整数 | 4 |
| l | 整数 | 4 |
| f | 浮点数 | 4 |
| d | 浮点数 | 8 |
| s | 字节串 | 1 |

其中,格式"ii"对应两个整数 10、20,并要求每个整数按 4 个字节打包;格式"6s"对应字节串"你好".encode()(即字符串编码),并要求按 6 个字节打包;格式"ff"对应两个浮点数 3.14159、2.8,并要求每个浮点数按 4 个字节打包。mypack 变量为 5 个数据依次打包的字节串,大小为 24 字节,即 calcsize("ii6sff")的返回值。

注意:打包字节数往往大于各个数据分配字节数之和。每个打包中含有其他字节管理信息。从分配字节数看,等价于:

mypack=struct.pack("2i6s2f",10,20, "你好".encode(),3.14159,2.8)

根据格式符及数据位置,数据依次按指定数据单元大小进行打包,即形成结构化二进制字节串,如:

```
>>> record=[1,2016015111,"张三","化工 16-1 班",90,90,90]↲(回车)    # 一组数据
>>> num=record[0];idnum=record[1]↲(回车)                        # 数值数据
```

```
>>> name=record[2].encode();classname=record[3].encode()↵(回车)    # 字节串
>>> sco1=record[4];sco2=record[5];sco3=record[6]↵(回车)          # 数值数据
>>> len(name);len(classname)↵(回车)                              # 字节串长度
(6,13)
>>> bytestring=\↵(回车)                                          # 打包字节串
struct.pack("ii6s13siii",num,idnum,name,classname,sco1,sco2,sco3)↵(回车)
>>> bytestring↵(回车)                                            # 字节串
b'\x01\x00\x00\x00\x07\xf3)x\xe5\xbc\xa0\xe4\xb8\x89\xe5\x8c\x96\xe5\xb7\xa516-1\xe7\x8f\xad\x00Z\x00\x00\x00Z\x00\x00\x00Z\x00\x00\x00'
```

(2) unpack 函数：根据"解包格式字符串"把"打包二进制字节串"解包为一个元组。如果含有字节串元素，需要对其进行解码为字符串，如：

```
>>> num1,idnum1,name1,classname1,sco11,sco21,scor31=\↵(回车)
struct.unpack("ii6s13siii",bytestring)↵(回车)
>>> num1,idnum1,name1.decode(),classname1.decode(),sco11, sco21,scor31↵(回车)
(1, 2016015111, '张三', '化工 16-1 班', 90, 90, 90)
```

"解包格式字符串"与"打包格式字符串"相同时才可获得正确的打包前的各个数据。

(3) calcsize 函数：根据"打包格式字符串"或"解包格式字符串"返回字节数。

```
>>> struct.calcsize("ii6s13siii")↵(回车)
40
```

格式字符串"ii6s13siii"等同于"2i6s13s3i"。pack 函数可以一次性打包多种类型多个数据为字节串，可利用 write 函数实现写出二进制文件。利用 read 函数读入二进制文件，再利用 unpack 函数解包多种类型多个数据的元组，进一步可获取多种类型多个数据，从而实现结构化二进制文件读写。

基于数据结构化的二进制文件读写过程：数据系列和字符串编码=>pack 打包=>write 写=>二进制文件。二进制文件=>read 读入=>unpack 解包=>数据元组=>各数据项和字节串解码。

注意：也可以 from struct import *导入 struct 库中所有函数到 Python 解释环境中，使用函数就无须 struct.前缀。

【例 8.16】 把 C 语言成绩单保存到二进制文件中，原始成绩单如图 8.7 所示。采用打包形式实现字节串，scoretable、title 变量值与例 8.14 相同。

```
import struct
def save_scoretable(title,scoretable,file,packfmt):            # 成绩单存盘
    titlelen=file.write(struct.pack("29s",title.encode()))     # 标题
    for record in scoretable:                                   # 每个人信息
        num=record[0]                                           # 整数
        idnum=record[1]
        name=record[2].encode()                                 # 字符串编码字节串
        classname=record[3].encode()
        sco1=record[4]                                          # 整数
        sco2=record[5]
```

```
                sco3=record[6]
                bytestring=struct.pack(packfmt,num,idnum,name\,classname,sco1,sco2,sco3)    # 结构化打包
                file.write(bytestring)                                                      # 数值转换字符串,再编码写出
            return titlelen
        def mymain():
            filename="d:\\python3\\python_ex\\scoretable_pack_bin.dat"     # 文件标识
            packfmt="ii6s13siii"
            file=open(filename,"wb")                                        # 打开文件
            display(scoretable)                                             # 显示成绩单
            titlelen=save_scoretable(title,scoretable,file,packfmt)         # 成绩单存盘
            file.close()                                                    # 关闭文件
            print("标题和记录长度: ",titlelen,struct.calcsize("ii6s13siii"))
```

运行结果:

```
>>> mymain()↵(回车)
标题和记录长度: 29 40
```

采用结构化打包建立的成绩单如图 8.10 所示,文本编辑器无法直接展示数据。

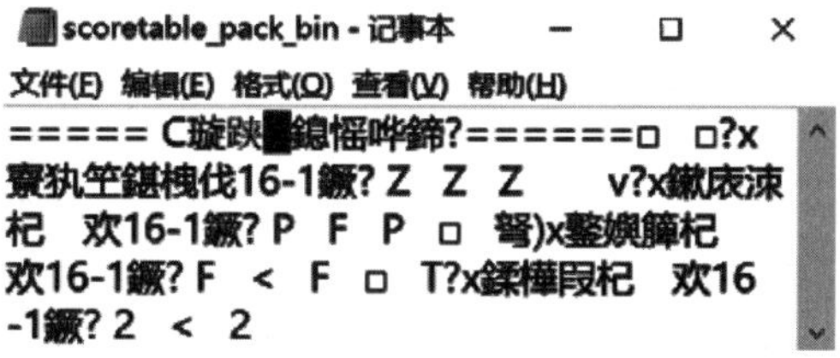

图 8.10 成绩单文件

**【例 8.17】** 从成绩单二进制文件中读取 C 语言成绩,根据平时成绩、实验成绩和期末成绩,计算学生的总成绩(总成绩=平时成绩×30% +实验成绩×20%+期末成绩×50%)、学生平均成绩。下面程序用到例 8.11 成绩计算函数中,只对 open_scoretable 和 mymain 函数进行改进:

```
        import struct
        def save_scoretable_sum(title,scoretable,file,packfmt):              # 成绩单存盘
            titlelen=file.write(struct.pack("29s",title.encode()))           # 标题
            for record in scoretable:                                        # 每个人信息
                num=record[0]; idnum=record[1]                               # 整数
                name=record[2].encode();                                     # 字符串编码字节串
                classname=record[3].encode()
                sco1=record[4]; sco2=record[5]; sco3=record[6]               # 整数
                sco4=record[7]                                               # 浮点数,总成绩
                bytestring=struct.pack(packfmt,num,idnum,name\,classname,sco1,sco2,sco3,sco4)
                file.write(bytestring)                                       # 数值转换字符串,再编码写出
            return titlelen
        def open_scoretable(file,titlelen,packfmt):                          # 成绩单读盘(输入)
            scoretable=[]                                                    # 成绩单,不含总成绩
```

```
            title=struct.unpack("29s",file.read(titlelen))        # 标题
            title=title[0].decode()                               # 解包
            packlen=struct.calcsize(packfmt)                      # 计算打包/解包字节串长度
            while True:                                           # 反复读盘
                record=file.read(packlen)                         # 读入字节串解码为字符串
                if record==b'': break                             # 没能读入数据,结束
                record=list(struct.unpack(packfmt,record))        # 读入字节串解码为字符串
                record[2]=record[2].decode()                      # 姓名、班级字节串解码为字符串
                record[3]=record[3].decode()
                scoretable.append(record)                         # 加入成绩单记录
            return title,scoretable
        def mymain():
            titlelen=29
            packfmt="ii6s13siii"
            filename="d: \\python3\\python_ex\\scoretable_pack_bin.dat"   # 文件标识
            file=open(filename,"rb")                              # 打开文件
            title,scoretable=open_scoretable(file,titlelen,packfmt)  # 读入成绩单
            file.close()                                          # 关闭文件
            total_score(parameters,scoretable)                    # 计算总成绩
            avg=cal_average(scoretable)                           # 计算平均成绩
            file=open(filename,"wb")                              # 打开文件
            save_scoretable_sum(title,scoretable,file,packfmt+"f")  # 增加总成绩存盘
            file.write(("平均成绩: %d\n"%avg).encode())            # 写出平均成绩
            file.write(("注: 总成绩=%.1f 平时+%.1f 实验+%.1f 期末.\n"\%(parameters[0],parameters[1],
parameters[2])).encode())
            file.close()                                          # 关闭文件
            display(title+"\n",scoretable)                        # 显示成绩单
            print("平均成绩: %d"%avg)                             # 显示平均成绩
            print("注: 总成绩=%.1f 平时+%.1f 实验+%.1f 期末."\ %(parameters[0],parameters[1],parameters[2]))
```

运行结果与例 8.15 相同。

在数据结构化二进制文件读写中,由于 Python 字符串采用 Unicode 编码,也就是同一字符串不同的 Unicode 编码,其对应的字节码不同,字节串长度也不同,因此对字符串还是需要进行编码和解码,以确定具体的长度。通过"打包格式字符串"和"解包格式字符串",可根据数值类型、数值大小选择合适的格式符,以确定具体数据单元大小。读入写出是以字节为单位,格式串可以体现字节数、数据个数信息,如"ii6s13siii"为"相邻 2 个整数、相邻 2 个字节串、相邻 3 个整数"共 2×4+6+13+3×4=39 字节,而 struct.calcsize("ii6s13siii")=40,多了一个打包、解包的信息字节。格式串也可改为"2i6s13s3i",但不能是"2i19s3i"。两者尽管字节数一样,但打包解包的数据个数不同,前者表示 7 个数据,后者表示 6 个数据。计算总成绩后,学生成绩单增加了浮点型总成绩,因此打包格式串为"ii6s13siiif"。在数据结构化二进制文件读写,其文件内容与内存数据单元一致。打包内容可以多类型多个数据,正好与记录概念一致。每个记录数据单元大小相同。文本文件读写的是字符流(字符串),而二进制文件读写的是字节流(字节串)。当读写遇到文件末尾时,前者得到空字符串('' ),后者得到空字节串(b'' )。文本文件或二

进制读写后,文件的当前"访问位置"都自动后移到读写的字符串、字节串之后。程序在新建成绩单文件时,最后采用字符串编码为字节串写出总成绩及其计算式。

## 8.4 文件随机访问

文件顺序读写从文件头部开始,而追加从文件尾部开始,读写、追加都是往后单一方向进行。通过文件对象,每次文件访问都是针对文件当前"访问位置"进行读写、追加数据后"访问位置"自动后移重新定位,也就是文件访问顺序与数据物理存储顺序一致。随机访问不是按数据在文件中物理位置次序进行读写,而是可对任何位置的数据进行访问。无论是文本文件,还是二进制文件,随机访问的关键是确定文件当前"访问位置",如同编辑软件(如 word)可以移动光标后再对指定位置进行编辑。

根据读写数据的需要,在文件内随意定位文件"访问位置",再访问到所需的数据。文件访问位置可从当前"访问位置"前后移动,或直接移到文件头或文件尾,实现该位置数据的读写,即随机读写。随机读写的数据顺序与文件存储的数据顺序可以不一致。实现文件"访问位置"定位涉及 seek、tell 函数。

### 8.4.1 定位函数 seek

移动文件当前"访问位置",其函数原型:

  int «文件对象».seek(«offset»⌊,« base »⌋)

该函数返回"访问位置"移动后相对于文件头部的位置,即文本文件的字符数,或二进制文件的字节数。"访问位置"的移动以 base 取值为偏移基准(即偏移起点,如表 8.4 所示),把"文件对象"所关联文件的当前"访问位置"定位到 offset 取值(正+、负-和绝对值|offset|)给定的位置。如果未能实现移动文件"访问位置",返回-1。base 取值为 0、1 或 2,分别表示从文件开始位置、当前文件访问位置、文件末尾位置为移动"访问位置"的基准起点。offset 取值为正、负和绝对值|offset|,分别表示从基准起点开始,把文件"访问位置"向前(文件尾方向)、向后(文件头方向)移动|offset|个字节数,如 seek(100,SEEK_SET)将当前文件"访问位置"移到离文件头 100 个字节处, seek(-10,SEEK_END)将当前文件"访问位置"从文件末尾处向后退 10 个字节。当缺省 base 参数时,默认从文件头开始定位文件"访问位置"(即 base 为 0)。导入 os 模块后可使用三个符号常量 SEEK_SET、SEEK_CUR、SEEK_END,其值分别为 0、1、2。

表 8.4 base 常量

| 值 | 常量 | 含义 |
|---|---|---|
| 0 | SEEK_SET | 从文件头 |
| 1 | SEEK_CUR | 从当前位置 |
| 2 | SEEK_END | 从文件尾 |

### 8.4.2 位置函数 tell

获取当前"访问位置"的绝对位置(即从文件起点开始),其函数原型:

int «文件对象».tell( )

该函数返回文件当前"访问位置",该位置从文件起点(即位置 0)开始到当前位置字符数(对文本文件而言),或字节数(对二进制文件而言),即绝对位置。

通过文件"访问位置"定位函数 seek,结合文件读写函数可实现文件的随机访问。

【例 8.18】 文件存有多个学生成绩(例 8.17 中建立文件)。要求分组读入,并在屏幕上显示。

```
def get_title(file,titlelen):                              # 获取标题
    file.seek(0,0)                                         # 从文件头读入,seek(0,SEEK_SET)
    title=struct.unpack("29s",file.read(titlelen))         # 标题
    title=title[0].decode()                                # 字节串解码为字符串
    return title
def get_record(file,titlelen,packfmt,num):                 # 读入序号 num 的记录
    packlen=struct.calcsize(packfmt)                       # 记录字节串长度
    file.seek(0,0)                                         # 从文件头开始,seek(0,SEEK_SET)
    file.seek(titlelen,0)                                  # 跳过标题,seek(titlelen,SEEK_SET)
    file.seek(packlen*num,1)                               # 跳过 num 个记录,seek(titlelen,SEEK_CUR)
    record=file.read(packlen)                              # 读入字节串解码为字符串,1 个记录
    if record==b"": return "",[]                           # 没能读入数据,结束
    record=list(struct.unpack(packfmt,record))             # 读入字节串解码为字符串
    record[2]=record[2].decode();record[3]=record[3].decode()  # 解码姓名班级
    return record                                          # 返回记录
def get_records(file,titlelen,packfmt,numlist):            # 读入若干记录,形成成绩单
    scoretable=[]                                          # 成绩单
    for num in numlist:                                    # 记录序号
        record=get_record(file,titlelen,packfmt,num)       # 读入记录
        scoretable.append(record)                          # 追加记录
    return scoretable                                      # 返回成绩单
def mymain():
    titlelen=29                                            # 标题长度,字节数
    packfmt="ii6s13siii"+"f"                               # 成绩记录格式
    filename="d:\\python3\\python_ex\\scoretable_pack_bin.dat"  # 文件标识
    file=open(filename,"rb")                               # 打开文件
    title=get_title(file,titlelen)
    group=[[1,3,0],[2,3,1]]                                # 序号分组
    for numlist in group:
        scoretable=get_records(file,titlelen,packfmt,numlist)
        display(title+"\n",scoretable)                     # 显示成绩单
        print("注: 总成绩=%.1f 平时+%.1f 实验+%.1f 期末."\ %(parameters[0],parameters[1],parameters[2]))
    file.close()                                           # 关闭文件
```

运行结果:

```
>>> mymain()↵(回车)
═══ C 语言成绩单 ═══
|2|2016015222|李四|软件 16-1 班|80|70|80|78.0|
|4|2016015444|刘六|软件 16-1 班|50|60|50|52.0|
|1|2016015111|张三|化工 16-1 班|90|90|90|90.0|
注: 总成绩=0.3 平时+0.2 实验+0.5 期末.
═══ C 语言成绩单 ═══
|3|2016015333|王五|软件 16-1 班|70|90|70|74.0|
|4|2016015444|刘六|软件 16-1 班|50|60|50|52.0|
|2|2016015222|李四|软件 16-1 班|80|70|80|78.0|
注: 总成绩=0.3 平时+0.2 实验+0.5 期末.
```

以只读方式打开二进制文件,文件中标题、每个记录位置相对固定。标题在文件开头处,每个记录依次存储而且大小相同。get_record 函数根据记录的序号 num 和记录大小计算出记录的起始位置,并读入记录大小的字节串再解包,姓名、班级进一步解码为字符串。get_records 函数通过 get_record 函数循环读入记录形成成绩单。mymain 函数输入序号分组,形成多个成绩单并显示。

【**例 8.19**】 更新成绩单文件内容(例 8.17 中建立文件),如修改给定记录序号的指定(成绩序号)的数据项。程序中用到上述 display、get_title 函数。

```python
def modify_score(file,titlelen,packfmt,num,item,value):
    packlen=struct.calcsize(packfmt)                              # 记录字节串长度
    file.seek(0,0)                                                # 从文件头开始,seek(0,SEEK_SET)
    file.seek(titlelen,0)                                         # 跳过标题,seek(titlelen,SEEK_SET)
    file.seek(packlen*num,1)                                      # 跳过 num 个记录,seek(titlelen,SEEK_CUR)
    record=file.read(packlen)                                     # 读入字节串解码为字符串,1 个记录
    if record==b'': return "",[]                                  # 没能读入数据,结束
    record=list(struct.unpack(packfmt,record))                    # 读入字节串解码为字符串
    record[2]=record[2].decode(); record[3]=record[3].decode()    # 解码姓名班级
    record[item]=value                                            # 更新数据项
    record[2]=record[2].encode(); record[3]=record[3].encode()    # 编码姓名班级
    file.seek(-packlen,os.SEEK_CUR)                               # 重新定位
    if item in [4,5,6]:                                           # 任何一门课变更
        record[7]=parameters[0]*record[4]+parameters[1]*record[5]\ +parameters[2]*record[6]
                                                                  # 计算总成绩
    file.write(struct.pack(packfmt,*record))                      # 打包、写出
def mymain():
    titlelen=29                                                   # 标题长度,字节数
    packfmt="ii6s13siii"+"f"                                      # 成绩记录格式
    filename="d: \\python3\\python_ex\\scoretable_pack_bin.dat"   # 文件标识
    file=open(filename,"rb+")                                     # 打开文件,可读可写
    title=get_title(file,titlelen)                                # 读入标题
    modify_score(file,titlelen,packfmt,2,5,90)                    # 修改成绩数据项
```

```
        modify_score(file,titlelen,packfmt,1,2,"袁七")        # 修改姓名数据项
        group=[[0,1,2,3]]                                    # 一组
        for numlist in group:
            scoretable=get_records(file,titlelen,packfmt,numlist)
            display(title+"\n",scoretable)                   # 显示成绩单
            print("注: 总成绩=%.1f 平时+%.1f 实验+%.1f 期末."\ %(parameters[0],parameters[1],parameters[2]))
        file.close()                                         # 关闭文件
```

运行结果:

```
===== C 语言成绩单 =====
|1|2016015111|张三|化工 16-1 班|90|90|90|90.0|
|2|2016015222|袁七|软件 16-1 班|80|70|80|78.0|
|3|2016015333|王五|软件 16-1 班|70|90|70|74.0|
|4|2016015444|刘六|软件 16-1 班|50|60|50|52.0|
注: 总成绩=0.3 平时+0.2 实验+0.5 期末.
```

文件开头是文件标题 title，modify_score 函数跳过标题。根据每个记录的格式 packfmt 可知每个记录大小（字节数）。通过记录序号 num(0,1,2,3)定位具体记录的起始位置，读入一个记录 record 并解包为列表，列表元素对应记录项。对于姓名、班级还需要解码为字符串。通过记录项序号 iteam 确定数据项，并赋值修改更新。如果更新的是成绩数据项，还需要重新计算总成绩。对最后重新定位原来记录位置，再对记录列表打包写出原记录位置。在 mymain 函数中，文件采用二进制可读可写方式"rb+"打开。在重写记录前的定位，也可以采用 tell 函数获取访问位置，再利用 seek 函数从文件起始位置进行定位。

## 8.5 文件路径与文件管理

除了访问文件外，Python 解释环境还提供操作系统 os 库（模块），实现对目录（即文件夹）、文件的操作、管理。

### 8.5.1 文件路径操作

逻辑上，操作系统逐层划分存储设备（如硬盘），并按区块管理。文件存放在具体区块中，每个区块进行命名形成目录名，因此目录也称为文件夹，并形成层次结构（如树状结构）。通过盘符和目录名系列（即路径）、文件名可以检索到区块（目录）和文件，如路径和文件 d:\python3\python_ex\myfile.py。通过 os 库的 os 或 path 对象（路径），可以操作存储设备、目录、路径和判断目录属性（如是否存在、是否可修改等）。

**1. 获取当前路径**

path 成员函数 abspath（即 absolute path）获取绝对路径，其函数原型:

    str abspath(«路径»)

该函数返回表示"绝对路径"的字符串。如果"路径"为当前盘符，返回当前 Python 的路径（字符串），否则返回根目录。如果"路径"为 os.path.curdir（curdir 是 path 的变量成员，current directory 缩写），返回当前工作路径，其等同于"."，而".."为当前路径的上一级路径。如：

&gt;&gt;&gt; import os.path as pt↵(回车)　　　　　　　　　　　# 导入路径
&gt;&gt;&gt; pt.abspath(pt.curdir),pt.abspath(".")\,pt.abspath("d: "),pt.abspath("..")↵(回车)
　　　　　　　　　　　　　　　　　　　　　　　　　　　# 查看路径信息
('D: \\python3', 'D: \\python3', 'D: \\python3', 'D: \\')
&gt;&gt;&gt; pt.abspath("d: \\"),pt.abspath("d: \\python3\\python_ex")\,pt.abspath("c: ")↵(回车)
　　　　　　　　　　　　　　　　　　　　　　　　　　　# 查看路径信息
('d: \\','d: \\python3\\python_ex', 'C: \\')

注：本书当前目录为 d: \Python3。

**2．判断路径存在性**

path 成员函数 isdir（即 is directory）判断路径是否存在，其函数原型：

　　　　　bool isdir(«路径»)

如果"路径"存在，该函数返回 True，否则返回 False。如：

&gt;&gt;&gt; pt.isdir("d: \\python3"),pt.isdir("d: \\python3\\python_ex")\,pt.isdir("k: \\")↵(回车)
(True, True, False)

由于没有 k 盘，也就没路径，返回 False。

**3．建立文件夹（目录）**

os 成员函数 makedirs（即 make directory）创建文件夹，其函数原型：

　　　　　NoneType makedirs(«路径»)

如果成功创建完整"路径"，则返回 None。如果路径不存在（如盘符不存在），则抛出文件（夹）没找到异常 FileNotFoundError。如果路径已存在，则抛出文件（夹）已存在异常 FileExistsError，不可重建。如：

&gt;&gt;&gt; import os↵(回车)
&gt;&gt;&gt; os.makedirs("d: \\python3\\aaa\\bbb")↵(回车)

原来没有 aaa、bbb 目录，建立新目录 aaa 和下级目录 bbb。

**4．改变路径**

os 成员函数 chdir（即 change directory）改变目录为当前目录，其函数原型：

　　　　　NoneType chdirs(«路径»)

如果成功把"路径"变更为当前路径，即路径切换，该函数返回 None。如果"路径"不存在，抛出文件（夹）没找到异常 FileNotFoundError。如：

&gt;&gt;&gt; os.chdir("d: \\python3\\aaa")↵(回车)

无论当前路径在何处（最后目录为当前目录），把 d: \\python3\\aaa 设为当前路径、aaa 为当前目录。

**5．删除文件夹（目录）**

os 成员函数 removedirs（即 remove directory）删除目录，其函数原型：

　　　　　NoneType removedirs(«路径»)

如果成功删除完整"路径"，其中"路径"由 makedirs 函数建立，该函数返回 None。如果"路径"不存在,抛出文件(夹)异常 FileNotFoundError。如果目录不为空,即目录包含文件或下级目录(文件夹)抛出操作系统异常 OSError。如:

>>> os.removedirs("d: \\python3\\aaa\\bbb") ↵(回车)

目录 aaa 下只有目录 bbb,目录 bbb 为空,删除了目录 aaa 和下级目录 bbb。如果 aaa 还有文件、其他目录,只删除 bbb。

**6. 重命名文件夹(目录)**

os 成员函数 rename 变更文件夹名称,其函数原型:

NoneType rename («路径\\目录 1», «路径\\目录 2»)

如果成功把"路径"上末端的"目录 1"重新命名为"目录 2",该函数返回 None。如果"目录 1"不存在,抛出文件(夹)没找到异常 FileNotFoundError。如:

>>> os.rename("d: \\python3\\aaa\\bbb","d: \\python3\\aaa\\ccc") ↵(回车)

目录 bbb 更名为 ccc。

## 8.5.2 文件操作

除了文件的读入或写出外,文件操作还包括判断文件的存在、文件更名(重命名)和删除等。

**1. 判断文件存在性**

path 成员函数 isfile(即 is file)判断文件是否存在,其函数原型:

bool isfile(«路径\\文件»)

如果"文件"(可以包含绝对路径)存在,该函数返回 True,否则返回 False。如:

>>> pt.isfile("d: \\python3\\python_ex\\ex_1_1.py"),pt.isfile("d: \\python3") ↵(回车)

(True, False)

Python3 是目录,不是文件,返回 False。

**2. 重命名文件**

os 成员函数 rename 变更文件名称,其函数原型:

NoneType rename(«路径\\文件 1»,«路径\\文件 2»)

如果成功把"路径"上末端的"文件 1"重新命名为"文件 2",该函数返回 None。如果"文件 1"不存在,抛出文件(夹)异常 FileNotFoundError。如:

>>> os.rename("d: \\python3\\myfile.py","d: \\python3\\yourfile.py") ↵(回车)

文件 myfile.py 更名为 yourfile.py。文件更名与目录更名相同。

**3. 删除文件**

os 成员函数 remove 删除路径末端的文件,其函数原型:

NoneType remove(«路径\\文件»)

如果成功删除路径末端的"文件",该函数返回 None。如果"文件"不存在,抛出文件(夹)没找到异常 FileNotFoundError。如:

>>> os.remove("d: \\python3\\aaa\\yourfile.py") ↵(回车)

删除目录 aaa 中的 yourfile.py。

**4. 判断文件或文件夹存在性**

path 成员函数 exists 判断文件或文件夹是否存在, 其函数原型:

  bool exists(«路径»⊥«文件»)

如果"路径"或"文件"存在, 该函数返回 True, 否则返回 False。如:

>>> pt.exists("d: \\python3") \,pt.exists("d: \\python3\\Python_Ex\\ex_1_1.py") ↵ (回车)

(True, True)

exits 函数综合了 isdirs、isfile。

类似操作系统指令实现对文件、文件夹(目录)的操作还有很多函数, 可参见 os 模块的资料。

# 本章小结

  文件是存储在计算机外部介质上有序的数据集合, 并由文件标识唯一确定。文件标识包括盘符、目录路径、文件主干名和文件扩展名。根据存储内容, 文件可分为程序文件和数据文件。根据存储形式(编码), 文件可分为文本文件和二进制文件。文本文件按 Unicode 字符(编码)形式存储数据, 内存数据(二进制)和外存数据(字符)形式不一致, 在进行文件读写时需要进行文本数据和二进制数据的转换。二进制文件是二进制形式存储数据, 内存数据(二进制)与外存数据(二进制)形式一致, 因此在进行文件读写时无须进行数据转换。

  Python 语言给出了 TextIOWrapper 文本文件读写类、BufferedReader 二进制文件读入类、BufferedWriter 二进制文件写出类进行描述。对文件进行访问之前必须先打开文件, 建立文件对象和开辟输入输出缓冲区。打开文件后动态分配文件类型的数据单元, 并充填和维护相应信息, 返回文件对象。通过文件对象, 程序实现文件读写过程。程序结束运行之前, 也必须关闭文件, 清空、回收读写缓冲区数据, 并在文件尾部插入文件结束标记 EOF。文件访问可分为读入、写出、追加操作, 还涉及文本或二进制文件类型, 因此在文件打开必然关系到文件名、文件打开方式。文件打开方式包含文件类型(文本文件、二进制文件)和访问(读、写、可读可写、追加、可读可追加)信息。实现文件开打、关闭用使用 open 函数和文件兑现给的 close 成员函数。

  文件打开后形成唯一可以变动的文件"访问位置"标记, 该位置为文件读写位置。根据文件"访问位置"的变动, 文件访问过程可分顺序访问和随机访问。文件顺序访问是从文件"访问位置"开始(一般从文件头), 依次读写文件, 每次读写操作后文件"访问位置"自动后移。而随机文件访问是从文件"访问位置"开始, 重新定位文件"访问位置"后再进行读写。文件顺序访问的数据顺序性与文件存储的数据顺序性一致, 而文件随机访问的数据顺序性与文件存储的数据顺序性可以不一致。文本文件读写分为字符串读写和字符流读写。文本文件字符串读写函数有 print、readline 和 readlines 以及 read。文本文件字符流读写函数有 write、writelines、read。通过重定位函数 seek、获取位置函数 tell, 可实现"访问位置"的重新定位, 进一步实现文件随机访问。迄今见到的文件读写主要还是字符串、字节串(特殊字符串)的读写。当读写涉及数值数据时, 需要按"数值⇔字符串⇔文本文件"相互转换(即文本文件读写), 或按"数值⇔字符串⇔字节串⇔二进制文件"相互转换(即二进制文件读写)。由于 Python 采用 Unicode 编码, 即使同一字符串 Unicode 编码也不同, 其字节串也不同。按字节串形式进行二进制文件读写，其函数为 read、write。对不同类型数据，采用格式化打包函数 pack 形成字节串，也可以采用格式化解包函数 unpack 还原打包字节串为一组数据元组，即将数据按格式进行打包、解包形成字节串后再利用函数 read、write 读写。Unicode 编码不同，同一字符串对应的字节串也不同，因此在格式化打包、解包时，对字符串需要通过字符串编码函数 encode 和字节串解码函数 decode 进行某种 Unicode 的编码和相应的解码。

文件对象记录着文件当前"访问位置"。当文件进行一次读写后，文件当前"访问位置"自动后移。顺序文件读写确保内存数据与文件数据的顺序性一致，也就是数据读写过程没有重新定位而是直接读写。随机文件读写是在文件读写过程中重新定位文件当前"访问位置"再进行读写，用到 seek 函数(重定位函数)和 tell 函数(获取绝对位置函数)。

除了访问文件外，Python 解释环境还提供操作系统 os 库(文件模块)，实现对目录(即文件夹)、文件的操作。操作系统逐层划分存储设备(如硬盘)，并按区块管理。文件存放在具体区块中，每个区块进行命名形成目录名，目录也称为文件夹，并形成层次结构(如树状结构)。通过盘符和目录名系列(即路径)、文件名可以检索到目录和文件。通过 os 模块的 os 或 path 对象(路径)，可以操作存储设备、目录(即文件夹)、路径和判断目录属性(如是否存在、是否可修改等)以及文件更名、删除等。

## 习题八

1. Python 有哪些文件类型？
2. 什么是文件读写缓冲区？
3. 文件读写时，为什么要关注当前"访问位置"？
4. 文件对象有什么作用？
5. 为什么要对文件打开和关闭？
6. 文本文件读写有哪两种方式？
7. 二进制文件访问有哪些方式？
8. 顺序文件读写与随机文件读写的特点是什么？
9. 简述文件路径及其操作。
10. 简述数据文件的操作流程。
11. 设计同学通讯录，包括单位、姓名、职务、办公电话、手机、电子邮箱、单位地址、邮政编码等信息。要求：(1)实现具有增加、删除、查找、显示功能；(2)采用文本文件保存同学通讯录；(3)从键盘输入信息分别建立文本文件。

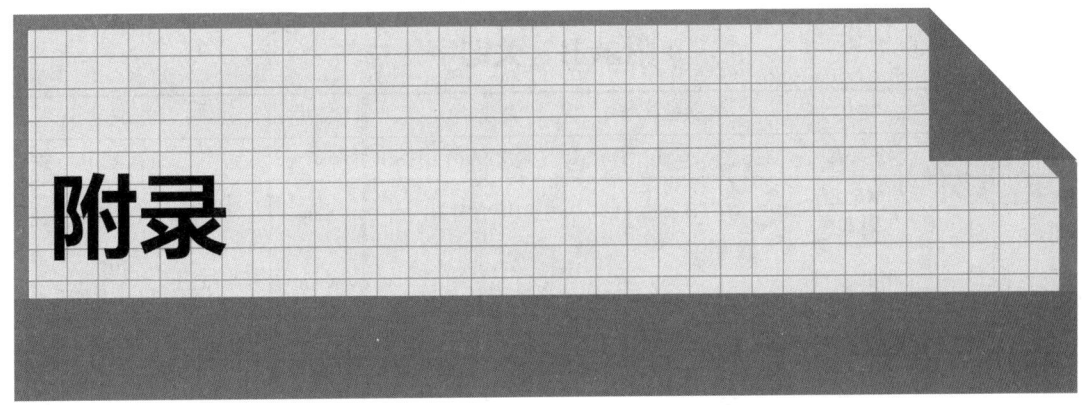

# 附录

## 附录 A  常用字符与 ASCII 码表

| 值 | 字符 | 值 | 字符 | 值 | 字符 | 值 | 字符 | 值 | 字符 | 值 | 字符 | 值 | 字符 | 值 | 字符 |
|---|---|---|---|---|---|---|---|---|---|---|---|---|---|---|---|
| 000 | (null) | 032 | (space) | 064 | @ | 096 | ` | 128 | ç | 160 | á | 192 | └ | 224 | α |
| 001 | ☺ | 033 | ! | 065 | A | 097 | a | 129 | ü | 161 | í | 193 | ┴ | 225 | β |
| 002 | ☻ | 034 | " | 066 | B | 098 | b | 130 | é | 162 | ó | 194 | ┬ | 226 | Γ |
| 003 | ♥ | 035 | # | 067 | C | 099 | c | 131 | â | 163 | ú | 195 | ├ | 227 | π |
| 004 | ♦ | 036 | $ | 068 | D | 100 | d | 132 | ä | 164 | ñ | 196 | ─ | 228 | Σ |
| 005 | ♣ | 037 | % | 069 | E | 101 | e | 133 | à | 165 | Ñ | 197 | ┼ | 229 | σ |
| 006 | ♠ | 038 | & | 070 | F | 102 | f | 134 | å | 166 | ª | 198 | ╞ | 230 | μ |
| 007 | • | 039 | ' | 071 | G | 103 | g | 135 | ç | 167 | º | 199 | ╟ | 231 | τ |
| 008 | ◘ | 040 | ( | 072 | H | 104 | h | 136 | ê | 168 | ¿ | 200 | ╚ | 232 | Φ |
| 009 | ○ | 041 | ) | 073 | I | 105 | i | 137 | ë | 169 | ┌ | 201 | ╔ | 233 | Θ |
| 010 | ◙ | 042 | * | 074 | J | 106 | j | 138 | è | 170 | ┐ | 202 | ╩ | 234 | Ω |
| 011 | ♂ | 043 | + | 075 | K | 107 | k | 139 | ï | 171 | ½ | 203 | ╦ | 235 | δ |
| 012 | ♀ | 044 | , | 076 | L | 108 | l | 140 | î | 172 | ¼ | 204 | ╠ | 236 | ∞ |
| 013 | ♪ | 045 | - | 077 | M | 109 | m | 141 | ì | 173 | ¡ | 205 | ═ | 237 | φ |
| 014 | ♫ | 046 | . | 078 | N | 110 | n | 142 | Ä | 174 | « | 206 | ╬ | 238 | ε |
| 015 | ☼ | 047 | / | 079 | O | 111 | o | 143 | Å | 175 | » | 207 | ╧ | 239 | ∩ |
| 016 | ► | 048 | 0 | 080 | P | 112 | p | 144 | É | 176 | ░ | 208 | ╨ | 240 | ≡ |
| 017 | ◄ | 049 | 1 | 081 | Q | 113 | q | 145 | æ | 177 | ▒ | 209 | ╤ | 241 | ± |
| 018 | ↕ | 050 | 2 | 082 | R | 114 | r | 146 | Æ | 178 | ▓ | 210 | ╥ | 242 | ≥ |
| 019 | ‼ | 051 | 3 | 083 | S | 115 | s | 147 | ô | 179 | │ | 211 | ╙ | 243 | ≤ |
| 020 | ¶ | 052 | 4 | 084 | T | 116 | t | 148 | ö | 180 | ┤ | 212 | ╘ | 244 | ⌠ |
| 021 | § | 053 | 5 | 085 | U | 117 | u | 149 | ò | 181 | ╡ | 213 | ╒ | 245 | ⌡ |
| 022 | ▬ | 054 | 6 | 086 | V | 118 | v | 150 | û | 182 | ╢ | 214 | ╓ | 246 | ÷ |
| 023 | ↨ | 055 | 7 | 087 | W | 119 | w | 151 | ù | 183 | ╖ | 215 | ╫ | 247 | ≈ |
| 024 | ↑ | 056 | 8 | 088 | X | 120 | x | 152 | ÿ | 184 | ╕ | 216 | ╪ | 248 | ° |
| 025 | ↓ | 057 | 9 | 089 | Y | 121 | y | 153 | Ö | 185 | ╣ | 217 | ┘ | 249 | • |
| 026 | → | 058 | : | 090 | Z | 122 | z | 154 | Ü | 186 | ║ | 218 | ┌ | 250 | · |
| 027 | ← | 059 | ; | 091 | [ | 123 | { | 155 | ¢ | 187 | ╗ | 219 | █ | 251 | √ |
| 028 | ∟ | 060 | < | 092 | \ | 124 | | | 156 | £ | 188 | ╝ | 220 | ▄ | 252 | ⁿ |
| 029 | ↔ | 061 | = | 093 | ] | 125 | } | 157 | ¥ | 189 | ╜ | 221 | ▌ | 253 | ² |
| 030 | ▲ | 062 | > | 094 | ^ | 126 | ~ | 158 | ₧ | 190 | ╛ | 222 | ▐ | 254 | ■ |
| 031 | ▼ | 063 | ? | 095 | _ | 127 | ⌂ | 159 | ƒ | 191 | ┐ | 223 | ▀ | 255 |   |

## 附录 B  关键字

| 关键字 | 语义 | 关键字 | 语义 | 关键字 | 语义 |
|---|---|---|---|---|---|
| class | 定义类 | eval | 再次求值 | NoneType | 空类型 |
| #,"""""" | # 单行注释<br>"""""" 块注释 | except | 捕获具体的异常 | raise | 抛出自定义异常 |
| \ | 语句续行符 | extern | 定义或声明变量、函数有效范围 | return | 函数返回语句<br>（可带或不带参数） |
| assert | 抛出断言异常 | float | 浮点型 | sizeof | 获取数据单元大小 |
| complex | 复数类型 | for | for 循环语句，或迭代运算 | try | 监听、捕获异常 |
| def | 定义函数 | if | 二选一条件语句 | while | while 循环语句 |
| del | 删除命令 | int | 整型 | yield | 返回迭代器数据 |
| elif | if 语句的多选一分支 | lambda | lambda 表达式 | FALSE | 逻辑假 |
| else | if 语句的另一分支 | None | 空值 | TRUE | 逻辑真 |

注：关键字不包括导入模块中包含的标识符。

## 附录 C  运算符

| 优先级 | 运算符 | 结合性 | 说明 |
|---|---|---|---|
| 1 | [v1,…]、{v1,…}、{k1: v1,…}、(…) | 无 | 列表、集合、字典、元组与圆括号 |
| 2 | x[index]、x[index: index2[: index3]] | 右结合 | 索引运算符 |
| 3 | x.attrbute | 左结合 | 属性访问 |
| 4 | ** | 右结合 | 指数运算 |
| 5 | ~ | 右结合 | 按位取反 |
| 6 | +、- | 右结合 | 正、负 |
| 7 | *、/、//、% | 左结合 | 乘、除、整除、求余 |
| 8 | +、- | 左结合 | 加、减 |
| 9 | >>、<< | 左结合 | 位移 |
| 10 | & | 左结合 | 按位与 |
| 11 | ^ | 左结合 | 按位异或 |
| 12 | \| | 左结合 | 按位或 |
| 13 | ==、!=、>、>=、<、<= | 左结合 | 比较运算符 |
| 14 | is、is not | 左结合 | 是否同一存储结构 |
| 15 | in、not in | 左结合 | 是否属于聚合元素 |
| 16 | not | 右结合 | 逻辑非 |
| 17 | and | 左结合 | 逻辑与 |
| 18 | or | 左结合 | 逻辑或 |
| 19 | if   else | 左结合 | 条件运算 |
| 20 | lambda | 左结合 | 构成 lambda 表达式 |
| 21 | , | 左结合 | 逗号，构成元组 |

注：数字小的优先级高。

## 附录 D　内置函数

| 函数名 | 功　能 | 函数名 | 功　能 | 函数名 | 功　能 |
|---|---|---|---|---|---|
| abs | 复数模/数值绝对值 | frozenset | 返回冻结集合 | open | 打开文件 |
| all | 判断聚合元素是否均为真 | getattr | 对象属性值 | ord | 字符的 Unicode 码 |
| any | 判断聚合元素是否存在一个真 | globals | 全局变量声明 | pow | 次方计算 |
| ascii | 构成 ACSII 字符串 | hasattr | 判断属性是否存在 | print | 显示或写出数据 |
| bin | 二进制数字字符串 | hash | 返回哈希值 | property | 装饰器属性设置 |
| bool | 得到逻辑值 | help | 对象属性信息 | range | 枚举数值 |
| bytearray | 构成字节组 | hex | 十六进制字符串 | reload | 重新导入模块 |
| bytes | 构成字节串 | id | 数据单元地址 | repr | 构成字符串(含转义字符) |
| callable | 判断可否执行 | input | 键盘输入字符串 | reversed | 反向迭代器 |
| chr | Unicode 码字符串 | int | 十进制整数 | vars | 返回对象命名空间 |
| classmethod | 过程加入类中 | isinstance | 判断是否实例 | round | 舍入到指定精度 |
| compile | 字符串转换为可执行字节码 | issubclass | 判断是否子类 | set | 构成集合 |
| complex | 复数 | iter | 转为迭代器 | setattr | 对象加入属性 |
| delattr | 删除对象该属性 | len | 聚合元素个数 | slice | 聚合数据切片 |
| dict | 构成字典 | list | 构成列表 | sorted | 形成排序列表 |
| dir | 对象所有属性 | locals | 局部变量声明 | staticmethod | 方法转为静态方法 |
| divmod | 得到商和余数 | long | 长整型整数 | str | 构成字符串 |
| enumerate | 序号与迭代值元组 | map | 作用于所有元素 | sum | 数列求和 |
| eval | 字符串强制求值 | max | 多数据最大值 | super | 获取超类 |
| filter | 迭代值为真的值 | min | 多数据最小值 | tuple | 构成元组 |
| float | 浮点数 | next | 迭代下一个值 | type | 变量所属数据类型 |
| format | 格式化字符串 | oct | 八进制字符串 | zip | 元组的迭代器 |

## 附录 E　部分异常

| 异常常量 | 语义 | 异常常量 | 语义 |
|---|---|---|---|
| AssertionError | 断言语句失败 |  |  |
| AttributeError | 对象没有属性 | RuntimeError | 运行错误 |
| EOFError | 文件无法到达文件结束标记 | RuntimeWarning | 运行行为警告 |
| FileExistsError | 写文件时文件已存在 | StopIteration | 迭代器迭代越界 |
| FileNotFoundError | 访问文件时没找到文件 | SyntaxError | 语法错误 |
| ImportError | 导入模块/对象错误 | SyntaxWarning | 语法警告 |
| IOError | 输入/输出操作错误 | TypeError | 违反数据操作属性 |
| IndentationError | 缩进错误 | UnicodeDecodeError | Unicode 解码时错误 |
| IndexError | 聚合数据索引越界 | UnicodeError | Unicode 相关的错误 |
| KeyError | 集合、字典没有键 | UnicodeEncodeError | Unicode 编码时错误 |

续表

| 异常常量 | 语义 | 异常常量 | 语义 |
|---|---|---|---|
| NameError | 未定义/初始化变量 | UnicodeTranslateError | Unicode 转换时错误 |
| NotImplementedError | 实现过程出错 | UserWarning | 用户代码生成警告 |
| OSError | 操作系统错误 | ValueError | 传入数据错误 |
| OverflowError | 数值计算超出范围 | ZeroDivisionError | 除数(或取模)为零 |

注：异常为程序执行过程中发生的事件，异常往往具有偶然性，影响程序的正常运行。

## 附录 F  模块及其函数

Python 语言功能强大很重要体现在文件模块(库文件)上。文件模块扩展名为.py，其包含常量、类和函数定义等。当程序使用文件模块中常量、函数时需要通过 import 或 from-import 语句导入相应文件模块。

### 1. 操作系统模块 os

| 函数名 | 功能 | 函数名 | 功能 | 函数名 | 功能 |
|---|---|---|---|---|---|
| access | 判断文件权限 | listdir | 列出指定目录下所有文件 | rmdir | 删除空目录 |
| chdir | 改变当前工作目录 | makedirs | 创建多级目录 | spawn | 执行外部程序脚本（Windows） |
| chmod | 修改文件权限 | mkdir | 新建目录 | stat | 获取文件属性 |
| execvp | 启动一个新进程 | name | 获取操作系统标识 | system | 执行操作系统命令 |
| execvp | 执行外部程序脚本(Uinx) | remove | 删除文件 | unlink | 删除文件 |
| fork | 获取父进程 ID | removedirs | 删除多级目录 | utime | 修改文件时间戳 |
| getcwd | 获取当前文件路径 | rename | 重命名文件 | wait | 暂时未知 |

### 2. 操作系统路径模块 os.path

| 函数名 | 功能 | 函数名 | 功能 | 函数名 | 功能 |
|---|---|---|---|---|---|
| abspath | 获得绝对路径 | isabs | 判断是否绝对路径 | relpath | 获取计算相对路径 |
| basename | 返回文件路径的文件名部分 | isdir | 判断名称是否为目录 | samefile | 判断是否相同路径的文件 |
| commonprefix | 获取最长的路径 | isfile | 判断是否为文件 | sameopenfile | 判断是否引用相同该文件 |
| dirname | 返回文件路径的目录部分 | islink | 判断文件是否连接文件 | samestat | 判断引用同一个文件 |
| exists | 判断文件或目录是否存在 | ismount | 判断路径是否存在加载点 | split | 分割文件路径和文件名 |
| expanduser | 正则化用户名称替换 | join | 将文件路径和文件名形成完整文件路径 | splitdrive | 获取驱动器名和路径组成的元组 |
| expandvars | 正则化环境变量替换 | lexists | 判断路径是否存在 | splitext | 将文件路径和文件扩展名分割成元组 |
| getatime | 获取最近访问时间 | normcase | 转换路径名称标识符变换 | splitunc | 把路径分割为挂载点和文件名 |
| getctime | 获取文件创建时间 | normpath | 规范路径形式 | Supports_unicode_filenames | 是否支持 unicode 路径名 |
| getmtime | 获取最近修改时间 | realpath | 返回真实路径 | walk | 遍历路径，每个路径一个函数 |
| getsize | 获取文件大小和字节数 | | | | |

### 3. 系统模块 sys

| 函数名 | 功能 | 函数名 | 功能 | 函数名 | 功能 |
|---|---|---|---|---|---|
| api_version | 解释环境 API 版本信息 | exit | 退出程序 | stderr | 标准错误输出 |
| argv | 命令行参数、路径信息 | getdefaultencoding | 获取当前字符编码 | stdin | 标准输入 |
| builtin_module_names | 内置模块列表 | getfilesystemencoding | 将 Unicode 文件名转换成系统编码的文件名 | stdin.read | 输入一行 |
| byteorder | 获取字节规则 | getwindowsversion | 获取 Windows 版本 | stdin.readline | 从标准输入读一行 |
| copyright | 获取版权信息 | hexversion | 获取解释程序版本 | stdout | 标准输出 |
| displayhook | 在标准输出设备上输出 hook | modules | 获取模块信息 | stdout.write | 标准输出内容 |
| exc_clear | 清除当前线程出现最新错误信息 | modules.keys | 获取所有已导入模块 | stdout.writelines | 无换行输出 |
| exc_info | 获取当前正在处理的异常类 | path | 获取 PYTHONPATH 环境变量的值 | version | 获取解释环境版本信息 |
| exec_prefix | 获取 Python 文件安装位置 | platform | 获取操作系统名称 | version_info | 版本信息 |
| executable | 解释环境所在程序路径 | setdefaultencoding | 设置默认字符编码 | | |

### 4. 数学模块 math

| 函数名 | 功能 | 函数名 | 功能 | 函数名 | 功能 |
|---|---|---|---|---|---|
| ceil | 大于等于 x 的最小整数 | frexp | 分别除 0.5 和 1 的区间 | log2 | 以 2 为底的对数 |
| copysign | 符号拷贝 | fsum | 可迭代对象元素累加 | modf | 获取整数、小数部分 |
| cos | 求余弦(弧度) | gcd | 求最大公约数 | pi | 圆周率 |
| degrees | 弧度转换为角度 | hypot | 判断是否无穷大 | pow | 计算 x 的 y 次方 |
| e | 自然数常量 2.71828 | isfinite | 判断是否正、负无穷大 | radians | 把角度 x 转换成弧度 |
| exp | 以 e 为底的指数 | isinf | 判断是否正或负无穷大 | sin | 求正弦(弧度) |
| expm1 | 以 e 为底的指数减 1 | isnan | 判断是否非数字 | sqrt | 平方根 |
| fabs | 求绝对值 | ldexp | 求 x*(2**i) | tan | 求正切(弧度) |
| factorial | 求解阶乘 | log | 以 base 为底的对数 | trunc | 取整 |
| floor | 小于等于 x 的最大整数值 | log10 | 以 10 为底的对数 | | |
| fmod | 求余数 | log1p | 求 x+1 的自然对数 | | |

### 5. 随机数模块 random

| 函数名 | 功能 | 函数名 | 功能 | 函数名 | 功能 |
|---|---|---|---|---|---|
| choice(s) | 从聚合(集合除外)数据随机选一元素 | randrange([start], stop[, step]) | 从指定步长的集合中生成随机数 | uniform(a, b) | 从[a,b]随机生成实数 |
| randint(a, b) | 从[a,b]随机生成整数，a、b 是整数 | Sample (sequence, k) | 从序列中随机获取指定长度的片断 | | |
| random | 从[0,1]随机生成小数 | shuffle(x[, random]) | 随机打乱列表元素 | | |

## 6. 字符串模块 string

| 函数名 | 功能 | 函数名 | 功能 | 函数名 | 功能 |
|---|---|---|---|---|---|
| capitalize | 字符串第一个字符转为大写 | islower | 检查字符串所有字符是否均小写 | rindex(str,[beg,end]) | 在 beg,end 范围内从右边开始定位 str 位置 |
| center(w) | 生成原字符串居中，两边补空白直至长度为 w 的字符串 | isnumeric | 检查字符串是否均为数字字符 | rjust(w) | 在字符串左侧补空白直至长度为 w |
| count(str,[beg,len]) | 获取 str 在字符串 beg,len 内的出现次数 | isspace | 检查字符串是否均为空格字符 | rpartition(str) | 类似 partition 函数，但从右边开始查找 |
| decode(encoding[,replace]) | 解码 string,出错引发 ValueError 异常 | istitle | 判断字符串是否为标题化的 | rstrip | 剪除字符串右边空格和回车换行符 |
| encode(encoding[,replace]) | 解码 string | isupper | 检查字符串是否均为大写字符 | split(str,num) | 以 str 作为分隔符,将一个字符串分隔成一个字符串列表;num 为分割次数 |
| endswith(substr,beg,end) | 字符串是否以 substr 结束, beg,end 是范围 | join(s) | s 中两个字符之间插入字符串 | splitlines(num) | 以行分隔,返回各行内容作为元素的列表 |
| expandtabs(tabsize=8) | 把字符串的 tab 转为空格,默认为 8 个 | ljust(w) | 在字符串右侧补空白直至长度为 w | startswith(substr[,beg,end]) | 判断在 beg,end 范围内字符串是否以 substr 开头 |
| find(str,[stat,end]) | 查找子字符串在字符串第一次出现的位置,否则返回-1 | lower | 将大写转为小写 | strip | 剪除字符串两边空格和回车换行符 |
| index(str,[beg,end]) | 在 beg,end 范围内从左边开始查找 str 位置 | lstrip | 去剪除字符串左边空格和回车换行符 | swapcase | 字符串的字符大小写翻转 |
| isalnum | 检查字符串是否以字母和数字字符组成 | maketrans(s1,s2) | s1、s2 字符串形成替换表,返回字典 | title | 字符串中单词的首字母转换为大写字母 |
| isalpha | 检查字符串是否均为字母字符 | partition(substr) | 从左至右,substr 出现的第一个位置,将字符串分割成 3 个子串,返回元组 | translate(mt) | 由 maketrans 形成对换表 mt,根据对换表字符串进行字符替换 |
| isdecimal | 检查字符串是否均为十进制数字字符 | replace(str1,str2,num) | 将字符串首次出现 str1 替换成 num 次 str2 | upper | 字符串每个字符转换为大写 |
| isdigit | 检查字符串是否均为纯数字字符 | rfind(str[,beg,end]) | 在 beg,end 范围内从右边开始定位 str | zfill(w) | 用 0 填充字符串左边直至长度为 w |

# 参考文献

[1] Mark Lutz. Python 学习手册[M]. 秦鹤, 林明, 译. 北京: 中国电力出版社, 2018.

[2] Mark Lutz. Python 编程[M]. 瞿乔, 任发科, 译. 北京: 中国电力出版社, 2018.

[3] 约翰·策勒. Python 程序设计[M]. 3 版. 王海鹏, 译. 北京: 人民邮电出版社, 2018.

[4] Bill Lubanovic. Python 语言及其应用[M]. 丁嘉瑞, 梁杰, 禹常隆, 译. 北京: 人民邮电出版社, 2016.

[5] 刘瑜. Python 编程从零基础到项目实战[M]. 北京: 水利水电出版社, 2019.

[6] 嵩天, 黄天宇, 礼欣. 程序设计基础(Python 语言)[M]. 北京: 高等教育出版社, 2016.

[7] 李国和, 邓橙, 史海涛. Python 学习辅导与实践[M]. 北京: 石油工业出版社, 2022.

[8] 姚普选. Python 程序设计方法[M]. 北京: 电子工业出版社, 2020.

[9] 刘宇宙. Python 实用教程[M]. 北京: 电子工业出版社, 2019.

[10] 何旭莉, 刘培刚. 程序设计(Python 版)[M]. 北京: 石油工业出版社, 2021.

[11] 李东方, 文欣秀, 张向东. Python 程序设计基础[M]. 北京: 电子工业出版社, 2020.

[12] 李国和, 赵建辉, 朱瑛, 等. C 语言及其程序设计[M]. 北京: 电子工业出版社, 2018.

[13] 赵建辉, 李国和, 张秀美. C 学习辅导与实践[M]. 北京: 电子工业出版社, 2018.

[14] 李国和. 基于搜索策略的问题求解: 数据结构与 C 语言程序设计综合实践[M]. 北京: 电子工业出版社, 2019.

[15] 谭浩强. C 程序设计[M]. 4 版. 北京: 清华大学出版社, 2012.

[16] 刘启明, 苏庆堂, 胡凤珠. 程序设计基础[M]. 2 版. 北京: 高等教育出版社, 2015.

[17] 严蔚敏, 吴伟民. 数据结构[M]. 北京: 清华大学出版社, 2016.

[18] 王晓东. 计算机算法设计与分析[M]. 4 版. 北京: 电子工业出版社, 2012.

# 后　记

　　软件系统往往是现实物理系统的模拟,如财务软件系统模拟真实财务管理业务和流程,同时充分发挥计算机的高速处理和大量存储及实时交互等优点,使得计算机成为工作、学习、生活中高效、有效的应用工具。计算机硬件的性能(如主频高低、内存大小、总线宽度等)是计算机的基础,而计算机软件的功能(如科学计算、人事管理、游戏等)是计算机的应用。硬件和软件构成完整的计算机系统。在硬件既定情况下可以配备不同软件,使得计算机具有不同功能,成就不同效用,扮演不同角色,如计算机成为游戏机、学习机、办公工具等。在此意义上,软件成就了计算机的普适性,反过来说,任一软件都针对不同应用背景。未来的世界是基于软件之上的。

　　软件的模拟性、针对性使得软件开发必须深入研究现实世界的物理系统,尤其物理系统中的客观对象及其关系,如人事管理中张三(男,20岁,月薪5000元)、李四(女,18岁,月薪6000)等。进一步对客观对象及其关系的共性进行抽象,成为概念世界(即人脑)中的对象类型及其关系类型,如人事管理中"人员",尤其对对象属性进行抽象,如人事管理中对象类型为"人员(姓名,性别,年龄,月薪)",也可以形式化为Person(name, sex, age, salary),其中name、sex等为属性,即进行数据结构设计。在概念世界中,还要完成数据变换描述,即进行数据建模,如人事管理中平均工资 avg=f(salary),即进行算法设计,表达问题求解、事物管理、事物处理过程。算法中每一步骤是确定无异议的,除了决定算法的跳转或循环走向外,更多步骤是表达对象或对象属性的变换处理。在完成现实世界到概念世界转变后,接着需要通过编程形成软件进入计算机世界,即进行问题求解、事物管理、事物处理等。计算机高级语言(如 Python 语言)是问题求解、事物管理、事物处理等进入计算机世界的工具,而核心是基于数据结构和算法的程序设计,即"数据结构+算法=程序设计",采用 Python 语言进行程序设计为 Python 程序设计,还可以有其他语言的程序设计,如 C 程序设计、FORTRAN 程序设计、BASIC 程序设计、JAVA 程序设计等。

　　为了在计算机世界中进行问题求解、事物管理、事物处理等,通过利用计算机语言的基本数据类型、构造数据类型对概念世界的对象类型及其关系类型一一对应描述,如性别为字符串 str、年龄为 int、月薪为浮点型 float 等、Person 为构造类型——类 class Person(包含 name, sex, age, salary)等。根据客观世界中单个对象或多个对象,采用简单类型变量或聚合类型变量等进行管理、处理。也可根据对象的复杂关系,设计构造数据类型(类),采用继承和组合形式对复杂描述、表达复杂对象关系,进一步定义相应的变量。这些变量是根据数据类型进行定义生成的,Python 表现为变量赋值,并初始化。数据类型、变量、数据定义或称创建就是数据结构设计过程。数据类型、变量等都是由计算机语言规定的字符集生成的标识符表示。标识符进一步分成保留字标识符(如 int、float 等)和自定义标识符(如 Person、name,变量名等)。现实世界中对对象进行增加、删除、修改、排序等操作,概念世界中建模表达了数据的变换。为了增强程序可读性,提升软件质量,算法设计、程序设计都是结构化的。无论多么复杂算法或程序,都采用结构化,包括顺序结构、分支(选择)结构和循环结构。算法中变换处理在程序中由表达式表示,即由运算对象(可以是常量、变量、表达式、函数)和运算符构成的式子。真正执行的基本单位是语句。表达式语句才是真正处理数据。语句没有任何判断依次执行相邻的下一个语句构成了顺序结构程序,而分支语句(if 语句)或循环语句(for 语句、while 语句)根据条件是否满足决定跳转到固定位置再接着执行相关语句,或 break 语句、continue 语句无条件跳转到默认位置再接着执行相关语句，都是改变程序语句执行的走向。客观问题、事物=>抽象表示、建模=>数据结构+算法到结构化程序=>程序运行=>完成问题求解、事物管理、事物处理等，可以看到，程序中数据类型反映描述问题能力，而运算符反映处理问题能力，结构化语句反映问题处理，程序反映问题处理流程。

除了结构化外，软件研发还常常需要分工协作，要求按功能划分，再进行集成，即模块化程序设计——把大功能分解为小功能，进一步分解为小小功能，直至最简单的基本功能。在Python语言中，每个功能模块体现为函数。除了可以增强程序可读性外，模块化程序设计还可以增强程序的可修改性、可重用性。模块的连接通过模块接口进行，具体到Python语言就体现在函数调用和函数返回。这是模块间唯一的联系方式，因此模块具有相对独立性。这就使得一个模块的变化不影响到其他模块，使得模块具有很好的可修改性、可维护性。一方面，一个模块可以被多个模块调用，这个模块的代码实现了共享，模块也就具有可重用性（复用性），提高软件开发高效性；另一方面，相同功能的模块可由不同算法实现，导致不同执行效率，模块单一接口形式可以确保优选高效的模块，从而提高软件的性能。这种"强功能、弱耦合"是模块化的优点，但是单一的数据通道等局限了软件效率，因此模块化也提供了外部变量作为模块间数据交互的通道。为了数据访问安全，外部变量增加了有效范围。为了程序安全，在不同文件间，对外部变量、函数也增加了有效范围，使得变量和函数访问更加安全。此外，对变量还增加了动态和静态的处理方式，提高内存空间的管理效果。函数是过程模块，而对象是数据与过程统一体，即由变量成员和成员函数构成，具有高度抽象化，更好对应客观世界对象。对象共性为类，类的构成可以是继承或组合，可以更加凸显集成、共享，同时稳定、安全。采用重载、多态等实现统一接口，提高代码可读性。从程序结构中，划定变量有效范围；从命名空间中，确定标识符唯一性，整合确保标识符正确使用。通过运算符重载，规范形式，扩展运算符功能。

计算思维是运用计算机科学的基础概念、原理、方法进行问题求解、系统设计及人类行为理解等涵盖计算机科学之广度的一系列思维活动，也就是基于计算机科学的思维，其与理论思维（数学为代表）和实验思维（物理为代表）构成当代思维体系，因此计算思维是现今社会所有人必须认识和具备的思维能力，不仅仅是计算机科学家，每一个人都应该热心地学习和运用的思维。计算机基础教育承载计算思维教育，主要体现在计算机基础知识和应用技能培养上，包括计算机文化基础与使用、计算机硬件软件技术基础和计算机应用基础三个层次。计算机语言及其程序设计是计算机技术基础的重要组成部分，涵盖了问题描述、数据结构设计、算法设计、程序设计、程序运行与问题验证，因此也是计算思维教育的核心内容组成部分。Python语言学习不能只简单理解为工具性的掌握，而是以Python语言为载体，不仅掌握一门语言，而且是掌握基于计算机的问题求解方法，即计算思维培养。